T0122651

LES VOIES DU PARADOXE
ET AUTRES ESSAIS

BIBLIOTHÈQUE DES TEXTES PHILOSOPHIQUES

Fondateur H. GOUHIER   Directeur J.-F. COURTINE

W. V. QUINE

LES VOIES DU PARADOXE ET AUTRES ESSAIS

Introduction, traduction et notes
sous la direction de
Serge BOZON et Sabine PLAUD

Ouvrage traduit avec le concours
du Centre national du livre
et publié avec le concours de l'Université Paris 1 Panthéon-Sorbonne,
EA 3562 Philosophies Contemporaines, équipe EXeCO

PARIS

LIBRAIRIE PHILOSOPHIQUE J. VRIN

6, Place de la Sorbonne, V e

2011

W.V. QUINE, *The Ways of Paradox and Others Essays*,
Cambridge (Mass.), Harvard University Press, 1976
© Published by arrangment with Harvard University Press

© *Librairie Philosophique J. VRIN*, 2011
Imprimé en France

ISSN 0249-7972
ISBN 978-2-7116-2250-4

www.vrin.fr

INTRODUCTION

Les voies du paradoxe est un recueil d'articles, groupés par ordre thématique et non chronologique, qui s'échelonnent sur la quasi-totalité de la carrière philosophique de Quine (de 1934 à 1974). En restituant à la fois la diversité des sujets abordés et l'évolution de la pensée de Quine, le livre permet ainsi d'obtenir une vision d'ensemble de sa philosophie. Devant la diversité en jeu, nous n'aborderons ici que quelques points cruciaux.

QUESTIONS D'ÉPISTÉMOLOGIE ET D'ONTOLOGIE
par Sabine Plaud

Le problème de la connaissance

La théorie quinienne de la connaissance est marquée par la thèse du holisme épistémologique, qui affirme que les énoncés d'une théorie n'affrontent pas individuellement le tribunal de l'expérience, mais seulement en bloc, ou comme un tout [1]. En

---

1. Voir en particulier « Deux dogmes de l'empirisme », dans W.V. Quine, *Du point de vue logique*, trad. fr. S. Laugier (dir.), Paris, Vrin, 2003, p. 75-76 : « [N]os énoncés sur le monde extérieur affrontent le tribunal de l'expérience sensible non pas individuellement, mais seulement collectivement ».

d'autres termes, on pose ici la solidarité des énoncés admis au sein d'un même réseau épistémique, que Quine désigne par l'expression de « schème conceptuel » [*conceptual frame*]. Assurément, ce holisme quinien est avant tout une thèse de philosophie des sciences : il fait écho aux célèbres considérations introduites par Pierre Duhem dans son ouvrage consacré à *La théorie physique*, où il est établi que les hypothèses d'une théorie ne sont jamais testées isolément, car leur confirmation ou infirmation dépend toujours d'un réseau d'hypothèses d'arrière-plan[1]. Mais une particularité du holisme quinien tient au fait que cette thèse épistémologique est à son tour inséparable d'un holisme plus spécifiquement *linguistique*, puisque les énoncés formulés dans le langage d'une théorie sont tout aussi liés les uns aux autres (au sein du schème conceptuel dont ils dépendent) que ne le sont les croyances qu'ils expriment. De là cette célèbre métaphore de l'arche qui intervient au tout début de ce maître-ouvrage qu'est *Le mot et la chose* :

> Dans une arche, un bloc de faîte est supporté immédiatement par d'autres blocs de faîte, et finalement par tous les blocs de base collectivement, mais par aucun individuellement ; il en est de même des phrases, lorsqu'elles sont reliées dans une théorie[2].

Étant donnée l'importance de cette thèse holiste dans la pensée quinienne, on ne s'étonnera pas de la voir s'exprimer

---

1. En particulier, Duhem souligne que, dans le cas où une hypothèse scientifique semble infirmée par l'expérience, nous avons toujours la possibilité d'éviter d'y renoncer par un réaménagement des hypothèses d'arrière-plan et/ou par un rejet de certaines d'entre elles.

2. W.V. Quine, *Le mot et la chose*, trad. fr. J. Dopp et P. Gochet, Paris, Flammarion, 1977, p. 38.

dans plusieurs des articles des *Voies du paradoxe*. C'est ainsi que, dans « Le domaine et le langage de la science », le philosophe de Harvard s'interroge sur la portée de notre connaissance en soulignant que si notre compréhension des phénomènes a une origine dans nos stimulations sensorielles comme le veut une approche empiriste, elle ne saurait cependant être envisagée indépendamment de notre langage, en tant qu'il est porteur des représentations héritées de notre schème conceptuel. Comme l'affirme Quine dans ce texte, « [n]ous absorbons une philosophie naturelle archaïque avec le lait de notre mère », la « philosophie archaïque » en question pouvant désigner, au sens large, l'ensemble des présupposés culturels (scientifiques, métaphysiques, voire moraux ou religieux) plus ou moins conscients qui détermineront la façon future dont nous appréhenderons les phénomènes. Il faut alors en conclure à l'impossibilité d'aborder la réalité indépendamment d'un cadre théorique partagé qui s'applique à la pensée scientifique tout autant qu'à celle du sens commun.

De telles conclusions impliquent un profond renouvellement de la façon dont on posera la question classique des limites de la connaissance à laquelle Quine consacre le neuvième essai du présent ouvrage (« Les limites de la connaissance »). Ce texte se singularise en effet par le « tournant linguistique » qu'il imprime à cette question des limites. Puisque le problème de la connaissance ne peut être posé dans l'absolu mais seulement en relation à un schème conceptuel donné, alors il est vain de se demander s'il y a des choses que nous ne saurions jamais connaître (la chose en soi, par exemple), et la seule question pertinente devient celle de savoir si nous pouvons, au sein de notre langage, formuler des questions auxquelles nous ne saurions trouver de réponse ; et cela, affirme l'auteur,

« n'est pas une question de choses, c'est une question de questions »[1]. En ce sens, l'image de la science que nous propose cet article manifeste une profonde cohérence avec la conception quinienne tant du travail du scientifique que de la tâche du philosophe qui évalue le travail de ce dernier, puisqu'il apparaît que ni l'un ni l'autre ne peuvent procéder de façon neutre, objective ou indépendante d'un cadre théorique. Dans plusieurs de ses textes, Quine recourt à une métaphore proposée par Otto Neurath qui décrit la science (et, plus généralement, le schème conceptuel dans lequel elle prend place) comme un bateau qui ne peut être réparé qu'à flot :

> Neurath a eu raison de comparer la tâche du philosophe à celle d'un marin qui doit réparer son bateau en pleine mer.
>
> Nous pouvons améliorer morceau par morceau notre schème conceptuel, tout en continuant d'en dépendre de manière vitale ; mais nous ne pouvons pas nous en détacher et le comparer objectivement avec une réalité non conceptualisée [2].

Or c'est à une telle image que font écho les considérations proposées dans *Les voies du paradoxe* : la réalité que le scientifique reçoit pour objet d'étude est toujours filtrée par son réseau représentationnel ; quant à l'épistémologue qui étudie et évalue le travail du scientifique, il ne saurait pas plus que les autres adopter un « point de vue de nulle part ». L'épistémologie, ici comme ailleurs [3], est « naturalisée ».

---

1. À cet égard, on remarquera que les positions de Quine sont, de fait, assez proches de celle de Rudolf Carnap.

2. « Identité, ostension et hypostase », dans W.V. Quine, *Du point de vue logique*, *op. cit.*, p. 122.

3. Voir en particulier l'article fondateur de Quine, « L'épistémologie naturalisée », dans W.V. Quine, *Relativité de l'ontologie et autres essais*, trad. fr. J. Largeault, Paris, Aubier, 1977.

Analyticité et convention

Les considérations que nous venons de présenter s'apparentent étroitement à une autre thèse majeure de la pensée quinienne : celle qui critique la distinction stricte entre énoncés analytiques et synthétiques et qui est exposée de façon canonique dans l'article intitulé « Les deux dogmes de l'empirisme ». Ce qui est en cause, c'est la rupture que certaines versions de l'empirisme[1] prétendent repérer entre les énoncés dits « analytiques » (censés être vrais en vertu de leur seule signification, et donc *a priori*, à l'instar des vérités logiques et mathématiques), et les énoncés dits « synthétiques », c'est-à-dire doués de contenu empirique, dont la vérité ne peut être établie que par une enquête opérée dans le monde (par exemple au moyen d'une comparaison avec les faits dont ils traitent). Pourtant, si l'on tient compte de l'argument holiste présenté plus haut selon lequel les énoncés n'affrontent qu'en bloc le tribunal de l'expérience, alors on comprend également que, parmi les hypothèses d'arrière-plan susceptibles d'être révisées ou réaménagées peuvent parfaitement figurer des énoncés logico-mathématiques, au même titre que des énoncés empiriques. En d'autres termes, il n'est pas possible d'établir de différence de nature entre ces deux types d'énoncés, et on peut au mieux parler d'une différence *de degré* entre les énoncés qui, parce qu'ils sont aux franges du schème conceptuel, sont plus proches de l'expérience, et ceux qui, parce qu'ils se trouvent davantage au centre du schème, donnent l'impression d'être dépourvus de contenu empirique[2]. Or ce

1. Notamment l'empirisme logique du Cercle de Vienne.
2. *Cf.* W.V. Quine, *Du point de vue logique*, *op. cit.*, p. 76-77 : « [L]a science totale est comparable à un champ de force, dont les conditions limites seraient l'expérience. [...] Si cette conception est juste, il est alors fourvoyant

refus du dogme de l'analyticité apparaît (explicitement ou en filigrane) dans plusieurs des articles des *Voies du paradoxe*. C'est le cas, en particulier, dans l'essai intitulé « La vérité nécessaire », où Quine entreprend de repenser le statut du concept de nécessité à la lumière de son épistémologie et de sa philosophie du langage. L'objectif de ce texte est ainsi de déterminer à quelles conditions la qualification de « nécessaire » peut être attribuée à un énoncé, qu'il soit ou non empirique. Dans une première ligne argumentative que Quine lui-même présente comme « humienne », l'article affirme ainsi que la prétendue nécessité que l'on assigne parfois aux énoncés portant sur la réalité phénoménale ne renvoie au mieux qu'à une généralité que l'on a pris l'habitude de tenir pour nécessaire en raison de la régularité avec laquelle elle est constatée. Faut-il alors en conclure, comme le faisait L. Wittgenstein dans son *Tractatus logico-philosophicus*, qu'il n'y a « de nécessité que logique »[1], ou plus généralement que la seule nécessité proprement dite est celle qui s'attache aux vérités logico-mathématiques ? Si tel était le cas, la possession de la nécessité pourrait effectivement valoir comme critère d'analyticité. Ce n'est pourtant pas à cette conclusion qu'entend parvenir Quine. Selon lui, il n'y a aucune raison d'attribuer aux énoncés logico-mathématiques un mode privilégié de nécessité. Au contraire, le philosophe de Harvard réaffirme ici sa thèse qui présente « la totalité de la science – physique, biologie, éco-

---

de parler du contenu empirique d'un énoncé individuel – en particulier, s'il s'agit d'un énoncé un tant soit peu éloigné de la périphérie sensorielle du champ. En outre, il devient aberrant de rechercher une frontière entre les énoncés synthétiques qui reposent sur l'expérience de façon contingente, et les énoncés analytiques qui valent en toutes circonstances ».

1. *Tractatus logico-philosophicus*, trad. fr. G.-G. Granger, Paris, Gallimard, 1972, 6.37.

nomie, mathématique, logique, et le reste – comme un seul et unique système tentaculaire », dont certaines parties telles que la logique et les mathématiques sont certes « plus éloignées du bord observationnel ou expérimental que d'autres », mais sans que cela les rende essentiellement différentes des parties empiriques, ni que cela leur confère un accès privilégié à une quelconque nécessité objective. Voilà pourquoi, en définitive, il n'y a « pas de nécessité supérieure ni plus austère que la nécessité naturelle », laquelle nécessité naturelle ne consiste à son tour que dans des régularités en un sens humien.

Cette critique du paradigme de l'analyticité comme prétendue propriété des énoncés vrais en vertu de leur seule signification explique alors l'attitude de Quine à l'égard de la théorie conventionnelle de la vérité logique. Le nœud de cette doctrine, qui fut notamment défendue par Rudolf Carnap dans son ouvrage de 1934 consacré à la *Syntaxe logique du langage*, réside dans le passage de la thèse selon laquelle les énoncés logico-mathématiques sont vrais *en vertu de leur signification* à la thèse selon laquelle ces énoncés sont vrais *par convention*. Assurément, une telle doctrine a ceci d'intéressant qu'elle nous dispense de « réifier » les significations, si bien qu'elle permet une compréhension plus économique (non méta-physique, et en particulier non platonicienne) de l'analyticité. Mais cela n'ôte rien au fait que ce conventionnalisme n'est qu'une variante du dogme de l'analyticité, à ceci près que l'on considère désormais la conventionnalité comme le véritable critère de distinction entre l'analytique et le synthétique. Or c'est en particulier dans les essais 11 et 12 des *Voies du para-doxe* que Quine s'en prend à cette position, et cela en mettant le doigt sur la circularité qui la mine. Il souligne ainsi que, puisque les vérités logiques sont en nombre infini, alors les conventions dont elles procèdent (sous l'hypothèse où elles procèdent de conventions) ne peuvent être fixées une par une, mais seulement de façon générale. Dès lors, il est indispensable de disposer de certains principes permettant d'appliquer ces conventions générales aux cas particuliers, principes qui sont en fait des principes logiques. Ainsi, à supposer que les vérités logiques soient fixées par convention, la seule applicabilité de ces conventions présuppose déjà une compréhension des principes de la logique, d'où le cercle.

Les conséquences d'un tel argument sont considérables. Au-delà de cette réfutation du dogme de l'analyticité, la position quinienne aboutit en réalité à renforcer le crédit que l'on peut accorder aux vérités logiques que l'on refuse désormais de considérer comme le produit d'un simple jeu sur les significations, comme auraient pu nous y inciter certaines interprétations du conventionnalisme[1]. C'est là ce que Quine suggère notamment dans «Carnap et la vérité logique», lorsqu'il affirme, au sujet des énoncés de la géométrie euclidienne, que «[l]es vérités étaient là», et que «ce qui était conventionnel était simplement la séparation entre celles à prendre comme points de départ (pour les besoins de l'exposition à donner) et celles à déduire à partir d'elles». En d'autres termes, c'est justement parce que Quine refuse de considérer les vérités logico-mathématiques comme de simples conventions qu'il rend justice à leur épaisseur épistémique.

De la connaissance à l'être : l'ontologie quinienne

Qu'en est-il, à présent, des conséquences du holisme quinien non plus quant à notre conception de la connaissance,

---

1. Sur ce point, voir S. Laugier, *L'anthropologie logique de Quine*, Paris, Vrin, 1992, p. 149 *sq.* («Analyticité et convention»), en particulier p. 166.

mais quant à l'objet de cette dernière, quant à ce que nous devons tenir pour existant ? Ces questions d'ontologie sont, de fait, au cœur de plusieurs des essais des *Voies du paradoxe*, tels que « Posits et réalité » ou « Sur la multiplication des entités ». Au vu de ce qui précède, on comprend que les questions d'ontologie ne peuvent désormais plus se poser comme on les posait auparavant. Il est à présent exclu, pour le philosophe ou le métaphysicien, de fournir une réponse absolue à la question : « Qu'est-ce qui existe ? », puisque quiconque prétendant spécifier une telle ontologie de façon objective et indépendante serait renvoyé au fait que les questions d'ontologie ne peuvent elles aussi être posées que dans un langage, et donc à travers le prisme d'un schème conceptuel. La seule tâche du philosophe, en la matière, consistera donc à identifier non pas ce qui est *absolument parlant*, mais ce qui est (explicitement ou implicitement) *tenu pour existant* au sein d'un schème conceptuel donné[1].

Dès lors, on peut considérer que le choix d'une ontologie comporte une part d'arbitraire, de sorte que le scientifique qui élabore une théorie dispose d'une part de liberté pour déterminer l'extension de que cette dernière peut à bon droit tenir pour existant. C'est là ce que suggère par exemple Quine dans « Posits et réalité », lorsqu'il s'interroge sur la légitimité de postuler ces entités hypothétiques que sont les « posits ». Considérons que l'ontologie est relative à un schème conceptuel donné, et que le choix entre ontologies rivales est opéré au

---

1. De là cette thèse célèbre et provocatrice formulée par Quine dans « De ce qui est » et selon laquelle « être, c'est être la valeur d'une variable », formule qui signifie que le critère permettant d'affirmer qu'une entité donnée est admise comme existante par une théorie est que cette entité soit comprise dans le domaine des valeurs susceptibles d'être assignées aux variables des énoncés de cette théorie. *Cf.* W. V. Quine, *Du point de vue logique*, *op. cit.*, p. 40.

moyen de principes d'économie. Dans ces conditions, comment expliquer que les théories physiques choisissent parfois d'admettre l'existence d'entités hypothétiques et inobservables telles que les molécules? Ces entités ne sont-elles pas superflues, ne conduisent-elles pas à surcharger inutilement l'ontologie de la théorie? Contre une telle position, Quine soutient pourtant que l'inclusion de ces entités hypothétiques dans l'ontologie d'une théorie peut effectivement se justifier par ces mêmes principes d'économie dont il était question plus haut, et cela à travers leur capacité à nous faire gagner en simplicité ou en fécondité prédictive. En d'autres termes, économie ne signifie pas parcimonie, et le choix raisonné d'une ontologie n'implique nullement une réduction des entités admises aux seules entités physiques ou observables. En cela, la position défendue par Quine est en profonde cohérence avec celle qu'il soutient dans *Le mot et la chose*, en écrivant que si « [l]'économie figure parmi nos préoccupations », l'économie dont il s'agit est bien « l'économie de la théorie et non pas seulement l'économie dans le nombre des objets »[1].

Ces remarques permettent à leur tour d'éclairer la position quinienne à l'égard du *credo* nominaliste selon lequel il convient de bannir de notre ontologie tous les objets abstraits (par exemple les universaux, les prétendues entités mathématiques telles que les classes, etc.). Bien sûr, Quine a lui-même été tenté par un tel nominalisme radical, notamment lors de la rédaction, en 1947, de son article co-signé avec Nelson Goodman et intitulé « Steps Toward a Constructive Nominalism ». Ce n'est pourtant pas ce nominalisme qui devait constituer sa position définitive. Au contraire, et comme il le

---

1. W. V. Quine, *Le mot et la chose, op. cit.*, p. 336.

remarque dans « Sur la multiplication des entités », c'est justement parce que nos choix ontologiques doivent être gouvernés
par des principes d'économie que l'on gagne à ne pas éliminer
toutes les entités abstraites :

> Un compte rendu systématique du monde en ces termes serait
> le bienvenu s'il était suffisamment maniable. Cependant, nous
> ne cessons de découvrir que notre compte rendu peut être rendu
> plus simple et plus systématique en postulant des entités
> supplémentaires.

Dans le cas des classes, leur admission nous permet par
exemple d'échapper à peu de frais à une réintroduction fasti-
dieuse des attributs qui, autrement, serait inévitable [1]. De là, en
définitive, une certaine libéralité de la conception quinienne
de l'ontologie qui lui permet, entre autres, de se démarquer de
la tradition de l'empirisme logique et du physicalisme étroit
qui s'y est parfois associé.

QUESTIONS DE PHILOSOPHIE DU LANGAGE ET DE PHILOSOPHIE DE LA LOGIQUE
par Serge Bozon

Modalités et attitudes propositionnelles [2]

Substitution des identiques

(1)   Quine est mort en 2000.
(2)   8 est plus grand que 7.

---

1. Voir par exemple *ibid.*, p. 367 : « Telle est la puissance de la notion de
classe lorsqu'il s'agit d'unifier notre ontologie abstraite. Renoncer à ce bénéfice, et en revenir aux vieux objets abstraits avec tout le désordre primitif qui les
accompagne, serait un sacrifice déchirant [...] ».
2. Notre interprétation doit ici beaucoup à Philippe de Rouilhan.

Les énoncés (1) et (2) sont vrais, mais (1), contrairement à (2), relève de questions empiriques, et donc contingentes. Ce qui n'est pas contingent est nécessaire [1].

D'où :

(3)   Nécessairement, 8 est plus grand que 7.

Mais il se trouve que, dans le système solaire (précision tacite dorénavant) :

(4)   8 est le nombre des planètes.

D'où, par la règle logique de substitution des identiques (SI) :

(5)   Nécessairement, le nombre des planètes est plus grand que 7.

Mais (5) est faux : tout fait empirique (astronomique ou autre) est contingent. Le nombre des planètes aurait pu être autre, tout comme Quine aurait pu mourir plus tôt ou plus tard. On passe de prémisses vraies à une conclusion fausse par l'intermédiaire d'une règle d'inférence valide – paradoxe. Ce paradoxe, hérité de Quine (1941 [2]), est repris ici au chapitre 15.

Est-ce la règle d'inférence qui pose problème ? L'intuition sémantique, solidaire du principe leibnizien d'indiscernabilité des identiques, semble imparable : si je remplace dans une phrase un terme désignant un objet par un autre terme désignant le même objet, ce dont je parle (à savoir l'objet en question) ne change pas, et ce que j'en dis non plus, puisque le

1. Contingent peut aussi s'entendre en un autre sens, à savoir comme non prédéterminé (*i.e.* ni nécessaire, ni impossible), mais nous laisserons ce sens de côté.

2. Une précision : à l'époque, le nombre des planètes était supposé être 9, d'où notre infidélité à la lettre de l'argument original.

reste ne bouge pas, donc la phrase résultante doit avoir la même valeur de vérité que la phrase de départ. D'où (SI) : deux termes co-désignatifs sont substituables *salva veritate*.

Comme l'a remarqué Frege, certains contextes sont, pour utiliser un mot de Quine, « opaques », où l'opacité se définit par la mise en échec de (SI)[1]. Chez Frege, la notion de contenu sémantique est scindée : les expressions (catégorématiques, précision tacite dorénavant) ont un sens (« *Sinn* ») et, au moins pour certaines d'entre elles, une référence (« *Bedeutung* »). Le premier est un mode de donation de la seconde. Ainsi, « le vainqueur de Iéna » et « le vaincu de Waterloo » ont même référence, à savoir Napoléon, mais des sens distincts : un même individu est donné par l'un comme vainqueur d'une certaine bataille et par l'autre comme vaincu d'une certaine autre bataille.

Cette distinction, motivée par ailleurs[2], permet de résoudre le paradoxe de Quine. Pour Frege, il y a un glissement sémantique caché dans le langage ordinaire : dans (3) et (5), un terme comme « 8 » ou « le nombre des planètes » n'a plus sa référence habituelle (à savoir un certain nombre), mais a comme référence son sens habituel (à savoir un certain mode de donation de ce nombre). Les contextes que Quine juge

1. Nous simplifions les choses, car une telle définition pose des difficultés (*cf.* K. Fine, « The problem of *de re* modality », dans J. Almog, J. Perry et H. Wettstein (eds.), *Themes from Kaplan*, Oxford, Oxford UP, 1989).

2. Elle permet de répondre à la question : comment un énoncé d'identité peut-il être vrai et informatif ? Réponse : quand les termes en jeu ont même référence (d'où la vérité), mais pas même sens (d'où l'informativité). Ainsi « L'étoile du matin n'est autre que l'étoile du soir » est vrai et informatif, contrairement à « L'étoile du matin n'est autre que l'étoile du matin », qui est vrai mais n'est pas informatif.

opaques sont en fait obliques, la référence d'une expression y devenant ainsi son sens (habituel)[1]. Le paradoxe s'évanouit, car (4) garantit seulement que « 8 » et « le nombre des planètes » ont la même référence (habituelle), or appliquer (SI) à (3) exigerait une identité de sens (habituel). En bref, (SI) n'est tout simplement pas applicable, car « 8 » et « le nombre des planètes » ne sont pas co-désignatifs dans les contextes obliques[2].

Cette solution n'est pas disponible pour Quine, qui n'a cessé de lutter contre l'admission des sens comme entités, admission « mal fondée et superflue » (Quine (1962)). Pourquoi ce refus ? Le sens, c'est ce qui est préservé par traduction. Or un célèbre argument, qui invoque des indigènes et des lapins, conduit Quine à la surprenante thèse dite « d'indétermination de la traduction » : il n'y a pas de «*fact of the matter*» à la traduction. (Nous renvoyons le lecteur au deuxième chapitre du *Mot et la Chose*.) D'où le refus d'hypostasier les sens.

Une autre solution serait de comprendre la nécessité autrement. Au lieu d'un adverbe modifiant une phrase, pourquoi ne pas analyser la nécessité comme un adverbe modifiant un prédicat ? (3) et (5) deviennent alors :

---

1. Le lecteur se demandera peut-être quel est le sens d'une expression dans un contexte oblique. Puisque le sens détermine la référence (selon Frege), cela ne peut être son sens habituel, sinon l'expression y aurait aussi sa référence habituelle. Le glissement est donc double : la référence et le sens changent.

2. Notons que le paradoxe de Quine se convertit chez Frege en preuve apagogique de non-synonymie. Notons aussi que le paradoxe s'évanouit d'office si les descriptions définies, comme « le nombre des planètes », ne sont plus considérées comme des termes singuliers, car (SI) n'est alors plus applicable.

(3') 8 est nécessairement plus grand que 7.

(5') Le nombre des planètes est nécessairement plus grand que 7.

(5') est vrai, contrairement à (5), donc le paradoxe s'évanouit. On passe de la nécessité *de dicto*, qui porte sur le *dictum* (à savoir ce qui est dit, par exemple que le nombre des planètes est plus grand que 7) à la nécessité *de re*, qui porte sur la *res* (à savoir la chose même, par exemple le nombre des planètes, *i.e.* 8), au sens où c'est la *res* en elle-même, indépendamment de tout mode de donation, qui possède nécessairement telle propriété (par exemple d'être plus grand que 7). Mais admettre des propriétés nécessaires revient pour Quine à admettre l'essentialisme aristotélicien, les propriétés essentielles d'un objet étant celles qu'il possède nécessairement. Ainsi la propriété d'être un bipède sans plumes ne serait pas nécessaire à l'homme, selon Aristote, contrairement à celle d'être rationnel. La propriété d'être plus grand que 7 serait quant à elle nécessaire à tous les objets qui la possèdent. L'essentialisme n'est pas acceptable pour Quine, mais ses objections sont au mieux elliptiques. C'est l'arbitraire qui semble le rebuter : est-ce qu'un cycliste philosophe est nécessairement rationnel et accidentellement bipède ?

Généralisation existentielle

Imaginons que Philippe croit que Cicéron a dénoncé Catilina, mais ignore que Cicéron n'est autre que Tullius.

Ainsi l'énoncé suivant est faux :

(6) Philippe croit que Tullius a dénoncé Catilina.

Mais le suivant est vrai :

(7) Philippe croit que Cicéron a dénoncé Catilina.

Les contextes de croyance, et plus généralement d'attitudes propositionnelles (« sait que », « espère que », « craint que », « ignore que », etc.), souffrent donc de la même opacité ou obliquité que les contextes modaux. Mais l'argument ne s'arrête pas là.

De (7) nous inférons par la règle logique de généralisation existentielle (GE) :

(8)   Il y a quelqu'un dont Philippe croit qu'il a dénoncé Catilina.

C'est-à-dire :

(9) $(\exists x)$ (Philippe croit que x a dénoncé Catilina).

Qui est ce quelqu'un, c'est-à-dire : quel est cet x ? Cicéron, *i.e.* Tullius, mais cela contredit la fausseté de (6) – seconde énigme, héritée de Quine (1943) et reprise ici dans une variante policière au chapitre 17.

Toute mise en échec de (SI), qui gouverne la relation d'identité, entraîne ainsi une mise en échec de (GE), qui gouverne le quantificateur existentiel (plus exactement son introduction). Mais il ne s'agit plus ici d'un problème d'inférence (prémisses vraies, conclusion fausse), mais d'intelligibilité : comment comprendre (9) ? Pour comprendre (9), il faut savoir à quelles conditions (9) est vrai. Les conditions de vérité d'une formule quantifiée sont déterminées par la satisfaction de la formule ouverte correspondante par des assignations de valeurs à ses variables libres. La formule ouverte « Philippe croit que x a dénoncé Catilina » est-elle satisfaite par l'assignation de Cicéron à « x » ? On a envie de répondre oui, par la vérité de (7), et non, par la fausseté de (6). Contradiction. Si la satisfaction s'écroule, la quantification aussi. La conclusion de Quine est sans appel : (9) n'a pas de sens, donc (8) non plus, donc la « quantification à travers » (lorsqu'un quantificateur lie, de l'extérieur d'un contexte opaque, une variable figurant à l'intérieur de ce contexte, comme dans (9)) est impossible.

Contrairement à (SI), le problème posé par (GE) dans les contextes opaques ne fut pas envisagé par Frege, dont l'analyse ne fait pas droit à la quantification à travers : dans (7), le terme « Cicéron » désigne selon lui un sens, et non un individu, donc le « x » de (9) doit prendre comme valeur des sens, et non des individus, donc la quantification n'est plus celle attendue (« Il y a quelqu'un dont... »)[1].

Quine est prêt à renoncer aux modalités, mais pas aux attitudes propositionnelles, indispensables aux sciences humaines comme la psychologie. Sa solution va être de distinguer deux notions de croyance, identifiées à tort par le langage ordinaire. Dans (6) et (7), la croyance a pour objet un *dictum* exprimé par une phrase close, c'est la croyance *de dicto*. Dans (8) (respectivement (9)), ce n'est pas le cas, en raison de la présence du pronom « il » (respectivement de la variable « x »), c'est la croyance *de re*.

Pour rester provisoirement dans un cadre intensionnel, où les propositions sont des sens de phrases closes et les propriétés des sens de phrases ouvertes, la croyance *de dicto* (qu'on notera « croit$_D$ ») est une relation binaire unissant des individus à des propositions ; la croyance *de re* (qu'on notera « croit$_R$ ») est une relation ternaire unissant des individus, des propriétés et des individus[2]. Il faut remplacer (6) et (7) par :

---

1. Cela n'exclut pas la possibilité de simuler, dans un cadre fregéen, la quantification à travers, *cf.* D. Kaplan, « Quantifying in », *Synthese*, 19, 1968.

2. Provisoirement, car Quine remplacera *in fine* ces « créatures de l'ombre » que sont les entités intensionnelles (comme les propriétés et les propositions) par des entités linguistiques (comme les prédicats et les phrases).

(6')   Philippe croit$_D$ que Tullius a dénoncé Catilina.

(7')   Philippe croit$_D$ que Cicéron a dénoncé Catilina.

Admettons de plus, quitte à faire violence au langage ordinaire, que :

(7")   Philippe croit$_R$ la propriété d'avoir dénoncé Catilina de Cicéron.

De (7") nous inférons par (GE) :

(9')   ($\exists x$) (Philippe croit$_R$ la propriété d'avoir dénoncé Catilina de x).

Reposons la question fatidique : quel est cet x ? Cicéron, *i.e.* Tullius. Cela ne contredit plus la fausseté de (6'). Pour résumer :

(10)   Philippe croit$_R$ la propriété d'avoir dénoncé Catilina de Tullius sans croire$_D$ que Tullius a dénoncé Catilina.

La résolution est astucieuse, mais on aimerait en savoir plus, entre autres sur les liens unissant les deux formes de croyance. Il est évident que la croyance *de re* n'implique pas la croyance *de dicto*, *cf.* (10). Quine affirme au chapitre 17 que l'implication réciproque est valide : la croyance *de dicto* implique la croyance *de re*. C'est ce qu'il appelle le principe d'« exportation », le terme singulier étant exporté du contexte opaque de la croyance *de dicto*. Quine ne donne pas d'argument, mais la tentation est sans doute celle de permettre aux attitudes propositionnelles de « toucher » directement aux individus malgré le conceptualisme strict[1] du cadre fregéen

---

1. Depuis Church, grand disciple américain de Frege, il est d'usage de parler de concepts de X et non de modes de donation de X, d'où la notion de conceptualisme : concepts d'individu ; concepts de classe, *i.e.* propriétés ;

qui sous-tend ici sa pensée : si quelqu'un croit$_D$ une proposition contenant une propriété P et un mode de donation d'un individu x, alors il croit$_R$, de ce x, la propriété P. La croyance *de re* étant à l'évidence plus mystérieuse pour Quine que la croyance *de dicto*, l'exportation vaut aussi comme tentative d'expliquer partiellement la première en termes de la seconde.

Mais il est naturel d'admettre que [1] :

> (11) Philippe croit que le plus petit espion est un espion.

D'où, par l'analyse de Quine,

> (12) Philippe croit$_D$ que le plus petit espion est un espion.

D'où, par exportation :

> (13) Philippe croit$_R$ la propriété d'être un espion du plus petit espion.

D'où, par (GE) :

> (14) Il existe quelqu'un dont Philippe croit$_R$ la propriété d'être un espion.

C'est-à-dire, par l'analyse de Quine :

> (15) Il existe quelqu'un dont Philippe croit qu'il est un espion.

D'une croyance triviale de Philippe, on déduit que Philippe soupçonne quelqu'un ! Entre croire que le plus petit

---

concepts de valeur de vérité, *i.e.* propositions ; etc. Dans un cadre frégéen, le sens du tout est non seulement déterminé par le sens des parties, mais composé du sens des parties, d'où la notion de conceptualisme strict : il n'y a que des concepts dans les croyances *de dicto*.

1. Pour simplifier, on supposera que tous les espions ont des tailles distinctes. Plus généralement, l'exportation doit être d'office affaiblie si on admet des termes vides – nous laisserons le lecteur réfléchir, sur le modèle de l'argument suivant, à « Bob croit que Superman est fort ».

espion est un espion et être en mesure de dénoncer quelqu'un, par exemple au FBI, il y a pourtant une « vaste différence », comme l'écrit Quine, vaste différence sans laquelle le FBI ne pourrait fonctionner. Cet argument de Sleigh (1967[1]) ruine le seul principe proposé par Quine pour comprendre le lien unissant les deux formes de croyance. Différents philosophes ont essayé d'affaiblir le principe d'exportation pour éviter d'inférer ainsi des croyances substantielles de croyances anodines, mais sans succès selon Quine, dont les derniers textes sur la question seront sceptiques. Que le lecteur ne se décourage pas : l'échec est parfois la rançon de la profondeur. Le grand philosophe David Kaplan ne confessait-il pas récemment[2] ne s'être jamais intéressé qu'à un seul sujet : la quantification à travers les contextes obliques ?

Variables, logique combinatoire et réduction ontologique

La logique des foncteurs de prédicat

Répétons le slogan de Quine : « Être, c'est être la valeur d'une variable ». Qu'est-ce qu'une variable ? Selon Quine, le propre d'une variable, c'est de pouvoir être liée. Mais il y a différentes manières de lier une variable, entre autres l'abstraction extensionnelle (la classe des x tels que…), l'abstraction fonctionnelle (la fonction qui associe à tout argument x la valeur y telle que…), l'abstraction intensionnelle (la propriété

---

1. L'argument, dû indépendamment et quasi-simultanément à Sleigh, Kaplan, Kripke et Wallace, est plus pragmatique que logique, concernant l'usage ordinaire du langage ordinaire, dans lequel on n'affirmerait en effet jamais (15) sur la seule base de (11).

2. *Cf.* N. Salmon, « Quantifying into the unquantifiable : the life and work of David Kaplan », dans J. Almog et P. Leonardi (eds.), *The Philosophy of David Kaplan*, Oxford, Oxford UP, 2009.

d'être un *x* tel que…), la quantification existentielle (il existe au moins un *x* tel que…). Laquelle est fondamentale ? Aucune, selon Quine, qui prouve ici plusieurs résultats d'interdéfinissabilité. Pour comprendre la nature des variables, il faut alors comprendre ce que toutes ces manières également fondamentales ont en commun. La réponse sera naturellement le « tel que », qui enrégimente le rôle du pronom relatif (« qui », « que », « dont ») dans les subordonnées du langage naturel.

C'est la notation canonique de la logique du premier ordre qui permet de déterminer l'engagement ontologique des théories. Dans la logique du premier ordre, il y a des variables. Une question s'impose : peut-on, pour parler vaguement, faire la même chose (que la logique du premier ordre) sans variables ? L'absence de variables est la caractéristique de la logique combinatoire, inventée en 1924 par Schönfinkel. Mais la logique combinatoire ne répond pas à la question, étant beaucoup plus puissante que la logique du premier ordre : elle est une théorie générale des fonctions comparable à la théorie générale des ensembles, et donc sujette aux analogues fonctionnels des paradoxes ensemblistes.

Quine propose au chapitre 28 une nouvelle logique sans variables, la « logique des foncteurs de prédicat », et prouve qu'elle est intertraduisible avec la logique du premier ordre. L'idée de base est simple : réattribuer le travail combinatoire des variables (par exemple le passage de « *Fxy* » à « *Fyx* ») à des foncteurs de prédicat (ici un foncteur permutant la première et la dernière place des prédicats), de même pour le travail quantificationnel. Que devient le critère d'engagement ontologique en l'absence de variables ? Réponse : pour une théorie *T* exprimée dans la notation des foncteurs de prédicat, les choses qui existent sont celles qui satisfont les prédicats monadiques de *T*. Le texte de Quine se clôt sur une double question : est-il possible de concevoir une procédure de preuve autonome (*i.e.* ne passant pas par la traduction citée en premier ordre) pour cette logique et de prouver un théorème de complétude associé ? Les doubles réponses positives ne tarderont pas, que ce soit en termes de déduction naturelle, de séquents, d'arbres, d'axiomatiques, etc. [1].

La logique des prédicats monadiques est décidable (théorème de Löwenheim-Behmann), celle des prédicats dyadiques, et *a fortiori* polyadiques, ne l'est pas (théorème de Church). Quine [2] permet d'affiner notre compréhension de cette cruciale perte de décidabilité : en mobilisant (la traduction citée dans) un sous-système de la logique des foncteurs de prédicat, il montre que la logique des prédicats polyadiques reste décidable tant qu'il n'y a pas de permutations et d'identifications (par exemple le passage de « *Fxy* » à « *Fxx* ») des places de prédicat [3].

Ironie de l'histoire, cette remarquable invention d'une logique combinatoire du premier ordre sera pour l'essentiel

---

1. *Cf.* Th. Zimmermann, Annexe de S. Knöpfler, *Linguistiche und Formallogische Untersuchung zur Prädikat-Funktor Logik*, polycopié, Sonderforschungsbereich 99 « Linguistik », Constance, université de Constance, 1979 ; S.T. Kuhn, « An axiomatisation of predicate functor logic », *Notre Dame Journal of Formal Logic*, 24, 1983 ; T. Grünberg, « A tableau system of proof for predicate-functor logic with identity », *Journal of Symbolic Logic*, 48, 1983 ; J. Bacon, « The completeness of a predicate-functor logic », *Journal of Symbolic Logic*, 50, 1985.

2. W.V. Quine, « On the limits of decision », dans *Proceedings of the 14th International Congress for Philosophy (Vienne, 1968)*, vol. III, Vienne, université de Vienne, 1969.

3. En fait, les choses sont plus compliquées que cela, *cf.* A. Noah, « Predicate-functors and the limits of decidability in logic », *Notre Dame Journal of Formal Logic*, 21, 1980.

mobilisée par des travaux de logique intensionnelle [1], dans lesquels l'univers attendu est composé d'intensions gouvernées par les analogues ontologiques des foncteurs de prédicat, ou par des travaux luttant contre la supposée supériorité *de jure* de la logique moderne sur la logique classique [2] – deux horizons bien infidèles à la philosophie du maître de Harvard.

Le pythagorisme

La logique moderne est née, avec Frege, d'une tentative de réduire l'arithmétique à la logique. Il s'agissait de montrer que toutes les notions arithmétiques sont définissables en termes purement logiques et que tous les théorèmes arithmétiques sont prouvables purement logiquement *modulo* ces définitions. L'intérêt d'une telle réduction n'était pas affaire d'économie ontologique (comment se passer des nombres ?), contrairement à l'intérêt de l'arithmétisation de l'analyse (comment se passer des infinitésimaux ?). Mais c'est bien à une question d'économie ontologique que Quine s'intéresse ici en empruntant le sens inverse (à savoir : de la logique à l'arithmétique).

Par le théorème de Löwenheim-Skolem, toute théorie cohérente (exprimée dans un langage dénombrable du premier ordre, précision tacite dorénavant) a un modèle dont le domaine est constitué uniquement d'entiers naturels. Faut-il en conclure

---

1. G. Bealer, *Quality and Concept*, Oxford, Clarendon Press, 1982 ; Ed. N. Zalta, *Abstract Objects : An Introduction to Axiomatics Metaphysics*, Dordrecht, D. Reidel, 1983 ; Ch. Menzel, *A Complete, Type-Free Second Order Logic of Properties, Relations and Propositions*, Center for the Study of Language and Information, Technical Report, CSLI 86-40, Stanford, université de Stanford, 1986.

2. F. Sommers, *The Logic of Natural Language*, Oxford, Clarendon Press, 1982.

que seul le sens commun nous empêche d'adopter une ontologie n'admettant l'existence que des entiers naturels? En
bref, peut-on réduire, en droit sinon en fait, toutes nos théories
à l'arithmétique, comme le prétend le pythagorisme?

Pour répondre, il faut définir en précision ce qu'est la
réduction d'une théorie T à une théorie T'. Au chapitre 20,
Quine propose une définition sémantique (*model-theoretical*)
qui permet de bloquer le pythagorisme, et il prouve que les
réductions ainsi définies ont en général un coût. Ce qu'on
économise en entités (primitives), on le paie en notions (primitives): moins il y a d'entités, plus il y a de notions. Mais la
définition de Quine semble exclure des cas légitimes de réduction et inclure des cas illégitimes de réduction[1]. L'histoire a
retenu la définition syntaxique (*proof-theoretical*) de Tarski[2],
sous le nom de «*relative interpretability*», et non celle de
Quine.

Hélas, la définition de Tarski semble ne pas pouvoir
bloquer le pythagorisme, puisque toute théorie cohérente et
axiomatisable est réductible au sens de Tarski à l'arithmétique. Quine pourrait rétorquer que l'arithmétique n'est pas
une «vraie» théorie, n'étant pas axiomatisable. Mais toute
théorie cohérente et axiomatisable T est réductible au sens de
Tarski à $AP + \mathrm{Coh}(T)$, qui est bien axiomatisable, où AP est
l'arithmétique de Peano et $\mathrm{Coh}(T)$ l'énoncé canonique exprimant arithmétiquement, *modulo* un codage, la cohérence de
T[3]. Quine pourrait cette fois rétorquer que 1) le pythagorisme

1. *Cf.* S. Iwan, «An analysis of Quine's "Ontological reduction and the world of numbers"», *Erkenntnis* 53, 2000.

2. A. Tarski, A. Mostowski et R.M. Robinson, *Undecidable Theories*, Amsterdam, North-Holland, 1953.

3. *Cf.* S. Feferman, «Arithmetization of metamathematics in a general setting», *Fundamenta Mathematicae*, XLIX, 1960.

est tenu d'exhiber *une* théorie arithmétique à laquelle réduire toutes les autres, et non une hiérarchie infinie de théories arithmétiques, chacune dépendant de la théorie T de départ; 2) $AP + \text{Coh}(T)$ n'est pas une théorie arithmétique digne de ce nom, l'un de ses axiomes, à savoir $\text{Coh}(T)$, étant en fait (le codage d')un méta-énoncé syntaxique sur T. Ce que Quine pourrait faire, le fait-il? Le lecteur verra, ici comme ailleurs, comment le philosophe naturaliste et pragmatiste louvoie savamment pour maintenir son «bateau de Neurath» à flot. C'est un des charmes dangereux de Quine [1] que cette capacité mouvante à résoudre des tensions internes en relativisant les oppositions en jeu [2].

Sur la présente édition

Les notes des traducteurs sont données en bas de page, appelées numériquement. Les notes originales de Quine, également en bas de page, sont signalées alphabétiquement.

Les ajouts entre crochets droits [ ] désignent, selon le contexte, soit des ajouts originaux de Quine, soit des précisions des traducteurs.

Nous donnons, en marge du texte, la pagination de l'édition anglaise à partir de laquelle nous avons traduit le texte de Quine.

Nous remercions Sandra Laugier et Philippe de Rouilhan pour leur aide précieuse.

---

1. *Cf.* F. Rivenc, *Lecture de Quine*, «Cahiers de Logique et d'Épistémologie», vol. 4, Londres, College Publications, King's College, 2008.
2. Merci à Philippe de Rouilhan et Denis Bonnay pour leurs précieuses remarques.

GLOSSAIRE

Sauf exception justifiée par le contexte, nous avons adopté les conventions suivantes pour la traduction des termes employés par Quine :

Account : compte rendu
Clause (par exemple *subordinate clause*) : proposition
Conceptual scheme : schème conceptuel
Construe (vb) : interpréter
Contrary-to-fact conditional : conditionnel contre-factuel ou irréel
Data : données
Domestic : local
Entail (vb) : avoir pour conséquence, entraîner
Explain away (vb) : éliminer (par l'explication)
Knowledge : connaissance
Issue (vb) : délivrer, donner lieu
Language : langage, plus rarement : langue
Meaning : signification
Mean : signifier
Name : nom
Name (vb) : désigner, nommer
Nonsense : Non-sens
Open (*closed*) *sentence* : phrase ouverte, close

Parochial, parochialism : provincial, provincialisme
Phenomenalism : phénoménisme
Pointing : deixis, geste de montrer du doigt
Posit : posit (néologisme)
Posit (vb) : poser, postuler
Quantify into (vb) : quantifier à travers
Regimented : enrégimenté
Regimentation : enrégimentement
Self-contradictory, -riness : contradictoire, contradiction
Sense datum : *sense datum*
Sentence : phrase
Sequence : suite
Significant : signifiant
Significance : signifiance
Standard : norme
Statement : énoncé
There is : il y a
Utterance : émission (vocale)

W.V. Quine

LES VOIES DU PARADOXE
ET AUTRES ESSAIS

PRÉFACE

Ce livre est paru pour la première fois en 1966, et comprenait vingt-et-un essais. Trois d'entre eux dataient des années trente, neuf de 1951-1955, et neuf de 1960-1964. Huit essais se voient à présent ajoutés, tous plus tardifs.

Ces vingt-neuf essais sont classés non pas selon leur date, mais selon leur caractère et leur contenu. Les dix ou onze premiers sont destinés à un public plus large que les philosophes. Ils commencent par quatre pièces semi-populaires sur la logique et les fondements des mathématiques. Vient ensuite une réminiscence de Carnap, qui domine plusieurs de ces essais. Suivent trois pièces logico-philosophiques destinées à des linguistes. Après celles-ci, deux conférences radiophoniques traitent sur un mode léger de la connaissance et de la vérité nécessaire; et je me dirige alors vers des interrogations plus professionnelles relatives à des questions controversées sur l'analyticité, la logique modale et les attitudes propositionnelles. Avec le dix-huitième essai, je prends un virage abrupt vers l'ontologie, et cela pendant huit essais. Après ceux-ci, le centre d'intérêt se déplace vers les variables. Les deux derniers essais, plus austèrement logiques, traitent de la logique algébrique et de la théorie de la vérité de Tarski.

Je salue avec reconnaissance une bourse de la National Science Foundation, qui a soutenu la rédaction de certains des essais ajoutés dans cette édition. J'exprime également ma gratitude pour le soutien et l'assistance rendus par le Center for Advanced Study de la Wesleyan University, lorsque je rassemblai et éditai la première édition.

Je remercie Basil Blackwell, D. Reidel Publishing Co., l'American Mathematical Society, la New York Academy of Sciences, New York University Press, le *Journal of Philosophy*, l'American Academy of Arts and Sciences, les administrateurs de l'université de Columbia, University of Massachussetts Press, Plenum Publishing Co., ainsi que Bobbs-Merrill pour leur autorisation de reproduire les Essais 2, 5-8, 12-16, 19, 21, 22, 24-26, 28 et 29.

W. V. Q.
Octobre 1972

LES VOIES DU PARADOXE*

J'ai présenté ce texte en conférence à l'université d'Akron, en
novembre 1961, et à nouveau à un Shop Club de Harvard. Il a été
publié sous le titre « Paradox » dans le *Scientific American* (volume
206, 1962).

Frédéric, protagoniste des *Pirates de Penzance*, a atteint
l'âge de 21 ans après cinq anniversaires seulement. Un certain
nombre de circonstances concourent à rendre ce fait possible.
L'âge se mesure en temps écoulé, tandis qu'un anniversaire
doit correspondre à la date de la naissance ; et toutes les années
ne comptent pas de 29 février.

La situation de Frédéric étant possible, en quoi est-elle
paradoxale ? Simplement en son air initial d'absurdité. La
probabilité qu'un homme ait plus de n ans le jour de son $n^{ième}$
anniversaire ne dépasse pas 1/1460, ou à peine plus si l'on
admet des variations saisonnières, et cette probabilité est si
faible que nous en oublions facilement l'existence.

Peut-on dire en général, alors, qu'un paradoxe n'est
qu'une conclusion qui paraît d'abord absurde mais qu'un

---

* Traduit par Henri Galinon.

argument étaye ? Je pense, au bout du compte, que c'est là une
assez bonne explication. Mais elle passe beaucoup de choses
sous silence. L'argument qui étaye un paradoxe peut révéler
l'absurdité d'une prémisse cachée ou d'une préconception
précédemment tenue pour essentielle à la théorie physique,
aux mathématiques, ou au processus de la pensée. Une catas-
trophe guette peut-être, par conséquent, sous l'apparence du
plus innocent paradoxe. La découverte d'un paradoxe a plus
d'une fois dans l'histoire été l'occasion d'une reconstruction
majeure touchant aux fondements mêmes de la pensée. Depuis
quelques décennies, en fait, l'étude des fondements des mathématiques a été mise en échec et énormément stimulée par
2 la confrontation avec | deux paradoxes, l'un proposé par
Bertrand Russell en 1901, l'autre par Kurt Gödel en 1931.

À titre de premier pas sur ce terrain dangereux,
considérons un autre paradoxe : celui du barbier du village. Ce
n'est pas le grand paradoxe de Russell, celui de 1901, auquel
nous allons venir, mais un moindre paradoxe que Russell a
attribué en 1918 à une source qu'il ne nomme pas. Dans un
certain village se trouve un homme, nous dit le paradoxe, un
barbier. Ce barbier rase tous les hommes du village qui ne se
rasent pas eux-mêmes, et ceux-là seulement. Question : le
barbier se rase-t-il lui-même ?

Dans ce village, un homme est rasé par le barbier si, et
seulement si, il ne se rase pas lui-même. Donc en particulier le
barbier se rase lui-même si, et seulement si, il ne se rase pas lui-
même. Nous sommes en difficulté si nous disons que le barbier
se rase lui-même, et nous sommes en difficulté si nous disons
qu'il ne se rase pas lui-même.

Comparons maintenant les deux paradoxes. Au premier
abord, la situation de Frédéric semblait absurde, mais un argument simple a suffi à nous le faire accepter pour de bon. Dans

le cas du barbier, d'un autre coté, la conclusion est trop absurde pour que nous l'acceptions à quelque moment que ce soit.

Que dire de l'argument qui prouve cette conclusion absurde ? Heureusement, il repose sur des hypothèses. On nous demande d'avaler une histoire au sujet d'un village et d'un homme dans ce village qui rase exactement les hommes du village qui ne se rasent pas eux-mêmes. C'est là la source de notre difficulté : acceptons ceci et nous finissons par dire, de façon absurde, que le barbier se rase lui-même si, et seulement si, il ne se rase pas lui-même. La conclusion correcte à tirer est simplement qu'un tel barbier n'existe pas. Ce à quoi nous avons affaire n'est pas plus mystérieux que ce que les logiciens ont appelé depuis plus de deux mille ans une *reductio ad absurdum*. Nous réfutons le barbier en le supposant, et en déduisant l'absurdité qu'il se rase lui-même si, et seulement si, il ne se rase pas lui-même. Le paradoxe constitue simplement une preuve qu'aucun village ne peut contenir d'homme qui rase tous les hommes qui ne se rasent pas eux-mêmes et ceux-là seulement. Ce rejet radical peut d'abord paraître absurde : pourquoi ne pourrait-il pas exister un tel homme dans un village ? Mais l'argument montre pourquoi c'est impossible, et nous acceptons donc le rejet radical exactement comme nous avons accepté la possibilité, d'apparence absurde pour commencer, que Frédéric puisse avoir bien plus de cinq ans le jour de son cinquième anniversaire.

Ces deux paradoxes sont semblables, après tout, en ceci qu'ils étayent d'apparentes absurdités par un argument concluant. Ce qui est étrange mais vrai dans | l'un est que l'on ³ puisse avoir $4n$ ans le jour de son $n^{\text{ième}}$ anniversaire ; ce qui est étrange mais vrai dans l'autre est qu'aucun village ne peut compter d'homme qui rase exactement les hommes du village qui ne se rasent pas eux-mêmes.

Pourtant, je ne limiterai pas l'application du mot
« paradoxe » aux cas dans lesquels ce qui est prétendument
établi est vrai. J'appellerai ceux-ci, plus particulièrement, des
paradoxes véridiques, ou disant-vrai [*truth-telling*]. Car le nom
de paradoxe convient aussi aux paradoxes falsidiques. (Ce mot
n'est pas si barbare qu'il y paraît ; il y a deux occurrences de
falsidicus dans Plaute et deux chez des auteurs antérieurs.)

Le paradoxe de Frédéric est un paradoxe véridique si nous
prenons sa proposition non comme quelque chose à propos de
Frédéric mais comme la vérité abstraite qu'un homme peut
avoir $4n$ ans le jour de son $n^{ième}$ anniversaire. De même, le
paradoxe du barbier est un paradoxe véridique si nous prenons
sa proposition comme étant qu'aucun village ne contient un
tel barbier. Un paradoxe falsidique, d'un autre côté, est un
paradoxe dont la proposition non seulement semble d'abord
absurde mais encore se trouve être fausse, la prétendue preuve
étant en fait fallacieuse. Les « preuves » amusantes de $2 = 1$
sont des paradoxes falsidiques typiques. La plupart d'entre
nous ont déjà rencontré l'une ou l'autre d'entre elles. Voici
la version proposée par Auguste De Morgan : soit $x = 1$. Alors
$x^2 = x$. Donc $x^2 - 1 = x - 1$. En divisant des deux cotés par $x - 1$
nous concluons que $x + 1 = 1$, autrement dit, puisque $x = 1$,
$2 = 1$. La faute[1] vient de la division par $x - 1$, qui est égal à 0.

Au lieu de « paradoxe falsidique », pourrais-je parler
simplement de « raisonnement fautif » ? Pas tout à fait. Les
fautes de raisonnement peuvent mener à des conclusions vraies
aussi bien que fausses, et à des conclusions sans surprise aussi
bien qu'à des conclusions surprenantes. Dans un paradoxe
falsidique, il y a toujours une faute dans l'argument, mais la

---

1. Nous avons rendu le terme *fallacy* tantôt par *faute*, tantôt par
raisonnement fautif.

proposition prétendument établie doit de plus paraître absurde et être effectivement fausse.

Certains des paradoxes antiques de Zénon tombent sous la qualification de paradoxes falsidiques. Prenons celui d'Achille et de la tortue. Généralisé au-delà de ces deux personnages fictifs, ce que le paradoxe se propose d'établir est la proposition absurde que, tant qu'un coureur continue de courir, et si lentement qu'il courre, un autre coureur ne peut jamais le dépasser. L'argument est que chaque fois que le poursuivant atteint un point où le poursuivi s'est trouvé, le poursuivi s'est déplacé un peu au-delà. Lorsque nous essayons de rendre cet argument plus explicite, il apparaît que la faute provient de la conception erronée selon laquelle toute succession infinie d'intervalles de temps doit durer toute l'éternité. En fait, lorsqu'une succession infinie | d'intervalles de temps est telle **4** que les intervalles successifs deviennent de plus en plus courts, la succession dans son entier peut prendre un temps fini ou infini. C'est une question de séries convergentes.

LE PARADOXE DE GRELLING

Il n'est pas clair que le domaine du paradoxe soit épuisé, même par les paradoxes véridiques et falsidiques pris ensemble. Les paradoxes les plus étonnants ne se laissent pas clairement assigner à l'un de ces domaines. Considérons le paradoxe conçu par Kurt Grelling en 1908, concernant les adjectifs hétérologiques, ou non auto-descriptifs.

Expliquer ce paradoxe requiert d'abord une définition de l'adjectif autologique, ou auto-descriptif. L'adjectif « court » est court ; l'adjectif « français » est français ; l'adjectif « adjectival » est adjectival ; l'adjectif « polysyllabique » est

polysyllabique. Chacun de ces adjectifs est, dans la terminologie de Grelling, autologique : chacun est vrai de lui-même.
D'autres adjectifs sont hétérologiques : ainsi de « long »,
qui n'est pas un adjectif long ; de « allemand » qui n'est pas
un adjectif allemand ; de « monosyllabique », qui n'est pas
monosyllabique.

Le paradoxe de Grelling vient avec la question : l'adjectif
« hétérologique » est-il un adjectif autologique ou hétérologique ? Nous sommes en aussi mauvaise posture ici que nous
l'étions avec le barbier. Si nous décidons que « hétérologique »
est autologique, alors l'adjectif est vrai de lui-même. Mais
ceci fait de lui un adjectif hétérologique plutôt qu'autologique, puisque ce dont l'adjectif « hétérologique » est vrai
doit être hétérologique. Si, pour cette raison, nous décidons
que l'adjectif « hétérologique » est hétérologique, alors il est
vrai de lui-même, ce qui le rend autologique.

Notre recours dans une perplexité comparable concernant
le barbier du village fut de déclarer une *reductio ad absurdum*
et de conclure qu'un tel barbier n'existait pas. Ici, cependant, il
n'y a pas de prémisses provisoires à désavouer. Nous avons
seulement défini l'adjectif « hétérologique » et demandé s'il
était hétérologique. En fait, nous pouvons tout aussi bien
obtenir le paradoxe sans l'adjectif et sa définition. « Hétérologique » a été défini comme signifiant « non vrai de soi » ;
nous pouvons donc demander si la locution adjectivale « non
vrai de soi » est vraie d'elle-même. Nous voyons qu'elle l'est
si, et seulement si, elle ne l'est pas, donc qu'elle l'est et ne l'est
pas, et nous avons notre paradoxe.

Vu ainsi, le paradoxe de Grelling semble sans équivoque
être falsidique. Sa proposition est une proposition composée
5 contradictoire | telle que notre adjectif est et n'est pas vrai de
lui-même. Mais ce paradoxe contraste étrangement avec les

paradoxes falsidiques de Zénon, ou de « 2 = 1 », en ceci que nous sommes bien en peine de trouver la faute dans l'argument. Pour cette raison, le mieux est sans doute de le considérer comme représentant une troisième classe de paradoxes, distincts des paradoxes véridiques et falsidiques.

LES ANTINOMIES

Les paradoxes de cette classe sont appelés antinomies, et c'est par elles que la pensée entre en crise. Une antinomie produit une contradiction par des façons de raisonner acceptées. Elle établit qu'un modèle tacite de raisonnement qui a notre confiance doit être explicité, puis évité ou révisé.

Prenons le paradoxe de Grelling, dans la forme sous laquelle il montre que la locution adjectivale « non vrai de soi » est à la fois vraie et fausse d'elle-même. De quels principes tacites de raisonnement l'argument dépend-il ? Notamment de celui-ci : l'adjectif « rouge » est vrai d'une chose si, et seulement si, cette chose est rouge ; l'adjectif « gros » est vrai d'une chose si, et seulement si, cette chose est grosse ; l'adjectif « non vrai de soi » est vrai d'une chose si, et seulement si, cette chose est non vraie d'elle-même, et ainsi de suite. Cette dernière instance du principe est celle qui donne directement lieu au paradoxe.

On ne peut pas nier que nous fassions constamment usage de ce principe, tacitement, lorsque nous disons d'adjectifs qu'ils sont vrais de choses : l'adjectif « rouge » est vrai d'une chose si, et seulement si, cette chose est rouge, et de même pour tous les adjectifs. Ce principe ne fait que refléter ce que nous voulons dire lorsque nous disons que les adjectifs sont vrais de choses. C'est un principe dont il est difficile de se

défier, et pourtant c'est évidemment le principe responsable de
notre antinomie. L'antinomie est une application immédiate
de ce principe. Prenons pour adjectif dans ce principe la
locution adjectivale « non vrai de soi » à la place de l'adjectif
« rouge », et prenons pour la « chose » dans le principe, dont
l'adjectif doit être vrai, à nouveau l'adjectif lui-même ; le
principe dit immédiatement que « non vrai de soi » est vrai de
lui-même si, et seulement s'il n'est pas vrai de lui-même. Le
principe doit donc être abandonné, ou du moins restreint d'une
manière ou d'une autre.

Pourtant, le principe reflète si fidèlement ce que nous
voulons dire lorsque nous disons des adjectifs qu'ils sont vrais
6 de choses, que nous ne pouvons pas l'abandonner | sans
abjurer l'expression « vrai de » elle-même comme un non-sens
pernicieux. Nous pourrions continuer à utiliser les adjectifs
eux-mêmes qui avaient été dits être vrais des choses ; nous
pourrions continuer à les attribuer aux choses comme d'habitude ; ce que nous ferions disparaître avec « vrai de » est seulement une locution particulière pour parler des attributions des
adjectifs aux choses.

Cette locution particulière, pourtant, a son utilité, et elle
nous manquerait. En fait, il n'est pas nécessaire que nous nous
en passions complètement. Parler d'adjectifs comme étant
vrais ou non de choses a posé problème dans un cas particulier,
impliquant un adjectif particulier, nommément l'expression
« non vrai de soi », dans une attribution à une chose particulière, à savoir, à nouveau cette même expression. Si nous
renonçons à l'usage de la locution « vrai de » lorsque cette
expression particulière est mise en relation avec elle-même
comme objet, nous réduisons par là-même notre antinomie
au silence et pouvons continuer à utiliser tranquillement la

locution « vrai de » comme toujours dans les autres cas,
jusqu'à la découverte de nouvelles antinomies.

En fait, des antinomies apparentées à celle-ci sont encore
à venir. Afin de désactiver tout le lot, il nous faut trancher un
peu plus profondément que nous ne l'avons fait ; il nous faut
renoncer à l'usage de « vrai de » non seulement en relation
avec « non vrai de soi », mais encore en relation avec une
variété d'autres expressions liées à la vérité ; et dans ces cas,
il nous faut renoncer non seulement à l'usage de « vrai de »,
mais encore à une variété d'autres locutions aléthiques [*truth
locutions*]. Voyons d'abord quelques-unes des antinomies qui,
sinon, menaceraient.

LE PARADOXE D'ÉPIMÉNIDE

Il y a le paradoxe antique d'Épiménide le Crétois, qui disait
que tous les Crétois sont des menteurs. S'il disait la vérité,
c'était un menteur. Il semble que ce paradoxe soit venu aux
oreilles de Saint Paul, et qu'il en ait manqué la portée. Dans
son épître à Tite, il met en garde : « Un d'entre ceux de cette île,
dont ils se font un prophète, a dit d'eux : les Crétois sont
toujours menteurs » [1].

En fait, le paradoxe d'Épiménide est imparfait ; il a des
failles. Peut-être certains Crétois étaient-ils des menteurs,
Épiménide notamment, tandis que d'autres ne l'étaient pas ;
peut-être Épiménide était-il un menteur disant occasionnel-
lement la vérité ; dans tous les cas, la contradiction s'évanouit.
Quelque chose d'un paradoxe pourrait être sauvé | avec un petit 7
bricolage ; mais le mieux est de se tourner vers une version

---

1. Ep. à Tite, I. 12, traduction Port-Royal.

différente et plus simple, antique également, de la même idée.
C'est le *pseudomenon*, lequel dit simplement : « Je mens ».
Nous pouvons même faire disparaître le détour par la référence
personnelle et parler directement de la phrase : « Cette phrase
est fausse ». Il semble que nous ayons là l'essence irréductible
de l'antinomie : une phrase qui est vraie si, et seulement si, elle
est fausse.

Dans un effort pour se débarrasser de cette antinomie, on a
protesté que l'expression « cette phrase », utilisée de cette
façon, ne réfère à rien. On affirme cela sur la base du fait que
vous ne pouvez pas faire disparaître l'expression en lui substituant une phrase à laquelle elle réfère. Car à quelle phrase
l'expression réfère-t-elle ? À la phrase « Cette phrase est
fausse ». Si, en conséquence, nous remplaçons l'expression
« Cette phrase » par une citation de la phrase à laquelle il est
fait référence, nous obtenons : « "Cette phrase est fausse" est
fausse ». Mais la phrase globale attribue ici la fausseté non plus
à elle-même mais à une autre, n'engendrant plus de paradoxe.

Si, cependant, dans notre perversité, nous tenons encore à
construire une phrase qui s'attribue sans équivoque la fausseté
à elle-même, nous pouvons le faire de la façon suivante :
« "Donne quelque chose de faux lorsqu'il est apposé à sa
propre citation" donne quelque chose de faux lorsqu'il est
apposé à sa propre citation ». Cette phrase spécifie une suite de
treize mots et dit de cette suite que si vous l'écrivez deux fois,
la première occurrence entre guillemets, le résultat est faux.
Mais ce résultat est la phrase même qui l'énonce. La phrase est
vraie si, et seulement si, elle est fausse, et nous avons notre
antinomie.

Il s'agit d'une véritable antinomie, au même titre que celle
de l'« hétérologique », ou de « faux de soi », ou « non vrai de
soi », étant vrai de soi-même. Mais tandis que la précédente

mettait en jeu « vrai de » par la construction « non vrai de soi », cette nouvelle antinomie met seulement « vrai » en jeu, par la construction « affirmation fausse ». [*falsehood*] ou « affirmation non vraie » [*statement not true*]. Nous pouvons éviter les deux antinomies, et d'autres apparentées, en cessant d'employer « vrai de » et « vrai », leurs équivalents et leurs dérivés, ou en tout cas en cessant d'appliquer ces locutions aléthiques à des adjectifs ou des phrases qui contiennent eux-mêmes des locutions aléthiques.

On peut relâcher quelque peu cette restriction en admettant une hiérarchie de locutions aléthiques, comme le suggèrent les travaux de Bertrand Russell et d'Alfred Tarski. Les expressions « vrai », « vrai | de », « faux » et celles qui leur sont apparentées peuvent être utilisées avec des indices numériques « 0 », « 1 », « 2 » et ainsi de suite toujours accolés ou imaginés tels : « $vrai_0$ », « $vrai_1$ », « $vrai_2$ », « $faux_0$ » et ainsi de suite. Nous pouvons alors éviter les antinomies en prenant soin, lorsqu'une locution aléthique T est appliquée à une phrase ou une autre expression S, que l'indice de T soit plus grand que tous les indices figurant dans S. Les phrases violant cette restriction seraient traités comme dénuées de signification, ou agrammaticales, plutôt que comme vraies ou fausses. Par exemple, nous pourrions de manière sensée demander si les adjectifs « long » et « court » sont $vrais_0$ d'eux mêmes ; les réponses sont respectivement non et oui. Mais nous ne pourrions parler de manière sensée de l'expression « $non\ vrai_0$ de soi » comme $vraie_0$ ou $fausse_0$ d'elle-même ; il nous faudrait demander si elle est $vraie_1$ ou $fausse_1$ d'elle-même, et c'est une question qui ne mène à aucune antinomie. Dans les deux cas, on peut répondre simplement et sans risque de sanction par la négative.

Ce point mérite d'être reformulé : tandis que « long » et « court » sont des adjectifs pouvant avec sens être appliqués

8

à eux-mêmes, faussement dans un cas et véridiquement dans l'autre, d'un autre côté « $vrai_0$ de soi » et « non $vrai_0$ de soi » sont des expressions adjectivales qui ne peuvent pas avec sens être appliquées à elles-mêmes, véridiquement ou non. Par conséquent, à la question « "$vrai_0$ de soi-même" est-il $vrai_1$ de lui-même ? », la réponse est non ; l'expression adjectivale « $vrai_0$ de soi-même » est dénuée de sens appliquée à elle-même plutôt que $vraie_1$ d'elle-même.

Considérons ensuite, en termes d'indices, la version la plus perverse du *pseudomenon*. Nous devons maintenant, pour faire sens, inscrire des indices sous les deux occurrences du mot « faux », en ordre croissant. On obtient alors : « "Donne quelque chose de $faux_0$ lorsqu'il est apposé à sa propre citation" donne quelque chose de $faux_1$ lorsqu'il est apposé à sa propre citation. » Immédiatement, le paradoxe s'évanouit. Cette phrase est fausse sans équivoque. Ce qui nous est dit est qu'une certaine suite de mots est $fausse_1$, à savoir la suite de mots « "Donne quelque chose de $faux_0$ lorsqu'il est apposé à sa propre citation" donne quelque chose de $faux_0$ lorsqu'il est apposé à sa propre citation ». Mais en fait cette suite de mots n'est pas $fausse_1$; elle est dénuée de signification. Donc la phrase précédente, qui disait que cette suite de mots était $fausse_1$, est fausse. Elle est $fausse_2$.

Il pourrait sembler qu'il s'agisse là d'une façon extravagante d'éliminer les antinomies. Mais il serait bien plus coûteux de supprimer une fois pour toutes le mot « vrai » et les locutions apparentées. Pour un coût intermédiaire, on pourrait seulement cesser d'appliquer de telles locutions à des expressions | contenant ces locutions. Chacune de ces méthodes est moins économique que cette méthode des indices. Les indices nous permettent d'appliquer des locutions aléthiques à des expressions contenant des locutions du même genre, quoique d'une façon qui s'écarte de manière déconcertante de l'usage ordinaire. Chaque recours est désespéré, chacun s'écarte artificiellement de l'usage naturel et établi. Telle est la voie des antinomies.

Un paradoxe véridique enferme une surprise, mais la surprise se dissipe vite tandis que nous considérons la preuve. Un paradoxe falsidique renferme une surprise, mais nous voyons que c'est une fausse alerte quand nous corrigeons la faute sous-jacente. Une antinomie, cependant, renferme une surprise que rien ne peut résorber sinon la répudiation d'une partie de notre héritage conceptuel.

La révision d'un schème conceptuel n'est pas sans précédent. Elle se produit à petite échelle avec chaque avancée scientifique, et à grande échelle lors des grandes avancées, telles que la révolution copernicienne et le passage de la mécanique newtonienne à la théorie de la relativité d'Einstein. Nous pouvons même espérer nous habituer avec le temps aux plus importants de ces changements et trouver les nouveaux schèmes naturels. Il fut un temps où la doctrine de la rotation de la terre autour du soleil était appelée le paradoxe copernicien, y compris par ceux qui l'acceptaient. Et peut-être qu'un temps viendra où les locutions aléthiques sans indices implicites, ou sans garde-fous équivalents, sembleront vraiment aussi insensées que nous le montrent les antinomies.

Réciproquement, les paradoxes falsidiques de Zénon ont dû être, en son temps, de véritables antinomies. Nous autres, avec l'assurance de ceux qui viennent après, pointons une erreur : l'idée qu'une succession infinie d'intervalles est nécessairement un intervalle infini. Mais c'était certainement là une partie intégrante du schème conceptuel du temps de Zénon. Notre reconnaissance des séries convergentes, dans lesquelles la somme d'une infinité de segments résulte en un

segment fini, est du point de vue de Zénon aussi artificielle
que ne le sont nos nouveaux indices sous les locutions
aléthiques. Peut-être ces indices sembleront-ils aussi naturels
à nos descendants de l'an 4000, à faire l'hypothèse fragile de
leur existence, qu'à nous aujourd'hui les séries convergentes.
L'antinomie de l'un est le paradoxe falsidique de l'autre, à
deux mille ans près.

Je n'ai pas, cela dit, épuisé la réserve des antinomies
récentes. Une autre bonne antinomie est attribuée par Russell à
un bibliothécaire nommé G.G. Berry. Le thème, cette fois, est
10 celui des nombres et | des syllabes. Dix a un nom d'une syllabe.
Soixante dix-sept a un nom de cinq syllabes. La puissance
septième de sept cent soixante dix-sept a un nom qui, si nous
devions le donner complètement, pourrait bien avoir 100
syllabes ou quelque chose de cet ordre ; mais ce nombre peut
également être spécifié plus brièvement en d'autres termes. Je
viens de le spécifier en 15 syllabes. Nous pouvons être sûrs,
cependant, qu'il y a une infinité de nombres qui résistent à
toute spécification, par nom ou description, en moins de 22
syllabes. Il n'y a en tout qu'un stock fini de syllabes, et par
conséquent seulement un nombre fini de noms ou d'expressions de moins de 22 syllabes, tandis qu'il y a un nombre infini
d'entiers positifs. Très bien. Donc, de ces nombres qui ne sont
pas spécifiables en moins de 22 syllabes, l'un doit être le plus
petit. Et voilà notre antinomie : le plus petit nombre qui n'est
pas spécifiable en moins de vingt-deux syllabes est spécifiable
en vingt-et-une syllabes. Je viens de le spécifier.

Cette antinomie appartient à la même famille que les
antinomies précédentes. Car le mot-clé de cette antinomie,
« spécifiable », est interdéfinissable avec « vrai de ». C'est
encore une des locutions aléthiques qui recevrait un indice
dans le traitement à la Russell-Tarski. Le plus petit nombre qui

n'est pas spécifiable$_0$ en moins de vingt-deux syllabes est en effet spécifiable$_1$ en 21 syllabes, mais il n'est pas spécifiable$_0$ en moins de 22 syllabes ; pour autant il n'est pas que je sache spécifiable$_0$ en moins de 26 syllabes [1]. Cette résolution de l'antinomie de Berry est celle qui s'appliquerait automatiquement si nous paraphrasions « spécifiable » en termes de « vrai de » et assujettissions ensuite « vrai de » au traitement par les indices.

L'ANTINOMIE DE RUSSELL

Toutes les antinomies ne sont pas de cette famille. La plus célèbre de toutes les antinomies, découverte par Russell en 1901, n'en fait pas partie. Elle a à voir avec l'auto-appartenance des classes. Certaines classes sont membres d'elles-mêmes ; d'autres non. Par exemple, la classe de toutes les classes qui ont plus de cinq membres a clairement plus de cinq classes comme membres ; par conséquent cette classe est membre d'elle-même. D'un autre coté, la classe de tous les hommes n'est pas membre d'elle-même, n'étant pas un homme. Qu'en est-il de la classe de toutes les classes qui ne sont pas membres d'elles-

---

1. S'il n'y a pas de nombre de Berry, il y a néanmoins, en un sens que le passage rend clair, ce que l'on pourrait appeler le nombre$_0$ de Berry. Et il nous faut noter ici que ce nombre n'est pas, en fait, celui que notre traduction spécifie, mais le plus petit nombre qui n'est pas spécifiable$_0$ en anglais en moins de 19 syllabes. Russell (« Mathematical logic as based on the theory of types », *American Journal of Mathematics*, 30, 1908) déclare que ce nombre est 111 777. Dans l'original du passage que nous traduisons ici, Quine affirme au contraire qu'il ne le croit pas spécifiable$_0$ en moins de 23 syllabes. Je remercie Denis Bonnay qui m'a permis de traduire ce « 23 », et avec Quine je laisse au lecteur le plaisir d'en trouver par lui-même la justification.

mêmes? Comme ses membres sont les classes qui ne sont pas membres d'elles-mêmes, elle se qualifie comme membre d'elle-même si, et seulement si, elle ne l'est pas. Elle l'est et ne l'est pas : le visage maintenant familier de l'antinomie.

11 | L'antinomie de Russell est remarquablement analogue à l'antinomie de Grelling concernant « non vrai de soi », à laquelle elle est en fait antérieure. Mais l'antinomie de Russell n'appartient pas à la même famille que celle d'Épiménide et celles de Berry et Grelling. Je veux dire par là qu'on ne peut pas tenir les locutions aléthiques pour responsables de l'antinomie de Russell, ni résoudre cette dernière en imposant des indices à ces locutions. Les mots cruciaux dans l'antinomie de Russell sont « classe » et « membre », et aucun des deux n'est définissable en termes de « vrai », « vrai de » ou d'autres expressions semblables.

J'ai dit tout à l'heure qu'une antinomie établit qu'un mode de raisonnement tacite qui a notre confiance devait être explicité, puis évité ou révisé. Dans le cas de l'antinomie de Russell, le modèle de raisonnement tacite qui a notre confiance mais qui se trouve être défectueux, est celui-ci : pour toute condition que vous pouvez formuler, il y a une classe dont les membres sont les choses qui satisfont cette condition.

Il n'est pas facile d'abandonner ce principe. La façon presque invariable de spécifier une classe est de formuler une condition nécessaire et suffisante d'appartenance à cette classe. Quand nous avons formulé une telle condition, nous avons le sentiment que nous avons « donné » la classe et pouvons difficilement trouver un sens à l'inexistence de cette classe. La classe peut être vide, oui ; mais comment pourrait-il ne pas y avoir du tout de classe de ce genre ? Quelle substance peut-il manquer que la condition d'appartenance ne fournit pas ? Pourtant, ces exhortations ne nous sont d'aucun secours devant l'antinomie, laquelle prouve simplement que le principe est intenable. C'est un simple point de logique, une fois qu'on y regarde, qu'il n'y a aucune classe, vide ou non, dont les membres sont précisément les classes qui ne sont pas membres d'elles-mêmes. Elle devrait être membre d'elle-même si, et seulement si, elle ne l'était pas.

L'antinomie de Russell fut un choc pour Gottlob Frege, le fondateur de la logique mathématique. Dans ses *Grundgesetze der Arithmetik*, Frege pensait avoir assis les fondements des mathématiques sur les lois cohérentes de la logique. Il reçut une lettre de Russell tandis que le second volume de son œuvre était à l'impression. « L'arithmétique vacille » fut, dit-on, la réponse écrite de Frege. Un appendice qu'il ajouta au volume s'ouvre sur ces mots : « Un homme de science peut difficilement connaître situation plus indésirable que celle où les fondements s'effondrent au moment où le travail est terminé. Je fus mis dans cette position par une lettre de Bertrand Russell… »[1].

Dans l'antinomie de Russell, il y a plus qu'une simple trace du paradoxe du barbier. Le parallèle est, en vérité, exact. C'était un simple point de logique qu'il n'y a dans aucun village d'homme qui rase tous | les hommes du village qui ne **12** se rasent pas eux-mêmes et ceux-là seulement ; il se raserait lui-même si, et seulement si, il ne se rasait pas lui-même. Le paradoxe du barbier était un paradoxe véridique montrant qu'il n'existe pas de tel barbier. Pourquoi l'antinomie de Russell n'est-elle pas alors un paradoxe véridique montrant qu'il n'y a pas de classe dont les membres sont les classes qui ne sont

---

1. Pour la correspondance Frege-Russell en français, voir Russell, « Lettre à Frege » et Frege, « Lettre à Russell » (1902) dans F. Rivenc et Ph. de Rouilhan (éds.), *Logique et fondements des mathématiques*, *Anthologie (1850-1914)*, Paris, Payot, 1992.

pas membres d'elles-mêmes et seulement celles-là ? Pourquoi
compte-t-elle comme une antinomie et non le paradoxe du
barbier ? La raison en est qu'il y a dans nos habitudes de pensée
une présomption très forte qu'une telle classe existe, mais
aucune présomption qu'un tel barbier existe. Le paradoxe du
barbier est simplement un paradoxe en ceci que nous sommes
un peu surpris de pouvoir exclure le barbier sur une base purement logique en le réduisant à l'absurde. Même cette surprise
s'évanouit doucement tandis que nous revoyons l'argument ;
et de toute façon, nous n'avions jamais positivement cru en un
tel barbier. Le paradoxe de Russell est une véritable antinomie
parce que le principe d'existence des classes qu'il nous oblige
à abandonner est fondamental. Lorsque, dans un siècle futur,
l'absurdité de ce principe sera devenue un lieu commun, et
qu'un principe de substitution aura eu cours pendant assez
longtemps pour avoir un air de sens commun, peut-être
pourrons-nous commencer à ne voir dans le paradoxe de
Russell rien de plus qu'un paradoxe véridique, montrant
qu'il n'y a pas de classe des classes qui ne sont pas membres
d'elles-mêmes. L'antinomie de l'un peut être le paradoxe
véridique de l'autre, et le paradoxe véridique de l'un être la
platitude de l'autre.

L'antinomie de Russell provoqua une crise plus sérieuse
encore que ne le firent celles de Grelling et de Berry et celle à
propos d'Épiménide. Car ces dernières frappent la sémantique
de la vérité et de la dénotation, tandis que celle de Russell
frappe les mathématiques des classes. On fait appel aux classes
de façon auxiliaire dans la plupart des branches des mathématiques, et de plus en plus au fur et à mesure que les raisonne-
ments mathématiques sont rendus plus explicites. Le principe
fondamental des classes qui est utilisé tacitement, presque
partout où les classes sont impliquées, est précisément le prin-

cipe d'existence des classes qui est discrédité par l'antinomie de Russell.

J'ai parlé des antinomies de Grelling, de Berry et d'Épiménide comme appartenant toutes à une même famille, à laquelle l'antinomie de Russell n'appartient pas. Pour sa part, l'antinomie de Russell a sa propre famille. C'est en fait la première d'une série infinie d'antinomies qui se développe de la manière suivante. L'antinomie de Russell montre qu'il n'y a pas de classe dont les membres sont précisément les classes qui ne sont pas membres d'elles-mêmes. Or il y a une antinomie parallèle montrant qu'il n'y a | pas de classes dont les **13** membres sont précisément les classes qui ne sont pas membres de membres d'elles-mêmes. De plus, il y a une antinomie montrant qu'il n'y a pas de classes dont les membres sont précisément les classes qui ne sont pas membres de membres de membres d'elles-mêmes. Et ainsi de suite *ad infinitum*.

Toutes ces antinomies, et d'autres qui leur sont apparentées, peuvent être désactivées en limitant le principe coupable d'existence des classes de façon très simple. Le principe est que pour toute condition d'appartenance que vous pouvez formuler, il y a une classe dont les membres sont exactement les objets satisfaisant cette condition. Nous obtenons l'antinomie de Russell et toutes les autres de sa suite en prenant pour condition la non-appartenance à soi-même, ou la non-appartenance à l'un de ses membres, ou d'autres similaires. La difficulté vient chaque fois du fait de prendre une condition d'appartenance qui elle-même parle à son tour d'appartenance et de non-appartenance. Si nous retranchons de notre principe d'existence de classe les cas où la condition d'appartenance mentionne l'appartenance, l'antinomie de Russell et celles qui lui sont apparentées disparaissent de l'horizon. Cette restriction sur l'existence des classes est parallèle à une restriction

sur les locutions aléthiques que nous avions un temps
considérée, avant d'en venir aux indices; à savoir, de ne pas
appliquer les locutions aléthiques à des expressions contenant
des locutions aléthiques.

Heureusement, nous pouvons en fait retrancher du
principe d'existence des classes ces cas où la condition
d'appartenance mentionne l'appartenance, sans perturber ces
branches des mathématiques qui ne font qu'un usage incident
des classes. C'est pourquoi il a été possible à la plupart des
branches des mathématiques de continuer tranquillement à
utiliser les classes comme appareillage auxiliaire en dépit de
l'antinomie de Russell et des antinomies apparentées.

LES MATHÉMATIQUES DES CLASSES

Il y a une branche des mathématiques dont les classes sont
le principal objet : la théorie générale des ensembles. Dans ce
domaine, on a expressément affaire à des classes de classes, à
des classes de classes de classes, et ainsi de suite, d'une façon
que paralyserait la restriction envisagée à l'instant : retrancher
du principe d'existence des classes les cas où la condition
d'appartenance mentionne l'appartenance. On essaie donc, en
théorie générale des ensembles, de faire avec des restrictions
moins drastiques.

14 | La théorie générale des ensembles est riche en paradoxes.
Même la série sans fin d'antinomies que j'ai mentionnée plus
haut, dont celle de Russell était la première, n'épuise nullement
cette veine de paradoxes. La théorie générale des ensembles
s'occupe principalement de l'infini – des classes infinies, des
nombres infinis – et est donc impliquée dans les paradoxes de
l'infini. Sous ce chapitre, un vieux paradoxe plutôt inoffensif

est qu'il est possible d'épuiser tous les membres d'une classe en les corrélant avec les membres d'une partie seulement de la classe. Par exemple, vous pouvez corréler tous les entiers positifs avec les multiples de dix, de cette façon : 1 avec 10, 2 avec 20, 3 avec 30, et ainsi de suite. Tous les entiers positifs y passent ; il y a autant de multiples de 10 que d'entiers positifs en tout et pour tout. Il ne s'agit pas d'une antinomie mais d'un paradoxe véridique. Chez les adeptes du domaine, il perd même tout à fait son air de paradoxe, comme c'est en effet la voie des paradoxes véridiques.

Georg Cantor, le pionnier de la théorie générale des ensembles et de l'arithmétique infinie au XIXe siècle, a prouvé qu'il y avait toujours davantage de classes de choses d'un genre donné que de choses de ce genre ; plus de classes de vaches que de vaches. Un air distinct de paradoxe transpire de sa preuve.

Notez d'abord la définition de « davantage ». Ce que cela signifie lorsque quelqu'un dit qu'il y a davantage de choses d'un genre que d'un autre, c'est que toute corrélation des choses de ce genre avec les choses de l'autre échoue à épuiser toutes les choses du premier genre. Ce que prouve Cantor est donc qu'aucune corrélation des classes de vaches avec des vaches n'épuise toutes les classes de vaches. La preuve se fait comme suit. Supposons une corrélation des classes de vaches avec des vaches. Ce peut être n'importe quelle corrélation arbitraire ; une vache peut ou non appartenir à la classe avec laquelle elle est corrélée. Considérons maintenant les vaches, s'il s'en trouve, qui n'appartiennent pas aux classes avec lesquelles elles sont corrélées. Ces vaches forment elles-mêmes une classe de vaches, vide ou non. Et c'est une classe de vaches qui n'est corrélée avec aucune vache. Si la classe était corrélée avec une vache, cette dernière devrait appartenir à la classe si, et seulement si, elle n'y appartenait pas.

Cet argument est typique des arguments de la théorie générale des ensembles qui seraient sacrifiés si nous devions retrancher du principe d'existence des classes les cas où la condition d'appartenance mentionne l'appartenance. La classe de vaches récalcitrante qui a permis la preuve a été spécifiée par une condition d'appartenance qui mentionnait l'appartenance. La condition était la non-appartenance à la classe des vaches corrélées.

Mais ce qu'il m'intéresse davantage de mettre en avant, concernant|l'argument de la classe des vaches, c'est son air de paradoxe. L'argument établit sa conclusion négative de façon tout à fait analogue à la façon dont le paradoxe véridique du barbier montrait qu'il n'existait pas de tel barbier, et de façon tout à fait analogue à la façon dont l'antinomie de Russell montrait qu'il n'y a pas de classe des classes qui ne sont pas membres d'elles-mêmes. Donc dans le théorème de Cantor – un théorème non seulement à propos des vaches et de leurs classes, mais aussi à propos des choses de n'importe quel genre et de leurs classes – nous voyons un paradoxe, ou quelque chose qui y ressemble, sérieusement mis à contribution pour l'avancement de la théorie. Son théorème établit que pour toute classe, même une classe infinie, il existe une classe plus grande : la classe de ses sous-classes.

Jusqu'ici, pas d'antinomie. Mais maintenant l'antinomie n'est plus qu'à un pas. Si, pour toute classe, il en est une plus grande, qu'en est-il de la classe de toutes les classes ? Telle est l'antinomie de Cantor. Si vous refaites la preuve du théorème de Cantor en l'appliquant directement à cet exemple désastreux – parlant par conséquent non de vaches mais de tout – vous verrez vite que l'antinomie de Cantor se réduit, après tout, à celle de Russell.

Le problème central pour établir les fondements de la théorie générale des ensembles est donc de désactiver l'antinomie de Russell et sa suite. Si nous devons conserver des théorèmes comme celui de Cantor, les antinomies doivent être désactivées par une restriction moins radicale que celle consistant à retrancher du principe d'existence des classes les cas où la condition d'appartenance mentionne l'appartenance. Une ligne tentante est un schéma d'indices analogue au schéma utilisé pour éviter les antinomies de la vérité et de la dénotation. Quelque chose comme cette ligne fut suivie par Russell lui-même en 1908, sous le nom de théorie des types logiques. Une ligne très différente fut proposée la même année par Ernst Zermelo, et des variations supplémentaires furent avancées dans les années qui ont suivi.

Tous les fondements de ce genre pour la théorie générale des ensembles prennent la question des antinomies pour point de départ ; à savoir qu'une condition donnée, avancée comme une condition nécessaire et suffisante d'appartenance à une classe, peut ou non avoir réellement une classe qui lui corresponde. Les différents fondements de la théorie générale des ensembles diffèrent donc les uns des autres eu égard aux conditions d'appartenance pour lesquelles ils garantissent ou non des classes correspondantes. La non-appartenance à soi-même est bien entendu une condition à laquelle aucune de ces théories n'accorde de classes correspondantes. La même chose vaut pour la condition de ne pas être membre d'un de ses membres ; et pour les conditions qui produisent toutes les ∣ antinomies suivantes de la série qui a commencé avec celle de **16** Russell ; et pour toute condition d'appartenance qui donnerait lieu à d'autres antinomies, si nous pouvons l'identifier.

Mais nous ne pouvons pas simplement retrancher toutes les conditions d'appartenance qui donnent lieu à des antino-

mies et supposer des classes correspondantes pour les autres.
La difficulté est qu'il y a des conditions d'appartenance pour
chacune desquelles nous pouvons supposer séparément qu'une
classe leur correspond, mais qui pourtant, prises ensemble,
peuvent donner lieu à des contradictions. Nous sommes
conduits à rechercher les combinaisons cohérentes optimales
d'hypothèses d'existence, et il y a par conséquent une grande
variété de propositions de fondements de la théorie générale
des ensembles. Aucun des schèmes proposés n'est naturel,
parce que le schème naturel est le schème dépourvu de restriction que discréditent les antinomies ; et chacun présente, par sa
puissance, sa simplicité ou par l'intérêt de certaines de ses
conséquences, des avantages qui manquent à ses rivaux.

J'ai remarqué tout à l'heure que la découverte d'une
antinomie est une crise dans l'évolution de la pensée. Dans
la théorie générale des ensembles, la crise a commencé il y a
soixante ans et n'est pas encore terminée.

LA PREUVE DE GÖDEL

Jusqu'ici, les héros ou les méchants de cette pièce ont été
les antinomies. Les autres paradoxes ont pâli en comparaison.
Les autres paradoxes nous ont moins étonné, quoi qu'il en soit,
et on y a plus vite paré. Les autres paradoxes n'ont pas précipité une crise de soixante ans, du moins pas de notre temps.
Lorsque, par le passé, l'un d'eux a précipité une crise aussi
durable (et ce fut certainement le cas des paradoxes falsidiques
de Zénon), il était en fait lui-même une antinomie.

Laissez-moi, pour finir, dire un mot d'un paradoxe récent
qui n'est nullement une antinomie mais, à strictement parler,
un paradoxe véridique, et qui est pourtant comparable aux

antinomies par le modèle de sa preuve, par la surprise que provoque le résultat et même par sa capacité à précipiter une crise. Il s'agit de la preuve par Gödel de l'incomplétabilité de la théorie des nombres.

Ce que Kurt Gödel a prouvé, dans ce grand article de 1931, était qu'aucun système déductif, quels qu'en soient les axiomes, n'est capable d'embrasser parmi ses théorèmes toutes les vérités de l'arithmétique élémentaire des entiers positifs à moins qu'il ne se discrédite lui-même en laissant | s'y **17** glisser également quelques affirmations fausses [*falsehoods*]. Gödel a montré comment, pour n'importe quel système déductif donné, il pourrait construire une phrase de la théorie élémentaire des nombres qui serait vraie si, et seulement si, non prouvable dans ce système. Un tel système est par conséquent soit incomplet, parce qu'il manque une vérité pertinente, soit en faillite, parce qu'il prouve une phrase fausse.

La preuve de Gödel peut utilement être reliée au paradoxe d'Épiménide ou au *pseudomenon* dans sa version « donne quelque chose de faux ». Pour « quelque chose de faux », lisez « non-théorème », de cette façon : « "Donne un non-théorème lorsqu'il est apposé à sa propre citation" donne un non-théorème lorsqu'il est apposé à sa propre citation ».

Cette affirmation [*statement*] n'est plus antinomique, parce qu'elle ne dit plus d'elle-même qu'elle est fausse. Ce qu'elle dit d'elle-même, c'est qu'elle n'est pas un théorème (d'un système déductif que je n'ai pas encore précisé). Si elle est vraie, voilà une vérité que le système déductif, quel qu'il soit, n'inclut pas comme théorème. Si l'affirmation est fausse, c'est un théorème, auquel cas cette théorie déductive a un théorème faux et est donc discréditée.

Ce que fait Gödel, dans sa preuve de l'incomplétabilité de la théorie des nombres, est la chose suivante. Il montre

comment le genre de discours qui apparaît dans l'affirmation
ci-dessus – discours sur la non-théorematicité [*non-theorem-
hood*] et sur l'apposition de choses à des citations – peut être
systématiquement reflété dans le discours arithmétique sur les
nombres. Il obtient de cette façon, avec beaucoup d'ingéniosité, une phrase dans le vocabulaire purement arithmétique de
la théorie des nombres qui hérite de cette propriété cruciale
d'être vraie si, et seulement si, elle n'est pas un théorème de la
théorie des nombres. Et le procédé de Gödel fonctionne pour
tout système déductif que nous pourrions choisir pour définir
« théorème de la théorie de nombres ».

La découverte de Gödel n'est pas une antinomie mais un
paradoxe véridique. Qu'il ne puisse y avoir de systématisation déductive correcte et complète de la théorie élémentaire
des nombres, et encore moins des mathématiques pures en
général, est vrai. C'est décidément paradoxal, au sens où cela
renverse des préconceptions cruciales. Nous avions l'habitude
de penser que ce en quoi la vérité mathématique consistait,
c'était la prouvabilité.

Comme tout paradoxe véridique, c'en est un auquel nous
pouvons nous faire, sapant ainsi progressivement sa qualité de
paradoxe. Mais celui-ci requiert un travail de sape certain. Et
les logiciens-mathématiciens y travaillent, très assidûment.
Le résultat de Gödel donna naissance à un mouvement de
recherche qui a pris en trente ans les proportions d'une branche
18 importante et active | des mathématiques appelée parfois
théorie de la démonstration, qui traite des fonctions récursives
et de choses semblables, et qui embrasse en fait une théorie
générale abstraite du calcul informatique [*machine compu-
tation*]. De toutes les facettes des paradoxes, la plus singulière
est peut-être leur capacité à se révéler, à l'occasion, bien moins
frivoles qu'ils n'en ont l'air.

SUR UNE ANTINOMIE SUPPOSÉE *

J'ai fait circuler l'essentiel de ce qui suit dans un tapuscrit en 1943 et en des occasions ultérieures où la question a été soulevée, mais jusqu'en 1952 je n'ai pas jugé utile de le publier. L'article est paru dans *Mind* (volume 62, janvier 1953), sous le titre « Sur un soi-disant paradoxe », et est ici reproduit avec l'autorisation de l'éditeur en chef de *Mind*. J'ai désormais changé « paradoxe » en « antinomie », dans le titre et à un endroit du texte, en conformité avec les distinctions établies ci-avant dans « Les voies du paradoxe ».

Une énigme qui a connu une certaine actualité depuis 1943 concerne un homme condamné un dimanche à être pendu l'un des sept midis suivants, et à demeurer ignorant, jusqu'au matin du jour fatidique, du midi exact auquel il serait pendu. Par un argument erroné, l'homme se persuade que la sentence ne peut être exécutée, pour finalement découvrir son erreur lors de l'arrivée du bourreau à 11h55 le matin du jeudi suivant. Ce en quoi consiste cet argument erroné est désormais presque trop connu pour souffrir qu'on l'expose une fois de plus (bien que je m'apprête à l'exposer une fois de plus); en effet, l'énigme n'a eu de cesse de circuler dans la tradition orale, et deux

* Traduit par Paul Egré.

versions ont fait leur apparition dans *Mind*, l'une concernant
un exercice surprise de raid aérien, l'autre concernant un
examen surprise. L'énigme consiste dans chaque cas à trouver
l'erreur de raisonnement. Ce qui est remarquable est que la
solution, une solution qui tout du moins me satisfait depuis
neuf ans, semble rarement avoir été clairement appréhendée.
L'idée fausse est répandue selon laquelle nous aurions là
affaire à une réelle antinomie. Cette idée a même conduit
le Professeur Weiss[a] à l'extrémité désespérée consistant à
prendre au sérieux la fantaisie d'Aristote selon laquelle « il est
vrai que *p* ou *q* » est une condition insuffisante pour « Il est vrai
que *p* ou il est vrai que *q* ».

20 | La trame de l'histoire, dans chacune des variantes qui en
existe, est la suivante : *K* sait à l'instant *t* et aux suivants qu'il
est décrété qu'un événement d'un certain type aura lieu une
seule fois, et de sorte que *K* en soit averti, à l'instant $t+i$ pour
un entier *i* inférieur ou égal à un nombre spécifié *n*, et qu'il est
décrété en outre que *K* ne saura la valeur de « *i* » qu'après
(disons) l'instant $t+i-1/2$. *K* en infère alors que $i \leq t-1$; car si
i valait *n*, *K* saurait promptement après $t+n-1$ que *i* vaut *n*.
Puis, par le même raisonnement avec « $n-1$ » au lieu de « *n* »,
K en infère que $i \leq n-2$; et ainsi de suite, pour finalement
conclure après *n* étapes que $i \leq 0$, et donc que l'événement
n'aura pas lieu du tout.

Il est remarquable que *K* acquiesce à la conclusion
(incorrecte, suivant la fable de la pendaison le jeudi) selon
laquelle le décret ne sera pas exécuté. Si c'est là une
conclusion qu'il est à la fin prêt à accepter (bien que de façon

a. D.J. O'Connor, 1948, p. 358 ; L.J. Cohen, 1950, p. 86 ; P. Alexander,
p. 538 ; M. Scriven, 1951, p. 403 *sq.* ; P. Weiss, 1952, p. 265 *sq.*

incorrecte) avec certitude, c'est une issue qu'il aurait dû être
prêt à envisager dès le commencement comme une possibilité.

Ainsi, K s'est trompé dans l'argument selon lequel $i \leq n - 1$.
En regardant à l'instant t en direction des états de choses
possibles à l'instant $t + n - 1$, K a discerné seulement deux
issues comme suit : (a) l'événement aura eu lieu à cet instant
ou auparavant; (b) l'événement aura lieu (en accord avec le
décret) à l'instant $t + n$, et K aura conscience promptement
après $t + n - 1$ que l'événement aura lieu à l'instant $t + n$. En
rejetant (b) du fait que cela violerait le décret, il a élu (a). En
réalité, K aurait dû discerner non pas deux issues mais quatre, à
savoir (a) et (b) et deux de plus comme suit : (c) l'événement
(en violation du décret) manquera d'avoir lieu à l'instant $t + n$;
(d) l'événement (en conformité avec le décret) aura lieu à
l'instant $t + n$, et K (en conformité avec le décret) restera
pendant ce temps ignorant de cette éventualité (ne sachant pas
si le décret sera exécuté ou pas). Il s'est trompé en manquant de
reconnaître que soit (a) soit (d) pourrait être vraie de façon également compatible avec le décret. La même faute se reproduit
à chacune des $n - 1$ étapes suivantes de son raisonnement.

La tendance à être dupé par l'énigme a sans doute son
origine dans une association incorrecte de l'argument de K
avec une *reductio ad absurdum*. On suppose sans doute que K
fait à bon droit l'hypothèse que le décret sera exécuté, de façon
à prouver que le décret ne sera pas exécuté. S'il ne s'agissait
que de cela, ce serait une bonne *reductio ad absurdum*; et cela
permettrait à K d'éliminer (b) et (c), mais non (d). En suppo-
sant que | l'hypothèse de l'exécution du décret élimine (d), on **21**
confond deux choses : (i) l'hypothèse, faite par K en t, que le
décret sera exécuté, et (ii) l'hypothèse, faite par K en t, que
K saura en $t + n - 1$ que le décret sera exécuté. En réalité,
l'hypothèse (i), même en tant qu'hypothèse faite par K, admet

deux cas subordonnés : l'ignorance hypothétique de K, et la conscience hypothétique de K du fait hypothétique.

Par exemple, supposons qu'un mathématicien en train de travailler sur le problème de Fermat suppose provisoirement, en vue d'en explorer les conséquences, que le théorème de Fermat est vrai. Il ne suppose pas pour autant, pas même comme une hypothèse faite pour les besoins de l'argument, qu'il sait que la proposition de Fermat est vraie. On peut rendre palpable la différence en remarquant que cette dernière hypothèse serait bel et bien contraire à la réalité, alors que la précédente peut l'être comme ne pas l'être.

L'erreur de raisonnement de K peut être présentée avec plus de relief encore en posant 1 pour valeur de n et en reprenant le motif de la pendaison. Le juge dit à K l'après-midi du dimanche que celui-ci, K, sera pendu le midi suivant et qu'il restera ignorant de ce fait jusqu'au matin qui suit. Ce serait agir comme K que de protester à ce stade que le juge s'est contredit. Et ce serait agir comme le bourreau que de couper court à la belle assurance de K à 11h55 le matin suivant, montrant ainsi que le juge n'avait rien dit de plus contradictoire que la simple vérité. Si K avait raisonné correctement, dimanche après-midi, il aurait raisonné comme suit : « Nous devons distinguer quatre cas : premièrement, que je serai pendu demain à midi et que je le sais présentement (mais je ne le sais pas); deuxièmement, que je ne serai pas pendu demain à midi et que je le sais présentement (mais je ne le sais pas); troisièmement, que je ne serai pas pendu demain à midi et que je ne le sais pas présentement; et quatrièmement, que je serai pendu demain midi et que je ne le sais pas présentement. Les deux dernières issues sont les possibilités ouvertes, et la dernière d'entre toutes satisferait au décret. Plutôt que d'accuser le juge de contradiction, autant suspendre mon jugement, en espérant que tout ira pour le mieux ».

LES FONDEMENTS DES MATHÉMATIQUES *

Ceci est la version originale d'un article commandé par le *Scientific American*, qui en publia une version modifiée (volume 208, 1964). Sont omises les parties finales qui traitaient de points couverts par « Les voies du paradoxe ».

Irréfragable, ton nom est mathématique[1]. Les mathématiques sont là où sont les preuves. Les normes scientifiques sont devenues bien sévères, semble-t-il, s'il existe quelqu'un pour s'inquiéter des fondements des mathématiques. Où pourrait-il trouver des fondements ne serait-ce que moitié aussi fermes que ce qu'il veut fonder ?

Pourtant, l'intérêt pour les fondements des mathématiques n'est pas nouveau. On s'en soucie depuis des siècles, et à raison. Car il y eut des idées branlantes en mathématiques. Celle d'infinitésimal en fut une, qui a figuré de façon centrale dans le calcul différentiel au temps de ses fondateurs Newton et Leibniz. C'était l'idée d'une quantité fractionnelle infiniment

---

* Traduit par Henri Galinon.

1. Allusion à Shakespeare : « *Frailty, thy name is woman* » (« Fragilité, ton nom est femme »), *Hamlet*, I, 2.

proche de zéro, quoique différente de zéro. Elle paraissait nécessaire dans l'étude des taux, dont s'occupait du calcul différentiel.

Ainsi, considérons une automobile en accélération. À un instant donné, elle va à un kilomètre par minute, aux instants précédents moins vite, et aux instants suivants plus vite. La vitesse instantanée d'un kilomètre par minute ne consiste pas à parcourir un kilomètre en une minute, parce qu'elle n'est pas maintenue une minute. Elle ne consiste pas non plus à parcourir 16,7 mètres par seconde, parce qu'elle n'est pas maintenue durant une seconde. La vitesse d'un kilomètre par minute est maintenue par l'automobile en accélération sans **23** aucune durée, et la distance couverte dans ce temps est | zéro. Dans cette caractérisation, néanmoins – aucun kilomètre par instant – aucune distinction ne subsiste entre une vitesse et une autre. Par conséquent, les pères fondateurs du calcul différentiel firent l'hypothèse des nombres infinitésimaux, à peine distincts de zéro et les uns des autres. Avancer à un demi kilomètre par minute signifiait avancer de la moitié de cette distance infinitésimale dans ce temps infinitésimal.

Nous sommes habitués au fait qu'il n'y ait pas de terme à une succession de nombres de plus en plus petits, 1/8 et 1/16 et ainsi de suite, de plus en plus proches de zéro. Mais il ne s'agit pas là d'infinitésimaux. Un infinitésimal n'est pas supposé aller 16 fois dans 1, ou mille fois, mais une infinité de fois.

L'idée fut perçue comme une absurdité. 1 divisé par l'infini donne simplement zéro, et non infinitésimalement plus. Pourtant, le calcul différentiel qui en est issu se révéla indispensable dans le raisonnement mathématique sur les taux. Il est donc apparu un problème caractéristique des problèmes des fondements des mathématiques : comment se débarrasser

de l'infinitésimal et opérer avec des idées plus claires tout en
sauvant la superstructure utile.

Cauchy et ses successeurs au XIXe siècle résolurent le
problème. Considérons des intervalles de temps de plus en
plus courts s'étendant chacun de part et d'autre de notre instant
donné. Au-dessus de chaque intervalle, écrivons la distance
parcourue par la voiture durant cet intervalle de temps. Chacun
de ces rapports de la distance au temps sera à peu près égal à un
kilomètre par minute, si l'intervalle de temps est court. En fait,
quelle que soit la précision de l'approximation d'un kilomètre
par minute que nous voulons stipuler, il existe un intervalle de
temps tel que, si nous confinons notre attention aux intervalles
inclus en lui, tous nos rapports distance-temps seront des
approximations d'un kilomètre par minute avec la précision
stipulée. Ce fait compliqué qui concerne des temps et des
distances courts mais non infinitésimaux peut être utilisé
comme une définition de ce que signifie le fait d'aller à un
kilomètre par minute à un instant donné. Le calcul différentiel
peut être reconstruit sur cette base, et l'on peut se dispenser des
fondements problématiques.

L'idée d'infinitésimal n'est pas la seule idée mathématique qu'il ait fallu légitimer ou éliminer. Prenez ainsi cette
idée du XVIe siècle, toujours très présente, des nombres imaginaires : des racines carrées de nombre négatifs. Élevez au carré
n'importe quel nombre réel, négatif ou positif, et le résultat est
positif ; que sont alors les nombres imaginaires ? Quoi qu'ils
soient, on ne doit pas les écarter sommairement. Leur place est
si centrale dans les | mathématiques appliquées qu'en divisant 24
un temps par une distance vous finissez, d'après la physique de
la relativité d'Einstein, avec un nombre imaginaire. La maxime
ici est la même que dans le calcul infinitésimal : rebâtissez les
fondations si vous le devez, mais sauvez la superstructure.

La racine carrée de -1 est l'unité imaginaire, appelée i. Les autres nombres imaginaires sont les multiples de i par des nombres réels. Donc correspondant au nombre réel 3, il y a l'imaginaire $3i$, et correspondant au nombre réel 1/2 il y a l'imaginaire $i/2$; correspondant au nombre réel π il y a l'imaginaire πi. Les nombres imaginaires, ainsi constitués, se combinent alors à nouveau avec les réels par addition; nous obtenons $3+\pi i$, $\pi+i/2$, et leurs semblables, connus sous le nom de « nombres complexes ». C'est au travers des nombres complexes que les nombres imaginaires trouvent leur utilité réelle.

L'utilité des nombres complexes se révèle principalement due à cette simple circonstance : tout nombre complexe $x+yi$ est un codage ou empaquetage pratique de deux nombres réels x et y, chacun d'eux pouvant être retrouvé de façon unique à la demande. En principe, la mystification à propos des racines carrées des nombres négatifs aurait pu être évitée. Les fins que servent les nombres complexes, et avec eux les imaginaires, en mathématiques appliquées, auraient pu être atteintes en parlant simplement de « paires ordonnées » de nombres réels.

L'idée de paire ordonnée est utile en mathématiques en bien d'autres circonstances en dehors de celles où il est question de nombres complexes. Son utilité est toujours la même : c'est une manière de manipuler deux choses comme une seule, sans perdre la trace d'aucune des deux. La paire ordonnée de x et y, qu'il s'agisse de nombres ou d'autres choses, est communément appelée $\langle x, y \rangle$. Je n'ai pas dit ce que sont ces paires, et on élude traditionnellement cette question; ce qui est important, c'est ce qu'elles font. L'unique propriété qui importe est que si $\langle x, y \rangle$ est identique à $\langle z, w \rangle$ alors x est identique à z et y est identique à w.

J'ai dit que l'on pouvait en principe se dispenser du mythe des racines imaginaires. Il a pourtant une valeur. Il simplifie grandement les lois de l'algèbre. Maintenant, par un genre de manœuvre devenu familier dans les études fondationnelles, nous pouvons conserver cet avantage tout en faisant l'économie des nombres imaginaires et complexes. La manœuvre est la suivante : *définir* les nombres complexes comme de simples paires ordonnées, et étendre ensuite les opérations algébriques usuelles d'addition, multiplication, et puissance, par définition, de façon à donner un sens à ces opérations lorsqu'elles sont appliquées à ces paires | ordonnées. Les définitions 25 peuvent être conçues de façon à fournir à la fin une algèbre de paires ordonnées de nombres réels formellement indistincte de l'algèbre classique des nombres complexes. On tend à dire non que les nombres complexes ont été éliminés en faveur des paires ordonnées, mais qu'ils ont été expliqués comme des paires ordonnées. On peut dire l'un ou l'autre, la différence est seulement verbale.

Nous avons attiré l'attention sur deux épisodes d'activité dans les fondements des mathématiques. Dans les deux cas il s'agissait d'urgences : il fallait donner sens à du non-sens. L'exemple suivant est moins pressant.

Considérons à nouveau la paire ordonnée. Au lieu d'éluder la question de ce que sont ces paires, on peut choisir d'en adopter une version particulière. Toute version, si artificielle soit-elle, servira tant que la loi des paires est valable : si $\langle x, y \rangle$ est identique à $\langle z, w \rangle$ alors x est identique à z et y est identique à w. La version usuelle que l'on adopte de nos jours est due à Norbert Wiener et à Casimir Kuratowski, et a trait aux classes à un et deux membres. Elle n'identifie pas simplement la paire ordonnée $\langle x, y \rangle$ à la classe dont les membres sont x et y, car ceci conduirait à confondre $\langle x, y \rangle$ et $\langle y, x \rangle$; mais elle identifie $\langle x, y \rangle$ à la classe dont les deux membres sont (1) la classe dont le seul membre est x et (2) la classe dont les membres sont x et y. Par un argument élémentaire, on peut montrer que cette version artificielle de $\langle x, y \rangle$ satisfait la loi des paires.

Ici encore, comme dans le cas des nombres complexes, il y a deux façons de décrire ce que nous avons fait. Nous pouvons dire que nous avons éliminé les paires ordonnées en faveur de certaines classes ayant deux classes pour membres, ou nous pouvons dire que nous avons expliqué les paires ordonnées comme ces certaines classes ayant deux classes pour membres. La différence est verbale. Philosophiquement, la première description est meilleure, parce qu'elle évite de laisser penser que les autres manières de satisfaire la loi des paires fournissent des explications moins correctes de la paire ordonnée. En pratique, la seconde est meilleure, parce qu'elle préserve la notation « $\langle x, y \rangle$ » et le mot « paire ».

Les questions viennent par degrés. Au sommet, il y a les questions indignées du sens commun offensé : « Qu'est-ce qu'un infinitésimal ? Qu'est-ce que la racine carrée d'un nombre négatif ? ». À la base, il y a les questions compulsives que pose un petit garçon qui s'ennuie un samedi pluvieux. Entre les deux, il y a les questions philosophiques. L'enquête sur les paires ordonnées figure presque au sommet de celles-ci. Bien plus bas, on trouve la question « Qu'est-ce qu'un nombre ? ». Abordons cette question d'abord pour les seuls nombres naturels, c'est-à-dire les entiers positifs, y compris 0.

Les numéraux nomment les nombres. « 12 » nomme 12. Ce
26 que nomment les numéraux, | telle est la question. Qu'est-ce que 12 ? C'est le nombre d'Apôtres, le nombre de mois dans une année, le nombre d'œufs dans une boîte. 12 est une propriété, non pas des œufs, des mois et des Apôtres, mais des classes. C'est la propriété d'être une douzaine.

L'une des sources de clarté en mathématiques réside dans la tendance à parler de classes plutôt que de propriétés. Quoi qu'on accomplisse en référant à une propriété, on peut généralement l'accomplir au moins aussi bien en référant à la classe de toutes les choses qui ont cette propriété. On gagne en clarté en ceci que, pour les classes, nous avons une idée claire de ce qui fait l'identité et la différence : c'est simplement la question de savoir si elles ont ou non les mêmes éléments. Il n'en va pas de la sorte avec les propriétés.

En particulier, la meilleure chose à faire dans ce cas est d'expliquer 12 non comme la propriété d'être une douzaine, mais comme la classe de toutes les douzaines, la classe de toutes les classes contenant 12 membres. Chaque entier naturel n devient la classe de toutes les classes contenant n membres. Il y a un cercle vicieux à utiliser n ainsi pour définir n, mais on peut l'éviter en définissant chaque entier en termes de ses prédécesseurs. Une fois que nous avons atteint 5, par exemple, nous pouvons expliquer 6 comme la classe de ces classes qui, lorsqu'elles sont privées d'un membre, appartiennent à 5. Commençant par le commencement, nous pouvons expliquer 0 comme la classe dont le seul membre est la classe vide ; puis 1 comme la classe de ces classes qui, privées d'un membre, en viennent à appartenir à 0 ; puis 2 comme la classe de ces classes qui, privées d'un membre, en viennent à appartenir à 1 ; et ainsi de suite.

La question posée à propos des nombres ressemble à celle posée à propos des paires ordonnées. On savait à quoi servaient les paires ordonnées, quelles lois elles devaient satisfaire. On pouvait concevoir les paires de façon arbitraire, en faisant simplement en sorte que la loi soit satisfaite. De façon similaire, on est davantage prêt à dire à quoi servent les nombres que ce qu'ils sont. Il n'est pas moins possible, dans le cas des nombres que dans le cas des paires, de poser une loi et de nous assurer que toute version qui la satisferait servirait les fins pour lesquelles nous avons les nombres. La loi est simplement qu'il y a un premier nombre et un opérateur de succession qui produit quelque chose de nouveau à chaque application. Toute analyse du nombre suffira si elle a pour conséquence que les nombres consistent en un premier nombre et tous ceux obtenus par l'application d'un tel opérateur. La version du nombre présentée plus haut, due essentiellement à Gottlob Frege (1884), semblait très naturelle, mais d'autres pourraient également être utiles. Une version différente due à John von Neumann identifie plutôt chaque nombre à la classe de tous les nombres qui le précèdent. Ainsi, pour lui 0 est lui-même la classe vide; 1 est la classe dont l'unique membre est 0; 2 est la classe de 0 et de 1.

27 | La version de Frege facilitait l'affirmation qu'une classe contient n membres : dites seulement qu'elle appartient à n. Mais celle de von Neumann a aussi son utilité. Cette fois, vous dites simplement que les membres de la classe peuvent être appariés avec les membres de n; car chaque nombre n est lui-même, dans la version de von Neumann, une classe de n nombres.

Que nous prenions les nombres de l'une ou l'autre manière, ou d'une troisième encore, l'étape suivante est de définir les opérations arithmétiques. L'idée sous-jacente à l'addition est évidente : $m+n$ est le nombre de membres que contient une classe si une de ses parties contient m membres et le reste n. Quant au produit, $m. n$, c'est le nombre de membres que contient une classe si elle se scinde en m parties contenant chacune n membres.

Il faut encore rendre compte des nombres négatifs, des nombres fractionnaires, et de tous les nombres irrationnels comme $\sqrt{2}$ ou π, bref de tous les nombres excepté les nombres naturels. Ici encore, toute version servira si elle satisfait certains critères. Je passerai outre les critères et décrirai simplement une version globale acceptable présentant davantage d'unité que la plupart des autres. Dans cette version, on conçoit chaque nombre réel comme une certaine relation entre nombres naturels ; en fait, une certaine relation de comparaison entre tailles. Prenons le cas particulier du nombre réel 1/2. Il est identifié à la relation « moins de la moitié de » : la relation que 1 entretient avec tous les entiers à partir de 3, et que 2 entretient avec chaque entier à partir de 5, et ainsi de suite. De façon similaire, en général : chaque nombre réel positif x est identifié à la relation « moins de x fois moins grand que ». Le nombre réel π ressort ainsi comme la relation que 1 entretient avec chaque entier à partir de 4, et que 2 entretient avec chacun à partir de 7, et 3 avec chacun à partir de 10, et ainsi de suite. Quant aux nombres réels négatifs, ils sont pris comme les relations converses ; ainsi, 1/2 étant la relation « moins de la moitié de », $-1/2$ ressort comme la relation « plus de deux fois plus grand que ».

Ma description du nombre réel positif x comme la relation « moins de x fois moins grand que » tombe sous le coup de la même circularité que celle que nous avions relevée en décrivant n comme la classe des classes contenant n membres. Pourtant, ici comme précédemment, la description semble nous faire voir, malgré sa circularité, ce que les nombres doivent être. La raison pour laquelle elle y parvient est que la réutilisation circulaire de « n » ou « x » à l'intérieur de la description se fait dans un contexte de sens commun : « classe contenant n membres », « x fois plus grand ». En fait la circularité peut être éliminée, dans un cas comme dans l'autre, par une définition attentive et complexe ; mais je ne m'arrêterai pas là-dessus.

28 | Nous avions besoin d'avoir les nombres naturels à notre disposition avant de concevoir les nombres réels en général ; parce que nous avons pris ces derniers comme des relations entre nombres naturels. Il en résulte une distinction peu naturelle mais tenable entre ces nombres entiers antérieurs et les nombres réels complets correspondants qui en ressortent. Le nombre réel 5, par exemple, en ressort comme la relation « moins de 5 fois moins grand que » et ceci est une relation entre nombres entiers au sens précédent ; ce n'est pas le bon vieux 5 lui-même.

Une fois que nous avons les nombres réels à notre disposition, nous pouvons poursuivre, comme nous l'avons fait remarquer, et définir les nombres complexes comme des paires ordonnées de réels. À nouveau, différentes voies sont possibles. En compliquant un peu la construction, nous pouvons même faire en sorte que le nombre complexe $x+0.i$ coïncide, comme voulu, avec le nombre x[a] ; ce n'est pas le cas si nous expliquons $x+yi$ en général comme $\langle x, y \rangle$.

Sur quoi d'autre pouvons-nous nous interroger ? Sur les fonctions. Mais c'est aisé si vous autorisez les relations, comme nous le faisons depuis peu. Une fonction peut être identifiée à la relation de ses valeurs avec ses arguments. On peut expliquer la fonction « carré de » comme la relation du carré avec la racine : la relation que 0 entretient avec 0, que 1 entretient avec 1, que 4 entretient avec 2, que 4/9 entretient avec 2/3, et ainsi de suite.

Au risque de ressembler de plus en plus à notre enfant du samedi pluvieux, nous pourrions demander ensuite : qu'est-ce qu'une relation ? À nouveau, la réponse est aisée, grâce aux

---

a. Sur ce point et les précédents, voir mon ouvrage *Set Theory and Its Logic*.

paires ordonnées. On peut identifier une relation à la classe des paires ordonnées $\langle x, y \rangle$ telles que x est dans la relation en question à y. La relation de paternité devient la classe de toutes les paires père-rejeton. La fonction carré, ci-dessus, devient la classe de toutes les paires $\langle 0, 0 \rangle$, $\langle 1, 1 \rangle$, $\langle 4, 2 \rangle$, $\langle 4/9, 2/3 \rangle$, et plus généralement $\langle x^2, x \rangle$.

Nos exemples d'études relatives aux fondements des mathématiques ont commencé par une réparation locale, puis se sont transformés en opération de mise en ordre générale. Nous le voyons, c'est un processus de réduction de certaines notions à d'autres, et par suite de diminution de l'inventaire des concepts mathématiques fondamentaux.

Pour poursuivre, nous devons présenter nos définitions réductives successives dans tous leurs détails explicites, et prendre note de tous les outils logiques et mathématiques que nous utilisons. Chaque définition explique comment éliminer une locution en la paraphrasant, elle-même ou les phrases qui la contiennent, dans les termes d'un vocabulaire résiduel ; et ce vocabulaire résiduel rétrécit progressivement à mesure que | nous continuons. Ainsi, considérons la façon dont nous défi- **29** nirions « nombre premier », ou « n est un nombre premier ». Cela signifie :

> *n est un nombre naturel et, pour tous les nombres naturels h et*
> *k, si n vaut h . k alors h ou k vaut 1.*

Le vocabulaire résiduel contient entre autres choses la notation multiplicative « $h . k$ », mais nous avons vu comment l'éliminer. Nous réécrivons la clause « $n = h . k$ » de la façon suivante :

> *Une classe à n membres se scinde en h parties contenant*
> *chacune k membres.*

Analysée plus complètement, cette clause signifie que :

> *Pour toute classe x contenant n membres, il existe une classe y*
> *contenant h membres telle que chaque membre de y contient*
> *k membres et aucun des membres de y ne partagent de*
> *membres entre eux, et tous les membres des membres de y, et*
> *eux seulement, sont membres de x.*

La complexité croît à un rythme rapide, mais le vocabulaire diminue. À présent, nous sommes en position d'éliminer à son tour un élément du vocabulaire subsistant visible dans « *x* contient *n* membres », et dans les clauses apparentées. Cette dernière devient simplement « *x* est un membre de *n* », avons-nous vu, si nous choisissons la version de Frege pour les nombres naturels. Par conséquent, notre expression originale « *n* est un nombre premier » a maintenant été analysée de la façon suivante :

> *n est un entier naturel et, pour tous les nombres naturels h et k,*
> *si pour tout membre x de n il y a un membre y de h tel que tous*
> *les membres de y sont des membres de k et aucun des membres*
> *de y ne partagent de membres entre eux, et tous les membres*
> *des membres de y, et eux seulement, sont membres de x, alors*
> *h ou k vaut 1.*

Que la simplicité s'amenuise ici est moins remarquable que le fait que le vocabulaire s'amenuise. Quand c'est la simplicité que nous recherchons, les locutions éliminées peuvent être rétablies, en fin de compte, comme des abréviations définies.

Dans ce vocabulaire qui va s'amenuisant, l'élément appelé ensuite à être éliminé est « est un entier naturel » (dit de *n*, *h*, et *k*). Dire que *n* est un nombre naturel, c'est dire que *n* est zéro ou le successeur de 0, ou le successeur de celui-là et ainsi de suite. Frege a montré comment contourner cette idée de « ainsi de suite ». La classe des nombres naturels est simplement, observa-t-il, la plus petite classe *z* telle que 0 est un membre de *z* et tous les successeurs des membres de *z* sont des membres de *z*. Il définit de la sorte « *n* est un nombre naturel » :

> *n est un membre de toute classe z telle que 0 est un membre de z* **30**
> *et tous les successeurs des éléments de z sont des membres de z.*

Quant à « 0 » et « successeur », nous avons vu ce qu'ils étaient dans la version de Frege : 0 est la classe dont le seul membre est la classe ne contenant pas de membres, et le successeur de tout *m* est la classe de toutes les classes qui, lorsqu'elles sont privées d'un membre, en viennent à appartenir à *m*.

Si nous réécrivons la version ci-dessus de « être un nombre naturel » en conséquence, éliminant « 0 » et « successeur », et si nous utilisons ensuite le résultat pour réécrire la précédente version de « *n* est un nombre premier » de façon à éliminer « nombre naturel », nous finissons avec une longue histoire écrite dans un petit vocabulaire. Le problème du « 1 » figurant à la fin se trouve résolu également, bien entendu, car 1 est successeur de 0. Le vocabulaire restant parle de l'appartenance à des classes et à peine plus. Il y a une collection de particules logiques élémentaires : « est identique », « et », « ou », « si-alors », « chaque », « tous » et leurs semblables.

En passant par certaines étapes supplémentaires d'enrégimentement sur lesquelles il n'est pas besoin de nous arrêter, tout ceci peut être ramené aux quatre locutions fondamentales suivantes. L'une est « et », comme connecteur des énoncés. Une autre est « non », en tant qu'elle s'applique à des énoncés. Une troisième est l'expression correspondant à la quantification universelle, « toute chose est telle que… ». Pour la souplesse, celle-ci doit plutôt être rendue par « tout *x* est tel que … *x* … », avec des lettres changeables « *x* », « *y* », etc., pour que les références croisées restent claires dans les cas complexes. Le préfixe « tout x est tel que », qu'on appelle un quantificateur universel, est symbolisé de façon compacte par « (x) ». La quatrième et dernière est le verbe transitif « $\in$ », signifiant « est un membre de ». Peut-être devrais-je également compter l'usage des parenthèses pour le groupement des clauses. Ce qui suit est alors un énoncé typique dans notre notation frugale :

$$(x)\,\text{non}\,(y)\,\text{non}\,(x\in y\,\text{et non}\,y\in x)$$

Ce qui, en mots, revient à « Toute chose est membre de quelque chose qui n'est pas membre d'elle ».

Tout énoncé exprimable dans la notation des mathématiques pures classiques, qu'il s'agisse d'arithmétique, de calcul différentiel ou d'autre chose, peut être paraphrasé dans ce vocabulaire miniature. Les réductions qu'on a présentées ci-dessus à titre d'illustration ne sont pas suffisantes pour permettre au lecteur de mener complètement à bien le travail, mais elles sont peut-être suffisantes pour donner du crédit à cette affirmation autrement difficilement croyable.

Ce à quoi nous avons vu se ramener « n est un nombre premier » n'est rien | comparé à ce à quoi se ramènerait cet énoncé ou un autre énoncé arithmétique si on le paraphrasait complètement au moyen de nos quatre expressions fondamentales. On ne doit pas recommander ces quatre-là comme *lingua franca* des mathématiques, ni comme medium pratique de calcul. C'est plutôt un sujet d'intérêt théorique que tant d'idées mathématiques puissent être engendrées à partir d'une base si maigre, et à partir de cette base en particulier.

Trois de nos quatre locutions fondamentales appartiennent à la logique. La quatrième appartient à la théorie des ensembles, ou mathématiques des classes. Ou nous pourrions dire que toutes quatre appartiennent à la théorie des ensembles; car les locutions purement logiques se comprennent mieux comme faisant partie du domaine commun et sont comptées automatiquement dans l'appareil de toute théorie.

Puisque toutes les mathématiques peuvent être paraphrasées ainsi, toute vérité mathématique peut se comprendre comme une vérité de la théorie des ensembles. Tout problème mathématique peut être transformé en un problème de théorie des ensembles. Soit c'est une bonne nouvelle pour les problèmes remarquablement difficiles des mathématiques, soit la théorie des ensembles est elle-même aussi profonde dans ses problèmes que toute partie des mathématiques.

C'est cette dernière affirmation qui est vraie. Et le pire, dans la théorie des ensembles, n'est pas seulement qu'on puisse écrire des énoncés dont la vérité ou la fausseté est difficile à prouver. On peut écrire des énoncés dont la vérité et la fausseté simultanée semble bien trop facile à prouver. En voici un :

non (y) non (x) (non ($x \in y$ et $x \in x$) et non (non $x \in y$ et non $x \in x$))

Partiellement transcrit avec quelques égards pour la communication entre mortels, ce que cela dit est ceci :

Il y a une chose y telle que (x) ($x \in y$ si, et seulement si, non $x \in x$)

Et l'on reconnaît le paradoxe de Russell.

Par conséquent, en tant que fondement pour les mathématiques, la théorie des ensembles est bien moins solide que ce qu'elle fonde ; car dans la théorie des ensembles, le sens commun est discrédité par les paradoxes. Il est clair que nous ne devons pas regarder les fondements ensemblistes des mathématiques comme un moyen d'apaiser nos soupçons relatifs à la correction des mathématiques classiques. Ces soupçons sont de toute façon rares, une fois réglées les offenses à la raison telles que les infinitésimaux. C'est seulement pour l'unification conceptuelle que le fondement ensembliste est remarquable. La métaphore du fondement cesse d'être adéquate; **32** c'est comme si | un fondement fragile était suspendu à une superstructure robuste. Car la seule chose sur laquelle nous insistons, tandis que nous passons en revue différentes versions de théories des ensembles acceptables, c'est sur le fait que notre théorie des ensembles soit à même de reproduire, dans la superstructure finale, les lois acceptées des mathématiques classiques. Ce critère est même utile comme guide partiel lorsque, inventant une théorie des ensembles, nous devons choisir parmi des options intuitivement indécidables. Nous pouvons considérer la théorie des ensembles, ou sa notation, simplement comme un vocabulaire utilement restreint dans lequel on peut formuler un système général d'axiomes pour les mathématiques classiques – pour ce qui est des ensembles, advienne que pourra.

SUR L'APPLICATION
DE LA LOGIQUE MODERNE [*]

Ceci fut diffusé en traduction allemande à la radio dans le Secteur Américain de Berlin, en 1960. Un fragment du début a été supprimé au profit de la première note de bas de page.

Jusqu'à présent on peut dire, de façon quelque peu paradoxale, que l'importance de la logique moderne a résidé dans ses applications théoriques. La logique moderne a été de la plus haute utilité comme outil pour les recherches les plus théoriques sur les fondements et les mécanismes des mathématiques pures, et c'est cette utilité plutôt noble qui a principalement stimulé les développements modernes en logique.

Ainsi, considérons le célèbre théorème de Gödel de 1931 [a]. Qu'il soit vrai est surprenant, et qu'il puisse être prouvé est plus surprenant encore. C'est un théorème strictement mathématique concernant ce qui peut ou ne peut pas être fait en

---

[*] Traduit par Henri Galinon.

[a]. Voir plus haut, à la fin des « Voies du paradoxe » [p. 39-64].

matière de déduction logique de certains énoncés de la théorie
des nombres à partir de certains autres ; et pour le prouver, il a
fallu que Gödel soit mathématiquement précis et explicite, ce
que les mathématiciens n'étaient traditionnellement pas, sur
ce qui compte comme une déduction logique. La formalisation
mathématique moderne de la logique a ainsi servi à Gödel
d'instrument pratique indispensable pour établir son résultat
hautement théorique, l'impossibilité d'une théorie complète
des nombres. C'est l'un des nombreux cas, mais à juste titre le
plus célèbre, où la logique moderne a servi d'instrument
pratique pour faire progresser notre compréhension théorique
de ce qui se passe en mathématiques.

34 | On peut soutenir, dans une autre veine, que la plupart des
problèmes mathématiques sont des problèmes de logique
appliquée. Considérons ainsi la fameuse conjecture de
Goldbach, toujours ouverte, selon laquelle tout nombre pair est
la somme de deux nombres premiers. Nous sommes capables
dès à présent, sans savoir si la conjecture de Goldbach est vraie
ou fausse, d'écrire une certaine phrase vraie complexe T de
la théorie des nombres et de montrer que *si* la conjecture de
Goldbach est fausse, alors sa négation est logiquement déductible de T. Si, d'un autre côté, la conjecture de Goldbach est
vraie, sa négation n'est bien entendu pas déductible de T.
Par conséquent, le problème de Goldbach est *équivalent* à la
question purement logique de savoir si une phrase déjà spécifiée – la négation de la conjecture de Goldbach – est déductible
par la logique seulement de l'énoncé déjà spécifiable T.

Donc en général, pour toute conjecture mathématique S : si
nous produisons une vérité connue T et montrons alors, peut-
être de S ou peut-être de sa négation, qu'elle doit suivre de T si
elle est vraie, nous avons par là-même réduit le problème de S à
un problème de logique. Le problème de Goldbach n'est pas

un cas isolé de problème réductible à la logique ; la même chose est vraie de beaucoup d'autres, y compris du fameux problème de Fermat à la résolution duquel se sont essayés certains des meilleurs esprits depuis trois siècles.

Les problèmes de Goldbach et de Fermat sont des exemples impressionnants, mais ce que j'en ai dit n'indique pas que les techniques logiques modernes soient d'une grande aide pour la résolution de problèmes. C'est uniquement une indication de la richesse des problèmes en logique. Car je dis seulement que les problèmes de Goldbach, de Fermat et d'autres comme eux peuvent être transformés en problèmes de déductibilité logique, et non que ces problèmes ont plus de chance d'être résolus après cette transformation qu'autrement. C'est une considération qui vise plutôt à motiver l'amélioration des techniques en logique mathématique qu'à faire l'éloge de celles qui existent.

Celles qui existent sont néanmoins impressionnantes. Comme les techniques mises en œuvre dans les autres parties des mathématiques, elles s'articulent en deux phases : la paraphrase et la résolution. C'est la distinction qui ressort si vivement des exercices d'algèbre élémentaire : tout d'abord, nous mettons le problème exprimé verbalement en équation, puis nous résolvons l'équation. De façon similaire, en logique moderne, nous paraphrasons d'abord un problème dans une notation canonique mieux adaptée aux techniques connues de déduction ou d'évaluation, puis nous appliquons ces techniques.

Or en algèbre, comme s'en souviennent la plupart d'entre nous, l'opération préparatoire | de paraphrase était sans intérêt **35** sinon comme moyen d'obtenir une équation à résoudre. En logique, en revanche, l'opération préparatoire s'avère d'un grand intérêt en elle-même. Car elle fournit une analyse nette des concepts, et révèle des structures fondamentales qui restent indétectables tant que nos énoncés sont couchés dans le langage ordinaire. La compréhension approfondie fournie par la paraphrase du discours ordinaire dans l'idiome spécialement conçu de la logique moderne a influencé le cours de la philosophie de façon notable. Chez les philosophes du XXe siècle de tempérament scientifique, en effet, « analyse logique » est une devise. Et en particulier, l'entreprise de paraphrase en notation logique a fait faire un progrès sans précédent à la philosophie des mathématiques – un progrès qui a été à la fois un résultat et une motivation majeure de la logique moderne.

En logique moderne, il y a aussi, une fois la paraphrase effectuée, de puissantes techniques correspondant à l'activité algébrique de résolution des équations qui ont été formulées : des techniques pour, cette fois-ci, tester ou explorer les relations d'implication logique entre les formules logiques. Mais il faut dire que, jusqu'à présent, l'application pratique de ces nouvelles techniques a été moins importante et moins répandue que la grande généralité du sujet ne le laissait prévoir. Ces techniques ont certainement servi à accélérer le traitement d'étapes qui demandaient auparavant davantage de travail et des tâtonnements plus fréquents, mais elles n'ont pas joué de rôle comparable à celui joué par différentes branches des mathématiques en application à la physique.

Dans le futur, toutefois, il se pourrait qu'elles jouent un tel rôle. À l'ère des chiffres romains, les problèmes ayant trait aux exponentielles ou aux équations différentielles n'étaient pas seulement difficiles à résoudre ; ils ne se posaient pas, faute de concepts et de notations appropriées. L'appareil conceptuel de la logique moderne est riche de la même façon de problèmes qui ne se poseraient tout simplement pas à nous dans le cadre primitif du langage ordinaire. Certains de ces problèmes pourraient, tandis que les sciences naturelles évoluent en toute connaissance de la logique moderne, se révéler apparentés aux sciences naturelles exactement comme c'est arrivé avec les problèmes d'exponentielles et de différentielles; et les techniques de résolutions de problème de la logique moderne prouveront leur valeur pour les sciences naturelles. D'autres techniques logiques seront alors également développées pour répondre aux besoins spécifiques des sciences naturelles, s'il est permis de faire des prédictions par analogie avec ce qui s'est passé ailleurs en mathématiques.

On trouve en fait déjà appliqué | de manière intensive en **36** ingénierie un petit bout de logique moderne. De façon ironique, c'est la partie la plus élémentaire de la logique : la théorie des fonctions de vérité. Les fonctions de vérité sont essentielle- ment le « non », le « et » et le « ou » du langage ordinaire, utilisés dans la composition de phrases pour former des phrases complexes dont la vérité ou la fausseté dépend de façon spéci- fiable et évidente de la vérité ou fausseté des phrases compo- santes. Claude Shannon a découvert une application très utile de la logique des fonctions de vérité à la conception des circuits électriques. La pertinence de « et » et « ou » aux circuits électriques est celle-ci : si des terminaux sont séparés par des interrupteurs A et B en série, le circuit est fermé seule- ment dans le cas où A et B sont fermés; s'ils sont séparés par A et B en parallèles, le circuit est fermé seulement dans le cas où A ou B est fermé. « Non » entre également dans le tableau, en ouvrant simplement un interrupteur. Une conséquence de cette correspondance est que le problème pratique de la simplifica- tion d'un circuit électrique complexe, le problème de conce- voir le circuit le plus simple possible pour une tâche donnée, se réduit au problème logique de la simplification d'une formule vérifonctionnelle.

Une ironie supplémentaire est que, quoique la logique des fonctions de vérité, à la différence de la plus grande partie de la logique moderne, soit facile au point d'en être triviale, le problème général de la simplification des formules vérifonctionnelles se révèle difficile. Si vous composez quelques phrases pour former une phrase complexe au moyen de « non », « et », et « ou », le résultat est en effet aussi transparent dans sa signification et aussi simple dans son comportement logique qu'on puisse l'espérer. Mais le point curieux est qu'une telle phrase complexe ne peut pas toujours être transformée en un équivalent le plus simple possible par des étapes évidentes de simplification progressive. Il y a douze ans, pour ma part, je supposais naturellement le contraire, confiant que je trouverais un petit ensemble d'étapes faciles assez vite. Mais aucun petit ensemble de ce genre n'a été découvert. Des méthodes peu imaginatives consistant à épuiser toutes les possibilités sont bien disponibles, évidentes, et infaillibles comme moyen de trouver les équivalents les plus simples ; mais quand la phrase complexe concernée est construite à partir de beaucoup de composants, ces méthodes sont d'une longueur astronomique et deviennent impraticables.

Il ne peut être question d'employer les méthodes directes de simplification progressive dans le cas général. On peut toujours espérer trouver des méthodes indirectes, néanmoins, qui sont moins coûteuses que les procédés de recherche exhaustive. Des progrès dans cette direction ont été réalisés, et beaucoup d'efforts sont faits pour progresser encore. Tout un corps de théorie est en voie de développement à cette fin, sous la
37 pression des | besoins d'ingénierie électrique. Car l'essor sans précédent des ordinateurs a donné une énorme valeur ajoutée à la découverte des circuits les plus simples réalisant une tâche donnée. En Amérique, il existe de nombreux établissements,

commerciaux et gouvernementaux, où la recherche progresse dans la conception d'ordinateurs et d'autres automates ; et il semble que ce soit la norme de nos jours, dans ces centres, que le personnel de recherche soit occupé à essayer de concevoir des techniques de plus en plus puissantes pour simplifier les formules vérifonctionnelles. Je sais que la même chose est vraie jusqu'à un certain point en Russie et en Australie, et sans aucun doute aussi dans d'autres pays. Les publications sur le problème de la simplification des formules vérifonctionnelles paraissent avec une fréquence croissante, dans les journaux mathématiques et dans les manuels et journaux d'ingénierie informatique. On a atteint le point où une partie du problème est de concevoir des techniques de simplification permettant de faire appel aux ordinateurs pour leur mise en œuvre. Les ordinateurs figurent ainsi de plus en plus parmi les instruments destinés à simplifier la conception des ordinateurs.

Il y a un sens remarquablement défini dans lequel on peut dire néanmoins que la logique des fonctions de vérité est un sujet simple, et même trivial. C'est celui-ci : toute question spécifique d'implication logique ou d'équivalence dans cette partie de la logique peut être résolue par un calcul de routine. C'est ce que l'on veut dire, en langage technique, lorsque l'on dit que la logique des fonctions de vérité est *effective*. Ce qui vient après de plus sérieux en logique mathématique, connu sous le nom de logique des quantificateurs ou des prédicats, n'est pas effectif. Dans ce domaine, il y a encore une routine générale de calcul permettant de résoudre affirmativement toute question spécifique d'implication ou d'équivalence si la bonne réponse se trouve être affirmative ; mais les réponses négatives ne peuvent en général être obtenues par quelque routine fiable que ce soit, comme l'a démontré Alonzo Church en 1936. On exprime parfois de nos jours cette semi-effectivité

en disant que la logique des quantificateurs est *constructive*.
Quant à la théorie des nombres, elle n'est pas même constructive; c'est une façon de formuler le théorème de Gödel dont il a
été brièvement question tout à l'heure.

Il y a des raisons d'être surpris par le fait que la logique des
fonctions de vérité, suffisamment triviale pour être effective,
se soit révélée si centrale pour l'ingénierie informatique; et il y
a encore beaucoup plus de raisons d'être surpris de ce que les
problèmes qu'on y rencontre se soient révélés si têtus.

Mais les parties supérieures de la logique moderne sont
38 aussi pertinentes pour l'ingénierie informatique, | de façon
moins surprenante, et par des voies plus profondes. Tandis que
les cerveaux mécaniques sont adaptés à des buts de plus en plus
éloignés du simple calcul arithmétique, on attache une importance toujours plus grande à l'activité de *programmation* :
c'est-à-dire la tâche d'analyser et de paraphraser un problème
de façon à ce que sa solution s'organise d'elle-même en étapes
que l'on peut faire effectuer à une machine. La programmation
est analogue, à nouveau, à cette vieille question d'algèbre
élémentaire consistant à transmuter des problèmes formulés
verbalement en équations qui sont du ressort de la mécanique
de la manipulation algébrique. C'est analogue aussi, par conséquent, à l'activité logique moderne de traduction du langage
ordinaire en symboles logiques. On pourrait soutenir dans
les deux cas qu'il y a davantage que cette analogie : la trans-
mutation de problèmes donnés verbalement en équations
algébriques ou en formules logiques est elle-même une
programmation pour quelque chose de proche d'un calcul
informatique, en tant qu'elle prépare la voie à la manipulation
méthodique de formules selon des règles d'algorithme fixées.

Dans la programmation de problèmes pour des machines
réelles, il y a forcément un vaste champ pour l'application des

techniques logiques des deux sortes que j'ai distinguées tout à l'heure : à la fois pour les techniques de paraphrase des problèmes en formules effectivement manipulables et pour les techniques de manipulation des résultats. Dans la mesure où les techniques logiques sont pertinentes pour la programmation, elles doivent aussi être pertinentes pour la conception des machines ; car la programmation et la conception sont des entreprises réciproques, chacune étant tournée vers la convenance de l'autre.

On peut, de plus, s'attendre à ce que cette application de la théorie logique stimule le progrès de la théorie logique elle-même. C'est une attente raisonnable relativement à l'application de toute théorie, mais dans le cas présent elle est particulièrement forte. Car la programmation exige que l'on soit explicite et formel au plus haut point dans l'analyse des concepts ; elle s'épanouit de surcroît grâce à l'économie conceptuelle ; et elle récompense les nouvelles directions d'analyse, sans jamais regarder en arrière vers les formes traditionnelles de la pensée. C'est un fait remarquable que la programmation fournisse une motivation strictement pécuniaire pour quelque chose de très proche de la forme de rigueur, d'imagination, et d'économie conceptuelle qui avaient jusqu'ici été cultivées par des logiciens théoriciens pour des raisons purement philosophiques ou esthétiques. Nous voyons les deux extrêmes que sont la théorie abstraite et l'application pratique converger ici, comme ils l'ont fait dans la technologie de la fission nucléaire.

| Entre la théorie logique et le calcul informatique, il y a des **39** connexions plus fondamentales encore que ne le suggèrent ces dernières considérations. Car rappelons-nous les notions, dont nous avons dit un mot tout à l'heure, d'effectivité et de constructivité. J'ai expliqué ces notions par une allusion vague

à ce que j'ai appelé des routines de calcul. Or qu'est-ce qui compte comme routine de calcul ? La notion générale de routine de calcul a été rendue précise en 1936 et 1937 par les travaux largement indépendants de quatre mathématiciens – Church, Kleene, Turing, Post; et sa formulation en est venue constituer, en même temps, une formulation de la caractéristique théorique fondamentale de tout ordinateur possible.

Au début de cet article, j'ai cité le théorème de Gödel, en théorie de la preuve, pour illustrer une motivation et un triomphe de la recherche en logique moderne. L'un des motifs principaux de la recherche logique moderne a été l'exploration de la nature, des potentialités, et des limites de la preuve mathématique. Or nous voyons maintenant que les notions fondamentales de la théorie de la preuve convergent avec celles de la théorie du calcul informatique. Ainsi, prenez le théorème de Gödel. Il peut être reformulé, ai-je remarqué plus tard, comme affirmant que la théorie des nombres n'est pas constructive. Ici, « constructif » signifie, comme je l'ai indiqué, qu'une routine générale de calcul existe permettant d'engendrer les preuves. Finalement, la notion de routine de calcul, à son tour, trouve sa formulation nette d'une façon qui en fait le concept fondamental du calcul informatique. La théorie la plus pure de la preuve mathématique et la théorie la plus technologique du calcul informatique sont donc au fond une seule et même chose, et les lumières fondamentales que nous donne l'une sont par là-même les lumières que nous donne l'autre.

HOMMAGE À RUDOLF CARNAP *

Présenté à Boston en octobre 1970, lors d'une réunion d'hommage sous les auspices de la *Philosophy of Science Association*. Ce texte fut par la suite lu pour moi au cours d'une réunion d'hommage à Los Angeles. Il est paru dans les *Boston Studies in the Philosophy of Science*, volume 8.

Carnap est une figure éminente. Je le considère comme la figure dominante en philosophie à partir des années 1930, au même titre que Russell au cours des décennies précédentes. La gloire bien méritée de Russell a continué à s'accroître par la suite, sous l'effet de l'accumulation des preuves de son importance historique ; mais c'est Carnap qui prit la tête des développements ultérieurs. Certains philosophes donneraient plutôt ce rôle à Wittgenstein ; mais nombreux sont ceux qui voient les choses comme moi.

Russell avait évoqué le projet de dériver le monde de l'expérience par une construction logique. Mais Carnap, dans son *Aufbau*, s'est mis sérieusement à cette tâche. C'était là un projet grandiose, et pourtant sans prétention, à une époque où

---

* Traduit par Sandra Laugier.

peu de philosophes avaient la maîtrise de la logique technique.
Ses constructions faisaient intervenir beaucoup d'ingéniosité,
d'imagination philosophique, de compréhension de la psychologie et de la physique. Si cet ouvrage ne parvint pas à remplir
son ambitieux objectif, il fournit bien pour la première fois un
exemple de ce à quoi peut aspirer une philosophie scientifique,
en degré de rigueur et d'explicitation. Il offrit également des
aperçus détaillés et philosophiquement excitants de la façon
dont notre connaissance du monde extérieur pourrait être
finalement pour l'essentiel, pour parler comme Eddington, un
coup monté[1]. Et il fournit des techniques de construction qui
font encore leurs preuves de nos jours.

Dans sa *Syntaxe logique*, Carnap exploita avec la même
vigueur les ressources de la logique moderne à des fins philosophiques. L'ouvrage est une mine de preuves et d'opinions
41 sur la philosophie de la logique et sur la logique | de la philo-
sophie. Durant une décennie philosophiquement cruciale, ce
fut la principale source d'inspiration des jeunes philosophes
d'orientation scientifique. La *Syntaxe* fut l'ouvrage de référence, le point central à partir duquel des vagues de brochures
et d'essais de plus grande diffusion purent atteindre des cercles
toujours plus larges. Carnap fut, plus que personne d'autre,
l'incarnation du positivisme logique, de l'empirisme logique,
du Cercle de Vienne.

Carnap finit par se rendre compte des limitations de sa
thèse de la syntaxe. C'est ainsi qu'il passa à sa troisième phase :
ses ouvrages et articles sur la sémantique, qui donnèrent à

---

1. Allusion à un mot d'Eddington relatif à la loi de la gravitation, « *put-
up job* ».

Carnap une place centrale dans les controverses sur la logique modale.

Durant cette période, il continuait à travailler à ses *Fondements logiques de la probabilité* [*Logical Foundations of Probability*], preuve monumentale de son inaltérable intérêt pour la logique de la science. Il y a deux mois à peine, j'ai reçu de lui une lettre enthousiaste où il évoquait des recherches supplémentaires qu'il effectuait sur ce sujet. Il y joignait une liasse de pages de ce nouveau travail en cours.

Carnap fut mon plus grand professeur. Je vins à sa rencontre à Prague il y a 38 ans, quelques mois à peine après avoir achevé mon parcours académique officiel et reçu le grade de docteur. Je fus essentiellement son disciple pendant six ans. Au cours des années qui suivirent, ses conceptions ont évolué, les miennes aussi, et de façons divergentes. Mais même là où nous étions en désaccord, c'est toujours lui qui donnait le ton ; ma ligne de pensée était pour l'essentiel déterminée par les problèmes que soulevaient ses positions à mes yeux.

J'avais entendu parler pour la première fois de Carnap et de son *Aufbau* par mon ami John Cooley en 1931, lorsque nous étions doctorants à Harvard. Herbert Feigl se trouvait alors à Harvard en tant que boursier de la Fondation Rockefeller. Il m'encouragea à me rendre à Vienne et chez Carnap l'année suivante, si j'obtenais une bourse de voyage.

Carnap quitta Vienne pour Prague cette année-là, et je le suivis. J'assistai à ses cours et lus sa *Logische Syntax* page après page, à mesure qu'elle sortait de la machine à écrire d'Ina Carnap. Carnap et Ina formaient un couple heureux. Il avait 41 ans, elle était plus jeune encore. Ils alliaient une intense productivité et une décontraction pleine de gaieté. Combinez une forte stimulation intellectuelle, un rire facile et une chaleur amicale, et vous avez la recette inégalable de la

bonne compagnie ; et les Carnap étaient tout cela. Les jours où
Carnap n'avait pas à se rendre en ville pour donner ses cours,
mon épouse et moi-même prenions le tramway jusqu'au termi-
nus, et remontions à pied les quelques pâtés de maison restants
jusqu'à leur petite maison du quartier nommé Pod Homolkou.
Comme son nom l'indique, cet endroit se situe au pied de
quelque chose ; et Carnap et Ina venaient, selon toute probabi-
42 lité, de rentrer d'une heure passée à skier sur la | chose. Carnap
et moi discutions alors de logique et de philosophie, des heures
durant. Mon épouse et moi restions pour déjeuner, voire pour
dîner ; mais si dîner il y avait, c'en était fini de la philosophie et
de la logique, jusqu'à la prochaine rencontre. Les habitudes de
Carnap étaient déjà austères : pas de science après dîner, sous
peine de nuit sans sommeil. Jamais d'alcool. Ni de café.

J'étais alors un jeune étranger inconnu âgé de 23 ans,
auteur de treize pages insignifiantes et en passe d'en publier
seize autres. Il est extraordinaire de la part de quiconque, mais
bien caractéristique de Carnap, d'avoir été si généreux de son
temps et de son énergie, et je ne peux imaginer de plus beau
cadeau. Ce fut ma première expérience d'un engagement intellectuel soutenu avec quelqu'un d'une génération au-dessus, et
qui plus est avec un grand homme. Je fis pour la première fois
l'expérience vraiment significative d'être intellectuellement
enflammé par un professeur vivant plutôt que par un livre
mort. Je n'avais pas jusqu'alors eu conscience de ce manque.
On va écoutant respectueusement ses aînés, apprenant des
choses, les entendant avec différents degrés d'approbation, et
attendant, comme si cela allait de soi, de revenir à ses propres
ressources ainsi qu'à celles de la bibliothèque pour trouver la
motivation principale. On accepte l'idée que son professeur
a son propre travail à faire, et que les problèmes et approches
qui l'attirent ne coïncident pas nécessairement de façon très

féconde avec ceux qui nous occupent. Je pouvais me mettre moi-même à la place du professeur, et ne recherchais pas autre chose. Je suppose que la plupart d'entre nous traversent la vie sans jamais parvenir à une vision plus éclatante des ressources de l'Académie[1]. Il en aurait été de même pour moi, sans la générosité de Carnap.

À Harvard l'année suivante, je donnai une série de leçons sur la philosophie de Carnap. Notre correspondance était énorme. Il écrivait en anglais, s'entraînant ainsi pour une visite en Amérique, et moi en allemand; et nous joignions des copies d'articles pour correction réciproque. À Noël 1935, nous le reçûmes dans notre appartement de Cambridge. Il se joignit à nous pour partir en automobile, de Cambridge, à la réunion de la *Philosophical Association* qui avait lieu à Baltimore. Les compagnons de l'expédition étaient David Prall, Mason Gross et Nelson Goodman. Nous prîmes d'assaut avec Carnap, tels ses hommes de main, le camp des métaphysiciens. Nous exultâmes de fierté partisane lorsqu'il riposta à une diatribe d'Arthur Lovejoy, en expliquant, dans le style raisonnable qui le caractérisait, que si Lovejoy voulait dire A, alors p, et que s'il voulait dire B, alors q. Il me restait alors à apprendre ce que cette manière de faire de Carnap pouvait avoir de frustrant, quand il s'en prenait à vous.

Carnap s'installa bientôt à Chicago. Deux ans plus tard, je m'en pris à lui pour avoir flirté avec la logique modale. Sa réponse fut caractéristique : « Je ne m'adonne à ce vice ni en général, ni en profondeur... Même | si nous n'aimons pas **43** appliquer les langages intensionnels, je pense néanmoins que

---

1. Allusion à un roman satirique des années cinquante consacré à la vie académique : *The Groves of the Academe* par Mary MacCarthy.

nous ne pouvons éviter de les analyser. Que penseriez-vous d'un entomologiste qui refuserait d'examiner les puces et les poux au motif qu'il ne les aime pas ?».

En 1939, Carnap vint à Harvard comme professeur invité [*visiting professor*]. Ce furent là des mois historiques : Russell, Carnap et Tarski étaient là réunis. Ce fut à ce moment-là que Tarski et moi eûmes de longues discussions avec Carnap contre son idée d'analyticité.

En raison de l'éloignement géographique, nos rencontres ultérieures se firent rares. En 1949, ma nouvelle épouse et moi avons passé quelques jours mémorables chez les Carnap, au Nouveau-Mexique. En 1951, Carnap et moi avons présidé ensemble un symposium sur l'ontologie à Chicago. En 1958, nous devions nous revoir en Californie, mais je ne pus m'y rendre, pour cause de maladie. Enfin, en 1965, j'eus l'immense plaisir de le voir au colloque Popper de Londres. Il avait l'air en pleine forme, et était vigoureux et alerte. Lorsque Popper l'attaqua sur l'induction, sa défense fut magistrale. Le spectacle me ramenait en arrière, à son affrontement avec Lovejoy, trente ans plus tôt. Je retrouvais mon bon vieux Carnap. Sa mort, qui le frappe alors qu'il était encore au sommet de ses capacités, marque une triste date dans l'histoire de la philosophie.

LA LOGIQUE, SOURCE D'APERÇUS
SYNTAXIQUES*

Cet article a été délivré à la suite d'une invitation de l'American Mathematical Society lors d'un symposium sur les méthodes mathématiques en linguistique, qui s'est tenu à New York en avril 1960 © American Mathematical Society 1961, extrait des *Proceedings of Symposia in Applied Mathematics*, volume 12, p. 1-5.

Les mathématiciens mènent leur affaire propre en s'écartant du langage ordinaire. Chacune de ces déviations est suggérée par des considérations particulières d'utilité pour l'entreprise mathématique en cours. On peut s'attendre à ce que de telles réformes jettent quelque lumière sur le langage ordinaire dont elles s'écartent, une lumière d'autant plus vive que ces réformes ont un caractère étroitement utilitaire. Car dans chaque cas, une fonction qui jusque-là n'était assurée qu'incidemment et de manière peu voyante par une construction du langage ordinaire est à présent mise en avant ostensiblement comme l'unique et explicite fonction d'une notation

---

* Traduit par François Rivenc.

artificielle. Comme par caricature, des fonctions peu voyantes d'idiomes communs sont ainsi isolées et mises en évidence.

Considérons ainsi l'usage par le mathématicien des parenthèses pour indiquer les groupements. Une fois que nous avons à l'esprit ce dispositif systématique, nous voyons plus clairement le propos ou la valeur de survie de certains dispositifs apparentés du langage ordinaire. Nous en venons à apprécier, par exemple, le fait que la paire de particules « soit – ou » n'est pas seulement une complication redondante du simple « ou », mais que le « soit » fait le travail utile d'une parenthèse gauche marquant le commencement du composé dont le connecteur est « ou ». C'est le | « soit » qui nous permet de résoudre verbalement l'ambiguïté de « p et q ou r ». Il nous permet de faire la distinction entre « soit p et q ou r » et « p et soit q ou r » – précisément la distinction qui serait rendue visible avec les parenthèses comme « (p et q) ou r » *versus* « p et (q ou r) ». L'expression « à la fois » joue un rôle analogue en relation avec « et »; ainsi « (p ou q) et r » et « p ou (q et r) » donnent « à la fois p ou q et r », et « p ou à la fois q et r ». Bien sûr, nous aurions parfaitement pu en arriver à cet aperçu sur la fonction syntaxique de « soit » et de « à la fois » même sans avoir connaissance de la méthode des parenthèses; mais il est plus probable que de tels aperçus viennent à celui qui a les parenthèses à l'esprit. Voilà donc un premier et rudimentaire exemple de la manière dont on peut s'attendre à ce que les artifices de la notation mathématique favorisent des aperçus syntaxiques sur le langage ordinaire.

Pour des exemples plus convaincants, il est bon de se tourner vers la logique mathématique. Cette branche des mathématiques est particulièrement riche en artifices qui jettent une lumière sur le langage ordinaire dont ils s'écartent. De fait, mon exemple de « soit – ou » et « à la fois – et » était déjà tiré de la logique; mais il y a d'autres exemples plus profonds à tirer de ce domaine. Alors que la plupart des déviations linguistiques dans les développements mathématiques autres que la logique a peu à voir avec les dispositifs tout à fait centraux du langage, les déviations en logique mathématique sont aussi centrales qu'il est possible.

Une distinction, obscure en anglais ordinaire[1], qui est fortement mise en relief par la notation logique moderne, est celle des portées des termes singuliers indéfinis. Prenons le terme singulier indéfini « tout [*every*] poème ». Si je dis « Je ne connais pas tout poème », dois-je être compris comme disant de tout poème que je ne le connais pas, ou dois-je être compris comme niant seulement la phrase « Je connais tout poème » ? Dans le premier cas, la portée du terme singulier indéfini « tout poème » est la phrase entière « Je ne connais pas tout poème ». Dans l'autre cas, la portée est « Je connais tout poème », une phrase subordonnée que le « ne … pas » vient nier.

Beaucoup d'entre vous sont familiers de la notation logique moderne qui réduit les termes singuliers indéfinis et les pronoms à ce qu'on appelle les quantificateurs et les variables. Elle résout les problèmes de portée de manière nette et sans ambiguïté. Souvent, le langage ordinaire les résout aussi, mais de façon si peu manifeste que, sans le bénéfice de la manière très claire dont la logique moderne en rend compte, il est peu probable qu'on prenne la mesure soit du problème, soit du travail qu'accomplissent les locutions du langage ordinaire | pour le résoudre. Une fois que nous avons clairement pris la **46** mesure de la question des portées à la lumière de la notation logique, nous pouvons revenir au langage ordinaire et voir,

---

1. Rappelons que le texte original de Quine est rédigé en anglais.

comme jamais auparavant, la manière dont les choses s'y sont toujours passées. Ce que nous trouvons, c'est une interaction des apparents synonymes « un quelconque » [*any*] et « tout » [*every*], qui connotent respectivement la grande et la petite portées [1].

Revenons à notre exemple. « Je ne connais pas tout poème » est définitivement compris comme confinant le terme singulier indéfini « tout poème » à la plus petite portée « Je connais tout poème », pour appliquer ensuite le « ne … pas » à cette phrase subordonnée. La règle, implicite dans l'usage mais jamais explicitement remarquée avant l'intervention de la logique moderne, est que « tout » appelle toujours la plus petite portée disponible. « Aucun » [*any*] est sujet à la règle contraire ; il appelle la plus grande de deux portées disponibles. Ainsi, quand nous disons « Je ne connais aucun poème », la portée du terme singulier indéfini « aucun poème » est la phrase tout entière, y compris le « ne … pas ».

Il est éclairant, à cet égard, de comparer « Je suis ignorant de tout poème ». Cela est équivalent, non pas à « Je ne connais pas tout poème », mais à « Je ne connais aucun poème », juste parce que dans ce cas la portée est la phrase tout entière faute simplement d'une plus courte ; il se trouve que le « i » de « ignorant », à la différence de « ne … pas », est inséparable, de sorte que la portée de « tout » dans « Je suis ignorant de tout poème » doit être la phrase tout entière.

Le contraste entre « un quelconque » [*any*] et « tout », du point de vue de la portée, ne se limite pas aux phrases négatives, mais a lieu de manière générale. Ainsi comparons « Si

---

1. Dans les lignes suivantes, « *any* » est traduit tantôt par « un quelconque », tantôt par « aucun », selon le contexte.

Jean connaît un quelconque poème, il connaît *"The Raven"* »,
et « Si Jean connaît tout poème, il connaît *"The Raven"* » [1]. La
portée de « un quelconque poème » est le conditionnel tout
entier ; la portée de « tout poème » est seulement l'antécédent
du conditionnel. Le premier conditionnel dit de chaque poème
que si Jean le connaît, il connaît « *The Raven* » ; le second dit
seulement que Jean connaît « *The Raven* » s'il les connaît tous.

Peut-être nous sommes-nous demandés tantôt pourquoi
l'anglais tolère l'apparente synonymie de « un quelconque » et
« tout », puis pourquoi ces derniers manquent si souvent à être
interchangeables. Le chaos s'ordonne dès que nous obtenons
une claire compréhension de la portée des termes singuliers
indéfinis, grâce à la notation enrégimentée de la logique
mathématique. Rétrospectivement, nous nous rendons compte
que la différence de fonction entre « un quelconque » et « tout »
n'est qu'une question de grande et de petite portées.

| Des problèmes de portée surgissent aussi indépen-   47
damment des termes singuliers indéfinis. Ainsi considérons
l'expression « grand papillon européen » ; devons-nous la
comprendre comme s'appliquant à tous les papillons
européens qui sont grands pour des papillons européens, ou
seulement aux papillons européens qui sont grands pour des
papillons ? Il est instructif d'opposer cet exemple à l'expression formellement semblable « boîte noire carrée », où le
problème de portée est sans pertinence. La raison pour laquelle
le premier exemple mais pas le second pose un problème de
portée est que « grand » y figure en tant qu'adjectif syncatégorématique, comme « pauvre » dans « pauvre type » ou

---

1. En français, « Le Corbeau » (allusion au célèbre poème de Poe).

« simple » dans « simple enfant »[1], alors que « carré » figure dans le second en tant qu'adjectif catégorématique. La caractéristique de l'usage catégorématique est qu'une chose telle ou telle et carrée est simplement une chose qui est carrée et telle ou telle ; un simple enfant, en revanche, n'est pas simple et un enfant, de même qu'un grand papillon n'est pas simplement grand, absolument parlant, et un papillon. Cette opposition est une pure affaire d'anglais ordinaire, et cependant on s'en serait moins facilement rendu compte sans les aperçus fournis par l'enrégimentement logique. Dans un tel cas, l'écart de notation de la logique, dont on peut penser qu'il a favorisé l'aperçu pertinent, consiste en une notation qui résout « est une chose telle ou telle carrée » en quelque chose comme « est une chose telle ou telle et est carré » ; cette possibilité de résolution est ce qui distingue l'usage catégorématique des adjectifs de leur usage syncatégorématique.

L'analyse des composés linguistiques en leurs constituants immédiats est une autre entreprise linguistique à laquelle les aperçus de la logique moderne peuvent parfois contribuer. Prenons ainsi « la dame avec laquelle je vous ai vu ». Avons-nous ici un terme singulier, « la dame », gouverné par une relative « avec laquelle je vous ai vu », ou avons-nous un terme général « dame avec laquelle je vous ai vu », gouverné par l'article « le » [*the*] ? La dernière analyse est indiscutablement préférable, car elle justifie le caractère défini de l'article en incorporant au préalable tous les déterminants disponibles de l'unicité dans le terme général auquel l'article est appliqué. On aurait eu moins de chance d'avoir cet aperçu si l'on n'avait pas

---

1. « *mere child* », au sens où le français dit « ce n'est qu'un enfant ».

bénéficié de l'étude théorique, dans la logique moderne, des descriptions définies.

Une modification de cet exemple révèle, de plus, une curieuse anomalie. Paraphrasons l'exemple pour le lire « la dame telle que je vous ai vu avec elle ». En vertu de l'analyse précédente, cette expression se résout en « le » et un terme général « dame telle que je vous ai vu avec elle ». Mais alors, quel est, à l'intérieur de ce terme général, l'antécédent grammatical du « elle » final ? Manifestement « dame » ; et l'anomalie consiste en l'occurrence d'un terme général comme antécédent d'un pronom. | Ce qui soutient intuitivement l'usage de **48** la construction entière, c'est certainement l'impression que « elle » fait plutôt référence au terme singulier en tête « la dame » ; pourtant cette manière d'analyser la construction viole notre point précédent, selon lequel l'article « le » doit être compris comme gouvernant la description la plus grande possible, avec en vue l'unicité. Qu'on me permette de laisser cette difficulté non résolue, en remarquant simplement qu'elle ne doit son existence qu'aux aperçus venus du côté de la logique moderne.

Un autre aperçu que la logique favorise concerne le fait qu'il est préférable de classer les pronoms avec les termes singuliers définis comme « Henry », « l'homme », et autres, plutôt qu'avec les termes singuliers indéfinis comme « un homme » ou « tout homme ». Le pronom « il »[1] [*he*] est à peu près interchangeable avec « l'homme » ; pas avec « un homme ». Dire par exemple « J'ai vu un homme et vous l'avez vu », n'est nullement équivalent à dire « J'ai vu un homme et vous avez vu un homme » ; le premier implique l'identité mais

---

1. Ou « le », pour « *him* », comme dans l'exemple qui suit.

pas le second. Dire « J'ai vu un homme et vous l'avez vu »
est plutôt équivalent à « J'ai vu un homme et vous avez vu
l'homme ». Remarquons le subtil contraste : dans la phrase
« J'ai vu un homme et vous l'avez vu », l'antécédent grammatical de « le » est « un homme », mais ce qu'on peut substituer
de manière appropriée à « le », c'est « l'homme ». Les pronoms
ne représentent pas leurs antécédents grammaticaux ; ils
peuvent avoir des termes singuliers indéfinis comme antécédents mais ne peuvent être remplacés que par des termes
singuliers définis. Telle est leur nature.

Une fois formulé, ce point concernant les pronoms est
assez clair, sans qu'on ait besoin de faire appel aux subtilités
de la logique mathématique. Encore est-il que c'est la notation
enrégimentée de la logique qui a le plus de chance de suggérer
le point, en raison de la manière frappante dont cette notation
analyse le travail des pronoms et des autres termes singuliers,
définis et indéfinis.

Et la logique nous permet d'aller plus loin. Ce que montrait
notre exemple, c'était seulement le fait que les pronoms
peuvent avoir un terme singulier comme antécédent, et ne
peuvent être remplacés que par un terme singulier défini. Mais
les développements modernes en logique nous permettent en
outre de dire qu'en principe, on n'a jamais besoin des pronoms
autrement qu'avec des termes singuliers indéfinis comme
antécédents, et qu'on n'a pas du tout besoin d'autres termes
singuliers définis que les pronoms. Nous pouvons paraphraser
systématiquement nos phrases de sorte que les seuls termes
singuliers définis qui survivent sont les variables utilisées de
manière pronominale en apposition avec des termes singuliers
indéfinis, comme la variable « x » dans « Toute région x contient
49 une région | plus petite que x ». Un tel théorème de réduction

peut avoir un intérêt linguistique en offrant une nouvelle perspective sur la fonction des pronoms.

Examinons maintenant le rôle de base des pronoms selon ce point de vue. Une phrase typique dont les pronoms ont des termes singuliers indéfinis comme antécédents est celle-ci : « Certains que nul ne déteste ne s'apprécient pas eux-mêmes » [1]. Remarquons que les pronoms sont simplement ici des instruments combinatoires pour abstraire des termes généraux complexes des propositions subordonnées [*sentential clauses*]. Un autre instrument qui ferait le travail de « que », dans le terme général complexe « que certains détestent », est la flexion du participe passif : d'où « détesté ». De même le terme général complexe « que nul ne déteste » revient à « non détesté ». De même encore, un autre instrument qui ferait le travail du pronom « eux-mêmes », dans le terme général complexe « s'apprécient eux-mêmes », est le préfixe « auto- » : d'où « auto-appréciateurs ». La phrase entière devient : « Il y a des non auto-appréciateurs non détestés ». Il ne reste aucun terme singulier, défini ou indéfini, pas même un pronom.

On voit ainsi que le pronom, dans ce qui peut être vu comme son rôle de base, est un instrument dont la fonction est semblable à celle de la flexion au passif et du préfixe réfléchi. Son avantage sur ces derniers réside seulement dans sa flexibilité, qui nous épargne le désagrément des constructions compliquées comme « non auto-appréciateurs non détestés ».

J'ai mis à jour ce point sur un exemple verbal ordinaire. Il provient cependant de la logique mathématique, et c'est là qu'on en a une preuve générale. Il y est prouvé qu'on peut en

---

1. La phrase anglaise est : « *Some whom none dislike do not appreciate themselves* ».

principe faire l'économie des variables, qui sont les pronoms
de la logique, au profit d'un petit nombre d'opérateurs convenablement choisis comparables à notre flexion au passif et au
préfixe réfléchi. Une façon de faire l'économie des variables
est due à Schönfinkel, dont les idées ont été ensuite développées par Curry sous le nom de logique combinatoire; mais
cette approche apporte avec elle un trop gros morceau de
théorie mathématique, équivalent à la théorie supérieure des
ensembles. La demi-douzaine d'opérateurs que j'ai en tête est
définissable, à la différence des opérateurs de Schönfinkel, au
niveau de la logique élémentaire des prédicats ou des quantificateurs[a]. Leur intérêt n'est pas qu'ils sont plus maniables
que les variables ou les pronoms, mais qu'ils suffisent à faire,
quoique lourdement, la même chose. Le savoir, c'est mieux
comprendre qu'auparavant ce qu'est précisément le rôle
particulier des pronoms.

---

a. Voir «Logique algébrique et foncteurs de prédicat», l'Essai 28
ci-dessous [p. 469-504].

LES CAPRICES DE LA DÉFINITION *

Présenté en juin 1972 lors d'un colloque sur la lexicographie anglaise à la New York Academy of Sciences. Publié dans les Annales de l'Académie (1973).

Les mathématiciens pensent de façon plus précise que la plupart d'entre nous. Pourtant, il est une confusion à laquelle ils sont plus enclins que la majorité : la confusion entre signe et objet. Les mathématiciens parviennent à la précision en raison du caractère abstrait de leurs objets, et ils confondent signe et objet pour la même raison. Les choses physiques diffèrent de façon palpable de leurs noms ; les nombres et autres objets mathématiques, en revanche, ne sont pas même palpables. Nous lisons ainsi des textes portant sur la réduction d'une *quantité* à ses *termes* les plus inférieurs. Nous lisons des textes relatifs à l'*identité* d'expressions *dissemblables*. Cette confusion prend également des formes plus sérieuses, plus enchevêtrées. La plupart des textes mathématiques en regorgent. Elle est évitable, et certains textes récents l'évitent. Elle est inoffensive pour la plupart des objectifs mathématiques, et elle

* Traduit par Sabine Plaud.

est même souvent commode. Mais en philosophie, en logique
ainsi que dans une nouvelle branche des mathématiques
appelée théorie de la preuve, elle gâche tout.

Peut-être cette confusion va-t-elle de pair avec le langage.
Peut-être l'ingénieux stratagème consistant à laisser les mots
tenir lieu des choses n'aurait-il jamais été découvert sans le
soutien d'une tendance à confondre les deux. Vous et moi ne
confondons jamais les choses physiques avec leurs noms, mais
les peuples primitifs considèrent bien le nom comme étant en
quelque sorte l'âme ou l'essence de la chose. Et il ne peut guère
y avoir de doute quant au fait que c'est à une forme inversée de
cette même confusion que nous sommes redevables de tout
notre discours utile sur les objets abstraits. Car moins on fait de
cas de la distinction entre un nom et ce qu'il nomme, et moins
on est apte à observer une distinction entre les mots qui
nomment effectivement et les mots qui ne le font pas. Ainsi, en
traitant les noms communs et les adjectifs sur un pied d'égalité avec les noms, on donne vaguement son assentiment à de
51 nouvelles entités obscures qui soient nommées par eux. | Voilà
comment les propriétés, les classes, les espèces et les nombres
ont dû faire leur apparition. La science n'aurait pas pu aller
bien loin sans eux, mais dire cela n'est pas nier l'humilité de
leur origine. Ils ont été conçus dans le péché.

L'ancienne oscillation entre signe et objet peut encore être
repérée dans la façon dont les gens parlent de la définition. Ils
parlent de définir un mot, mais ils parlent également de définir
une chose ou une espèce de chose. Ils parlent de l'expression
définitionnelle, mais ils parlent également de la propriété définitionnelle de la chose ou de l'espèce de chose. Une définition
réelle, selon la tradition aristotélicienne, donne l'essence de
l'espèce de chose définie. Cette propriété définitionnelle fait
partie de l'essence de chaque chose de cette espèce. L'homme

est défini comme un animal rationnel, de sorte que la rationalité et l'animalité relèvent de l'essence de chacun de nous. Peut-être cette notion d'essence dérive-t-elle de la conception primitive du nom comme âme ou essence de la chose. Si c'est le cas, il y a eu de considérables concessions mutuelles entre signe et objet. Car l'essence ne comprend plus le nom, ni même le nom commun, ni même l'expression définitionnelle, mais bien la propriété qui a été postulée de façon à être désignée par cette expression.

Nous avons, croyons-nous, survécu à cette doctrine des essences, et nous avons suffisamment vécu pour la prendre de haut, sans nous apercevoir que, sous une forme modifiée, elle continue à nous tromper. On en trouve des traces dans la prétendue différence entre signification et information collatérale. Il existe un sentiment selon lequel le pur dictionnaire, s'il existait, s'en tiendrait strictement aux significations, laissant ainsi à l'encyclopédie une grande part du contenu des dictionnaires réels. Ce sentiment n'est exprimé que dans un esprit philosophique; il est admis que les dictionnaires dits existants sont des ouvrages plus utiles. Mais j'affirme que ce sentiment est lui-même une survivance injustifiée de la doctrine des essences. La distinction entre ce qui relève de la signification d'un mot et ce qui vaut comme information supplémentaire n'est guère plus claire que la distinction entre l'essence d'une chose et ses accidents. La signification est l'essence divorcée de la chose et mariée au mot. Nous voyons ici un autre joli cas de concessions mutuelles entre signe et objet. Ce divorce et ce remariage constituent en effet deux bons pas en avant, mais il en faut davantage.

Les philosophes ont considérablement exploité une distinction entre énoncés *analytiques* et *synthétiques*. Cette distinction dépend de la même notion non-critique de signifi-

cation. Un énoncé vrai est analytique si sa vérité est due purement et simplement à la signification de ses mots, autrement
il est synthétique. Les définitions, nous dit-on, devraient être
52 analytiques. Or de telles | notions ne sauraient recevoir de
fondement scientifique sinon en rejetant le discours mentaliste
sur la signification, la sémantique du sens (bien trop) commun,
et en s'intéressant à la place aux dispositions linguistiques
et à la psychologie comportementale de l'apprentissage du
langage. Nous apprenons nos mots en très grande partie
en apprenant quels contextes affirmer comme vrais, et dans
quelles circonstances; dirons-nous alors que les phrases
analytiques sont celles dont nous apprenons qu'elles sont
vraies en apprenant leurs mots? Ce critère s'accorde assez bien
avec les exemples populaires d'analyticité, tels que « Aucun
célibataire n'est marié », mais il s'accorde également avec de
nombreux énoncés que les philosophes ne souhaiteraient pas y
inclure. En réalité, on ne saurait dire quels énoncés vaudraient
comme analytiques pour tel ou tel locuteur, puisque les gens
apprennent les mêmes mots dans des contextes initiaux différents, et oublient même de quels contextes il s'agissait. Voici
une meilleure approximation: un énoncé est analytique si
l'on peut présumer que, virtuellement, *tous* les locuteurs du
langage ont appris la vérité de cet énoncé au cours de leur
apprentissage de certains des mots. Ce critère appelle encore
quelque raffinement, et même une fois raffiné, il s'écarte
quelque peu, quant à son champ d'application, des attributions
d'analyticité que sont capables de formuler les philosophes
n'ayant pas défini ce terme. Pour ma part, je ne suis pas
mandaté pour intervenir dans le jeu de la signification. Le désir
de conserver l'analyticité de nos définitions, quelle que soit la
façon dont ce terme est défini, est un vestige d'essentialisme
dont je me débarrasserais volontiers.

Il existe également, dans la science, un vestige différent et entièrement respectable d'essentialisme, ou de définition réelle, mais il s'écarte quelque peu des préoccupations du lexicographe. Il consiste à isoler les traits distinctifs minimaux d'un élément chimique, d'une espèce ou de quoi que ce soit d'autre qui le rattachent le plus directement aux lois centrales de la science. Une telle définition a peu à voir avec la sémantique, et relève plutôt de la théorie chimique ou biologique elles-mêmes. Une telle définition s'accorde de façon frappante avec l'idéal aristotélicien de définition réelle, avec la quête aristotélicienne des essences des choses. Ce vestige d'essentialisme est bien sûr un vestige estimable.

Outre cet usage particulier en matière d'organisation des sciences naturelles, la définition possède un usage spécifiquement philosophique. Ainsi, imaginons un philosophe à la recherche d'une base phénoméniste pour les sciences naturelles. Sa recherche réussit dans la mesure où il parvient à découvrir des définitions phénoménistes des termes de la science. Il commence, s'il est rigoureux, par un vocabulaire phénoméniste explicite, pour définir ensuite chaque terme supplémentaire en montrant comment l'éliminer, comment le remplacer par une paraphrase en faveur de ce vocabulaire. Il se trouve que | le phénoménisme est en réalité sans espoir, mais **53** celui-ci nous fournit malgré tout un exemple philosophique commode. Les mathématiques regorgent d'autres exemples de cet usage réductionniste de la définition. On montre, par exemple, que l'arithmétique des ratios et des nombres irrationnels et imaginaires peut être intégralement réduite par définition à la théorie des classes d'entiers positifs, et que celle-ci peut à son tour être réduite à la pure théorie des ensembles.

Cette fonction réductionniste de la définition n'est nullement particulière à la philosophie ou aux mathématiques.

Elle vaut également en lexicographie. Ce point est particulièrement évident dans les dictionnaires interlinguistiques : tous
les mots étrangers y sont paraphrasés en faveur du vocabulaire
national. Le but d'un tel dictionnaire, pour le profane, est la
clarification : la réduction de l'obscur langage étranger au clair
langage national.

Le but du dictionnaire domestique ou anglais-anglais, pour
le profane, est également la clarification : la réduction de mots
non-familiers à des mots familiers. Ce travail de réduction
opéré par le dictionnaire domestique pourrait être rendu plus
vif, et peut-être même plus efficace, par l'adoption d'une
structure directionnelle : définir chaque mot exclusivement au
moyen de mots d'une fréquence plus grande. Il m'a longtemps
semblé absurde de perturber un dictionnaire domestique populaire par des définitions vainement compulsives de mots que
tous les locuteurs de ce langage connaissent; or le dictionnaire directionnel omettrait tout cela. Les mots qui sont trop
communs pour admettre une définition par des mots d'une
fréquence plus grande resteraient indéfinis; ils constitueraient
une sorte d'anglais basique qui serait employé mais non
mentionné. L'intérêt de ce critère définitionnel de basicité me
frappe même indépendamment de la question de l'utilité
pratique du dictionnaire directionnel. En matière d'utilité, il
me faudrait d'ailleurs concéder certaines exceptions margi-
nales à la règle directionnelle. Le public devrait continuer à
apprendre *à la fois* que l'ajonc est du genêt épineux *et* que
le genêt épineux est de l'ajonc, et qu'ils (ou lui) relève(nt) du
genre *Ulex*.

Mais l'idée directionnelle a quelque vertu en tant que
modèle théorique. Elle fait ressortir l'affinité du dictionnaire
domestique avec le dictionnaire interlinguistique, ainsi
qu'avec les réductions définitionnelles entreprises par le

phénoméniste et par le mathématicien. On remarque également un contraste : le dictionnaire domestique directionnel réduit les mots rares aux mots moins rares degré par degré, tandis que le dictionnaire interlinguistique saute directement de la langue étrangère à l'anglais. Ce contraste, cependant, devient purement superficiel si nous nous limitons au cas théorique irréaliste où toutes les définitions sont éliminatives, | sont des définitions *stricto sensu* qui servent à remplacer leurs **54** *definienda* par une paraphrase. En effet, toute définition du dictionnaire domestique directionnel peut alors être formulée purement et simplement dans les termes du vocabulaire central de l'anglais basique, simplement en paraphrasant chaque mot selon sa propre définition. Inversement, le dictionnaire interlinguistique pourrait recevoir la structure d'une réduction progressive : tout mot étranger serait défini dans les termes de mots étrangers plus fréquents, et les mots étrangers restants, trop communs pour faire l'objet d'une réduction supplémentaire de ce type, pourraient être définis en anglais. Non pas que je recommande cela. Mais c'est la forme que prennent effectivement les réductions définitionnelles en mathématiques : elles réduisent par étapes.

Je viens seulement de faire allusion à la différence entre les définitions au sens strict, qui sont éliminatives, et les autres sortes d'entrées de dictionnaire ou définitions au sens lâche. Il s'agit là d'une différence claire et importante, sans rapport avec les anciennes oppositions entre analytique et synthétique ou entre essence et accident. Le fait de définir « ajoncs » comme « genêt épineux » est éliminatif, autant que cela puisse l'être ; il en va de même avec le fait de définir « célibataire » comme « homme non-marié ». Expliquer « ajonc » comme « l'un des arbustes épineux et touffus » n'est pas éliminatif. Cette expression ne saurait se substituer au mot, puisqu'elle est

moins spécifique. Ce point est bien connu, et n'est pas censé
constituer une proposition de réforme. Les explications non-
éliminatives de ce type sont décidément utiles.

Dans les définitions au sens étroit, cependant, on trouve de
notables différences de libéralité. La définition était autrefois
principalement conçue comme la mise en équivalence directe
d'un terme avec quelque expression. Cette conception dérivait
de l'ancienne doctrine de la définition réelle : le terme serait un
nom d'objet ou d'espèce, et la définition spécifierait l'essence.
Certains mots ne pouvaient être compris comme nommant des
objets ou des espèces ; on les appelait *syncatégorèmes*, et on
pouvait en rendre compte en les incluant dans des expressions
terminologiques qui étaient définies comme des touts. C'est
peut-être Jeremy Bentham qui comprit le premier que les
termes peuvent en général être traités comme les syncatégorèmes. Tout ce qu'il nous faut exiger d'une définition, en vue
d'une pleine éliminabilité, c'est qu'elle pourvoie à l'élimination du mot défini en paraphrasant tous les contextes dans
lesquels ce mot doit être employé. Telle était sa théorie des
fictions, ou de la paraphrase, connue plus tard comme méthode
de la définition contextuelle. Elle conféra une puissance et une
liberté nouvelles aux entreprises philosophiques de réduction
et d'analyse.

L'approche contextuelle est courante dans les définitions
55 de dictionnaire, | lorsqu'elles sont éliminatives. Souvent, bien
sûr, comme dans le cas d'« ajonc » et de « célibataire », une
expression-substitut se révèle disponible pour le mot pris
isolément. Parfois, on nous fournit une expression-substitut
accompagnée de directions scéniques : pour « pourri », on
nous propose « gâté, par exemple pour un œuf ». Il s'agit là
d'une définition contextuelle laconique, qui nous dit comment
éliminer « pourri » de certains contextes. La forme d'une

définition est indifférente. Ce qui est requis d'une définition éliminative d'un mot M, sur la base de quelque vocabulaire explicatif accepté V, c'est qu'elle explique comment paraphraser toute phrase P dans laquelle figure le mot M en une nouvelle phrase qui contienne uniquement des mots de V et de P autres que M. S'il s'agit d'une définition interlinguistique, ce schéma doit connaître une complication supplémentaire afin d'éviter de mélanger les langues. Mais dans tous les cas, il faut considérer les définitions, et notamment les définitions authentiquement éliminatives, comme de simples clauses dans un ensemble complexe de directions pour la traduction de phrases entières, voire peut-être de textes entiers.

J'ai souligné la différence entre la définition au sens strict et les autres entrées de dictionnaire de type descriptif et non-éliminatif. J'ai remarqué qu'il ne s'agissait pas là d'une différence entre analytique et synthétique, ni entre essence et accident. Or nous observons à présent qu'il ne s'agit pas non plus d'une différence entre définitions substitutionnelles directes, comme celle de « célibataire », et définitions faisant appel à des directions scéniques ou autres indications de contexte. Ces dernières, malgré tout leur bavardage, peuvent être aussi strictement définitionnelles que l'on voudra.

LINGUISTIQUE ET PHILOSOPHIE *

Présenté le 13 avril 1968, à un symposium à la New York University. Reproduit, avec la permission de New York University Press, de *Language and Philosophy*, Sidney Hook (ed.) © New York University.

Chomsky a exprimé des doutes généraux quant à l'importance des bénéfices que la philosophie peut attendre de la linguistique, ou la linguistique de la philosophie. Mais il a exprimé l'idée que la linguistique peut apporter quelque chose à la philosophie sur un point, en défendant le rationalisme contre l'empirisme.

Nous devons tous tomber d'accord, au moins, sur cette déclaration de Chomsky :

> Nous devons nous efforcer de caractériser la structure innée de manière à satisfaire deux sortes de conditions empiriques. D'abord, nous devons attribuer à l'organisme, à titre de propriété innée, une structure assez riche pour rendre compte du fait que la grammaire postulée est acquise sur la base des conditions données d'accès aux data ; ensuite, nous ne devons

---

* Traduit par François Rivenc.

pas attribuer à l'organisme une structure si riche qu'elle ne soit pas compatible avec les data.

Je trouve tout cela indiscutable. Si c'est du rationalisme, et si c'est incompatible avec l'empirisme de Locke, alors tant mieux pour le rationalisme et tant pis pour Locke. Le lien entre ce point indiscutable concernant le langage, d'un côté, et les désaccords entre philosophes du XVIIᵉ siècle de l'autre, est une question académique sur laquelle je n'ai pas d'opinion digne d'intérêt. Mais ce qui doit être clarifié, c'est que ce point indiscutable concernant le langage n'est pas en conflit avec les attitudes ultérieures qu'on associe avec le nom d'empirisme, ou de behaviorisme.

57 | Car, quoi que nous puissions penser de Locke, le behavioriste est plongé jusqu'au cou, sciemment et de bon cœur, dans les mécanismes innés de la disposition à l'apprentissage [*learning-readiness*]. Rien que le renforcement et l'extinction des réponses, si centrales pour le behaviorisme, dépendent d'inégalités antérieures dans l'espacement qualitatif, pour ainsi dire, des stimulations chez le sujet. Si le sujet est récompensé pour avoir répondu d'une certaine façon à une stimulation, et puni pour avoir répondu de même à une autre stimulation, alors le fait de répondre de la même façon à une troisième stimulation reflète une inégalité dans son espacement qualitatif des trois stimulations; la troisième doit ressembler à la première plus qu'à la seconde. Puisque chaque réponse apprise présuppose de telles inégalités antécédentes, certaines de ces inégalités doivent ne pas être apprises; donc doivent être innées. Inclinations innées et dispositions sont les pierres angulaires du behaviorisme, et ont été étudiées par les behavioristes. Chomsky lui-même a mentionné certains de ces travaux, mais je sens que je devrais insister sur ce point.

Cet espacement qualitatif des stimulations doit donc être reconnu comme une structure innée, nécessaire pour rendre compte de tout apprentissage, et, en particulier, de l'apprentissage du langage. Indiscutablement, on a aussi besoin d'ajouter beaucoup plus de structure innée pour rendre compte de l'apprentissage du langage. L'espacement qualitatif des stimulations est après tout aussi facilement vérifiable chez les autres animaux que chez l'homme; si bien que la disposition au langage de l'enfant humain doit dépendre de capacités supplémentaires. Il sera intéressant de découvrir, si nous le pouvons, encore et encore plus de choses sur ce à quoi ressemble cette structure additionnelle innée, et sur la façon dont elle fonctionne. De telles découvertes n'apporteraient pas seulement des lumières sur le langage, mais sur les processus d'apprentissage en général.

Il peut se trouver que les processus en jeu soient très différents du processus classique de renforcement et d'extinction des réponses. Ce ne serait pas là une réfutation du behaviorisme, en un sens philosophiquement significatif du terme; car je ne vois aucun intérêt à restreindre le terme «behaviorisme» à un schéma psychologique spécifique de réponse conditionnée.

Les réponses conditionnées conservent un rôle clef dans l'apprentissage du langage. C'est l'angle d'accès à tout lexique particulier, car c'est ainsi que nous apprenons les termes d'observation (ou, mieux, les phrases d'observation simples) par ostension. Apprendre par ostension est apprendre par induction simple, et le mécanisme d'un tel apprentissage est le conditionnement. Mais il est notoire que cette méthode ne peut nous mener très loin dans le langage. C'est pourquoi, du côté de la traduction, nous sommes rapidement | conduits à ce que **58** j'ai appelé les hypothèses analytiques. Les structures innées encore inconnues, additionnelles au simple espace qualitatif, dont on a besoin pour l'apprentissage du langage, sont spécifiquement nécessaires pour que l'enfant surmonte le gros obstacle qui se trouve au-delà de l'ostension ou de l'induction. Si l'anti-empirisme ou l'anti-behaviorisme de Chomsky veut dire seulement que le conditionnement est insuffisant pour expliquer l'apprentissage du langage, alors la doctrine ne fait qu'un avec ma doctrine de l'indétermination de la traduction.

Quand je rejette une définition du behaviorisme qui le limite aux réponses conditionnées, suis-je simplement en train d'étendre le terme pour qu'il s'applique à tout un chacun? Eh bien, je le comprends comme s'appliquant à tous les hommes raisonnables. Ce qui importe, tel que je le perçois, c'est juste l'insistance sur le fait d'établir tous les critères en termes d'observation. J'entends par termes d'observation les termes qui sont ou peuvent être enseignés par ostension, et dont l'application dans chaque cas particulier peut donc être testée de manière intersubjective. Pour ne pas chicaner sur le mot « behaviorisme », peut-être serait-il mieux adapté à l'usage reçu de faire référence à cette orientation vers l'observation en parlant simplement d'empirisme; mais c'est de l'empirisme en un sens typiquement moderne, car il rejette le mentalisme naïf qui caractérisait le vieil empirisme. Il pardonne certes le recours à l'introspection dont Chomsky a parlé avec faveur, mais il le pardonne à titre de moyen de parvenir à des conjectures ou à des conclusions dans l'unique mesure où l'on peut éventuellement leur donner sens en termes d'observation externe.

Ce genre d'empirisme moderne, ou de behaviorisme au sens large, provient du vieil empirisme par une stricte externalisation. L'empiriste ancien regardait au-dedans vers ses idées; le nouvel empiriste regarde au-dehors vers l'institution sociale du langage. Les idées se réduisent aux significations, conçues comme liées aux mots. Les anciens empiristes orientés vers le dedans – Hobbes, Gassendi, Locke, et leurs successeurs – étaient contraints de formuler leurs standards empiristes en référence aux idées ; et ils le firent en mettant en avant les impressions des sens et en se mettant en chasse d'idées innées. Quand l'empirisme est externalisé, en revanche, la notion d'idée est objet de soupçon ; parler d'idées n'est pas satisfaisant, sauf si le propos peut être paraphrasé en termes de dispositions au comportement observable. L'empirisme externalisé, ou le behaviorisme, ne voit rien qui lui soit étranger dans l'appel à des dispositions innées au comportement manifeste, dans l'appel à la disposition innée à apprendre le langage. Il serait plutôt intéressant et de grande valeur de trouver, justement, à quoi ressemblent en fait ces capacités de manière détaillée.

LES LIMITES DE LA CONNAISSANCE *

Diffusé sur Radio Canada le 29 janvier 1973.

Y a-t-il des choses que l'homme ne peut jamais connaître ?

Ma préoccupation sera moins de fournir une réponse directe à cette question que d'examiner cette dernière et de la présenter sous un jour nouveau. Certaines variantes de la question admettent des réponses évidentes et inintéressantes. Il y a évidemment des choses que l'homme ne connaî*tra* jamais. L'homme ne connaîtra jamais le nombre d'automobiles qui sont entrées dans votre ville entre maintenant et ce soir minuit. Il ne le connaîtra jamais et ne s'en souciera jamais. Mais il *pourrait* connaître ce nombre s'il s'en souciait suffisamment, et s'il avait la prévoyance de prendre des dispositions pour tenir le compte des automobiles.

La question sérieuse est plutôt celle de savoir s'il y a des choses que l'homme ne *pourrait* jamais connaître, quelle que soit sa prévoyance en matière d'installation d'observateurs, de

* Traduit par Sabine Plaud.

caméras, de magnétophones, de compteurs Geiger et autres détecteurs.

Fort bien : nous avons quelque peu retouché notre question quant à son mode de conjugaison. Nous demandons s'il y a des choses que l'homme ne *pourrait* jamais connaître. Ensuite, le nom appelle quelque attention : des *choses*. Nous parlons de connaître des *choses* ? Quelle sorte de choses ? Des pierres, des arbres, des oiseaux, des abeilles ? Non ; à cet égard, *choses* est un mot bancal. Lorsque nous demandons s'il y a des choses que l'homme ne pourrait jamais connaître, nous demandons en réalité s'il y a des *questions* auxquelles l'homme ne pourrait jamais *répondre*. Ce n'est pas une question de choses, c'est une question de questions.

C'est une question de questions, de sorte que cela dépend en partie du langage. Supposer qu'il y a des choses que nous ne pouvons jamais connaître, c'est supposer, plus précisément, qu'il y a des questions que nous pouvons poser dans notre langage mais auxquelles nous ne pourrions jamais répondre. Or notre langage est | un langage très riche, et peut-être est-il effectivement capable de fournir des questions auxquelles l'homme ne pourrait jamais répondre. Mais avant d'essayer de trancher ce débat relatif à notre langage, nous ferons bien de gagner quelque perspective en prenant du recul et en examinant une situation plus simple : la situation d'un langage frappé de pauvreté.

Imaginons donc un peuple qui ne se serait jamais élevé à la physique théorique des particules hypothétiques, ni à la théorie des ensembles ou à d'autres acquis abstraits des mathématiques. Son langage est adéquat à la mécanique empirique des corps observables : adéquat aux lois du levier, du pendule, de la chute des corps, et aux lois du mouvement. Il est également adéquat lorsqu'il s'agit de rapporter les faits concrets de l'histoire humaine, et adéquat à ce que l'on appelait autrefois histoire naturelle : à la description des traits observables des plantes, ainsi que du comportement observable des animaux.

Ces gens seront sacrément pratiques ; peut-être pas très imaginatifs, mais aussi alertes et observateurs qu'on puisse le souhaiter ; dans leur genre terre-à-terre, ils s'y connaîtront drôlement. Au sein de leur langage, y a-t-il des questions auxquelles l'homme ne *pourrait* jamais répondre ?

En un sens plutôt inintéressant, quelqu'un pourrait continuer à affirmer que de telles questions existent. Il s'agit là d'un point de légalisme, qui concerne les généralisations. Prenons ainsi l'énoncé général « Tous les hommes sont mortels ». Il y a une grande différence logique entre la question de savoir combien d'automobiles entreront dans votre ville entre maintenant et ce soir minuit, et la question de savoir si tous les hommes sont mortels. Nous *pourrions*, si nous le souhaitions, prendre nos dispositions pour obtenir une réponse concluante à la question des automobiles, une réponse qui s'appuierait directement sur l'observation ; nous pourrions faire surveiller tous les points d'accès. Mais nous ne pourrions jamais prendre nos dispositions pour obtenir une réponse pareillement concluante à la question de la mortalité, pareillement appuyée sur l'observation directe. Quand même nous serions intéressés à la réponse au point d'être prêts à accroître nos observations par un recours à l'expérimentation (ce qui, dans ce cas précis, serait à mon avis un expédient plutôt lugubre), il subsisterait une difficulté relative à la vérification de toutes les instances. Nous ne pourrions pas opérer la vérification sur nous-mêmes, et vivre assez longtemps pour répondre à cette question par l'affirmative.

D'autres généralisations présentent des difficultés quelque peu similaires, fussent-elles moins brutales. Nous avons senti

que nous *pourrions* répondre à la question de savoir combien
d'automobiles entreront avant minuit, parce qu'une surveil-
lance est réalisable. Mais si une question générale couvre un
nombre indéfini de cas, y compris des cas trop éloignés dans
l'avenir pour être observés par un homme vivant, ou trop
61 éloignés dans le passé pour avoir été observés, | alors il s'agit
clairement d'une question à laquelle nous ne pouvons et ne
pourrions répondre de façon concluante directement sur la
base de l'observation. Or il y aura de nombreuses questions
de ce type, même dans le modeste langage du peuple pratique
que nous imaginons. N'importe quelle généralité portant sur
l'entretien et l'usage de telle ou telle sorte de plante, sur le
comportement de telle ou telle sorte d'animal ou sur la mécanique des corps rigides sera une généralité dont les instances
ne peuvent être observées que par échantillonnage, et ne
sauraient jamais être épuisées.

Devons-nous alors en conclure que même dans le langage
limité de notre hypothétique tribu pratique, il y a des questions
auxquelles l'homme ne pourrait jamais répondre ? Oui, nous
devrons effectivement tirer cette conclusion si nous faisons
preuve de la même intransigeance au sujet de ce qui devra valoir
comme réponse. Mais nous sommes trop exigeants. Nous
pouvons connaître quelque chose, en un sens raisonnable de ce
terme, sans avoir vérifié chaque instance par une observation
directe. Si nous avons procédé à une quantité raisonnable
d'échantillonnage d'instances, ou si nous avons l'idée plausible d'un mécanisme sous-jacent qui rendrait compte de la
vérité de l'énoncé général en question, alors on pourrait raisonnablement dire de nous que nous savons que cet énoncé est
vrai. Il se peut que nous soyons parfois surpris par un contre-
exemple, et forcés de conclure que nous ne savions finalement

pas que cet énoncé était vrai ; nous croyions seulement le savoir. Mais c'est là un risque que nous devons courir.

Assouplissons donc notre critère relatif à ce qui vaut comme capacité à répondre à une question. Ce qui devrait compter, c'est une croyance fermement fondée dans l'observation. Mais alors, dans quelle mesure une croyance doit-elle être fermement fondée pour valoir comme réponse à une question ? Jusqu'à quel point tolèrerons-nous une réponse vacillante ? On ne connaît nulle façon générale de mesurer la fermeté d'une hypothèse scientifique ; et si l'on connaissait une façon de mesurer la fermeté, comment déciderait-on, là encore, de l'endroit où tracer la limite ?

Même dans le langage limité de notre tribu imaginaire, il doit être possible de poser des questions portant sur des lieux et événements lointains, des questions qui, même après les recherches les plus poussées, n'admettent que les réponses les plus ténues. Mais c'est là quelque chose d'inintéressant ; ce n'est pas cela que l'on a en tête lorsque l'on demande s'il y a des choses que l'homme ne peut jamais connaître. Cela est inintéressant pour cause de continuité. Les questions portant sur de larges généralités ou sur des lieux et événements lointains et les questions portant sur les événements locaux actuels ne diffèrent que par le degré ; certaines réagissent plus généreusement que d'autres à notre enquête. Je pense qu'il serait vain d'essayer de tracer une limite. Lorsque quelqu'un demande s'il y a des choses que l'homme ne peut jamais connaître, il se demande en réalité | si certaines questions sont **62** *en principe* insolubles. Il veut dire par là qu'aucune réponse ne pourrait recevoir le moindre appui fût-ce de la recherche la plus poussée. C'est au moins cela qu'il veut dire, et peut-être davantage ; cette question devrait également présenter quelque différence fondamentale avec celles pour lesquelles nous

savons comment trouver des réponses. Ce réquisit supplémentaire est bien sûr difficile à formuler de façon satisfaisante ;
l'idée de différence fondamentale est une idée vague. Toutefois, étant donné ce critère rigoureux quant à ce qui doit valoir
comme question insoluble, je pense que nous pouvons dire de
la tribu imaginaire que ces gens ne sauriaent poser de questions
insolubles.

Prenons à présent congé de cette tribu imaginaire, et
rapprochons-nous de chez nous. Plus nous nous rapprochons
de chez nous, et plus nous nous éloignons de l'observation.
Nous entrons dans un schème conceptuel fait d'électrons, de
neutrons et d'autres particules hypothétiques qui ne peuvent
jamais être directement observées ; dans un schème conceptuel
comportant un espace-temps quadridimensionnel affriolant,
ainsi que des abstractions mathématiques – ensembles, relations, fonctions, entiers, ratios, nombres irrationnels, nombres
imaginaires, nombres infinis. Aucun de ces suppléments n'est
observable. Nous avons déjà alloué à notre tribu imaginaire un
langage adapté au fait de rapporter tout ce qui est observable,
et même bien davantage encore ; il était également adapté à
l'expression de généralités au sujet de toutes les matières individuellement observables. Qu'est-ce donc que cet appareil
supplémentaire qui est le nôtre ? S'agit-il d'une pure et simple
mystification, non-garantie par la preuve observationnelle ?

Paradoxalement, le but de tout cet appareil supplémentaire
est la simplification. Nous visons à systématiser et à intégrer le
témoignage de nos sens en élaborant des lois qui relient systématiquement les phénomènes observables à d'autres phénomènes observables ; et dans ce but, le réseau le plus systématique de relations se révèle être un réseau qui rattache tous
ces phénomènes à un grand nombre d'entités additionnelles,

inobservées et hypothétiques que l'on admet dans le seul but de l'intégration du système.

Il en découle un riche langage théorique – peut-être suffisamment riche pour formuler des questions auxquelles l'homme ne pourrait en principe jamais répondre. Admettons un instant que ce soit le cas, afin de pouvoir procéder depuis cette idée vers d'autres. Je reviendrai ensuite à cette question.

Très bien : si l'on admet que, dans notre langage, nous pouvons formuler des questions auxquelles l'homme ne pourrait en principe jamais répondre, que dire de la tribu imaginaire qui ne connaît pas de telles limites ? Nous devons | simplement dire, semble-t-il, qu'il y a toujours eu des choses **63** que l'homme ne saurait jamais connaître, mais que ce peuple imaginaire aura été incapable de les formuler parce que son langage était trop faible. D'un autre côté, on pourrait objecter qu'en présentant les choses ainsi, nous nous accrochons de façon trop provinciale au point de vue de notre propre langage. On pourrait objecter que ce langage inférieur était déjà adapté à toutes les données objectives possibles, et que la richesse supplémentaire de notre langage n'a été ajoutée que pour faciliter la systématisation de toutes les données possibles. On pourrait donc objecter que lorsque nous disons qu'il y a des choses que l'homme ne pourrait jamais connaître, que lorsque nous disons qu'il y a des questions auxquelles l'homme ne pourrait par principe jamais répondre, nous ne faisons jamais que désigner un effet de nos propres artifices.

Cette objection peut être étayée par un remarquable théorème de logique que l'on doit à William Craig. Examinons de nouveau le langage enrichi de notre théorie scientifique et le langage inférieur de la tribu imaginaire. Nous pourrions considérer le langage inférieur comme une partie du langage enrichi. Il s'agit d'une partie qui demeure plus proche des affaires observables. La richesse du langage théorique a pour but, comme je viens de le suggérer, de nous permettre de formuler des lois simples aisément manipulables qui relient les observations aux observations. Mais la seule chose qui nous intéresse comme résultat de la théorie est, supposons-le, son résultat empirique : nous nous intéressons à ces conséquences précises (par exemple, à ces prédictions) qui peuvent être exprimées dans le langage inférieur. Nous formulons nos observations dans le langage inférieur, nous les combinons avec des lois théoriques dans quelque région supérieure du langage enrichi puis, à partir de cette combinaison, nous déduisons des conséquences dans le langage de niveau inférieur. Il y a le décollage, le vol et l'atterrissage. Or ce que montre Craig, c'est que le vol dans la théorie est quelque chose dont on peut logiquement se dispenser. Il montre que si nous pouvons, pour ainsi dire, nous rendre quelque part en avion, alors nous pouvons aussi nous y rendre en cheminant laborieusement au sol. Il montre que si nous avons trouvé un moyen de déduire une phrase du langage inférieur d'autres phrases du langage inférieur accompagnées de certaines vérités théoriques, alors nous pouvons également trouver un moyen de déduire cette même phrase de ces autres mêmes phrases du langage inférieur, accompagnées uniquement de certaines vérités supplémentaires du niveau inférieur.

Craig montre explicitement comment nous pouvons trouver un tel itinéraire terrestre, une fois que nous avons l'itinéraire aérien. Une fois que la déduction de la phrase à partir d'autres phrases de niveau inférieur et des vérités théoriques est couchée explicitement dans les termes de la logique **64** symbolique, il montre comment trouver certaines | vérités de niveau inférieur qui puissent être employées à la place des vérités théoriques. Le raisonnement de Craig est tout à fait général; il ne dépend pas de détails relatifs au langage inférieur ou au langage théorique, ni de la façon dont nous traçons la limite entre les deux.

Psychologiquement, admettons-le, le vol dans la théorie est indispensable. Nous ne saurions trouver notre chemin au sol à moins d'une reconnaissance aérienne. Au sol, l'arbre cache la forêt. La théorie apporte le système; qui dit système dit simplicité; et la simplicité est psychologiquement impérative. Parfait, poursuit notre objecteur: la théorie est notre béquille heuristique, si je puis me permettre cette descente depuis votre aérienne métaphore du vol vers cette boiteuse métaphore de la béquille. Notre langage enrichi diffère donc du langage inférieur de la tribu imaginaire en ceci qu'il dispose de cette béquille heuristique, de cet artifice commode. L'objecteur conclut en se répétant, et en disant une fois de plus que ces prétendues questions auxquelles l'homme ne pourrait jamais répondre ne sont jamais qu'un effet de son propre artifice.

Même notre objecteur sera contraint de reconnaître que cet auxiliaire heuristique a fait des miracles. Il a permis à l'homme de voler, au lieu de boiter. Le pouvoir de l'homme sur la nature est extraordinaire, ahurissant. On le doit à la théorie scientifique, et il eût été humainement, psychologiquement impossible au sein du langage plus étroit de la tribu imaginaire. Mais cela soit dit en passant.

J'ai alloué à notre objecteur le temps de parole qui lui revient. Il aimerait, je suppose, que nous croyions que les atomes, que les particules élémentaires, ensembles, nombres et fonctions sont irréels; qu'il s'agit de pures fictions heuristiques. A-t-il raison? Si nous cherchons des questions auxquelles l'homme ne pourrait par principe jamais répondre, peut-être avons-nous justement trouvé ici un brillant candidat:

les particules hypothétiques de la physique et les objets mathématiques sont-ils réels, ou bien s'agit-il de pures fictions heuristiques? Il semblerait effectivement que l'homme ne puisse jamais le savoir. Tout ce qui est observable, tout ce dont nous pourrions disposer comme preuve est exprimable dans le langage inférieur qui a horreur de ces entités controversées. Qui plus est, selon le théorème de Craig, toutes les relations inférentielles peuvent en principe être maintenues à ce niveau inférieur également; ce n'est que pour rendre les inférences plus aisées que nous nous aventurons plus haut. Nous pourrions dire des particules hypothétiques et des objets mathématiques ce que Voltaire disait de Dieu : s'ils n'existaient pas, il faudrait les inventer. Qui pourra dire, alors, s'ils existent ou si on les a inventés? Sommes-nous ici parvenus à la limite de la connaissance, à la question insoluble?

65 | Je ne le crois pas. Si nous souscrivons à notre théorie physique et à nos mathématiques, comme nous le faisons effectivement, alors nous acceptons par là-même la réalité de ces particules et de ces objets mathématiques. Ce serait un geste vide que de croiser alors les doigts, comme pour indiquer que ce que nous sommes en train de dire ne compte pas. Et si, au lieu de souscrire à notre théorie physique et à nos mathématiques, nous devions adhérer au langage inférieur, alors la question de la réalité des particules et des objets mathématiques ne se poserait tout simplement pas; elle ne pourrait pas être formulée.

Nous devons travailler au sein d'un schème conceptuel ou d'un autre; nous pouvons changer de schème, mais nous ne saurions nous tenir à l'écart de tous. Il n'y a aucune signification, lorsque l'on travaille au sein d'une théorie, à mettre en question la réalité de ses objets ou la vérité de ses lois, à moins que nous ne cherchions par là à abandonner cette théorie pour en adopter une autre.

Reprenons donc finalement la position dont nous sommes coutumiers, au sein du schème conceptuel évolutif que nous prenons au sérieux. Nous sommes des essaims de particules, des essaims de densité moyenne qui se fraient un chemin à travers le filtre d'essaims plus minces, et qui se meuvent de façon erratique parmi d'autres essaims aussi denses, voire plus denses, que nous. Voilà, d'après nos lumières présentes, comment sont les choses ; nous pourrons peut-être en savoir plus, mais en attendant nous faisons ce que nous pouvons. Confortablement installés dans nos bonnes vieilles pénates, reprenons alors l'examen de notre question initiale sur les questions. Y a-t-il, de ce point de vue, des choses que l'homme ne pourrait jamais connaître ? Y a-t-il des questions auxquelles l'homme ne pourrait par principe jamais répondre ?

On peut penser à certains cas possibles en mathématiques. Il y a quelque chose que l'on appelle hypothèse du continu, qui a trait aux tailles comparatives de certaines classes infinies. Kurt Gödel et Paul J. Cohen ont prouvé que cette hypothèse ne pouvait être ni prouvée ni réfutée sur la base des codifications existantes des lois mathématiques admises. Pourtant, il ne s'agit pas là d'une question clairement insoluble. En effet, souvenons-nous du rôle des entités théoriques, mathématiques et autres : ce sont des suppléments qui servent à remplir, à aplanir et à simplifier le système global du monde grâce auquel, en dernière instance, nous relions les phénomènes les uns aux autres. Or on peut, à l'occasion, voir émerger de nouvelles considérations de simplicité, de nouvelles considérations de plausibilité qui peuvent raisonnablement compléter nos codifications existantes des lois mathématiques admises. Ces lois

additionnelles pourraient tout simplement suffire, en fin de
compte, à prouver ou à réfuter l'hypothèse du continu.

Un autre type de cas mathématique qui vient à l'esprit est
le célèbre théorème, que l'on doit également à Gödel, selon
66 lequel il | ne peut jamais y avoir de procédure complète de
preuve formelle pour ce que l'on appelle théorie élémentaire
des nombres. L'objet de cette branche apparemment modeste
des mathématiques n'est rien de plus abscons que les entiers
positifs. Pourtant, Gödel a prouvé que tout système axiomatique y est nécessairement inadéquat : qu'il laisse nécessairement indémontrables un certain nombre de vérités de la théorie
élémentaire des nombres. Tout système axiomatique sera
incomplet pour cette théorie, comme ce sera également le cas
de toute autre méthode de preuve explicite ; je suis ici obligé de
laisser mon énoncé quelque peu dans le vague, car autrement
l'histoire serait trop longue. Mais il s'agit là d'un résultat
remarquable et saisissant. Je n'ai pas le temps d'expliquer
combien il est saisissant, ni pourquoi. Mais renvoie-t-il à des
questions insolubles ? Non. Le théorème de Gödel ne rejette
pas comme indémontrables certaines vérités de la théorie
élémentaire des nombres. Simplement, tout système axiomatique ou toute procédure de preuve manquera certaines de ces
vérités ; d'autres procédures de preuves pourront couvrir ces
dernières, ou certaines d'entre elles, tout en en manquant
d'autres. Comme je l'ai déjà suggéré au sujet de l'hypothèse
du continu, des considérations de plausibilité peuvent accroître
les codifications existantes des lois mathématiques admises.
Le théorème de Gödel montre qu'un tel accroissement ne peut
jamais donner naissance à quelque système fini dans lequel
toute vérité de la théorie élémentaire des nombres recevrait une
preuve. Mais il ne montre pas que quelque vérité singulière de

la théorie élémentaire des nombres serait pour toujours inaccessible.

Si l'on se tourne à présent vers les sciences naturelles, on pensera au principe d'indétermination de Werner Heisenberg. Il y a une limite stricte à la précision avec laquelle on peut connaître la position et la vitesse d'une particule élémentaire. La précision de la position ne peut s'accroître, passé un certain point, qu'au prix d'un sacrifice quant à la précision de la vitesse. Les physiciens nous disent qu'il s'agit là d'une limitation non-négociable, d'une limitation qui ne saurait en principe être surmontée par aucun type d'observation ou d'expérimentation. On ne *pourrait* pas, en principe, répondre à la question de la position et de la vélocité de la particule, sinon jusqu'au seuil de tolérance prescrit. A-t-on alors ici un vrai bon exemple des limites de la connaissance ?

De nouvelles découvertes pourraient, bien sûr, conduire à des révisions de la théorie physique, et renverser le principe d'indétermination d'Heisenberg. Mais même en l'absence d'un tel événement, l'opinion reste divisée quant à l'interprétation de ce principe. Certains considèrent que la particule a effectivement une position et une vitesse exacte, et que ces dernières sont par principe inscrutables. Ces physiciens reconnaissent donc que nous avons ici un exemple direct des limites de la connaissance. D'autres physiciens considèrent que la particule n'a tout simplement pas de position ni de vitesse | exactes. Cette affirmation soulève des difficultés logiques **67** évidentes, et certains physiciens sont allés jusqu'à réviser la théorie logique pour s'en accommoder.

On aurait pu espérer un remède moins radical, mais en tout cas sa motivation est claire : on est réticent à assigner une signification à des questions strictement insolubles. Les questions, rappelons-le, sont dans le langage. Le langage est appris par les personnes, de la part des personnes [*by people*, *from people*], et cela d'une façon qui est finalement toujours en rapport avec les circonstances observables de l'énonciation. La relation du langage à l'observation est souvent très tortueuse, mais l'observation reste finalement la seule chose à laquelle le langage puisse s'ancrer. Si une question ne pouvait en principe pas trouver de réponse, alors on sent bien que le langage aurait failli; le langage aura largué ses amarres, et la question n'aura pas de signification. Dans cette philosophie, bien sûr, notre question centrale reçoit une réponse globale. La question était de savoir s'il y a des choses que l'homme ne pourrait jamais connaître. La question était de savoir s'il y a des questions – des questions douées de signification – auxquelles l'homme ne pourrait par principe jamais répondre. Dans cette philosophie, la réponse à cette question de questions est *non*.

LA VÉRITÉ NÉCESSAIRE *

Forum Lecture, diffusée par *The Voice of America* en 1963, et parue au sein d'une série de brochures de cette organisation en 1964.

Si les gens pensaient que, parmi les choses qui se produisent dans le monde, très peu arrivent par nécessité, alors ils n'auraient sans doute que rarement l'occasion d'employer l'adverbe « nécessairement ». Or cet adverbe est en réalité fréquemment entendu. Les gens doivent donc penser que bon nombre de choses arrivent par nécessité.

Mais si les gens pensaient que presque tout ce qui arrive en général arrive par nécessité, alors ils n'auraient là encore que rarement l'occasion d'employer l'adverbe « nécessairement ». La plupart du temps, cela irait sans dire. Les gens doivent donc penser que bien qu'une grande part de ce qui se produit arrive par nécessité, il y en a également une grande part pour laquelle ce n'est pas le cas. Les gens doivent disposer d'un critère qu'ils emploient constamment pour ranger les états et événements occurrents selon qu'ils sont arrivés par nécessité ou qu'ils sont arrivés sans nécessité. Autrement, l'adverbe

* Traduit par Sabine Plaud.

« nécessairement » ne serait pas entendu aussi fréquemment. C'est en tout cas l'impression que l'on pourrait avoir.

En réalité, bien sûr, cela est faux. Les gens ne disposent pas d'un tel critère. Ils seraient bien en peine de classer d'emblée n'importe lequel des événements occurrents comme nécessaire ou non. Car c'est un fait que l'adverbe « nécessairement », tel qu'on l'emploie le plus souvent, ne caractérise pas d'emblée un événement ou un état présent ou passé comme nécessaire.

Pour les événements futurs, c'est bien le cas; nous présentons souvent un événement ou un état futur comme nécessaire ou non, selon que nous avons ou non des raisons de nous y attendre. Nous disons : « Elle va sûrement s'inquiéter »; c'est-à-dire, nécessairement. Nous disons : « Les habitants ne **69** peuvent qu'être [*are bound to be*] hostiles »; ils seront | nécessairement hostiles. Nous demandons : « Cela rompra-t-il ? », et on nous dit : « Pas nécessairement ».

J'ai dû, dans ces exemples, tenir compte d'une certaine distorsion vernaculaire : en général, « nécessairement » sonne bien après « pas » ou « alors », tandis que dans les autres cas, on préfère souvent employer des synonymes tels que « sûrement », « ne pouvoir que » et « devoir ».

Ces idiomes relatifs à la nécessité ne se restreignent en réalité pas au futur. Mais lorsqu'ils pénètrent le présent et le passé, ils tendent là encore à connoter une conjecture ou une inférence; voyez, par exemple : « Il a dû s'enrichir lorsqu'il était maire » – il s'est nécessairement enrichi – « car regardez ses antécédents lorsqu'il siégeait à la Commission scolaire ». Il est paradoxal que ces termes forts, « nécessairement » et ses synonymes, soient la plupart du temps employés lorsque nous ne sommes nullement certains des faits. Dans le cas où nous savons vraiment quelque chose, nous nous contentons en général de l'affirmer, sans cet intensificateur.

Devrions-nous alors rejeter en général l'adverbe « nécessairement » comme un pur et simple procédé rhétorique que les gens emploient pour masquer leur incertitude ? Non, on peut plaider pour une autre conception. Pour ce faire, je me tournerai vers un exemple plus trivial. Quelqu'un dit : « Il a sûrement des taches », « Il aura nécessairement des taches », quand on lui annonce qu'on est sur le point de lui montrer un léopard. Or, au lieu de considérer que l'adverbe « nécessairement » gouverne directement la simple prédiction des taches, nous pouvons le comprendre comme gouvernant (implicitement) la phrase conditionnelle dans son ensemble : « Si c'est un léopard, il a des taches ». Dans l'attribution d'une qualité de nécessité à ce composé conditionnel d'ensemble, il n'y a assurément aucune apparence de paradoxe, ni de subterfuge rhétorique.

Quelque chose de comparable pourrait être réalisé pour les autres exemples portant sur le futur. Lorsque nous disons : « Les habitants ne peuvent qu'être hostiles », nous fondons notre prédiction sur quelque chose – peut-être sur l'incendie récent de leur grenier. Ainsi, au lieu d'associer directement la nécessité à l'hostilité des habitants, nous pouvons la comprendre comme quelque chose qui s'attache à la phrase conditionnelle dans son ensemble : « Nécessairement, si leur grenier a été incendié dernièrement, les habitants seront hostiles ». De même, lorsque nous demandons : « Cela rompra-t-il ? », nous voulons dire : « Si nous nous en servons, cela rompra-t-il ? », de sorte que la réponse rassurante : « Pas nécessairement » peut être lue comme s'appliquant non pas à la pure et simple rupture, mais à la phrase conditionnelle dans son ensemble, comme pour dire qu'«Il n'est pas nécessairement vrai que si vous vous en servez, cela rompra».

Ce traitement ne fonctionne pas uniquement pour les exemples portant sur le futur, mais aussi, bien sûr, pour les conjectures qui concernent le présent et le passé. «Il doit s'être enrichi lorsqu'il était maire»: nous pourrions admettre que
70 | la nécessité ne s'applique pas à l'enrichissement personnel conjecturé en tant que tel, mais au conditionnel implicite général, «S'il s'est comporté de telle ou telle manière lorsqu'il siégeait à la Commission scolaire, alors il se sera également enrichi lorsqu'il était maire».

En un mot, l'important est, dans tous les cas, de rechercher la nécessité non pas dans les réalités factuelles séparées, mais dans les relations qui existent entre elles. Il n'est pas étonnant que les gens éprouvent des difficultés à classer les événements occurrents comme nécessaires ou non; car ce qui est en question, ce sont plutôt des relations.

La question suivante est: «Que faut-il pour qu'une relation soit qualifiée de nécessaire?». Ici, nous gagnerons à en revenir une nouvelle fois à notre exemple trivial du léopard. On annonce un léopard, et nous nous attendons à des taches; de quelle relation s'agit-il? Il s'agit clairement d'une généralité: tous les léopards ont des taches.

En cela, je crois que nous avons également le germe d'une explication pour les exemples moins triviaux. Je suggère que chaque fois que quelqu'un dit: «Nécessairement, si p, alors q», il a en tête, au moins de façon vague, quelque généralisation raisonnablement fiable sous laquelle le particulier «si p, alors q» pourra être subsumé comme cas particulier. L'exemple du léopard n'est trivial qu'en raison de la facilité avec laquelle la généralité pertinente est reconnue: pourquoi ce léopard récemment annoncé devrait-il nécessairement avoir des taches? Parce qu'ils ont tous des taches. Les autres exemples, tels que celui de l'hostilité des indigènes, diffèrent de l'exemple du léopard en ceci seulement que la généralisation pertinente fait l'objet d'une allusion moins claire lors de la formulation des phrases. «Lorsque l'on incendie leurs greniers, les gens deviennent toujours (ou habituellement) hostiles»; le locuteur ne peut qu'avoir eu une telle généralité en tête, et c'est cette dernière qui donne sa force au terme «nécessaire» lorsqu'il dit de cette instance particulière que, nécessairement, si *leur* grenier a été récemment incendié, *ces* habitants deviendront hostiles.

Il convient, à ce stade, de formuler une remarque préventive quelque peu subtile. Nous aurions tort de supposer qu'un homme serait habilité à appliquer «nécessairement» à une assertion pour peu qu'il pense simplement qu'il y a *quelque* vérité générale qui la subsume. Ainsi, supposons que j'aie perdu ma clé. Nous disposons alors immédiatement de cette généralisation triviale : Il est vrai de toute personne x sans exception que si x est je, x a perdu sa clé. De même que, sur la base du fait que tous les léopards ont des taches, nous disons que le léopard à venir aura nécessairement des taches, de même, sur la base de cette nouvelle généralisation, nous pourrions nous attendre à pouvoir dire qu'il est nécessaire que puisque je suis effectivement moi, j'ai perdu ma clé. Cette attitude | nous **71** permettrait d'assigner une nécessité à tout ce que nous sommes tout simplement prêts à affirmer, si fortuit cela soit-il.

Je ne suis donc pas en train de suggérer que «Nécessairement, si *p*, alors *q*» peut être défini comme signifiant «Il existe une généralisation vraie dont une instance est que si *p*, alors *q*». Ce qui compte, c'est plutôt que le locuteur ait précédemment en tête quelque généralisation effective dont la vérité est, à ses yeux, indépendante des détails relatifs au cas présent. C'est ce sentiment, comme je le suggère, qui conduirait normalement le locuteur à associer un «Nécessairement» à son «si p, alors q». Il aurait pu associer à la place «Ainsi, en particulier» si sa généralisation précédente avait effectivement été formulée auparavant.

Ce que j'ai fait jusqu'ici pourrait être résumé en deux étapes. Tout d'abord, j'ai soutenu que ce n'est que par ellipse que l'adverbe «nécessairement» est appliqué aux événements et états particuliers, et qu'il s'applique au contraire à proprement parler aux relations conditionnelles dans leur ensemble : «Nécessairement, si p, alors q». En second lieu, j'ai présenté à son tour ce «nécessairement», le «nécessairement» de «Nécessairement, si p, alors q», comme une simple allusion à quelque régularité à laquelle on fait plus ou moins allusion présentement, «Tous les A sont B», qui subsume le lien particulier «si p alors q» comme l'un de ses cas.

La doctrine selon laquelle la nécessité n'est pas davantage qu'une régularité a été exposée par David Hume, il y a plus de deux siècles. C'est lui, en effet, qui avait pour cri de guerre : «Il n'y a pas de relations nécessaires entre des données factuelles». Ce qu'il voulait dire, bien sûr, c'est qu'il n'y en a pas dès lors que l'on comprend «nécessaire» comme affirmant davantage qu'une généralité ou qu'une régularité. Je ne considère pas que ce terme affirme davantage.

Un point de la philosophie des sciences où l'idée de nécessité appelle une attention toute particulière est celui de l'analyse de ce que l'on nomme termes dispositionnels, tels que «soluble». Dire d'un morceau particulier de matière qu'il est soluble dans l'eau, c'est, comme l'a souligné Carnap, dire de lui quelque chose de plus que : chaque fois qu'il est plongé dans l'eau, il se dissout. En effet, peut-être ce morceau particulier de matière ne sera-t-il jamais plongé dans l'eau. Par défaut, donc, même si le morceau en question est en quartz, il serait vrai que chaque fois que ce morceau est plongé dans l'eau, il se dissout ; mais nous ne saurions, sur cette base, dire de lui qu'il est soluble dans l'eau. Pour qu'un morceau soit soluble, nous devons pouvoir dire de lui que s'il *était* plongé dans l'eau, il se dissoud*rait* ; nous avons besoin d'une relation « si-alors » gouvernée par la nécessité, et par une nécessité allant au-delà de la simple généralité à travers le temps. Il est trop faible de se contenter de dire que le morceau se dissout à chaque fois qu'il est plongé dans l'eau.

Les avancées de la chimie permettent finalement de s'acquitter de l'idée de solubilité, | mais uniquement dans les **72** termes d'une théorie pleinement développée. Nous parvenons à comprendre précisément ce qui, dans la forme submicroscopique et dans la composition d'un solide, permet à l'eau de le dissoudre. Dès lors, la solubilité peut être tout simplement identifiée à ces traits explicatifs. Lorsque nous disons d'un morceau qu'il se dissoudrait nécessairement s'il était plongé dans l'eau, on peut comprendre que nous attribuons à ce morceau les détails de la structure submicroscopique censés avoir été énumérés – ces traits explicatifs auxquels nous imaginons que la solubilité a été récemment identifiée. Un chimiste pourra vous dire quels sont les traits en question. Pas moi.

On aura sans doute l'impression qu'il y a ici quelque chose qui cloche. J'ai l'air de parler de solubilité de façon intelligible ; pourtant, selon cette conception, seul le chimiste (et non pas vous ni moi) en connaît les traits définitionnels. Qui plus est, ce terme était déjà employé tout aussi librement et aisément avant même que les chimistes ne soient parvenus à ces traits explicatifs.

Cependant, je pense que nous sommes sur la bonne voie. À toutes les époques, on a voulu considérer la solubilité comme une efficacité causale, comme un mécanisme ou comme une disposition du morceau, si mal compris qu'aient été ces derniers. Depuis le début de l'attitude scientifique, en tout cas, ce terme constitue une sorte de promesse de paiement [*promissory note*] que l'on espère finalement acquitter dans les termes d'un compte rendu explicite du mécanisme à l'œuvre. Quant à savoir quel type de compte rendu pourrait être tenu pour explicatif, cela dépend bien sûr dans une certaine mesure de l'état général de la science de l'époque. De nos jours, on s'accorde en général sur un compte rendu relatif à la configuration et au mouvement des molécules (ou de plus petites particules lorsqu'une texture plus fine est pertinente).

Entretemps, le caractère de promesse qui s'attache à l'idée non encore acquittée de solubilité n'a jamais fait obstacle à un usage relâché de ce terme. Car on a, avant comme après, au moins l'assurance suivante : chaque fois qu'une chose soluble est plongée dans l'eau, elle se dissout effectivement. Nous comprenons d'avance que la solubilité consiste précisément dans ces traits explicatifs relatifs à la structure et à la composition qui conduisent de fait les choses à se dissoudre lorsqu'elles sont plongées dans l'eau, peu importe que, pour l'instant, on se les représente mal voire pas du tout.

Un terme dispositionnel qui présente un contraste intéressant avec le terme « soluble » est le terme « intelligent ». La solubilité est la capacité à se dissoudre dans l'eau ; l'intelligence est la capacité à apprendre, ou à résoudre des problèmes. Tandis que les chimistes se sont acquittés de l'idée de solubilité en en découvrant les traits explicatifs, l'idée d'intelligence est encore à mille lieux d'être acquittée. Nous ne savons même 73 pas s'il convient d'en rechercher les | traits explicatifs dans la chimie des cellules nerveuses, dans la topologie du réseau neurologique, ou dans les deux, ou ailleurs. L'intelligence en est aujourd'hui au point où se trouvait la solubilité il y a plusieurs siècles. Je pense pourtant qu'il s'agit bien d'une promesse de paiement. Je ne pense pas que nous emploierions le mot « intelligent » si nous ne pensions qu'il existe une efficacité ou un mécanisme causal non-identifié mais un jour identifiable rendant tel homme supérieur à tel autre lorsqu'il s'agit d'apprendre et de résoudre des problèmes.

Ce compte rendu des termes dispositionnels n'entend pas nier que « x est soluble » signifie que si x était plongé dans l'eau, il se dissoudrait. Cette équation reste valide. En conséquence, ce que je me suis efforcé de dire au sujet des termes dispositionnels sert, pour autant que cela les éclaire, à éclairer également l'idiome conditionnel subjonctif proprement dit : « si x était traité de telle ou telle manière, il ferait ceci et cela ». Or il s'agit là de l'idiome général que l'on emploie pour l'attribution de dispositions ; quant à savoir si un terme unique tel que « soluble » ou « intelligent » se trouve également exister pour la disposition, c'est là un point sans importance.

En général, lorsque nous disons « Si x était traité de telle ou telle manière, il ferait ceci et cela », nous attribuons à x un certain trait explicatif théorique ou un certain essaim de traits. Typiquement, ces derniers seraient des traits relatifs à la structure microscopique ou à la substance. Ils peuvent parfois faire l'objet d'une description analytique parfaitement explicite sinon par nous, du moins par des spécialistes, comme dans le cas de la solubilité. Parfois, on considère uniquement qu'ils sont susceptibles d'être décrits un jour.

Une telle phrase conditionnelle peut ou non faire apparaître l'adverbe « nécessairement » ; dans tous les cas, celui-ci est connoté par la forme subjonctive. Dans leur ensemble, les usages du conditionnel nécessaire sont certes variés et non-systématiques. Mais cet usage particulier qui consiste à imputer des dispositions est un usage important parmi ces derniers.

Nous en avons vu un autre usage dans l'exemple du léopard et des taches, qui s'accordait si nettement avec la théorie humienne de la nécessité comme généralité. Or on pourrait également affirmer du conditionnel tel qu'il est employé pour imputer des dispositions qu'il tombe sous la théorie humienne. Si ce morceau était plongé dans l'eau, il se dissoudrait; où se trouve la généralité sous-jacente? Elle se trouve dans ce trait explicatif qu'est la solubilité elle-même; *tout* ce qui possède ce trait subtil dans sa microstructure se dissout lorsqu'il est plongé dans l'eau.

Dans chacune des constructions de nécessité, y compris dans l'exemple du léopard, le locuteur a en tête telle ligne de généralisation et non telle autre. Dans l'exemple du léopard, on la devine facilement: il est question de tous les léopards. 74 Dans l'exemple des habitants hostiles, | nous ne pouvions pas deviner, mais il a fallu que l'on nous dise que le locuteur généralisait sur les peuples dont les greniers ont été incendiés. Et la généralité est à rechercher du côté de tel ou tel trait explicatif connu ou supposé dans les constructions de nécessité qui imputent des dispositions.

Ainsi, les constructions de nécessité imputant des dispositions ne s'écartent pas du schéma humien. Elles ont toujours trait à la généralité. Mais elles ont également trait à la théorie, précisément parce qu'elles s'appuient sur des traits explicatifs pour ce qui est de leurs domaines de généralité.

Les usages de « nécessairement » que nous avons examinés jusqu'à présent pourraient être décrits de façon lâche comme se rapportant à une nécessité physique ou naturelle, par opposition à la notion plus étroite de nécessité *logique* ou *mathématique*. Une vérité qui pourrait davantage être rangée sous ce second type de nécessité est celle selon laquelle le moment [cinétique] est proportionnel à la vitesse. Cela peut être dit logiquement ou mathématiquement nécessaire sur la base du fait que le terme « moment » est lui-même défini tout simplement comme une abréviation pour « masse multipliée par la vitesse ».

Mais imaginons à présent un physicien en mesure de proposer certaines découvertes expérimentales inattendues. Celles-ci entrent en conflit avec sa théorie physique. Il n'y a pas de point spécifique de sa théorie avec lequel elles entrent en conflit, car les observations n'entrent pas en conflit avec les énoncés théoriques pris un par un. Mais elles montrent que la théorie, prise conjonctivement, est fausse, et qu'il faut la modifier à un point ou à un autre si l'on veut désactiver la prédiction fausse. À présent, supposons que ce physicien tombe sur une réparation particulièrement nette, qui implique que l'on révise légèrement la loi selon laquelle le moment est proportionnel à la vitesse ; au lieu de cela, il rend par exemple le moment proportionnel à la vitesse divisée par un moins le ratio de cette vitesse à la vitesse de la lumière, laquelle présente dans la plupart des cas une déviation négligeable.

Ses collègues protesteront-ils de ce qu'il foule aux pieds la nécessité logique ? Protesteront-ils de ce qu'il s'écarte de la définition de « moment », et prive ainsi sa théorie de signification ? De ce qu'il redéfinit le moment, et ne fait donc que jouer sur les mots ? Je pense qu'ils ne feront rien de tout cela. Sa modification de la proportionnalité du moment à la vitesse ne les frappera pas davantage que ne les frapperait une modification de toute autre proposition vénérable de la physique. Et voilà qui est, selon moi, dans l'ordre des choses.

En supposant le contraire, nous exaltons indûment l'acte de définition. Il y a deux façons dont nous pouvons apprendre

un terme théorique : par le contexte, en apprenant un réseau de
75 lois dans lesquelles | ce terme figure, et par définition, en appre-
nant par quelle expression on peut remplacer ce terme. Mais
cette différence gagnerait à être considérée uniquement comme
une différence relative à l'histoire de notre apprentissage, et
non comme la source d'une différence durable de statut entre
les lois diversement entremêlées de la théorie elle-même.

Je tends donc à rejeter l'idée selon laquelle une catégorie
spéciale de nécessité, la nécessité logique ou mathématique,
serait représentée par la loi qui veut que le moment soit
proportionnel à la vitesse. Et ma raison est que je n'attache
aucune importance au statut de la définition.

On a supposé que l'énoncé selon lequel le moment est
proportionnel à la vitesse était mathématiquement nécessaire
parce que cette définition, une fois déployée, transformait cet
énoncé en trivialité mathématique. Il pourrait donc être à
propos, si mon scepticisme porte sur la définition, d'oublier
la définition et de porter notre attention vers la trivialité
mathématique elle-même : « La masse multipliée par la vitesse
est proportionnelle à la vitesse ». Dans quelle mesure *cela*
plaide-t-il pour la nécessité mathématique ?

Admirablement, sans doute. Mais cette nécessité elle-
même est-elle d'une espèce différente de ce qui peut être attribué aux vérités ordinaires de la théorie physique ou d'autres
sciences naturelles ? Une doctrine séculaire affirme que c'est
le cas ; et j'aimerais conclure mes remarques en interrogeant
cette doctrine. Elle dépend, à mon avis, d'une frontière
terminologique entre la physique et les mathématiques.

Commençons donc par supposer que nous avons dans une
certaine mesure tracé une frontière (peut-être arbitraire par
endroits) à la surface de la physique, de façon à séparer une
moitié plus spéculative et théorique de la physique d'une

moitié plus expérimentale et empirique. Nommons le premier côté physique théorique, et le second physique expérimentale. Or je suis frappé par le fait que le contraste que les gens tendent à établir entre les mathématiques pures telles que l'arithmétique d'une part et la physique d'autre part peut tout aussi bien être établi entre la physique théorique et la physique expérimentale.

Les gens disent que la physique porte sur le monde, qu'elle est douée de contenu empirique, tandis que ce n'est pas le cas de l'arithmétique ni d'autres parties des mathématiques pures. Ils accordent que ces disciplines mathématiques tirent leur motivation et leur utilité des applications à la physique et aux sciences naturelles, mais ils désignent cela comme une simple affaire de motivation et d'application, non de contenu. À présent, pourquoi ne pouvons-nous pas dire la même chose de la physique théorique, dans son rapport à la physique expérimentale ? Elle tire certainement sa motivation et son utilité des | applications à la physique expérimentale ; mais pourquoi ne **76** pas dire qu'il s'agit là également d'une simple affaire de motivation et non de contenu ? Je pense que si nous ne disons pas cela, c'est par un accident de nomenclature. La physique théorique et la physique expérimentale sont toutes deux appelées physique ; nous les considérons comme des parties d'une seule et même entreprise systématique, qui se rattache en dernière instance à l'observation. Les mathématiques pures, en revanche, en partie en raison de leur utilité additionnelle dans les sciences naturelles autres que la physique, font l'objet d'une ségrégation par leur nom ; c'est pourquoi nous ne les considérons pas simplement comme une partie supplémentaire d'une entreprise systématique plus large, qui se rattacherait toujours en dernière instance aux observations de la physique expérimentale et d'autres sciences naturelles.

Les frontières entre les disciplines sont utiles pour les doyens et pour les bibliothécaires, mais ne les surestimons pas – ces frontières. Lorsque nous en faisons abstraction, nous voyons la totalité de la science – physique, biologie, économie, mathématique, logique, et le reste – comme un seul et unique système tentaculaire, dont certaines portions ne sont que lâchement connectées, mais qui n'est nulle part déconnecté. Certaines de ses parties – la logique, l'arithmétique, la théorie des jeux, les parties théoriques de la physique – sont plus éloignées du bord observationnel ou expérimental que d'autres. Mais le système dans son ensemble, avec toutes ses parties, dérive son contenu empirique agrégé du bord en question ; et les parties théoriques ne sont bonnes que pour autant qu'elles contribuent, dans leurs divers degrés de médiation, à la systématisation de ce contenu.

En principe, je ne vois donc pas de nécessité supérieure ni plus austère que la nécessité naturelle ; et dans la nécessité naturelle, ou dans nos attributions naturelles de cette dernière, je vois uniquement les régularités humiennes, qui culminent ici et là dans ce qui passe pour un trait explicatif ou pour une promesse de trait explicatif.

LA VÉRITÉ PAR CONVENTION *

Publié la première fois dans O.H. Lee (ed.), *Philosophical Essays for A.N. Whitehead* (New York, Longmans, 1936). Il est réédité dans H. Feigl et W. Sellars (eds.), *Readings in Philosophical Analysis* (New York, Appleton, 1949), et dans P. Benacerraf et H. Putnam (eds.), *Readings in the Philosophy of Mathematics* (Englewood (N.J.), Prentice-Hall, 1964). Certaines corrections faites pour cette dernière anthologie sont incorporées ici et un petit nombre de nouvelles sont ajoutées.

Moins la science est avancée, plus sa terminologie a tendance à faire fond sur une assomption non critique de compréhension mutuelle. Avec le progrès de la rigueur, cette base est remplacée peu à peu par l'introduction de définitions. Les corrélations mobilisées pour ces définitions obtiennent le statut de principes analytiques; ce qui était autrefois considéré comme une théorie concernant le monde est réinterprété comme une convention de langage. C'est ainsi qu'un courant qui va du théorique au conventionnel accompagne le progrès dans les fondements logiques de n'importe quelle science. Le

* Traduit par François Rivenc.

concept de simultanéité à distance offre un bon exemple d'un tel développement : en remplaçant l'usage non critique de cette expression par une définition, Einstein a choisi la relation définitive de manière à vérifier conventionnellement le principe auparavant paradoxal du caractère absolu de la vitesse de la lumière. Mais, alors qu'on admet généralement que les sciences physiques ne sont susceptibles que d'une évolution incomplète dans cette direction, et sont destinées à garder toujours un noyau non conventionnel de doctrine, les développements des dernières décennies ont conduit à la conviction largement partagée que la logique et les mathématiques sont purement analytiques, ou conventionnelles. Le propos de la présente enquête est moins de questionner la validité de cette opposition que de questionner son sens.

I

78 | À strictement parler, une définition est une convention d'abréviation notationnelle[a]. Une définition *simple* introduit une expression particulière, par exemple « kilomètre », ou « *e* », dite le *definiendum*, à titre d'écriture sténographique arbitraire pour une expression complexe, par exemple « mille mètres » ou :

$$\text{« } \lim_{n \to \infty} (1 + 1/n)^n \text{ »}$$

dite le *definiens*. Une définition *contextuelle* institue un nombre indéfini de paires de *definienda* et de *definientia* analogues entre elles selon un schéma général ; un exemple en

---

a. *Cf.* Russell, *Principles of Mathematics*, p. 429.

est la définition par laquelle des expressions de la forme « sin --
/cos -- » sont abrégées sous la forme « tg -- ». D'un point de vue
formel, les signes ainsi introduits sont totalement arbitraires ;
tout ce qui est requis d'une définition est qu'elle soit théoriquement sans importance, c'est-à-dire que la sténographie
qu'elle introduit soit éliminable dans tous les cas de manière
non ambiguë en faveur de l'écriture ordinaire antérieure [b].

Fonctionnellement, une définition n'est pas une prémisse
de théorie, mais l'autorisation de réécrire la théorie en remplaçant le *definiens* par le *definiendum* ou vice versa. En permettant ces remplacements, une définition transmet la vérité : elle
permet de traduire des énoncés vrais en de nouveaux énoncés
qui sont de même vrais. Étant donnée la vérité de l'énoncé
« L'altitude du Kibo dépasse six mille mètres »[1], la définition de « kilomètre » assure la vérité de « L'altitude du Kibo
dépasse six kilomètres » ; étant donnée la vérité de l'énoncé
« sin π/cos π = sin π/cos π », dont la logique nous assure dès
ses premières pages, la définition contextuelle citée plus haut
assure la vérité de l'énoncé « tg π = sin π/cos π ». Dans chaque
cas, l'énoncé inféré grâce à la définition est vrai seulement
parce qu'il est une écriture sténographique d'un autre énoncé
qui était déjà vrai indépendamment de la définition. Consi-
dérée | hors de toute doctrine, logique comprise, une définition **79**

b. Du présent point de vue, une définition contextuelle peut être récursive,
mais alors ne doivent figurer parmi ses *definienda* que les expressions où
l'argument de la récursion a une valeur constante, puisque sinon l'exigence
d'éliminabilité est violée. Ces considérations sont cependant de peu de conséquence, puisque toute définition récursive peut être transformée en une définition directe par des méthodes purement logiques. Voir Carnap, *Logische
Syntax*, p. 23, 79.

1. Le Kibo est un des sommets du Kilimandjaro.

est incapable de fonder l'énoncé le plus trivial; même «tg π = sin π/cos π» est une transformation définitionnelle d'une auto-identité antérieure, plutôt qu'une conséquence naturelle de la définition.

Ce qu'on appelle de manière relâchée une conséquence logique de définitions peut donc être décrit plus exactement comme une vérité logique définitionnellement abrégée : un énoncé qui devient une vérité de logique quand les *definienda* sont remplacés par les *definientia*. En ce sens, «tg π = sin π/cos π» est une conséquence logique de la définition contextuelle de la tangente.

De quelque façon qu'on s'accorde sur la portée exacte de la logique, nous pouvons nous attendre à ce que les abréviations définitionnelles de vérités logiques soient reconnues comme des vérités logiques plutôt que comme des vérités extra-logiques. Puisqu'il en est ainsi, la conclusion précédente montre que les conséquences logiques des définitions sont elles-mêmes des vérités de logique. Affirmer que les vérités mathématiques sont conventionnelles au sens de suivre logi-quement de définitions est donc affirmer que les mathéma-tiques sont une partie de la logique. Cette dernière affirmation ne représente pas une extension arbitraire du terme « logique » afin d'y inclure les mathématiques; on suppose d'emblée qu'on s'accorde sur ce qui appartient à la logique et sur ce qui appartient aux mathématiques, et l'on affirme alors que les définitions des expressions mathématiques peuvent être construites sur la base d'expressions logiques de telle sorte que toutes les vérités mathématiques deviennent des abréviations de vérités logiques.

Bien que les signes introduits par des définitions soient arbitraires d'un point de vue formel, il y a plus qu'une affaire de convention notationnelle arbitraire dans les questions de définissabilité; sinon, n'importe quelle expression pourrait être dite définissable sur la base de n'importe quelles expressions. Quand nous parlons de définissabilité, ou de trouver une définition pour un signe donné, nous avons en tête quelque usage traditionnel de ce signe, antérieur à la définition en question. Pour être satisfaisante en ce sens, une définition du signe ne peut se contenter de remplir l'exigence formelle d'être éliminable de manière non ambiguë, mais elle doit aussi se conformer à l'usage traditionnel en question. Pour une telle conformité, il est nécessaire et suffisant que tous les contextes du signe qui étaient vrais, et tous les contextes qui étaient faux selon l'usage traditionnel, soient interprétés par la définition comme des abréviations d'autres énoncés qui sont vrais ou faux de manière correspondante sous les significations établies de leurs signes. Ainsi, quand | on dit qu'on a édifié des défini- **80** tions d'expressions mathématiques sur la base d'expressions logiques, ce qu'on veut dire, c'est qu'on a établi des définitions grâce auxquelles tout énoncé où figurent ces expressions mathématiques qui est traditionnellement tenu pour vrai, ou pour faux, est interprété comme une abréviation d'un autre énoncé, vrai ou faux de manière correspondante, qui est dépourvu de ces expressions mathématiques et où ne figurent à la place que des expressions logiques [c].

On dira qu'une expression figure *à vide* dans un énoncé donné si son remplacement dans l'énoncé par n'importe quelle expression grammaticalement admissible laisse inchangée la

c. Noter qu'une expression est dite définie en termes, par exemple, de logique, non seulement quand elle est un signe unique dont l'élimination d'un contexte par des expressions logiques est obtenue par une seule application d'une définition, mais aussi quand elle est une expression complexe dont l'élimination exige l'application successive de nombreuses définitions.

vérité ou la fausseté de l'énoncé. Ainsi, pour tout énoncé
contenant certaines expressions à vide, il y a une classe
d'énoncés, qu'on peut décrire comme des *variantes à vide* de
l'énoncé donné, qui sont semblables à lui sous le rapport de la
vérité ou de la fausseté, semblables aussi à lui quant à un
certain squelette de sa construction symbolique, mais diffèrent
de lui en ce qu'elles exhibent toutes les variations grammaticalement possibles des constituants à vide de l'énoncé de
départ. On dira qu'une expression figure *essentiellement* dans
un énoncé si elle figure dans toutes les variantes à vide de
l'énoncé, c'est-à-dire si elle fait partie du squelette évoqué
plus haut. (Noter que même si une expression figurant dans un
énoncé n'y figure pas à vide, il se peut qu'elle n'ait pas une
occurrence essentielle parce qu'une de ses parties figure à vide
dans l'énoncé.)

Maintenant, soient S une vérité, E_i des expressions qui
figurent à vide dans S, et S_j les énoncés qui sont les variantes à
vide de S. Ainsi, les S_j seront probablement vrais. Sur la seule
base des expressions d'une certaine classe α, construisons une
définition pour une des expressions F figurant dans S en dehors
des E_i. S et les S_j[1] deviennent par là des abréviations de certains
énoncés S' et S'_j, qui exhibent seulement des éléments de α à la
place de ces occurrences de F, mais qui restent reliés entre eux
du fait que les S'_j résultent tous du remplacement des E_i dans S'
par n'importe quelle autre expression admissible. Puisque
notre définition de F est supposée conforme à l'usage, S' et les
S'_j seront, comme S et les S_j, uniformément vrais ; les S'_j seront
donc des variantes à vide de S', et les occurrences des E_i dans S'

---

1. Le texte anglais donne ici et par la suite : « S_i » ; mais il s'agit bien des
énoncés obtenus à partir de S par remplacement systématique des expressions
qui figurent à vide (et de même ensuite pour S' et « S'_i »).

seront à vide. La définition fait ainsi de S une | abréviation d'une   **81**
vérité S', qui, comme S, contient les E_i à vide, mais diffère de S
en n'exhibant que des éléments de α à la place des occurrences
de F en dehors des E_i. Or il est évident qu'une expression ne
peut figurer essentiellement dans un énoncé si elle n'y figure
qu'à l'intérieur d'expressions qui figurent à vide dans l'énoncé ;
par conséquent F, ne figurant dans S', si tant est qu'elle le fasse,
qu'à l'intérieur des E_i, ne figure pas essentiellement dans S' ;
ce sont des éléments de α qui figurent essentiellement là où
elle figurait [essentiellement]. Ainsi, si nous prenons pour F
n'importe quelle expression n'appartenant pas à α et figurant
essentiellement dans S, et répétons le même raisonnement
pour chacune de ces expressions, nous voyons que grâce aux
définitions de toutes ces expressions en termes d'éléments de
α, S devient une abréviation d'une vérité S'' où ne figurent
essentiellement que des éléments de α.

   Si donc nous prenons en particulier pour α la classe de
toutes les expressions logiques, ce qu'on vient de voir nous dit
que, si des définitions logiques sont construites pour toutes
les expressions non logiques figurant essentiellement dans
l'énoncé vrai S, S devient une abréviation d'une vérité S'' où ne
figurent essentiellement que des expressions logiques. Mais,
si dans S'' ne figurent essentiellement que des expressions
logiques, et que S'' reste vrai quand tout est modifié de toutes
les façons grammaticalement possibles hormis ce squelette
d'expressions logiques, alors la vérité de S'' ne dépend que de
ses constituants logiques, et S'' est donc une vérité de logique.
On a ainsi établi, si l'on donne des définitions sur la seule
base de la logique de toutes les expressions non logiques
figurant essentiellement dans un énoncé S vrai, S devient une
abréviation d'une vérité S'' de logique. Et donc en particulier,
si toutes les expressions mathématiques peuvent être définies

en termes de logique, toutes les vérités où ne figurent essentiellement que des expressions mathématiques et logiques
deviennent des abréviations définitionnelles de vérités de
logique.

Maintenant, une vérité mathématique, comme « L'âge de
Smith plus celui de Brown est égal à l'âge de Brown plus celui
de Smith », peut contenir des expressions qui ne sont ni
logiques, ni mathématiques. Encore est-il que toute telle vérité
mathématique, ou telle autre dont elle est une abréviation définitionnelle, consistera en un squelette d'expressions mathématiques ou logiques, complété par des expressions ni logiques ni
mathématiques qui figurent toutes à vide. Toute vérité mathématique est soit une vérité où seules des expressions mathématiques et des expressions logiques figurent essentiellement,
soit une abréviation définitionnelle d'une telle vérité. Donc,
étant admis qu'on a des définitions de toutes les expressions
mathématiques en termes de logique, la conclusion précédente
82 montre que toutes les vérités mathématiques | deviennent des
abréviations définitionnelles de vérités de logique – donc à
leur tour des vérités de logique. Pour la thèse selon laquelle les
mathématiques sont de la logique, il suffit ainsi que toute la
notation mathématique soit définie sur la base de la notation
logique.

Si, en revanche, certaines expressions mathématiques
résistent à toute définition sur la base d'expressions logiques,
alors toute vérité mathématique contenant ces expressions
récalcitrantes ne doit les contenir que de manière inessentielle,
ou doit être une abréviation définitionnelle d'une vérité ne les
contenant que de manière inessentielle, si toutes les mathématiques doivent être de la logique : car, bien qu'une vérité
logique puisse comporter des expressions non logiques, elle,
ou quelque autre vérité logique dont elle est l'abréviation

définitionnelle, ne doit comporter de manière essentielle que des expressions logiques. C'est ce chemin qu'empruntent ceux[d] qui considèrent les vérités mathématiques, pour autant qu'elles dépendent de notions non logiques, comme des présentations elliptiques d'énoncés hypothétiques contenant à titre d'hypothèses tacites tous les postulats de la branche des mathématiques en question. Supposons ainsi que les termes géométriques « sphère » et « inclut » ne soient pas définis sur la base d'expressions logiques, et supposons toutes les autres expressions géométriques définies sur la base d'expressions logiques et de « sphère » et « inclut », comme chez Huntington. Imaginons les postulats de Huntington pour la géométrie (euclidienne), ainsi que tous les théorèmes, développés par le remplacement de tous les *definienda* par les *definientia*, de sorte qu'ils ne contiennent que des expressions logiques et « sphère » et « inclut », et représentons la conjonction de ces postulats ainsi développés par « Hunt (sphère, inclut) ». Alors, si « Φ (sphère, inclut) » est l'un quelconque des théorèmes, développé de même dans les termes primitifs, le point de vue ici considéré est que « Φ (sphère, inclut) », pour autant qu'il est conçu comme une vérité mathématique, doit être interprété comme une présentation elliptique de « Si Hunt (sphère, inclut), alors Φ (sphère, inclut) ». Puisque « Φ (sphère, inclut) » est une conséquence logique des postulats de Huntington, l'énoncé hypothétique ci-dessus est une vérité de logique; il comporte les expressions « sphère » et « inclut » de manière inessentielle, en fait à vide, puisque la déductibilité logique des théorèmes à partir des postulats est indépendante de la signification de « sphère » et d'« inclut », et survit au remplacement de ces

d. Par exemple Russell, *Principles*, p. 429 *sq.*; Behmann, p. 8-10.

expressions par n'importe quelle autre expression grammaticalement admissible. Puisque, l'adéquation des postulats de
83 Huntington | étant admise, les vérités de géométrie sont exac-
tement les énoncés géométriques qui sont de cette façon des
conséquences logiques de « Hunt (sphère, inclut) », toute la
géométrie devient de la logique une fois interprétée de cette
manière comme une présentation elliptique conventionnelle
d'un corps d'énoncés hypothétiques.

Mais si, à titre de vérité mathématique « Φ (sphère,
inclut) » abrège « Si Hunt (sphère, inclut), alors Φ (sphère,
inclut) », il reste encore, comme partie de cet énoncé développé, l'énoncé originel « Φ (sphère, inclut) » ; ce dernier
demeure comme un énoncé qu'on peut présumer vrai à
l'intérieur d'un corps de doctrine, disons pour le moment
« la géométrie non mathématique », même si le titre de vérité
mathématique est réservé au seul énoncé hypothétique en
question dans sa totalité. Le corps de tous ces énoncés hypothétiques, qu'on peut décrire comme « la théorie de la déduction de la géométrie non mathématique », est bien sûr une
partie de la logique ; mais la même chose est vraie de n'importe
quelle « théorie de la déduction de la sociologie », « théorie de
la déduction de la mythologie grecque », etc., qu'on pourrait
construire d'une manière parallèle à l'aide de n'importe quel
ensemble de postulats appropriés pour la sociologie ou pour la
mythologie grecque. Le point de vue sur la géométrie considéré ici revient simplement à exclure la géométrie des mathématiques, à reléguer la géométrie au statut de la sociologie
ou de la mythologie grecque ; le label « géométrie mathématique » accordé à la « théorie de la déduction de la géométrie

non mathématique », voilà un *tour de force*[1] verbal qui est aussi bien applicable dans le cas de la sociologie ou de la mythologie grecque. Incorporer les mathématiques à la logique en considérant toutes les vérités mathématiques récalcitrantes comme des énoncés hypothétiques elliptiques, c'est donc en fait simplement restreindre le terme « mathématiques » pour exclure ces branches récalcitrantes. Mais renommer ne nous intéresse pas. Ce sont ces disciplines, géométrie et le reste, traditionnellement regroupées sous le titre de mathématiques, qui sont l'objet de la présente discussion, et c'est la doctrine que les mathématiques en ce sens sont de la logique qui nous concerne[e].

Laissant donc cette route et revenant en arrière, nous voyons que, si certaines expressions mathématiques résistent à toute définition sur la base d'expressions logiques, les mathématiques se réduiront à la logique seulement si, sous une lecture littérale et sans annexer gratuitement des hypothèses, toute vérité mathématique contient (ou est une abréviation | d'une vérité qui contient) de telles expressions récalcitrantes **84** de manière seulement inessentielle, si du moins elle en contient. Mais il est difficile de penser qu'une expression mathématique suffisamment gênante pour avoir résisté à une triviale définition contextuelle en termes de logique puisse ainsi figurer inutilement dans tous ses contextes mathématiques. Il apparaît donc que, pour que la thèse selon laquelle les mathématiques sont de la logique soit tenable, il n'est pas seulement suffisant, mais il est aussi nécessaire que toutes les expressions

e. Il est clair que la discussion précédente n'a aucune portée sur la méthode par postulats en tant que telle, ni sur l'œuvre de Huntington.

1. En français dans le texte ; Quine voulait sans doute dire « *coup de force* ».

mathématiques soient définissables sur la seule base
d'expressions logiques.

Bien que la construction de définitions logiques des
expressions mathématiques ait pour objectif ultime de faire
des vérités mathématiques des vérités de logique, l'attention
ne doit pas être restreinte aux vérités mathématiques et aux
vérités logiques lorsque l'on teste la conformité des définitions
à l'usage. Les expressions mathématiques appartiennent au
langage général, et on doit les définir de façon que tous les
énoncés qui les contiennent, qu'il s'agisse de vérités ou de
faussetés mathématiques, de vérités ou de faussetés historiques, selon l'usage traditionnel, soient interprétés comme
des abréviations d'autres énoncés qui sont vrais ou faux de
manière correspondante. La définition qui introduit « plus »
doit être telle que la vérité mathématique « L'âge de Smith
plus celui de Brown est égal à l'âge de Brown plus celui de
Smith » devienne l'abréviation d'une vérité logique, comme
on l'a vu plus haut ; mais elle doit aussi être telle que « L'âge de
Smith plus l'âge de Brown est égal à l'âge de Jones » devienne
une abréviation d'un énoncé empiriquement vrai ou faux
conformément à l'état civil et à l'usage traditionnel de « plus ».
Une définition qui échoue sur ce dernier point n'est pas moins
pickwickienne [1] qu'une définition qui échoue sur le premier ;
dans un cas comme dans l'autre, on ne gagne rien d'autre que
le plaisir éphémère d'une récréation verbale.

N'étaient ces considérations, des définitions contextuelles
de n'importe quelle expression mathématique pourraient être
immédiatement construites en termes purement logiques, sur
la base de n'importe quel ensemble de postulats adéquats pour

1. Pickwick est un personnage comique d'un roman de Charles Dickens.

la branche des mathématiques en question. Considérons ainsi
à nouveau la systématisation de la géométrie par Huntington.
On a remarqué que, l'adéquation des postulats de Huntington
étant admise, un énoncé serait une vérité de géométrie si, et
seulement si, il est logiquement déductible de « Hunt (sphère,
inclut) » indépendamment de la signification de « sphère »
et de « inclut ». Donc « Φ (sphère, inclut) » sera une vérité
de géométrie si, et seulement si, ce qui suit est une vérité de
logique : « Si α est une classe quelconque et R une relation
quelconque telles que Hunt (α, R), alors Φ (α, R) ». Pour
« sphère » et « inclut », nous pourrions alors adopter la défini-
tion contextuelle suivante : « -- » étant n'importe quel | énoncé   **85**
contenant « α » ou « R » ou les deux, abrégeons l'énoncé « Si α
est une classe quelconque et R une relation quelconque telles
que Hunt (α, R), alors -- » en l'expression obtenue à partir de
« -- » en remplaçant partout « α » par « sphère » et « R » par
« inclut ». (Dans le cas d'un énoncé composé contenant
« sphère » et « inclut », cette définition ne spécifie pas si c'est
l'énoncé entier ou chacun de ses énoncés constituants qui doit
être compris comme la sténographie indiquée ; mais cette
ambiguïté peut être éliminée en stipulant que la convention
ne s'applique qu'à la totalité des contextes.) « Sphère » et
« inclut » reçoivent ainsi des définitions contextuelles en
termes exclusivement de logique, car tout énoncé contenant
l'une ou l'autre expression ou les deux est interprété comme
une abréviation d'un énoncé ne contenant que des expressions
logiques (plus toutes les expressions autres que « sphère » et
« inclut » que pouvait contenir l'énoncé original). La définition est conforme à l'usage passé de « sphère » et « inclut »
dans la mesure où elle vérifie toutes les vérités de la géométrie
et en falsifie toutes les faussetés ; tous les énoncés vrais de la

géométrie, et eux seulement, deviennent des abréviations de vérités de logique.

On pourrait suivre la même procédure dans toute autre branche des mathématiques, à l'aide d'un ensemble satisfaisant de postulats pour cette branche. Il semblerait donc que la thèse selon laquelle les mathématiques sont de la logique ne demande rien de plus. Et cette voie royale mène au-delà de la thèse, car la méthode qu'on vient de décrire pour logiciser une discipline mathématique peut être appliquée de la même façon à toute théorie non mathématique. Mais toute cette procédure repose sur l'incapacité des définitions à se conformer à l'usage ; ce qui est logicisé, ce n'est pas le domaine [*the subject matter*] attendu. Il est facile de voir, par exemple, que, bien que transformant respectivement les vérités et les faussetés purement géométriques en vérités et faussetés logiques, la définition proposée de « sphère » et de « inclut » transforme certaines vérités empiriques en faussetés et vice versa. Considérons par exemple l'énoncé vrai « Une balle de base-ball est approximativement une sphère », ou plus rigoureusement « La totalité d'une balle de base-ball, à l'exception d'une très mince couche périphérique irrégulière, constitue une sphère ». Selon la définition contextuelle, cet énoncé est une abréviation de l'énoncé suivant : « Si α est une classe quelconque et R une relation quelconque telles que Hunt (α, R), alors la totalité d'une balle de base-ball, à l'exception d'une mince couche périphérique, constitue un [élément de] α ». Cela nous dit que la totalité d'une balle de base-ball, à l'exception d'une mince couche périphérique, appartient à toutes les classes α pour lesquelles

86 on peut trouver | une relation R telles que les postulats de Huntington sont vrais de α et de R. Or il se trouve que Hunt (α, inclut) » est vrai non seulement quand on prend pour α la classe de toutes les sphères, mais aussi quand α est restreint à la classe des sphères d'un pied ou plus de diamètre[f]; il est pourtant difficile de dire que la totalité d'une balle de base-ball, à l'exception d'une mince couche périphérique, constitue une sphère d'un pied ou plus de diamètre. L'énoncé est donc faux, alors que l'énoncé précédent, qui est supposé être une abréviation de ce dernier, était vrai selon l'usage ordinaire des mots. On peut montrer de manière analogue que cette façon de logiciser n'importe quelle autre discipline donne le genre de désaccord qu'on vient d'observer pour la géométrie, dès que les postulats de la discipline admettent, comme c'est le cas pour ceux de la géométrie, des applications différentes; et l'on peut s'attendre à ce genre d'applicabilité multiple pour n'importe quel ensemble de postulats [g].

La définition des notions mathématiques sur la base de notions logiques est ainsi une entreprise plus ardue qu'il ne pourrait sembler si l'on ne considère que les vérités et les faussetés des mathématiques pures. Considérées *in vacuo*, les mathématiques sont trivialement réductibles à la logique par l'insertion de systèmes de postulats dans des définitions contextuelles; mais « *cette science n'a pas uniquement pour objet de contempler éternellement son propre nombril* »[h]. Quand on reconnaît que les mathématiques sont susceptibles d'être utilisées, et sont partie intégrante du langage général, la définition des notions mathématiques en termes de logique devient une tâche dont la réalisation, à supposer qu'elle soit

f. *Cf.* Huntington, p. 540. [Le pied anglais fait 30 cm 48.]

g. Noter qu'un ensemble de postulats est superflu s'il est *démontrable* qu'il n'admet qu'une application; car alors il renferme une propriété définissante adéquate pour chacun des termes primitifs qu'il contient. Voir Tarski, « Einige methodologische Untersuchungen », Satz 2 [Théorème 2].

h. Poincaré, p. 199 [cité en français dans le texte].

théoriquement possible, exige un génie mathématique de première grandeur. C'est essentiellement à cette tâche que se sont attelés Whitehead et Russell dans leurs *Principia Mathematica*. Ils prennent un langage logique très pauvre comme primitif, et sur cette seule base ils entreprennent de doter les expressions mathématiques de définitions qui se conforment à l'usage au plein sens du terme, celui qu'on vient de décrire : des définitions qui ne se contentent pas de réduire les vérités et les faussetés mathématiques à des vérités et des faussetés logiques, mais réduisent *tous* les énoncés, contenant les expressions mathématiques en question, à des énoncés équivalents contenant des expressions logiques à la place

87 des expressions | mathématiques. Dans les *Principia*, ce programme a été mené à bien à un point tel qu'il suggère qu'aucune difficulté fondamentale ne fait obstacle à l'achèvement du processus. Les fondements de l'arithmétique sont développés dans les *Principia*, et par là sont traitées les branches des mathématiques qui, comme l'analyse et la théorie des nombres, sont issues de l'arithmétique. L'algèbre abstraite découle aisément de la théorie des relations des *Principia*. Seule la géométrie n'est pas concernée, et ce champ peut être aligné sur les autres simplement en identifiant les figures à n dimensions avec les relations arithmétiques n-adiques avec lesquelles elles sont corrélées par la géométrie analytique[i]. Certains remettent en question la réduction des mathématiques à la logique opérée par Whitehead et Russell[j], pour des raisons dont l'exposition et la critique n'ont pas leur place ici ; la thèse selon laquelle toutes les mathématiques se réduisent à de la logique est

i. *Cf.* Study, p. 86-92.
j. *Cf.* par exemple, Dubislav, et aussi Hilbert, p. 73, 82.

néanmoins justifiée par les *Principia* à un degré qui satisfait la plupart d'entre nous. Il n'est pas besoin d'adopter ici une position définitive sur cette question.

Si nous admettons pour le moment que toutes les mathématiques peuvent être ainsi construites par des définitions à partir de la logique, alors les mathématiques deviennent vraies par convention en un sens relatif : les vérités mathématiques deviennent des transcriptions conventionnelles de vérités logiques. Peut-être est-ce tout ce que nous voulons dire, pour nombre d'entre nous, quand nous affirmons que les mathématiques sont vraies par convention ; du moins, on explique communément ce qu'est un énoncé *analytique* en disant simplement que c'est un énoncé qui provient de la logique et de définitions, ou un énoncé qui devient une vérité de logique après remplacement des *definienda* par les *definientia*[k]. Mais en toute rigueur, nous ne pouvons regarder les mathématiques comme vraies purement par convention à moins que les principes logiques auxquels on suppose que les mathématiques se réduisent ne soient également vrais par convention. Et la doctrine selon laquelle les mathématiques sont *analytiques* accomplit pour la philosophie une simplification moins fondamentale qu'il ne semblait à première vue, si elle dit seulement que les mathématiques sont une transcription conventionnelle de la logique sans ajouter aussi que la logique est faite de conventions : car, si nous devons accepter pour finir au moins quelques principes *a priori* indépendants de la convention, nous ne devrions pas avoir de scrupules à en admettre quelques-uns de plus, ni ne devrions attacher une importance

---

k. *Cf.* Frege, *Grundlagen*, p. 4 ; Behmann, p. 5. Carnap, dans *Logische Syntax*, utilise le terme essentiellement dans le même sens, mais en le soumettant à un traitement plus subtil et plus rigoureux.

88 cruciale à des conventions | qui servent seulement à diminuer
le nombre de ces principes en en réduisant certains à d'autres.

Mais s'il nous faut interpréter aussi la logique comme
vraie par convention, nous devons faire reposer ultimement la
logique sur quelque forme de convention autre que la définition : car on a noté plus haut que les définitions sont disponibles seulement pour transformer des vérités, non pour les
fonder. La même chose s'applique à toute vérité des mathématiques qui, contrairement à la supposition faite précédemment,
résisterait à toute réduction définitionnelle à la logique ; si
ces vérités doivent provenir d'une convention, au lieu d'être
simplement réduites à des vérités antérieures, elles doivent
provenir d'autres conventions que les définitions. On a depuis
longtemps reconnu cette seconde sorte de convention, engendrant plutôt que transformant simplement des vérités, dans
l'usage de postulats[1]. Le paragraphe suivant sera consacré à
l'application de cette méthode à la logique ; on s'écartera
cependant des façons habituelles de formuler les postulats et les
règles d'inférence, pour donner au schéma général [*the whole
scheme*] la forme explicite d'une convention linguistique.

II

Supposons qu'on ait poussé à peu près à son maximum
le travail de définition pour la logique, de sorte qu'il nous
reste une collection aussi réduite que possible de moyens

---

1. La fonction des postulats comme des conventions semble avoir été
reconnue pour la première fois par Gergonne. Sa façon de les désigner, comme
des « définitions implicites », qui a été parfois suivie dans la littérature, est
évitée ici.

notationnels primitifs. Il y a un nombre indéfini de façons de construire des définitions, toutes conformes au même usage des expressions en question ; si l'on met à part l'objectif d'en définir beaucoup à partir d'un petit nombre, le choix entre ces façons de faire est guidé par des raisons de commodité ou par le hasard. Des choix différents entraînent des ensembles différents de primitifs. Supposons que notre procédure admette au nombre des primitifs l'idiome *ne pas*, l'idiome *si* (« si … alors … »), l'idiome *tout* (« quel que puisse être *x*, -- *x* -- »), et une ou deux expressions de plus selon les besoins. Sur cette seule base, on suppose que toute la notation logique supplémentaire est définie ; tous les énoncés comportant n'importe quelle notation logique supplémentaire sont alors interprétés comme des abréviations d'énoncés dont les constituants logiques sont limités à ces primitifs.

| « Ou », en tant que connecteur combinant des énoncés pour **89** former de nouveaux énoncés, est sujet à la définition contextuelle suivante en termes de l'idiome *ne pas* et de l'idiome *si* : une paire d'énoncés avec « ou » entre eux est une abréviation de l'énoncé constitué des éléments successifs que voici : d'abord, « si » ; en deuxième lieu, le premier énoncé de la paire, avec « ne … pas » gouvernant le verbe principal (ou, avec « il est faux que » préfixé) ; en troisième lieu, « alors » ; enfin le second énoncé de la paire. La convention devient plus claire si nous utilisons le préfixe « ∼ » comme une notation artificielle pour la négation, en écrivant « ∼ la glace est chaude » à la place de « la glace n'est pas chaude » ou de « il est faux que la glace est chaude ». « -- » et « —» étant des énoncés quelconques, notre définition introduit donc « -- ou —» comme une abréviation de « si ∼ -- alors —». De même, « et », en tant que connecteur combinant des énoncés, peut être défini contextuellement

en interprétant « -- et—» comme une abréviation pour « ∼ si --
alors ∼—». Ce genre d'idiome est connu comme étant une
fonction de vérité, et est caractérisé par le fait que la vérité ou la
fausseté de l'énoncé complexe qu'il engendre est déterminée
de manière unique par la vérité ou la fausseté des divers énoncés
qu'il combine. On sait que toutes les fonctions de vérité sont
constructibles en termes des idiomes *non* et *si* comme dans les
exemples ci-dessus[m]. Sur la base des fonctions de vérité, alors,
plus nos primitifs supplémentaires – l'idiome *tout et autres* –
tous les autres moyens logiques sont supposés définis.

En raison d'accidents historiques ou autres, un mot peut
évoquer un enchaînement d'idées n'ayant aucune pertinence
quant à la vérité ou à la fausseté de son contexte; en ce qui
concerne la *signification* en tant que distincte de la connotation, en revanche, un mot peut être dit déterminé dans la
mesure, quelle qu'elle soit, où la vérité ou la fausseté de ses
contextes est déterminée. Une telle détermination de la vérité
ou de la fausseté peut être faite d'un coup, et dans cette mesure
la signification du mot est absolument déterminée; ou elle peut
être relative à la vérité ou à la fausseté d'énoncés contenant
d'autres mots, et dans cette mesure la signification du mot est
déterminée relativement à ces autres mots. Une définition dote
un mot d'une signification complètement déterminée relativement à d'autres mots. Mais la possibilité nous est offerte,
quand nous introduisons un nouveau mot, de déterminer sa
90 signification *absolument* dans quelque mesure | que nous le

m. Sheffer a montré qu'il y a des façons de construire à leur tour ces deux
primitifs en termes d'un seul; à strictement parler, donc, un tel primitif doit
remplacer les deux dans notre ensemble de primitifs logiques manifestement
minimal. L'exposé sera facilité, cependant, en gardant la redondance.

désirions, en spécifiant les contextes qui doivent être vrais et les contextes qui doivent être faux. En fait, nous n'avons besoin que de spécifier les premiers : car la fausseté peut être considérée comme une propriété dérivée dépendant du mot « ∼ », de telle manière que la fausseté de « -- » signifie simplement la vérité de « ∼-- ». Puisque tous les contextes de notre nouveau mot sont pour commencer dénués de signification, ni vrais ni faux, nous sommes libres de parcourir la liste de ces contextes et d'épingler comme vrais ceux que nous voulons ; ceux qui sont choisis deviennent vrais *per fiat*, par convention linguistique. À ceux qui les mettraient en question, nous répondons toujours la même chose : « Vous utilisez le mot autrement ». Le lecteur peut protester en disant que notre sélection arbitraire de contextes comme étant vrais est sujette à des restrictions imposées par l'exigence de consistance – par exemple que nous ne devons pas choisir à la fois « -- » et « ∼-- » ; mais on laissera de côté pour le moment cette considération, qui recevra un statut plus clair quelques pages plus loin.

Supposons à présent que nous fassions abstraction de l'usage existant des locutions « si-alors », « non » (ou « ∼ »), et des autres expressions logiques primitives, de sorte qu'elles deviennent pour le moment des marques dénuées de signification, et que les anciens énoncés qui les contiennent perdent leur statut d'énoncés pour devenir de même dénués de signification, ni vrais ni faux ; et supposons que nous parcourions ces ci-devant énoncés, ou autant d'entre eux que nous le voulons, en en sélectionnant arbitrairement certains comme vrais. Dans quelque mesure que nous poursuivions cette procédure, dans cette mesure nous déterminons une signification pour les marques auparavant dénuées de signification, « si », « alors », « ∼ » et le reste. Les contextes que nous rendons vrais sont vrais par convention.

Nous avons vu plus haut que si l'on donne à toutes les expressions figurant essentiellement dans un énoncé *S* vrai et n'appartenant pas à une classe α, des définitions seulement en termes d'éléments de α, alors *S* devient une abréviation définitionnelle d'une vérité *S″* ne comportant essentiellement que des éléments de α. Maintenant, supposons que α ne contienne que nos primitifs logiques, et soit *S* un énoncé qui, selon l'usage ordinaire, est vrai et ne comporte essentiellement que des expressions logiques. Puisque toutes les expressions logiques autres que les primitives sont définies en termes de ces dernières, il s'ensuit alors que *S* est une abréviation d'une vérité *S″* ne comportant essentiellement que les expressions primitives. Mais si un énoncé *S* est une abréviation définitionnelle d'un autre énoncé *S″*, la vérité de *S* procède intégralement d'une convention linguistique si c'est le cas de la vérité de *S″*. Si donc, au cours de cette procédure consistant à sélec-
91 tionner arbitrairement | des énoncés comme vrais pour doter par là nos primitifs logiques de signification, *nous assignons la vérité aux énoncés qui, selon l'usage ordinaire, sont vrais et ne comportent essentiellement que nos primitifs*, alors non seulement les derniers énoncés seront vrais par convention, mais le seront aussi tous les énoncés qui sont vrais selon l'usage ordinaire et ne comportent essentiellement que des expressions logiques. Puisque, comme on l'a déjà noté, toute vérité logique ne comporte (ou est une abréviation d'une autre qui ne comporte) essentiellement que des expressions logiques, le schéma pour assigner la vérité qu'on vient de décrire rend toute la logique vraie par convention.

Non seulement une telle assignation de vérité suffit à rendre vrais par convention tous les énoncés qui sont vrais selon l'usage ordinaire et ne comportent essentiellement que des expressions logiques, mais elle permet aussi de rendre faux par convention tous les énoncés qui sont faux selon l'usage ordinaire et ne comportent essentiellement que des expressions logiques. Cela découle de notre explication de la fausseté de « -- » comme étant la vérité de « $\sim$-- », puisque « -- » sera faux selon l'usage ordinaire si, et seulement si, « $\sim$-- » est vrai selon l'usage ordinaire. L'assignation de vérité qu'on vient de décrire va loin dans la fixation, en conformité avec l'usage, de la signification de toutes les expressions logiques. Encore est-il que nombre d'énoncés contenant des expressions logiques restent indécidés par ces assignations : tous les énoncés qui, du point de vue de l'usage ordinaire, comportent essentiellement des expressions non logiques. Il y a donc de la place pour des conventions supplémentaires d'une sorte ou d'une autre, outre les assignations de vérité décrites, pour fixer complètement les significations de nos expressions primitives – et les fixer, espère-t-on, en conformité avec l'usage ordinaire. Inutile de nous préoccuper ici d'un tel supplément ; les assignations de vérité décrites fournissent des déterminations partielles qui, aussi loin qu'elles vont, se conforment à l'usage, et vont suffisamment loin pour rendre toute la logique vraie par convention.

Mais nous ne devons pas être leurrés par ce schéma. Il peut sembler que nous nous installons face à une liste d'expressions et recensons comme arbitrairement vraies toutes celles qui, selon l'usage ordinaire, sont des énoncés vrais ne comportant essentiellement que nos primitifs logiques ; mais cette image se dissipe quand nous nous avisons que le nombre de ces énoncés est infini. Si la convention par laquelle ces énoncés sont mis à part comme vrais doit être formulée en termes finis,

92 nous devons | disposer de conditions de longueur finie qui
déterminent des classes infinies d'expressions[n].

Nous avons sous la main de telles conditions. L'une
d'elles, déterminant une classe infinie d'expressions qui sont
toutes, selon l'usage ordinaire, des énoncés vrais ne comportant essentiellement que notre idiome primitif *si*, est la
condition de pouvoir être obtenue à partir de :

(1)   Si si *p* alors *q* alors si si *q* alors *r* alors si *p* alors *r*

en mettant un énoncé pour «*p*», un énoncé pour «*q*» et un
énoncé pour «*r*». Dans un langage plus habituel, la forme (1)
serait développée, à des fins de clarté, de la façon suivante :
« S'il est le cas que si *p* alors *q*, alors, s'il est en outre le cas que
si *q* alors *r*, alors si *p*, *r*». On voit donc que la forme (1) est le
principe du syllogisme. Il est manifeste qu'elle est vraie selon
l'usage ordinaire pour toutes les substitutions d'énoncés à
«*p*», «*q*» et «*r*»; donc ces résultats de substitutions sont
des énoncés vrais, selon l'usage ordinaire, qui ne comportent
essentiellement que l'idiome *si*. Une portion infinie de notre
programme d'assigner la vérité à toutes les expressions qui
sont des énoncés vrais selon l'usage ordinaire et ne comportent
essentiellement que nos primitifs logiques, est donc réalisée
par la convention suivante :

(I)   *Que soient vrais tous les résultats obtenus en mettant un
       énoncé pour « p », un énoncé pour « q » et un énoncé pour
       « r » dans (1).*

n. Une telle condition est précisément ce qui constitue un *système formel*.
Nous assignons d'ordinaire aux signes des significations telles que les expressions de la classe sont interprétées comme des énoncés, spécifiquement des
énoncés vrais, des théorèmes; mais cela n'est ni intrinsèque au système, ni
nécessaire dans tous les cas pour une application utile du système.

On assure une autre portion infinie du programme en
ajoutant cette convention :

> (II)   *Que soit vraie toute expression qui donne une vérité*
> *quand elle est mise pour « q » dans le résultat obtenu en*
> *mettant une vérité pour « p » dans « si p alors q ».*

Étant données les vérités « -- » et « si -- alors—», (II)
donne la vérité de «—». Que (II) soit conforme à l'usage,
c'est-à-dire qu'à partir d'énoncés vrais selon l'usage ordinaire, (II) ne mène qu'à des énoncés qui sont de même vrais
selon l'usage ordinaire, on le voit au fait que, selon l'usage
ordinaire, un énoncé «—» est toujours vrai si les énoncés « -- »
et « si -- alors—» sont vrais. Étant données toutes les vérités
données par (I), (II) donne une nouvelle infinité de vérités, qui,
comme les premières, sont vraies selon l'usage ordinaire et ne
comportent essentiellement que l'idiome *si*. | On voit à peu **93**
près comment cela se produit de la manière suivante. Les
vérités données par (I), étant de la forme de (1), sont des
énoncés complexes de la forme « si -- alors—». Là, l'énoncé
« -- » peut en particulier être à son tour de la forme (1) et donc
être vrai conformément à (I). Par (II), «—» devient alors vrai.
En général, «—» ne sera pas de la forme (1), et n'aura donc
pas pu être obtenu par (I) seul. Encore est-il que «—» sera
dans tous ces cas un énoncé qui, selon l'usage ordinaire, est
vrai et ne comporte essentiellement que l'idiome *si*; cela
découle de la conformité déjà notée de (I) et (II) à l'usage, ainsi
que du fait que la dérivation ci-dessus de «—» n'exige rien
d'autre de «—» au-delà de la structure appropriée en termes
de « si-alors ».

À présent, notre stock de vérités ne contient pas seulement
celles qui sont données par (I) tout seul, c'est-à-dire celles qui
ont la forme (1), mais aussi toutes celles qui sont dérivables par

(II) de la façon dont on vient de supposer que «——» a été dérivé°. De ce stock enrichi, nous pouvons encore en dériver de nouvelles par (II), qui seront de même vraies selon l'usage ordinaire, et ne comportent essentiellement que l'idiome *si*. L'engendrement procède ainsi *ad infinitum*.

Muni seulement de (I) comme d'une source auxiliaire de vérité, (II) ne donne ainsi que des vérités qui, selon l'usage ordinaire, sont des vérités qui ne comportent essentiellement que l'idiome *si*. Mais, si (II) est muni de nouvelles sources auxiliaires de vérités, par exemple la convention (III) qui va suivre, elle donne des vérités comportant de nouvelles locutions essentiellement. En fait, l'effet de (II) n'est même pas confiné aux énoncés qui, selon l'usage ordinaire, ne comportent essentiellement que des locutions logiques ; la législation de (II) s'étend à d'autres énoncés, dans la mesure où elle spécifie que deux énoncés quelconques « -- » et « si -- alors ——» ne peuvent être tous les deux vrais à moins que «——» ne soit vrai. Mais nous n'avons pas à être troublés par ce dépassement, puisqu'il se conforme aussi à l'usage ordinaire. En fait, on a remarqué plus haut qu'il restait de la place pour des conventions supplémentaires, au-delà des assignations de vérité décrites, pour déterminer plus avant les significations de nos primitifs. Ce dépassement accomplit précisément cela pour l'idiome *si* ; il assure, même en ce qui concerne un énoncé « si -- alors ——» qui du point de vue de l'usage ordinaire | comporte des expressions non logiques essentiellement, que cet énoncé n'est pas vrai si « -- » est vrai et «——» ne l'est pas.

94

---

o. Ce dernier stock contient en fait tous les énoncés qui ont la forme « Si si si si *q* alors *r* alors si *p* alors *r* alors *s* alors si si *p* alors *q* alors *s* », et eux seulement.

Mais nous sommes pour l'instant concernés par les énoncés qui, selon l'usage ordinaire, ne comportent essentiellement que nos primitifs logiques; par (I) et (II), nous avons assuré la vérité d'un nombre infini de tels énoncés, mais nullement celle de tous. La convention suivante assure la vérité d'un autre ensemble infini de tels énoncés; ceux-ci, par opposition aux précédents, ne comportent pas seulement l'idiome *si* essentiellement, mais aussi l'idiome *ne pas* (selon l'usage ordinaire).

(III)   *Que soient vrais tous les résultats obtenus en mettant un énoncé pour « p » selon l'usage ordinaire et un énoncé pour « q » dans « Si p alors si ∼p alors q » ou dans « Si si ∼p alors p alors p » soient vrais*[p].

Les énoncés ainsi engendrés par substitution dans « Si *p* alors si ∼*p* alors *q* » sont des énoncés de forme hypothétique où deux énoncés mutuellement contradictoires figurent comme prémisses; il est clair que de tels énoncés sont trivialement vrais, selon l'usage ordinaire, quel que soit ce qui figure dans la conclusion. Les énoncés engendrés par substitution dans « Si [il est le cas que] si ∼*p* alors *p*, alors *p* » sont de même vrais selon l'usage ordinaire, car on peut raisonner comme suit : accordons l'hypothèse, à savoir que si ∼*p* alors *p*; alors nous devons admettre la conclusion, à savoir *p*, puisque même en la niant, nous l'admettons. Tous les résultats de substitutions dont parle (III) sont ainsi vrais selon l'usage ordinaire quels que puissent être les énoncés substitués; donc ces résultats de substitutions sont, selon l'usage ordinaire, des énoncés

p. (1) et les deux formules de (III) sont les trois postulats de Łukasiewicz pour le calcul propositionnel. [La première formule de (III) est connue comme le principe *Ex falso quodlibet sequitur*, et la seconde, *Consequentia mirabilis*.]

vrais ne comportant essentiellement rien d'autre que l'idiome *si* et l'idiome *non* (« ∼ »).

À partir de l'infinité des vérités adoptées en (III), jointes à celles dont on dispose déjà à partir de (I) et (II), un nombre infini d'autres vérités sont engendrées par (II). Il se trouve, assez curieusement, que (III) augmente même notre stock d'énoncés qui ne comportent essentiellement que l'idiome *si* (selon l'usage ordinaire); il y a des vérités de ce genre qui, bien que l'idiome *non* n'y figure pas, sont obtenues par (I)-(III), mais ne le sont pas par (I) et (II). C'est vrai, par exemple, de n'importe quelle instance du principe d'identité, disons :

>   (2)   Si le temps c'est de l'argent alors le temps c'est de
>   l'argent.

Il sera instructif de dériver (2) de (I)-(III), à titre d'illustration de la manière dont en général des vérités sont
95 engendrées | par ces conventions. (III), pour commencer, nous enjoint d'adopter comme vrais ces énoncés :

>   (3)   Si le temps c'est de l'argent alors si le temps ce n'est pas
>   de l'argent alors le temps c'est de l'argent.
>   (4)   Si si le temps ce n'est pas de l'argent alors le temps c'est
>   de l'argent alors le temps c'est de l'argent.

(I) nous enjoint d'adopter ceci comme vrai :

>   (5)   Si si le temps c'est de l'argent alors si le temps ce n'est
>   pas de l'argent alors le temps c'est de l'argent alors si si si
>   le temps ce n'est pas de l'argent alors le temps c'est de
>   l'argent alors le temps c'est de l'argent alors si le temps
>   c'est de l'argent alors le temps c'est de l'argent.

(II) nous dit, au vu de la vérité de (5) et de (3), que ceci est vrai :

(6)   Si si si le temps ce n'est pas de l'argent alors le temps
       c'est de l'argent alors le temps c'est de l'argent alors si le
       temps c'est de l'argent alors le temps c'est de l'argent.

Pour finir, (II) nous dit que, au vu de la vérité de (6) et de
(4), (2) est vrai.

Si un énoncé S est engendré par (I)-(III), il est clair que
seule la structure de S en termes de « si-alors » et de « ∼ » était
pertinente pour son engendrement ; donc toutes les variantes
S_i de S qu'on peut obtenir par des substitutions grammaticalement admissibles portant sur les constituants de S qui ne
contiennent pas « si », « alors », ou « ∼ », sont pareillement
engendrées par (I)-(III). Or on a observé que (I)-(III) se conforment à l'usage, c'est-à-dire n'engendrent que des énoncés vrais
selon l'usage ordinaire ; donc S et tous les S_i sont uniformément vrais selon l'usage ordinaire, les S_i sont par conséquent
des variantes à vide de S, et donc seuls « si », « alors » et « ∼ »
figurent essentiellement dans S. (I)-(III) n'engendrent ainsi que
des énoncés qui, selon l'usage ordinaire, sont des vérités ne
comportant que l'idiome *si* et l'idiome *ne pas* essentiellement.

On peut aussi montrer que (I)-(III) engendrent *tous* ces
énoncés q. Par conséquent, (I)-(III), à l'aide de nos définitions

q. La preuve repose essentiellement sur la preuve de Łukasiewicz que ses
trois postulats pour le calcul propositionnel, à savoir (1) et les formules de (III),
sont *complets*. L'adaptation de son résultat au présent problème dépend du fait,
facile à établir, que toute formule qui peut être engendrée par ses deux règles
d'inférence (la règle dite de substitution et une règle correspondant à (II)) peut
être engendrée en appliquant les règles dans un ordre tel que toutes les applications de la règle de substitution précèdent toutes les applications de l'autre
règle. Ce point compte en raison de la manière dont la règle de substitution a été
ici absorbée dans (I) et (III). L'adaptation suppose aussi deux étapes supplémentaires, qui cependant ne présentent pas de difficulté : nous devons établir
une connexion entre les *formules* de Łukasiewicz, qui contiennent des variables

96 des | locutions logiques en termes de nos primitifs, sont adéquats
pour l'engendrement de tous les énoncés qui, selon l'usage
ordinaire, sont des vérités comportant n'importe lesquelles des
fonctions dites de vérité mais rien d'autre essentiellement ; car
on a noté que toutes les fonctions de vérité sont définissables
sur la base de l'idiome *si* et de l'idiome *ne pas*. Toutes ces
vérités deviennent ainsi vraies par convention. Elles comprennent
nent tous les énoncés qui sont des instances de n'importe quel
principe de ce qu'on appelle le calcul propositionnel.

Nous pouvons à présent ajouter à (I)-(III) une ou deux
conventions de plus pour couvrir un autre de nos primitifs
logiques – disons l'idiome *tout*. Un pas de plus dans cette
direction, pour nous occuper des primitifs restants, et le
programme est achevé ; tous les énoncés qui, selon l'usage
ordinaire, sont des vérités ne comportant essentiellement que
nos primitifs logiques deviennent vrais par convention. Et par
là, comme on l'a noté plus haut, toute la logique devient vraie
par convention. Les conventions qu'il faut ajouter ainsi à
(I)-(III) seront plus complexes que (I)-(III), et demanderaient
une place considérable pour être présentées. Mais il n'est
pas besoin de le faire, car (I)-(III) fournissent une illustration
adéquate de la méthode ; l'ensemble complet de conventions
serait une adaptation de l'une des différentes systématisations
existantes de la logistique générale, de la même manière que
(I)-(III) sont l'adaptation d'une systématisation du calcul
propositionnel.

« *p* », « *q* », etc., et les *énoncés* concrets qui constituent l'objet de notre présente
étude ; et aussi entre la *complétude*, au sens (celui de Post) où Łukasiewicz
utilise ce terme, et la possibilité d'engendrer tous les énoncés qui, selon l'usage
ordinaire, sont des vérités ne comportant essentiellement que l'idiome *si* et
l'idiome *ne pas*.

La systématisation choisie doit de fait laisser certains énoncés logiques non décidés, d'après le théorème de Gödel, si les frontières du vocabulaire logique sont généreusement tracées. Mais il reste que la logique devient vraie par convention pour autant qu'elle est reconnue vraie pour une raison quelconque.

Considérons à présent l'objection formulée plus haut par le lecteur, à savoir que notre liberté en assignant la vérité par convention est sujette aux restrictions imposées par l'exigence de consistance[r]. Sous la fiction, implicite à une étape antérieure de | notre discussion, que nous recensons nos vérités une **97** par une dans une liste exhaustive d'expressions, la consistance dans l'assignation de la vérité n'est rien de plus qu'un cas spécial de conformité à l'usage. Si nous cochons une expression « -- », et cochons aussi « ~-- », nous péchons seulement contre l'usage établi de « ~ » comme signe de négation. Selon cet usage, « -- » et « ~-- » ne sont pas vrais tous les deux ; en les prenant tous les deux par convention comme vrais, nous ne faisons que doter le signe « ~ », pour parler approximativement, d'une signification autre que la négation. De fait, nous pourrions mener nos assignations de vérité de façon à ne permettre à aucun signe de notre langage de se comporter de manière analogue à la locution de la négation de l'usage ordinaire ; peut-être le langage qui en résulterait serait-il incommode, mais les conventions sont souvent incommodes. C'est seulement notre objectif de retomber sur notre langue maternelle qui nous dissuade de cocher à la fois « -- » et « ~-- », et c'est aussi cet objectif qui nous dissuaderait de cocher « Il fait toujours froid le jeudi ».

r. Ainsi par exemple, Poincaré, p. 162-163, 195-198 ; Schlick, p. 36, 327.

L'exigence de consistance garde encore ce statut quand
nous assignons la vérité en bloc à travers des conventions
générales comme (I)-(III). Chacune de ces conventions assigne
la vérité à une collection infinie d'entrées dans notre liste
fictive, et les conventions ne peuvent entrer en conflit dans
cette fonction; si leurs effets se recoupent, elles se renforcent
les unes les autres, et sinon elles restent indifférentes les unes
aux autres. Si certaines conventions spécifiaient des entrées
auxquelles la vérité *ne* devait *pas* être assignée, on pourrait
craindre un véritable conflit; mais on n'a pas suggéré ce genre
de convention négative. Certes, on a décrit plus haut (II)
comme spécifiant que « Si -- alors — » ne doit pas être vrai si
« -- » est vrai et « — » ne l'est pas; mais, dans le cadre des
conventions d'assignation de vérité, cette proscription apparente est sans effet si l'on n'a pas auparavant proscrit « — ». Si
bien que toute inconsistance parmi les conventions générales
sera de la sorte qu'on vient de considérer, à savoir l'adoption
arbitraire à la fois de « -- » et de « ∼-- » comme vrais; et l'on a
vu qu'adopter ces deux est simplement imposer au signe « ∼ »
une autre signification que la négation [*denial*]. En tant que
restrictions théoriques à notre liberté d'assigner conventionnellement la vérité, les exigences de consistance disparaissent
donc. L'usage antérieur peut nous amener à rebattre les cartes
à notre guise, mais ne fait pas partie des règles du jeu.

III

98 | On vient de voir que circonscrire la signification de nos
primitifs logiques, par une assignation de vérité à leurs différents contextes, rend toute la logique vraie par convention. Si

donc nous admettons la thèse que les mathématiques sont de la logique, c'est-à-dire que toutes les vérités mathématiques sont des abréviations définitionnelles de vérités logiques, il s'ensuit que les mathématiques sont vraies par convention.

Si, en revanche, contrairement à la thèse que les mathématiques sont de la logique, certaines expressions mathématiques résistent à toute définition en termes d'expressions logiques, nous pouvons étendre la méthode précédente au domaine de ces expressions récalcitrantes ; nous pouvons circonscrire ces dernières par une assignation conventionnelle de vérité à leurs différents contextes, et rendre ainsi les mathématiques conventionnellement vraies de la même manière que nous avons rendue telle la logique. Supposons ainsi que certaines expressions mathématiques résistent à toute définition logique, et supposons qu'on les ait réduites à un ensemble aussi restreint que possible de primitifs mathématiques. On suppose donc que tous les autres moyens mathématiques sont définis en termes de ces primitifs mathématiques et de nos primitifs logiques ; tous les énoncés contenant les premiers deviennent des abréviations d'énoncés contenant à titre de notation mathématique les seuls primitifs. Il y a ici, comme on l'a remarqué plus haut à propos de la logique, différentes voies possibles pour les définitions et avec cela différents ensembles possibles de primitifs ; mais supposons que notre procédure soit telle qu'elle compte « sphère » et « inclut » parmi les primitifs mathématiques. Pour l'instant, nous avons un ensemble de conventions, (I)-(III) et quelques autres, appelons-les (IV)-(VII), qui à elles toutes circonscrivent nos primitifs logiques et donnent toute la logique. Pour couvrir les nouveaux primitifs « sphère » et « inclut », ajoutons à présent à l'ensemble cette convention :

(VIII) Que soit vrai « Hunt (sphère, inclut) ».

Or nous avons vu plus haut que si « Φ (sphère, inclut) » est un théorème quelconque de géométrie, supposé développé en termes primitifs, l'énoncé :

(7)   Si Hunt (sphère, inclut) alors Φ (sphère, inclut)

est une vérité de logique. Donc (7) est l'une des expressions auxquelles la vérité est assignée par les conventions (I)-(VII). **99** Or (II) | nous enjoint, au vu de la convention (VIII) et de la vérité de (7), d'adopter « Φ (sphère, inclut) » comme vrai. De cette manière, on voit que chaque théorème de géométrie est au nombre des énoncés auxquels la vérité est assignée par les conventions (I)-(VIII)[1].

Nous avons considéré quatre manières d'interpréter la géométrie. L'une d'elles consistait en une définition directe des expressions géométriques en termes d'expressions logiques, dans la ligne de développement représentée par les *Principia Mathematica*; cette manière de faire dépendrait probablement de l'identification de la géométrie à l'algèbre grâce aux corrélations de la géométrie analytique, et de la définition des expressions algébriques sur la base d'expressions logiques, comme dans les *Principia Mathematica*. À titre de concession à ceux qui trouvent à redire à certains points techniques dans les *Principia*, on n'a laissé à cette possibilité que le statut d'une tentative. Les trois autres faisaient toutes usage des postulats de Huntington, mais doivent être nettement distinguées les unes des autres. La première consistait à inclure la géométrie dans la logique en interprétant les vérités géométriques comme des formulations elliptiques d'énoncés

---

1. Le texte anglais indique « VII » mais il faut manifestement compter la convention VIII au nombre des conventions qui permettent d'inférer la vérité des théorèmes en question.

hypothétiques ayant comme hypothèse « Hunt (sphère, inclut) » ; on a vu que c'était là une simple dérobade, revenant, sous son déguisement verbal, à concéder que finalement la géométrie n'est pas de la logique. La procédure suivante consistait à définir « sphère » et « inclut » contextuellement en termes d'expressions logiques en interprétant dans tous les cas « Φ (sphère, inclut) » comme une abréviation de « Si α est une classe quelconque et R une relation quelconque telles que Hunt $(α, R)$, alors Φ $(α, R)$ ». Cette définition a été condamnée pour la raison qu'elle manque à donner l'usage attendu des termes définis. Finalement, la dernière procédure, celle qu'on vient de présenter, rend la géométrie vraie par convention sans en faire une partie de la logique. Ici, « Hunt (sphère, inclut) » est rendu vrai *per fiat*, pour délimiter conventionnellement les significations de « sphère » et « inclut ». Les théorèmes de géométrie émergent alors non pas comme des vérités de logique, mais d'une manière parallèle aux vérités de logique.

Cette dernière méthode pour accommoder la géométrie est aussi disponible pour toute autre branche des mathématiques qui résisterait à toute réduction définitionnelle à la logique. Dans chaque cas, nous affichons simplement comme vraie *per fiat* une conjonction de postulats pour cette branche, pour circonscrire conventionnellement les significations des constituants primitifs, et tous les théorèmes de la branche deviennent par là vrais par convention : les conventions nouvellement adoptées plus les conventions (I)-(VII). De cette façon, les mathématiques | deviennent conventionnellement vraies, non **100** parce qu'elles deviendraient une transcription définitionnelle de la logique, mais parce qu'elles procèdent d'une convention linguistique comme c'est le cas de la logique.

Mais cette méthode peut même être étendue au-delà des mathématiques, à ce qu'on appelle les sciences empiriques.

Après avoir construit un maximum de définitions dans ce dernier domaine, nous pouvons circonscrire autant de nos primitifs « empiriques » que nous voulons en ajoutant de nouvelles conventions à l'ensemble adopté pour la logique et les mathématiques; une portion correspondante de la science « empirique » devient alors conventionnellement vraie exactement de la manière vue plus haut pour la géométrie.

On peut admettre d'emblée l'impossibilité de définir aucune des expressions « empiriques » exclusivement en termes d'expressions logiques et d'expressions mathématiques : car si l'une d'elles se révélait ainsi définissable, il ne fait aucun doute qu'elle serait reconnue désormais comme appartenant aux mathématiques pures. En revanche, un grand nombre d'expressions « empiriques » sont bien sûr définissables sur la base d'expressions logiques et d'expressions mathématiques plus d'autres expressions « empiriques ». Ainsi, « moment [cinétique] » est défini comme « la masse multipliée par la vitesse »; « événement » peut être défini comme « *relatum* [*referent*] de la relation *postérieur* », c'est-à-dire « ce qui est postérieur à quelque chose »; « instant » peut être défini comme « classe maximale d'événements dont aucun n'est postérieur à quelque autre événement de la classe »[s]; « temps » peut être défini comme « la classe de tous les instants »; et ainsi de suite. Dans ces exemples, « moment » est défini sur la base d'expressions mathématiques plus les nouvelles expressions « masse » et « vitesse »; « événement », « instant », et « temps » sont tous ultimement définis sur la base d'expressions logiques plus l'unique nouvelle expression « postérieur à ».

---

s. Russell, *Our Knowledge of the External World*, p. 126.

Supposons à présent que l'opération de définition ait été poussée au maximum parmi les expressions non logiques et non mathématiques, si bien qu'elles sont réduites au plus petit nombre possible de primitifs « empiriques »[t]. *Tous* les énoncés deviennent alors des abréviations d'énoncés ne contenant rien au-delà des primitifs logiques et mathématiques et de ces primitifs « empiriques ». Ici, comme avant, il y a | différents **101** choix possibles de définitions et donc différents ensembles possibles de primitifs ; mais supposons que parmi nos primitifs figure « postérieur à », et considérons la totalité des vérités connues qui, selon l'usage ordinaire, sont des vérités ne comportant essentiellement que « postérieur à » et des expressions mathématiques ou logiques. Voici des exemples de tels énoncés : « Rien n'est postérieur à soi-même » ; « Si Pompée est mort postérieurement à Brutus et Brutus est mort postérieurement à César alors Pompée est mort postérieurement à César ». De tels énoncés seront tous soit des principes très généraux, comme le premier exemple, soit des instances de tels principes, comme le second exemple. Or c'est une affaire assez simple que de construire un petit ensemble d'énoncés généraux à partir desquels tous les énoncés considérés, et seulement eux, puissent être dérivés au moyen de la logique et des mathématiques. La conjonction de ce petit nombre d'énoncés généraux peut être alors adoptée comme vraie *per fiat*, comme

---

t. Dans *Der Logische Aufbau der Welt* [trad. fr. *La construction logique du monde*, Paris, Vrin, 2002], Carnap a poursuivi ce programme avec un succès stupéfiant, puisqu'il va jusqu'à fournir des raisons de s'attendre à ce que toutes les expressions soient ultimement définissables en termes de logique et de mathématiques plus juste un primitif « empirique », représentant une certaine relation dyadique décrite comme *recollection de ressemblance*. Mais il n'est pas besoin de présupposer une réductibilité si spectaculaire dans le cadre des brèves considérations présentées ici.

« Hunt (sphère, inclut) » a été adoptée en (VIII); leur adoption est une manière de circonscrire conventionnellement la
signification du primitif « postérieur à ». L'adoption de cette
convention rend conventionnellement vraies toutes les vérités
connues qui, selon l'usage ordinaire, sont des vérités comportant essentiellement n'importe quelles expressions logiques
ou mathématiques, ou « postérieur à », ou n'importe laquelle
des expressions qui, comme « événement », « instant », et
« temps », sont définies sur la base des précédentes, et ne
comportant essentiellement rien d'autre.

Nous pouvons à présent prendre un autre de nos primitifs
« empiriques », peut-être « corps » ou « masse » ou « énergie »,
et répéter le processus. Nous pouvons continuer de cette
manière aussi loin que nous le désirons, circonscrire les primitifs l'un après l'autre par convention, et rendre conventionnellement vraies toutes les vérités connues qui, selon l'usage
ordinaire, sont des vérités ne comportant essentiellement que
les locutions qu'on a traitées jusque-là. Si, en traitant successivement nos primitifs « empiriques » de cette façon, nous les
prenons dans un ordre qu'on peut décrire grossièrement
comme allant du plus général au plus spécial, alors en avançant
nous pouvons nous attendre à avoir à nous occuper de plus
en plus d'énoncés qui ne sont vrais selon l'usage ordinaire
qu'avec quelque réserve, avec une probabilité reconnue inférieure à la certitude. Mais ce genre de réserve n'a pas à
nous dissuader de rendre un énoncé vrai par convention; aussi
longtemps que, selon l'usage ordinaire, il y a plutôt une présomption favorable que le contraire à l'égard de l'énoncé,
notre convention se conforme à l'usage en le rendant vrai. En
élevant ainsi l'énoncé du statut de vérité présomptive au statut
de vérité conventionnelle, nous gardons encore le droit de le
102 rendre faux demain si jamais nous devions | observer des

événements qui auraient provoqué son rejet quand il n'y avait encore qu'une présomption : car il est habituel de réviser des conventions quand de nouvelles observations montrent que la révision est opportune.

Si ce qu'on veut dire quand on décrit la logique et les mathématiques comme vraies par convention, c'est que les primitifs *peuvent* être conventionnellement circonscrits de manière à engendrer toutes les vérités acceptées de logique et de mathématiques et seulement elles, la caractérisation est vide ; nos dernières considérations montrent qu'on peut aussi bien dire la même chose de n'importe quel autre corps de doctrine. Si, d'un autre côté, on veut dire simplement que le locuteur adopte ce genre de conventions pour ces domaines mais pas pour les autres, la caractérisation est sans intérêt ; tandis que, si l'on veut dire que c'est une pratique générale d'adopter explicitement ce genre de conventions pour ces domaines mais pas pour les autres, la première partie de la caractérisation est fausse.

Il reste qu'il y a le contraste apparent entre les vérités logico-mathématiques et les autres, selon lequel les premières sont *a priori*, les autres *a posteriori* ; les premières ont « le caractère d'une nécessité interne », dans les termes de Kant, pas les secondes. D'un point de vue behavioriste et sans référence à un système métaphysique, ce contraste conserve sa réalité comme une opposition entre des énoncés plus ou moins fermement acceptés ; et il a lieu antérieurement à toute fabrication *post facto* de conventions. Il y a des énoncés que nous choisissons d'abandonner, si jamais, en dernier lieu, au cours des réajustements de nos sciences en présence de nouvelles découvertes ; et parmi eux il y en a certains que nous n'abandonnerons pas du tout, tant ils sont fondamentaux pour notre schème conceptuel global. On doit compter au nombre de ces

derniers les dites vérités de logique et de mathématiques, indépendamment de ce que nous pouvons avoir à dire de plus de
leur statut dans le cadre d'une philosophie ultérieure et sophistiquée. Or, puisque ces énoncés sont destinés à être maintenus
indépendamment de nos observations du monde, nous pouvons
aussi bien faire usage ici de notre technique d'assignation
conventionnelle de vérité et faire l'économie de questions
métaphysiques embarrassantes concernant notre intuition
a priori de vérités nécessaires. En revanche, ce dessein ne
justifierait pas l'extension du processus des assignations de
vérité au domaine des anciens énoncés contingents. Pour ces
raisons, donc, on peut soutenir que la logique et les mathématiques sont conventionnelles alors que d'autres domaines ne le
sont pas ; on peut soutenir qu'il est philosophiquement important de circonscrire les primitifs logiques et les primitifs mathématiques par des conventions d'assignations de vérité, mais
103 qu'il est vain de poursuivre | l'opération plus loin. Une telle
caractérisation de la logique et des mathématiques n'est peut-
être ni vide, ni inintéressante, ni fausse.

Cependant, dans l'adoption des conventions (I)-(III), etc.,
par où la logique elle-même est établie, une difficulté reste à
affronter. Chacune de ces conventions est générale, insti-
tuant la vérité d'un nombre infini d'énoncés conformes à une
certaine description ; la dérivation de la vérité d'un énoncé
particulier à partir de la convention générale requiert donc une
inférence logique, et cela nous entraîne dans une régression
infinie. Par exemple, en dérivant (6) de (3) et (5) sous l'autorité
de (II) nous *inférons*, de la proclamation générale (II) et de la
prémisse particulière que (3) et (5) sont des énoncés vrais, la
conclusion que

(7)   (6) doit être vrai.

L'examen de cette inférence révèlera la régression. Pour notre propos actuel, il sera plus simple de réécrire (II) ainsi :

(II')   *Quel que puisse être x, quel que puisse être y, quel que*
       puisse être z, si x et z sont [des énoncés] vrais et z est le
       résultat de obtenu en mettant x pour « p » et y pour « q »
       dans « Si p alors q » alors y doit être vrai.

Nous devons donc prendre (II') comme prémisse, en plus de la prémisse que (3) et (5) sont vrais. Nous pouvons aussi accorder qu'on sait que (5) est le résultat obtenu en mettant (3) pour « *p* » et (6) pour « *q* » dans « Si *p* alors *q* ». Notre seconde prémisse peut alors être rendue en rassemblant le tout comme suit :

(8)   (3) et (5) sont vrais et (5) est le résultat de mettre (3) pour
     « *p* » et (6) pour « *q* » dans « Si *p* alors *q* ».

De ces deux prémisses, nous nous proposons d'inférer (7). Cette inférence est clairement de la bonne logique ; en tant que logique, cependant, elle suppose l'usage de (II') et de certaines des conventions dans lesquelles la logique est supposée avoir sa source. Essayons d'accomplir cette inférence sur la base de ces conventions. Supposons que notre convention (IV), passée sous silence plus haut, nous permette d'inférer des instances particulières à partir d'énoncés qui, comme (II') comportent l'idiome *tout* ; c'est-à-dire, supposons que (IV) nous donne le droit d'éliminer le préfixe « quel que puisse être *x* [ou *y*, etc.] » et d'introduire en même temps une désignation concrète à la place de « *x* » [ou de « *y* », etc.] dans la suite. En invoquant (IV) trois fois, nous pouvons alors inférer de (II') ce qui suit :

(9)   Si (3) et (5) sont vrais et (5) est le résultat obtenu en **104**
     mettant (3) pour « *p* » et 6 pour « *q* » dans « Si *p* alors *q* »
     alors (6) doit être vrai.

Il reste à inférer (7) de (8) et (9). Mais c'est là le genre d'inférence pour laquelle on a besoin de (II') ; du fait que

(10)   (8) et (9) sont vrais et (9) est le résultat obtenu en mettant (8) pour « p » et (7) pour « q » dans « Si p alors q »,

nous avons à inférer (7) à l'aide de (II'). Mais la tâche d'obtenir (7) de (10) et (II') est exactement analogue à notre tâche originelle d'obtenir (6) de (8) et (II'); la régression est amorcée[u]. (Soit dit en passant, la dérivation de (9) à partir de (II') par (IV), accordée à l'instant pour les besoins de l'argument, rencontrerait un obstacle semblable ; de même les étapes laissées inanalysées dans la dérivation de (8).)

En un mot, la difficulté est que, si la logique doit procéder *médiatement* de conventions, on a besoin de la logique pour inférer la logique à partir de conventions. Pour le dire autrement : la difficulté qui apparaît ainsi comme celle d'une doctrine qui se présuppose elle-même peut être reformulée comme tenant à l'auto-présupposition des primitifs. On suppose que l'idiome *si*, l'idiome *ne pas*, l'idiome *tout*, et ainsi de suite, ne signifient initialement rien pour nous, et que nous adoptons les conventions (I)-(VII) pour circonscrire leur signification ; et la difficulté est que la communication de (I)-(VII) elles-mêmes tient au libre usage précisément de ces idiomes que nous tentons de circonscrire et ne peut réussir que si ces idiomes nous sont déjà familiers. Cela devient clair dès que (I)-(VII) sont reformulés dans un langage rudimentaire, à la façon de (II')[v]. Il est important de noter que cette difficulté ne

u. *Cf.* L. Carroll, « What the tortoise said to Achilles ». [« Ce que la tortue a dit à Achille ».]

v. Soit dit en passant, les conventions présupposent aussi d'autres locutions, par exemple « vrai » (« un énoncé vrai »), « le résultat obtenu en mettant

touche que la méthode des assignations de vérité en bloc, pas celle des définitions. Il est vrai, par exemple, que la définition contextuelle de « ou » présentée au début du deuxième paragraphe | a été communiquée à l'aide d'expressions logiques et **105** d'autres expressions, dont on ne peut s'attendre qu'elles aient été dotées de signification à l'étape où les expressions logiques sont introduites pour la première fois. Mais une définition a la particularité de ne pas être théoriquement indispensable; elle introduit un schéma d'abréviation, et nous sommes libres, si nous le désirons, de renoncer à la brièveté qu'elle introduit jusqu'à ce que suffisamment de primitifs aient été dotés de signification, par la méthode des assignations de vérité ou autrement, pour accommoder la présentation complète de la définition. En revanche, les conventions d'assignation de vérité ne peuvent être ainsi mises de côté jusqu'à ce que les préparatifs soient achevés, parce qu'on en a besoin pour ces préparatifs.

Si les assignations de vérité étaient faites une à une, plutôt qu'en nombre infini à la fois, la difficulté mentionnée disparaîtrait; les vérités de logique comme (2) seraient simplement affirmées une à une *per fiat*, et le problème de les inférer de conventions plus générales ne se poserait pas. On a vu que

---

… pour … dans … », et différents noms formés en exhibant des expressions entre guillemets. Les présuppositions linguistiques peuvent être bien sûr réduites à un minimum par une reformulation soigneuse; (II') par exemple peut être amélioré ainsi :

(II") *Quel que puisse être x, quel que puisse être y, quel que puisse être z, si x est vrai alors si z est vrai alors si z est le résultat obtenu en mettant x pour « p » dans le résultat de mettre y pour « q » dans « Si p alors q » alors y est vrai.*

Ici ne figurent que l'idiome *tout*, l'idiome *si*, « est », et les locutions mentionnées ci-dessus.

cette route nous était fermée, cependant, en raison du nombre
infini de vérités de logique.

On peut encore soutenir que les conventions (I)-(VIII), etc.,
sont *observées* dès le départ, et que la logique et les mathématiques deviennent par là conventionnelles. On peut soutenir
que nous pouvons adopter des conventions à travers notre
comportement, sans les instituer d'abord par des mots; et
que nous pouvons revenir en arrière et formuler ensuite nos
conventions verbalement, si nous le voulons, quand nous
disposons d'un langage complet. On peut soutenir que la
formulation verbale des conventions n'est pas plus une exigence préalable pour l'adoption des conventions que la rédaction d'une grammaire ne l'est pour la parole; qu'un exposé
explicite des conventions est seulement l'un des nombreux
usages importants d'un langage achevé. Ainsi conçues, les
conventions ne nous entraînent pas dans une régression
vicieuse. L'inférence à partir de conventions générales n'est
plus exigée initialement, mais est laissée pour les étapes ultérieures et sophistiquées où nous formulons les conventions
sous forme d'énoncés généraux, et montrons comment différentes vérités conventionnelles particulières, utilisées depuis
le début, s'accordent aux conventions générales telles qu'elles
sont ainsi formulées.

On doit concéder que cette description s'accorde bien avec
ce que nous faisons réellement. Nous parlons sans tout d'abord
exprimer en mots les conventions; plus tard, dans des textes
comme celui-ci, nous les formulons pour qu'elles s'adaptent
à notre comportement. D'un autre côté, en quoi consiste
l'adoption de conventions antérieurement à leur formulation
n'est pas clair; un tel comportement est difficile à distinguer
106 d'un | comportement où l'on ne tiendrait aucun compte de
conventions. Quand nous tombons d'accord pour comprendre

« Cambridge » comme faisant référence à Cambridge en Angleterre, faute d'un suffixe[1] qui indiquerait le contraire, et nous mettons à discourir en accord avec cela, le rôle de la convention linguistique est intelligible; mais quand une convention n'est pas susceptible d'être communiquée avant son adoption, son rôle n'est pas aussi clair. En éliminant le caractère d'être délibéré et celui d'être explicite de la notion de convention linguistique, nous prenons le risque de priver cette dernière de toute force explicative, et de la réduire à un label vide. Nous pouvons nous demander ce qu'on ajoute au simple énoncé que les vérités de la logique et des mathématiques sont *a priori*, ou à l'énoncé behavioriste encore plus simple qu'elles sont fermement acceptées, quand on les caractérise comme vraies par convention en un tel sens.

La thèse plus restreinte discutée au premier paragraphe, à savoir que les mathématiques sont une transcription conventionnelle de la logique, est loin d'être triviale; sa démonstration est une entreprise hautement technique et importante, quelle que puisse être sa pertinence pour les principes fondamentaux de la philosophie. Il est précieux de montrer qu'un principe quelconque peut être réduit à un autre grâce à la définition d'anciens primitifs, car toute réussite de ce genre réduit le nombre de nos présuppositions, simplifie la structure de nos théories et renforce son intégrité. Mais, en ce qui concerne la thèse plus large que les mathématiques et la logique procèdent entièrement de conventions linguistiques, seule une clarification ultérieure peut nous assurer qu'elle affirme quoi que ce soit.

---

1. Sans doute le suffixe « Mass. » pour Cambridge, Massachusetts.

CARNAP ET LA VÉRITÉ LOGIQUE[*]

Écrit au début de 1954 pour P.A. Schilpp (ed.), *The Philosophy of Rudolf Carnap* (La Salle (Ill.), Open Court, 1963) à la demande de l'éditeur. L'article est paru en traduction italienne dans la *Rivista di Filosofia*, 1957, et des extraits choisis comptant pour un peu moins de la moitié de l'ensemble sont également parus dans Sidney Hook (ed.), *American Philosophers at Work* (New York, Criterion, 1956). Sa première parution complète en anglais était dans le numéro de *Synthese* en l'honneur de Carnap (volume 12, 1960), qui a ensuite été republié sous la forme d'un livre : B.H. Kazemier et D. Vuysje (eds.), *Logic and Language* (Dordrecht, D. Reidel Publishing Co., 1962).

I

La question de Kant «Comment des jugements synthétiques *a priori* sont-ils possibles?» est à l'origine de la *Critique de la raison pure.* Nonobstant la question et sa réponse, Mill et d'autres ont persisté à douter que de tels jugements soient possibles. Par la suite, certains des exemples les plus clairs de Kant, empruntés à l'arithmétique, furent

---

[*] Traduit par Denis Bonnay.

balayés (du moins le semblait-il, mais voyez le § II) par la réduction frégéenne de l'arithmétique à la logique. L'attention fut alors ramenée à une question moins tendancieuse et effectivement logiquement antérieure, « Comment la certitude logique est-elle possible ? ». C'est en grande partie cette dernière question qui fut à l'origine de la forme d'empirisme qu'on associe à la Vienne de l'entre-deux-guerres – un mouvement qui commença avec le *Tractatus* de Wittgenstein et atteint sa maturité avec le travail de Carnap.

La position de Mill sur la seconde question avait été que la logique et les mathématiques sont fondées sur des généralisations empiriques, malgré l'apparence superficielle du contraire. Il se peut tout à fait que cette doctrine ait été ressentie comme étant loin de rendre justice aux différences **108** de surface palpables | entre les sciences déductives que sont la logique et les mathématiques, d'un côté, et les sciences qu'il est ordinairement convenu d'appeler empiriques de l'autre. Pire, cette doctrine dérogeait à la certitude de la logique et des mathématiques ; mais Mill n'était sans doute pas homme à se laisser trop perturber par une telle conséquence. Peut-être les mathématiques classiques se trouvaient-elles de fait plus proches de l'expérience alors qu'aujourd'hui ; en tout état de cause, les parties infinitaires de la théorie des ensembles, qui sont si chargées de spéculation et si éloignées de toute expérience possible, étaient inexplorées à son époque. Et ce sont précisément ces extravagances mathématiques de fraîche date que les empiristes extérieurs au Cercle de Vienne sont connus pour avoir depuis lors décriées[a], dans un esprit tout à fait

a. Voir Bridgman, « A physicist's second reaction to Mengenlehre », *Scripta Mathematica*, vol. 2, 1933-4, p. 101-117, p. 224-234. [La référence complète à l'article de Bridgman, que nous restituons ici, se trouve dans la

semblable à celui dans lequel les empiristes du Cercle de Vienne et d'ailleurs décriaient la métaphysique.

Qu'en est-il maintenant des empiristes qui seraient prêts à accorder la certitude à la logique et à l'ensemble des mathématiques, et qui seraient pourtant prêts à balayer complètement les autres théories non-empiriques, en les condamnant sous le nom de métaphysique? La solution viennoise à ce beau problème reposait sur le langage. La métaphysique était dépourvue de signification en vertu d'un mauvais usage du langage; la logique était certaine en vertu d'un usage tautologique du langage.

En tant que réponse à la question « Comment la certitude logique est-elle possible? », cette doctrine linguistique de la vérité logique a ses charmes. En effet, il ne peut y avoir de doute que le simple usage des mots est en général l'un des facteurs déterminants de la vérité. Même une phrase aussi factuelle que « Brutus a tué César » doit sa vérité non seulement à l'assassinat, mais également au fait que nous utilisons les mots qui la composent comme nous le faisons. Pourquoi, alors, une phrase logiquement vraie portant sur le même sujet, comme « Brutus a tué César ou n'a pas tué César » ne devrait-elle pas être dite devoir sa vérité *purement* au fait que nous utilisons les mots (dans ce cas « ou » et « ne ... pas ») comme nous le faisons – puisqu'elle ne dépend pas du tout, quant à sa vérité, de l'assassinat?

La suggestion n'est pas, bien sûr, que la phrase logiquement vraie est une vérité contingente à propos de l'usage des mots; mais plutôt qu'il s'agit d'une phrase qui, étant donné le

version de *Synthese*, elle est omise dans les versions du volume *The Ways of Paradox*.]

langage, devient automatiquement vraie, alors que « Brutus a tué César », étant donné le langage, devient vraie seulement de façon contingente en fonction de l'assassinat présumé.

La plausibilité de la doctrine linguistique de la vérité logique s'accroît encore lorsqu'on réfléchit à la question des logiques alternatives. Supposons que quelqu'un présente et **109** utilise une logique consistante | dont les principes sont contraires aux nôtres. Nous sommes alors clairement libres de dire qu'il ne fait qu'utiliser les particules familières « et », « tous », ou n'importe quelles autres, dans des sens différents des sens familiers, et partant qu'il n'y a là en réalité rien de contraire à nos principes. Il se peut encore, bien sûr, qu'il y ait un échec significatif d'intertraductibilité, en ce que le comportement de certaines de nos particules logiques est incapable d'être dupliqué à l'aide de paraphrases dans son système ou inversement. Si la traduction en ce sens est possible, de son système dans le nôtre, il est bien certain que nous protesterons contre son usage indiscipliné de nos particules familières « et » et « tous » (disons), alors qu'il aurait pu, sans nous induire en erreur, utiliser telles et telles formulations familières. Ces réflexions parlent en faveur de la conception selon laquelle les vérités de la logique n'ont pas de contenu qui aille au-delà des significations qu'elles confèrent au vocabulaire logique.

Une remarque tout à fait similaire peut être tirée d'une caricature d'une doctrine de Lévy-Bruhl, selon laquelle il existe des peuples pré-logiques qui acceptent certaines contradictions simples comme vraies. En simplifiant certainement à l'excès, supposons que la thèse soit que ces indigènes acceptent comme vraie une certaine phrase de la forme « p et non p ». Ou – afin de ne pas simplifier de trop – qu'ils acceptent comme vraie une certaine phrase étrange de la forme « q ka bu q » dont la traduction française est de la forme « p et non p ».

Mais demandons-nous maintenant à quel point il s'agit d'une bonne traduction, et ce que peut avoir été la méthode du lexicographe. Si quelque chose peut compter comme une preuve allant contre l'adoption par le lexicographe de « et » et « non » comme traductions de « ka » et « bu », il est certain que l'acceptation par les indigènes de « *q* ka bu *q* » comme vraie compte de façon écrasante. Il ne nous reste plus que l'absurdité de la doctrine de l'existence de peuples pré-logiques ; la pré-logicité est un trait injecté par des mauvais traducteurs. Il s'agit d'une illustration supplémentaire de l'impossibilité de séparer les vérités de la logique des significations du vocabulaire logique.

Nous voyons ainsi qu'il y a quelque chose à dire en faveur de la naturalité de la doctrine linguistique de la vérité logique. Mais avant de pouvoir aller beaucoup plus loin, nous devons être plus explicites quant au sujet qui nous occupe.

II

Sans penser à aucune doctrine épistémologique particulière, qu'il s'agisse de la doctrine linguistique ou d'une autre, il convient de marquer | l'extension que nous souhaitons 110 donner au terme « vérité logique », à l'intérieur de celle du terme plus large de « vérité », de la façon suivante. Premièrement, nous supposons indiqué, par énumération à défaut d'autre chose, quels mots doivent être appelés mots logiques ; les mots logiques typiques sont « ou », « pas », « si », « alors », « et », « tous », « chaque », « seul »[1], « quelques ». Les vérités logiques sont alors les phrases vraies qui ne mettent en jeu *de*

---

1. En anglais, « *only* » peut être utilisé à la manière d'un déterminant, comme dans « *only men drink* », « seuls les hommes boivent ».

manière essentielle que les mots logiques. Ce que cela veut
dire, c'est que tous les autres mots, bien qu'ils puissent aussi
figurer dans une vérité logique (comme en témoignent
« Brutus », « tuer » et « César » dans « Brutus a tué César ou
n'a pas tué César »), peuvent être remplacés à volonté sans
engendrer de fausseté[b].

Bien que formulée en référence au langage, la clarification
ci-dessus ne suggère pas en elle-même que les vérités logiques
doivent leur vérité au langage. Ce que nous avons jusqu'ici
n'est qu'une délimitation de la classe des vérités logiques, *per
accidens* si vous voulez. Après cela, la doctrine linguistique de
la vérité logique, qui est une doctrine épistémologique, continue en disant que les vérités logiques sont vraies purement en
vertu des significations attendues, ou de l'usage attendu, des
mots logiques. À l'évidence, si les vérités logiques *sont* vraies
purement en vertu du langage, les mots logiques sont la seule
partie du langage qui peut être concernée à ce propos; car ce
sont les seuls qui figurent de manière essentielle.

La logique élémentaire, telle qu'elle est habituellement
systématisée aujourd'hui, comprend la théorie des fonctions

---

b. En substance, on peut, selon Bar-Hillel, faire remonter cette formulation
à Bolzano il y a un siècle et quart. Mais notez que cette formulation échoue dans
son but à moins que l'expression « remplacer à volonté », ci-dessus, ne soit
comprise comme autorisant le remplacement de mots non seulement isolément,
mais aussi de deux ou plus à la fois. Par exemple, la phrase « Si certains hommes
sont des anges, certains animaux sont des anges » peut être transformée en une
fausseté par substitution simultanée de « hommes » et « anges », mais elle ne
peut l'être par aucune substitution de « anges » isolément, ou de « hommes » ou
de « animaux » (étant entendu que les anges n'existent pas). Je suis redevable de
cette observation et de cet exemple à John R. Myhill, qui s'en considère lui-
même redevable à Benson Mates. – J'ai ajouté la plus grande partie de cette note
en mai 1955, un an après que le reste de cet essai a quitté mes mains.

de vérité, la théorie de la quantification et la théorie de l'identité. Le vocabulaire logique pour cette partie, tel qu'il est habituellement restitué à des fins techniques, consiste dans les signes pour les fonctions de vérité (correspondant à « ou », « et », « non », etc.), les quantificateurs et leurs variables, et « = ».

Le reste de la logique consiste dans la théorie des ensembles, qui demande qu'il y ait des classes parmi les valeurs des variables quantifiées. Le seul signe dont il est besoin en théorie des ensembles, outre ceux qui servent pour la logique élémentaire, est le connecteur « ∈ » d'appartenance. Les signes additionnels, | bien que communément utilisés pour **111** des raisons de convenance, peuvent être éliminés selon des méthodes bien connues.

Avec cette dichotomie, je laisse la métathéorie, ou syntaxe logique, en dehors de mon explication. En effet, soit elle traite d'objets spéciaux de nature extra-logique, à savoir les expressions notationnelles, soit, si ceux-ci sont destinés à faire place à des nombres par arithmétisation, elle est réductible par l'intermédiaire de l'arithmétique à la théorie des ensembles.

Je ne vais pas ici passer en revue les différences importantes entre la logique élémentaire et la théorie des ensembles, à l'exception de la différence suivante. Chaque vérité de la logique élémentaire est évidente (quoi que cela veuille vraiment dire), ou peut être rendue telle par une suite d'étapes une à une évidentes. Il n'en va pas de même pour la théorie des ensembles, en tout cas dans son état actuel. Je ne fais pas ici allusion au principe d'incomplétude de Gödel, mais à quelque chose de beaucoup plus immédiat. La théorie des ensembles n'a cessé de s'efforcer de se libérer des limites de l'intuition depuis que Cantor a découvert le transfini; et avec la dynamique supplémentaire résultant des paradoxes, elle s'en est bel et bien libérée. La théorie des ensembles comparée est maintenant depuis longtemps la tendance dominante; en effet, pour autant que nous sachions, aucune théorie des ensembles consistante n'est à la fois adéquate relativement aux buts assignés à la théorie des ensembles et susceptible d'être justifiée par des étapes d'inférences évidentes à partir de principes évidemment vrais. Ce que nous faisons, c'est développer une théorie des ensembles ou une autre par des inférences évidentes, c'est-à-dire par la logique élémentaire, à partir de premiers principes qui ne sont pas évidents et qui sont établis, que ce soit pour de bon ou par provision, par quelque chose qui ressemble beaucoup à une convention.

À tout prendre, les différences entre la logique élémentaire et la théorie des ensembles sont si fondamentales que l'on pourrait bien réserver l'appellation « logique » à la première (même si je ne le ferai pas), et parler pour la théorie des ensembles de mathématiques en un sens qui exclut la logique. Faire ainsi revient à retirer à « $\in$ » son statut de mot logique. La dérivation de l'arithmétique par Frege cesserait alors de compter comme une dérivation à partir de la logique, car il utilisait la théorie des ensembles. En tout état de cause, nous devrions être préparés à découvrir que la doctrine linguistique de la vérité logique vaut pour la logique élémentaire mais pas pour la théorie des ensembles, ou vice versa. L'inclination de Kant à voir la logique comme analytique et l'arithmétique comme synthétique, en particulier, n'est pas rendue caduque par le travail de Frege (contrairement à ce que pensait Frege[c]) si par « logique » on entend la logique élémentaire. Et pour

---

c. Voir les § 87 *sq*, § 109 de Frege, *Les fondements de l'arithmétique*.

Kant, la logique ne comprenait certainement pas la théorie des ensembles.

III

| Lorsque quelqu'un est en désaccord avec nous à propos de 112 la vérité d'une phrase, il arrive souvent que nous puissions le convaincre en obtenant cette phrase à partir d'autres phrases, qu'il accepte, par une suite d'étapes toutes acceptées par lui. Un désaccord qui ne peut être ainsi résolu, je l'appellerai *déductivement irrésoluble*. Maintenant, si nous essayons de donner à la doctrine linguistique de la vérité logique l'air d'une thèse testable, voici ce que nous pourrions proposer en guise de première approximation : *un désaccord déductivement irrésoluble concernant une vérité logique est une preuve de déviation quant à l'usage (ou aux significations) des mots.* Il ne s'agit pas encore d'une formulation testable, car un des termes de la relation qui est affirmée, à savoir « usage » (ou « significations »), a très sérieusement besoin d'un critère indépendant. Cependant, la formulation semble assez bien convenir dans les limites qui sont les siennes ; partons donc sur cette base, sans chercher plus de subtilité jusqu'à ce que le besoin s'en fasse sentir.

D'ores et déjà, l'évidence ou l'évidence potentielle de la logique élémentaire peut être vue comme un obstacle insurmontable à notre tentative de donner un sens testable à la doctrine linguistique de la vérité logique élémentaire. S'il y a bien quelque chose qui peut être interprété comme preuve de déviation concernant les significations, le refus déductivement irrésoluble d'une vérité logique élémentaire *serait* interprété de cette manière, mais simplement parce que le refus d'un truisme logique est le refus le plus extrême que l'on puisse imaginer.

Le philosophe, semblable au débutant en algèbre, travaille avec le risque de trouver que sa solution en cours d'élaboration se réduit à « 0=0 ». Telle est la menace qui pèse sur la doctrine linguistique de la vérité logique élémentaire. En effet, cette théorie ne semble maintenant rien impliquer qui ne soit déjà impliqué par le fait que la logique élémentaire est évidente ou peut être ramenée à des étapes évidentes.

On voit de même que les considérations avancées au § I, afin de montrer le caractère naturel de la doctrine linguistique, semblent dénuées de fondement lorsqu'elles sont examinées de près dans la présente perspective. L'une était le fait que les logiques alternatives sont en pratique inséparables d'un simple changement dans l'usage des mots logiques. Une autre était que les cultures illogiques ne peuvent être distinguées de cultures victimes d'une mauvaise traduction. Mais ces deux faits sont correctement expliqués par la simple évidence des 113 principes logiques, sans l'aide de la doctrine linguistique | de la vérité logique. En effet, il ne peut y avoir de preuve plus forte d'un changement dans l'usage que le rejet de ce qui avait été évident, ni de preuve plus forte d'une mauvaise traduction que le fait qu'elle traduise des affirmations sérieuses par des faussetés évidentes.

Un autre point du § I était que les phrases vraies dépendent généralement, quant à leur vérité, de caractéristiques de leur langage en plus de caractéristiques de ce dont il est question ; et que les vérités logiques trouvent alors adéquatement leur place comme cas limite où la dépendance à l'égard des caractéristiques de ce dont il est question est nulle. Considérons, cependant, la vérité logique « Tout est identique à soi-même », ou « $(x)(x=x)$ ». Nous *pouvons* dire qu'elle dépend, quant à sa vérité, de caractéristiques du langage (en particulier de l'usage de « = »), et non de caractéristiques de ce dont il est question ; mais nous pouvons tout aussi bien dire qu'elle dépend d'une caractéristique évidente, à savoir l'identité à soi-même, de ce dont il est question, à savoir tout. Le sens dans lequel vont nos présentes réflexions est qu'il n'y a pas de différence.

J'ai utilisé le mot vaguement psychologique « évident » de manière non technique, sans lui attribuer de valeur explicative. Ma suggestion est simplement que, de la même manière, la doctrine linguistique de la vérité logique élémentaire ne donne pas le commencement d'une explication. Je ne suggère pas que la doctrine linguistique est fausse et qu'une certaine doctrine de l'accès ultime et inexplicable aux caractéristiques évidentes de la réalité est vraie, mais seulement qu'il n'y a pas de réelle différence entre ces deux pseudo-doctrines.

Laissons maintenant de côté la logique élémentaire, et voyons comment la doctrine linguistique de la vérité logique se comporte quand elle est appliquée à la théorie des ensembles. Comme il a été noté au § II, nous pouvons voir « ∈ » comme le seul signe de la théorie des ensembles qui s'ajoute à ceux de la logique élémentaire. En conséquence, la version de la doctrine linguistique mise en italique au début de la présente section devient, quand elle est appliquée à la théorie des ensembles, ceci : entre des personnes qui s'accordent déjà sur la logique élémentaire, tout désaccord déductivement irrésoluble concernant une vérité de la théorie des ensembles est une preuve d'une déviation dans l'usage (ou la signification) de « ∈ ».

Cette thèse n'est pas triviale exactement de la manière dont nous avons vu que l'est la thèse parallèle à propos de la logique élémentaire. Il est vrai qu'elle n'est pas expérimentalement significative en l'état, simplement à cause de l'absence, déjà notée, d'un critère indépendant pour l'usage ou la signification. Mais elle semble bien raisonnable, par le raisonnement suivant.

Tout élément de preuve acceptable concernant l'usage **114** ou la signification de mots doit | à coup sûr résider soit dans les circonstances observables dans lesquelles ces mots sont prononcés (dans le cas de termes concrets faisant référence à des individus observables) soit dans l'affirmation ou le rejet de phrases dans lesquelles figurent ces mots. Seule la seconde branche de l'alternative est pertinente pour « ∈ ». Il suit que toute preuve de déviation dans l'usage ou la signification de « ∈ » doit résider dans un désaccord sur les phrases contenant « ∈ ». Cela ne veut pas dire, bien sûr, pour *toute* phrase contenant « ∈ », qu'un désaccord à son propos établit une déviation dans l'usage ou la signification de « ∈ ». Nous devons supposer pour commencer que le locuteur sur lequel porte l'enquête s'accorde avec nous quant aux significations des mots autres que « ∈ » dans les phrases en question. Et il se pourrait très bien que, même parmi les phrases ne contenant que « ∈ » et des mots sur la signification desquels il s'accorde avec nous, il n'y ait qu'une espèce privilégiée S qui soit si fondamentale qu'il ne puisse refuser ces phrases sans trahir une déviation quant à l'usage qu'il fait de « ∈ » ou la signification qu'il lui accorde. Or on peut s'attendre à coup sûr à ce que S contienne certaines des phrases (sinon toutes) qui ne contiennent *rien* que « ∈ » et les particules logiques élémentaires; car ce sont ces phrases qui, pour autant qu'elles sont vraies, constituent la théorie des ensembles (pure ou non appliquée). Mais il est difficile d'imaginer être autre chose que démocratique concernant les vérités de la théorie des ensembles. Pour les besoins de l'exposition, nous pouvons sélectionner certaines de ces vérités en tant que ce qu'il est convenu d'appeler des postulats et déduire les autres à partir d'elles, mais c'est une distinction subjective, que l'on peut faire varier à volonté, qui relève de l'exposition et non de la théorie des ensembles. Nous ne changeons pas la signification que nous accordons à « ∈ » entre la page où nous montrons qu'une vérité particulière est déductible en logique élémentaire d'une autre et la page où nous montrons la converse. Étant donnée cette conception démocratique, le principe de raison suffisante nous conduit pour finir à considérer S comme incluant *toutes* les phrases qui ne contiennent que « ∈ » et les particules logiques élémentaires. Il suit alors que quiconque est en accord sur la logique élémentaire et en désaccord irrésoluble sur la théorie des ensembles est en déviation concernant l'usage ou la signification de « ∈ » ; et c'était là la thèse.

Le résultat de nos efforts pour injecter du contenu dans la doctrine linguistique de la vérité logique a été, jusqu'à maintenant, de suggérer que la doctrine ne dit rien qui vaille la peine d'être dit à propos de la vérité logique élémentaire, mais que, lorsqu'elle est appliquée à la vérité ensembliste, elle constitue une raisonnable condensation partielle de la notion sinon vaporeuse de signification en tant qu'appliquée à « ∈ ».

| IV   **115**

On exprime parfois la doctrine linguistique de la vérité logique en disant que ces vérités sont vraies par convention linguistique. Eh bien s'il en est ainsi, il est certain que ces conventions ne sont en général pas explicites. Relativement peu de gens, avant l'époque de Carnap, avaient jamais vu une convention qui engendre les vérités de la logique élémentaire. Et l'on ne peut pas attribuer ce fait à la seule négligence de nos prédécesseurs. Car il est impossible en principe, même dans un monde idéal, d'obtenir même la partie la plus élémentaire de la logique exclusivement par application explicite de conventions énoncées à l'avance. La difficulté réside dans un cercle vicieux, familier grâce à Lewis Carroll, ce que j'ai développé ailleurs[d]. Brièvement, le point est que les vérités logiques, étant infinies en nombre, doivent être données par des conventions générales plutôt qu'une par une ; et la logique est alors d'abord nécessaire, dans la méta-théorie, pour appliquer les conventions générales aux cas particuliers.

« En éliminant le caractère d'être délibéré et celui d'être explicite de la notion de convention linguistique », continuai-je à me plaindre dans l'article mentionné plus haut, « nous prenons le risque de priver cette dernière de toute force explicative, et de la réduire à un label vide ». Il semblerait qu'appeler la logique élémentaire vraie par convention, c'est ne rien ajouter à la doctrine linguistique de la vérité qui, en tant qu'on l'applique à la logique élémentaire, en est venue elle-même à apparaître comme une manière de parler tout à fait creuse (*cf.* § III).

Le cas de la théorie des ensembles, cependant, est différent sur les deux points. Dans le cas de la théorie des ensembles, la doctrine linguistique a semblé moins creuse (*cf.* § III) ; en théorie des ensembles, de plus, les conventions, en un sens tout à fait ordinaire, semblent bien être ce qui se passe (*cf.* § II). Le conventionnalisme demande à être considéré sérieusement en philosophie des mathématiques, ne serait-ce qu'à cause de la théorie des ensembles. Historiquement, cependant, le conventionnalisme a été encouragé en philosophie des mathématiques plutôt par les géométries non-euclidiennes et par

d. À la fin de l'essai précédent [p. 155-199].

l'algèbre abstraite, avec peu de bonnes raisons pour cela.
Nous pouvons contribuer à remplir nos prochains objectifs en
rendant compte de cette situation. Le reste de la discussion sur
la théorie des ensembles est reporté au § V.

Au commencement était la géométrie euclidienne, un
compendium | de vérités portant sur les formes et le vide ; et ses **116**
vérités n'étaient pas fondées sur la convention (sauf, comme
certains conventionnalistes, à accoler cette étiquette à tout
ce qui est mathématique, mais cela présuppose ce qu'il faut
montrer). En pratique, ses vérités étaient présentées par déduction à partir de ce qu'il est convenu d'appeler des postulats (y
compris les axiomes, je ne ferai pas de distinction) ; et la sélection de vérités destinées à jouer ce rôle de postulats, parmi
toutes les vérités de la géométrie euclidienne, était de fait une
question de convention. Mais ce n'est pas la *vérité* par convention. Les vérités étaient là, et ce qui était conventionnel était
simplement la séparation entre celles à prendre comme points
de départ (pour les besoins de l'exposition à donner) et celles à
déduire à partir d'elles.

Les géométries non-euclidiennes sont nées de déviations
artificielles à partir des postulats d'Euclide, sans qu'on pense
(au début) à une interprétation qui les rende vraies. Ces écarts
étaient doublement conventionnels ; en effet, les postulats
d'Euclide étaient une sélection conventionnelle parmi les
vérités de la géométrie, et ensuite les écarts étaient conçus
à leur tour de façon arbitraire ou conventionnelle. Mais il n'y
avait toujours pas de vérité par convention, car il n'y avait pas
de vérité.

En jouant à l'intérieur d'une géométrie non-euclidienne,
on pourrait par convenance faire comme si ses théorèmes
étaient interprétés et vrais, mais même une fiction conventionnelle de ce genre n'est pas de la vérité par convention. Car

en réalité, ce n'est pas du tout de la vérité; et ce que l'on feint par convention, c'est que les théorèmes sont vrais de façon non conventionnelle.

Les géométries non-euclidiennes ont fini par recevoir des interprétations sérieuses. Cela veut dire qu'on a trouvé des manières d'interpréter les termes jusque-là ininterprétés de façon à identifier l'ensemble de non-phrases d'abord choisi conventionnellement avec des vérités authentiques, et des vérités qui ne sont vraisemblablement pas des vérités par convention. Le statut d'une géométrie non-euclidienne interprétée ne diffère en aucune façon fondamentale du statut originel de la géométrie euclidienne, tel qu'on l'a noté plus haut.

Les systèmes ininterprétés sont devenus assez à la mode après l'avènement des géométries non-euclidiennes. Cette mode a contribué à causer, et a été à son tour encouragée par, une approche de plus en plus formelle des mathématiques. Les méthodes devaient devenir plus formelles afin de compenser l'indisponibilité, dans les systèmes ininterprétés, de l'intuition. Dans l'autre sens, se priver d'interprétation fournissait une méthode primitive mais utile (jusqu'à ce que l'on en vienne à apprécier la méthode syntaxique de Frege) afin d'atteindre une rigueur formelle qui ne soit pas corrompue par l'intuition.

La tendance à considérer les géométries non-euclidiennes
117 comme vraies│par convention fut appliquée aux systèmes inin-terprétés en général, et passa ensuite de ceux-ci aux systèmes mathématiques en général. De fait, une tendance se développa, qui consistait à considérer tous les systèmes mathématiques comme, en tant que mathématiques, ininterprétés. On peut expliquer cette tendance par l'augmentation de la formalité, accompagnée de l'utilisation de la privation d'interprétation comme aide heuristique à la formalisation. Pour finir, en un

effort destiné à donner un sens aux mathématiques ainsi vidées de toute interprétation, on eut recours à la confusion choquante consistant à identifier les mathématiques simplement avec la logique élémentaire qui conduit de postulats ininterprétés à des théorèmes ininterprétés[e]. Ce qu'il y a de choquant là-dedans est que cela rejette entièrement l'arithmétique, en tant que théorie interprétée des nombres, l'analyse, en tant que théorie interprétée des fonctions, et la géométrie, en tant que théorie interprétée de l'espace, en dehors des mathématiques.

La réduction substantielle des mathématiques à la logique, par Frege, Whitehead et Russell, est bien sûr une toute autre chose. Ce n'est pas une réduction à la logique élémentaire mais à la théorie des ensembles; et c'est une réduction des mathématiques authentiquement interprétées, à partir de l'arithmétique et au-delà.

V

Laissons de côté ces confusions, et revenons à la théorie des ensembles. La théorie des ensembles est étudiée en tant que mathématique interprétée, comme l'arithmétique et l'analyse; de fait, c'est à la théorie des ensembles que ces branches qui viennent après sont réductibles. En théorie des ensembles, notre discours porte sur certaines entités immatérielles, réelles ou à tort prétendues telles, à savoir les ensembles ou les classes. Et c'est au cours de l'effort pour nous déterminer quant à l'authentique vérité ou fausseté de phrases à propos de ces objets que nous nous retrouvons engagés dans quelque chose

e. Voir le § I du précédent essai [p. 156-172].

de très semblable à des conventions au sens ordinaire, non métaphorique, du mot. Nous nous retrouvons à faire des choix délibérés et à les présenter sans tenter de les accompagner de justifications autres qu'en termes d'élégance et de convenance. Ces phrases que nous adoptons, qu'il est convenu d'appeler postulats, et leurs conséquences logiques (*via* la logique élémentaire), sont vraies jusqu'à plus ample information.

Voici donc un cas où la postulation peut de façon plausible 118 être considérée|comme constituant de la vérité par convention. Mais au § IV, nous avons vu comment la philosophie des mathématiques pouvait être corrompue par le fait de supposer que les postulats jouent toujours ce rôle. Dans la mesure où nous devons faire de l'épistémologie et pas juste des mathématiques, nous pourrions diviser la postulation comme suit. Les postulats ininterprétés peuvent être mis de côté, comme ne nous concernant plus; et du côté interprété, nous pouvons distinguer entre postulation *législative* et *discursive*. La postulation législative institue la vérité par convention, et il semble qu'elle soit illustrée de façon plausible dans la théorie des ensembles contemporaine. D'autre part, la postulation discursive est la simple sélection, à partir d'un corps de vérités préexistant, de certaines de ces vérités afin de s'en servir comme base à partir de laquelle dériver les autres, initialement connues ou inconnues. Ce que fixe la postulation discursive n'est pas la vérité, mais seulement un certain ordre particulier des vérités, peut-être à des fins pédagogiques, ou peut-être à des fins d'enquête sur les relations logiques (logiques au sens de la logique élémentaire). Toute postulation est bien sûr conventionnelle, mais seule la postulation législative est proprement un indice de *vérité* par convention.

Il importe de reconnaître, ne serait-ce que pour bien la distinguer, encore une autre manière dont la convention peut entrer en jeu ; à savoir dans l'adoption de nouvelles notations à la place d'anciennes, sans, comme on tend à le dire, changement de théorie. Les vérités contenant la nouvelle notation sont des transcriptions conventionnelles de phrases vraies indépendamment de la convention en question. Elles dépendent, quant à leur vérité, en partie du langage, mais il n'en allait pas autrement de « Brutus a tué César » (*cf.* § I). Elles se mettent à exister à travers l'adoption conventionnelle d'un nouveau signe, et elles deviennent vraies à travers la définition conventionnelle de ce signe *conjointement avec* ce qui rendait les phrases correspondantes dans l'ancienne notation vraies, de quoi qu'il se fût agi.

Définition, en un sens convenablement restreint du mot, vaut convention, en un sens convenablement restreint du mot. Mais l'expression « vrai par définition » doit être considérée avec prudence ; dans son usage le plus strict, elle fait référence à une transcription, par une définition, d'une vérité de la logique élémentaire. La question de savoir si une telle phrase est vraie par convention dépend de celle de savoir si les vérités logiques elles-mêmes sont comptées comme vraies par convention. Même une pure et simple équation ou la mise en relation par un biconditionnel du *definiens* et du *definiendum* est une transcription définitionnelle d'une vérité logique antécédente de la forme « $x = x$ » ou « $p \equiv p$ ».

La définition telle qu'on l'appelle habituellement n'est pas conçue de cette manière restreinte, et doit pour nos fins présentes être divisée, comme fut divisée | la postulation, en **119** définition législative et définition discursive. La définition législative introduit une notation jusque-là inutilisée, ou utilisée seulement de manière différente de la pratique proposée, ou utilisée elle-même de différentes manières, de sorte qu'on a besoin d'une convention pour éliminer l'ambiguïté. La définition discursive, d'autre part, expose une relation préexistante d'interchangeabilité ou de coextensivité entre notations qui sont déjà d'un usage familier. Un but fréquent de cette activité est de montrer comment l'on peut conduire une partie choisie d'un langage à servir les buts d'une partie plus large. Un autre but fréquent est l'apprentissage d'un langage.

C'est uniquement la définition législative, et non la définition discursive ou la postulation discursive, qui apporte une contribution conventionnelle à la vérité des énoncés. La postulation législative, pour finir, donne la vérité par convention, sans mélange.

De plus en plus, le mot « définition » connote les formules de définition qui apparaissent en liaison avec les systèmes formels, signalées par un signe extérieur au système tel que « $=_{df}$ ». La meilleure manière de considérer les définitions de ce genre est de les voir comme mettant en corrélation deux systèmes, deux notations, l'un qui se distingue par l'économie de son vocabulaire et l'autre par sa brièveté ou familiarité d'expression[f]. Les définitions ainsi utilisées peuvent être soit législatives soit discursives quant à leur origine. Mais en pratique, on n'indique pas cette distinction, à bon droit; en effet, c'est une distinction qui porte seulement sur des actes particuliers de définition, et qui ne relève pas essentiellement de la définition en tant que vecteur durable d'intertraduction.

Cette distinction entre le législatif et le discursif fait donc référence à l'acte, et non pas à ses conséquences durables, dans le cas de la postulation comme dans le cas de la définition. La raison en est que nous envisageons la notion de vérité par

f. Voir *Du point de vue logique* [trad. fr. S. Laugier (dir.), Paris, Vrin, 2003], p. 54 *sq.*

convention de façon assez littérale et peu sophistiquée, en l'absence d'une autre option qui soit intelligible. Conçue ainsi, la conventionalité est une caractéristique transitoire, qui a son importance à la limite mouvante du front de la science mais qui n'est d'aucune utilité pour catégoriser les phrases situées à l'arrière du front. C'est une caractéristique des événements et non des phrases.

Ne serait-il pas quand même possible de projeter une caractéristique dérivée sur les phrases elles-mêmes, en disant ainsi d'une phrase qu'elle est pour toujours vraie par convention si elle a été adoptée pour la première fois en tant que vraie par convention ? Non ; ceci, fait sérieusement, nous mène aux conjectures historiques les plus stériles. La postulation législative apporte sa contribution sous la forme de vérités | qui **120** deviennent partie intégrante du corpus des vérités ; l'artificialité de leur origine ne persiste pas comme un attribut localisé, elle se diffuse dans le corpus. Si par la suite quelqu'un, à des fins d'exposition, isole à nouveau en tant que postulats ces vérités naguère postulées de façon législative, cela ne signifie rien ; il n'est engagé que dans de la postulation discursive. Il pourrait tout aussi bien choisir ses postulats ailleurs dans le corpus, et il le fera s'il pense que cela sert les fins de l'exposition.

VI

La théorie des ensembles, actuellement prise dans la postulation législative, pourrait un jour s'enrichir d'une norme – peut-être même d'une sorte d'évidence – et perdre toute trace des conventions présentes dans son histoire. De même, il aurait pu exister une époque où notre logique élémentaire

aurait été elle-même instituée comme une déviation délibérément conventionnelle à partir de quelque chose d'antérieur,
au lieu d'évoluer, comme elle l'a fait, principalement à partir
de changements imprévus de forme et d'accent combinés à des
nouveautés occasionnelles de notation.

Aujourd'hui, de fait, il y a des logiciens dissidents même
au niveau élémentaire, qui proposent des déviations à partir de
la loi du tiers exclu. Ces déviations, dans la mesure où elles
sont destinées à un usage sérieux et ne sont pas simplement
vues comme des systèmes ininterprétés, sont des cas tout aussi
clairs de postulation législative que les cas rencontrés en
théorie des ensembles. Car nous avons ici à nouveau, tout à fait
comme en théorie des ensembles, la proposition d'un choix
délibéré qui ne s'accompagne (de façon concevable) d'aucune
tentative de justification autre qu'en termes de convenance.

Cet exemple emprunté à la logique élémentaire ne réfute
aucune conclusion que nous avions atteinte. Selon les § I et III,
s'écarter de la loi du tiers exclu compterait comme preuve d'un
usage révisé de « ou » et « non ». (Cette position a été soutenue
au § III, bien qu'elle ait été disqualifiée en tant qu'argument en
faveur de la doctrine linguistique de la vérité logique.) Pour le
logicien déviant, les mots « ou » et « non » sont dépourvus de
familiarité, ou ils en ont été privés ; et ses décisions concernant
les valeurs de vérité dans les contextes proposés peuvent alors
être tout aussi authentiquement une question de convention
délibérée que les décisions du théoricien des ensembles créatif
concernant les contextes où figure « ∈ ».

Les deux cas se ressemblent de fait beaucoup. Le fait de
s'écarter de la logique classique de « ou » et « et » n'est pas
seulement une preuve d'un usage révisé de « ou » et « et » ; de
même, comme cela a été soutenu en détail au § III, les diver-
121 gences | entre théoriciens des ensembles peuvent raisonna-

blement être comptées comme usage révisé de « ∈ ». Tout usage révisé de ce genre est à l'évidence une question de convention, et peut être établi par postulation législative.

Nous avons été dans l'impossibilité de donner de la substance à la doctrine linguistique, en particulier pour la vérité logique élémentaire, ou à la doctrine selon laquelle les vérités familières de la logique sont vraies par convention. Nous avons trouvé comment donner un certain sens à la notion de vérité par convention, mais seulement en tant qu'elle s'attache à un processus d'adoption de vérités, c'est-à-dire à la postulation législative, et pas en tant que caractéristique durable significative d'une phrase postulée de façon législative. Passant en revue les événements actuels, nous avons repéré de la postulation législative en théorie des ensembles, et, à un niveau plus élémentaire, en liaison avec la loi du tiers exclu.

Et ne trouvons-nous pas continuellement la même chose dans les hypothèses théoriques des sciences de la nature elles-mêmes ? Ce qui semblait « sentir » la convention en théorie des ensembles (§ V), en tout cas, était « le choix délibéré présenté sans qu'on tente de l'accompagner de justifications autres qu'en termes d'élégance et de convenance » ; et à quelles hypothèses théoriques des sciences de la nature ce même trait ne pourrait-il pas être attribué ? Car il est certain que la justification de n'importe quelle hypothèse théorique ne peut, au moment où est faite l'hypothèse, consister en rien de plus qu'en l'élégance ou la convenance que l'hypothèse apporte au corps de lois et de données qui la contiennent. Comment, alors, allons-nous délimiter la catégorie de la postulation législative, sans pour autant y inclure tout nouvel acte consistant à poser une hypothèse scientifique ?

La situation peut sembler sauvée, pour les hypothèses ordinaires des sciences de la nature, par le fait qu'une confrontation indirecte avec les données empiriques finit néanmoins par avoir lieu. Cependant, cette confrontation peut être lointaine; et inversement, on peut soutenir qu'existe une telle confrontation lointaine avec l'expérience même pour les mathématiques pures et la logique élémentaire. L'apparence d'une différence sous cet aspect est largement due à une exagération de l'importance des frontières disciplinaires. Car une théorie contenant tout ce qu'il faut pour que nous puissions la mettre à l'épreuve de l'expérience inclut en fait non seulement les hypothèses théoriques variées de ce qu'on appelle les sciences de la nature, mais également les portions de la logique et des mathématiques auxquelles elle a recours. Du coup, je ne vois pas comment on pourrait départager les hypothèses qui confèrent la vérité par convention des hypothèses qui ne le font pas, à moins de compter *toutes* les hypothèses dans la première catégorie, sauf peut-être celles qui sont effectivement dérivables ou réfutables par la logique élémentaire à partir de ce que Carnap avait l'habitude d'appeler les énoncés protoco-
122 laires. Mais cette version, outre le fait qu'elle dépend | plus qu'il n'est souhaitable de la notion discutable d'énoncé protocolaire, est beaucoup trop libérale pour convenir à quiconque.

À l'évidence, nos problèmes ne font que s'accroître. Nous avons essayé de donner un sens au rôle de la convention dans la connaissance *a priori*. Maintenant, la distinction entre l'*a priori* et l'empirique elle-même vacille et s'évapore, au moins en tant que distinction entre des phrases. (Elle pourrait bien sûr encore valoir en tant que distinction entre des facteurs dans l'adoption d'une phrase, mais les deux facteurs pourraient être opérants partout.)

VII

Quelles que soient nos difficultés s'agissant des distinctions pertinentes, on doit concéder que la logique et les mathématiques semblent bien qualitativement différentes du reste de la science. La logique et les mathématiques se tiennent très manifestement à l'écart de tout appel explicite, c'est certain, à l'observation et à l'expérimentation. N'ayant ainsi rien d'externe à considérer, les logiciens et les mathématiciens considèrent de près les notations et les opérations explicitement notationnelles : les expressions, les termes, la substitution, la transposition, la simplification, la suppression de fractions, et autres choses semblables. Cet intérêt des logiciens et des mathématiciens pour la syntaxe (comme l'appelle Carnap) est de tout temps, mais à l'époque moderne il est devenu de plus en plus aiguisé et explicite, et il a même suscité, comme nous le voyons, une philosophie linguistique de la vérité logique et mathématique.

D'autre part, un effet des mêmes développements formels dans la logique moderne a été curieusement de montrer comment séparer les mathématiques (autres que la logique élémentaire) de toute considération spécifiquement notationnelle qui ne soit pas également pertinente pour les sciences de la nature. Je veux dire par là que les mathématiques peuvent être prises en charge (dans la mesure où elles peuvent être prises en charge tout court) par l'axiomatisation, en apparence tout à fait comme n'importe quel système d'hypothèses rencontré ailleurs dans les sciences ; et l'on peut alors laisser à la logique élémentaire le soin d'extraire les théorèmes.

L'affinité qui en résulte entre les mathématiques et les sciences de la nature systématisées a été reconnue par Carnap lorsqu'il a proposé ses P-règles en même temps que les

L-règles ou postulats de signification. Pourtant, il n'a pas considéré les P-règles comme engendrant des phrases analytiques,
des phrases vraies purement en vertu du langage. Comment
soutenir cette distinction, voilà bien ce qui a été notre
problème au fil de ces pages, un problème à propos duquel
nous avons trouvé peu de raisons d'espérer.

123 | Carnap a été sensible à ce problème, dans la *Syntaxe
logique*, en tant que problème consistant à trouver une différence de nature entre les P-règles (ou les vérités spécifiées par
là) et les L-règles (ou les L-vérités, les phrases analytiques,
spécifiées par là). Il a en outre proposé une solution ingé-
nieuse[g]. En substance, il caractérisait le vocabulaire logique (y
compris mathématique) comme le vocabulaire le plus large tel
que (1) il existe des phrases qui ne contiennent que ce vocabulaire et (2) toutes les phrases de ce genre peuvent être déterminées comme vraies ou fausses par une condition purement
syntaxique – c'est-à-dire par une condition qui ne parle que de
concaténation de marques. Ensuite, il limitait en substance les
L-vérités aux vérités mettant en jeu uniquement le vocabulaire
logique de manière essentielle[h].

Les vérités données par les P-règles étaient supposément
exclues de la catégorie des vérités logiques par ce critère, parce
que, bien que les règles qui les spécifient soient énoncées de
manière formelle, le vocabulaire en jeu peut également être
recombiné pour donner des phrases dont les valeurs de vérité
ne sont déterminées par aucun ensemble de règles formulables
à l'avance de manière formelle.

g. Carnap, *La syntaxe logique du langage*, § 50.
h. *Cf.* § I ci-dessus [p. 201-205]. Également, s'agissant de certaines
réserves pour le moment remises à plus tard, voir le § IX sur la « prédication
essentielle » [p. 233-238].

À ce stade, on peut objecter (dans l'attente d'une réponse expédiente de Carnap, que je vais ensuite expliquer) que le critère fondé sur (1) et (2) échoue dans son but. En effet, considérons pour commencer la totalité de ces phrases qui sont exprimées purement à l'aide de ce que Carnap (ou quiconque) voudrait compter comme du vocabulaire logique (et mathématique). Supposons, conformément à (2), que la division de cette totalité en phrases vraies et en phrases fausses peut être reproduite en termes purement syntaxiques. Maintenant, il est certain qu'ajouter un terme général de nature extra-logique, disons « plus lourd que », ne va pas changer les choses. Les vérités qui peuvent être exprimées uniquement à l'aide de « plus lourd que » et du vocabulaire logique, ne seront que des vérités de l'espèce la plus générale, telles que « $(\exists x)(\exists y)(x$ est plus lourd que $y)$ », « $(x) \sim(x$ est plus lourd que $x)$ », et « $(x)(y)(z)$ (x est plus lourd que $y \cdot y$ est plus lourd que $z \cdot \supset \cdot x$ est plus lourd que $z)$ ». La division entre vérités et faussetés dans ce domaine supplémentaire peut probablement être reproduite en termes syntaxiques si la division au sein de la première totalité pouvait l'être. Mais alors, selon le critère fondé sur (1) et (2), « plus lourd que » compte parmi le vocabulaire logique. Et il est difficile de | voir quelle collection complète de termes **124** généraux des sciences de la nature ne compterait pas de même.

La solution expédiente, par laquelle Carnap répondait à cette difficulté, consistait à utiliser des coordonnées cartésiennes[i]. Selon cette procédure, chaque particulier spatio-temporel c se voit associé à une classe K de quadruplets de nombres réels, à savoir la classe de ces quadruplets qui sont les coordonnées des points-événements composant c. De plus,

---

i. *La syntaxe logique*, § 3, 15.

écrivons $K[t]$ pour la classe des triplets qui appartiennent à K quand on leur adjoint t; ainsi $K[t]$ est la classe de triplets de nombres réels qui est associée à l'état momentané de l'objet c au temps t. Alors, afin de dire par exemple que c_1 est lourd que c_2 au temps t, nous disons « $H(K_1[t], K_2[t])$ », que l'on pourrait traduire par « L'objet momentané associé à $K_1[t]$ est plus lourd que celui associé à $K_2[t]$ ». $K_1[t]$ et $K_2[t]$ sont, dans chaque particulier, des objets purement mathématiques; à savoir des classes de triplets de nombres réels. Considérons donc toutes les phrases vraies et fausses de la forme « $H(K_1[t], K_2[t])$ » où, à la place de « $K_1[t]$ » et « $K_2[t]$ », nous avons des désignations purement logico-mathématiques de classes particulières de triplets de nombres réels. Il n'y a aucune raison de supposer que toutes les vérités de *ce* domaine peuvent être exactement isolées en termes purement syntaxiques. Ainsi l'inclusion de « H » viole bien (2), et donc « H » échoue à être considéré comme du vocabulaire logique. En adhérant à la méthode des coordonnées et en réinterprétant de cette façon tous les prédicats des sciences de la nature de la manière que nous avons ici illustrée pour « H », Carnap surmonte l'objection notée à l'alinéa précédent.

Pour résumer très grossièrement, cette théorie caractérise la logique (et les mathématiques) comme la plus grande partie de la science à l'intérieur de laquelle la dichotomie vrai – faux *peut* être reproduite en termes syntaxiques. Cette version peut sembler plutôt moins substantielle que la thèse selon laquelle la logique et les mathématiques sont d'une certaine façon vraies par convention linguistique, mais en tout cas elle est plus intelligible, et, si elle est vraie, elle est peut-être intéressante et importante. Cependant, afin de nous assurer de sa vérité, de son intérêt et de son importance, nous devons examiner de plus près le terme « syntaxe ».

Tel qu'utilisé dans le passage « Les termes "phrase" et "conséquence directe" sont les deux termes primitifs de la syntaxe logique »[j], le | terme « syntaxe » n'est bien sûr pas **125** pertinent pour la formulation d'une thèse. Le sens pertinent est plutôt celui dans lequel il suggère un discours à propos de marques mises les unes à la suite des autres. Mais là encore, nous devons distinguer entre des sens plus ou moins inclusifs ; deux sens différents sont exemplifiés dans la *Syntaxe logique*, selon que le langage objet est le Langage I extrêmement restreint de Carnap ou son Langage II, plus puissant. Pour le premier, la définition par Carnap de la vérité logique est strictement syntaxique à la manière des formalisations habituelles de systèmes logiques à l'aide d'axiomes et de règles d'inférence. Mais la démonstration par Gödel de l'impossibilité d'avoir une théorie complète de l'arithmétique élémentaire montre qu'aucune approche de ce genre ne peut être adéquate pour les mathématiques en général, en particulier pas pour la théorie des ensembles ni pour le Langage II. Pour le Langage II, par voie de conséquence, la définition par Carnap de la vérité logique procède plutôt selon la technique de Tarski pour la définition de la vérité[k]. Le résultat était toujours une spécification purement syntaxique des vérités logiques, mais seulement au sens plus libéral de « syntaxique » suivant : elle était couchée dans un vocabulaire consistant (de fait) en (a) des noms de

j. Carnap, *Philosophy and Logical Syntax*, p. 47.

k. *Syntaxe logique*, en particulier § 34a-i, 60a-d, 71a-d. Ces sections avaient été omises de l'édition allemande, mais uniquement par manque de place ; *cf.* p. XI de l'édition anglaise. Entre temps, elles étaient parues sous forme d'articles : « Die Antinomien… » et « Ein Gültigkeitskriterium ». À l'époque, Carnap n'avait que partiellement accès aux idées de Tarski (*cf.* « Gütligkeitskriterium », note 3), dont tous les détails n'ont été connus en dehors du monde slave qu'en 1936 à travers le « Warheitsbegriff » de Tarski.

signes, (b) un opérateur exprimant la concaténation d'expressions, et (c), en guise de machinerie auxiliaire, l'ensemble du
vocabulaire logique (et mathématique) lui-même.

Interprétée ainsi, cependant, la thèse selon laquelle les
vérités logico-mathématiques sont spécifiables syntaxique-
ment devient inintéressante. En effet, ce qu'elle dit c'est
que les vérités logico-mathématiques sont spécifiables dans
une notation qui consiste uniquement en (a), (b) *et* l'ensemble
du vocabulaire logico-mathématique lui-même. Mais *cette*
thèse-ci vaudrait également si l'on remplaçait « logico-mathématique » (aux *deux* endroits où le terme figure dans la thèse)
par une expression plus large incluant la physique, l'économie
et tout ce qu'il y a sous le soleil; la routine de Tarski pour la
définition de la vérité s'appliquerait tout aussi bien. En fin de
compte, on n'a pas isolé de trait distinctif de la logique et des
mathématiques.

À strictement parler, la position est encore plus faible. Les
mathématiques auxquelles il est fait appel dans (c) doivent
être, comme le montre Tarski, une théorie mathématique plus
riche selon certains aspects que celle pour laquelle on est en
train de définir la vérité. C'est en grande partie suite à l'inquié-
126 tude grandissante | que lui causait cette situation d'auto-
réfutation que Carnap, dans les années qui suivirent la *Syntaxe
logique*, mit de moins en moins l'accent sur la syntaxe et de
plus en plus sur la sémantique.

VIII

Même si les vérités logiques étaient spécifiables en termes
syntaxiques, cela ne montrerait pas qu'elles ont leur fondement dans le langage. Toute classe *finie* de vérités (pour

prendre un cas extrême) peut clairement être reproduite à l'aide d'une condition d'appartenance couchée en des termes aussi strictement syntaxiques que l'on voudra ; pourtant, nous ne pouvons certainement pas dire de toute classe finie de vérités que ses membres sont vrais purement en vertu du langage. Ainsi, l'infortunée doctrine de la spécifiabilité syntaxique de la vérité logique a toujours été autre chose que la doctrine linguistique de la vérité logique, si celle-ci est conçue comme la doctrine selon laquelle la vérité logique a son fondement dans le langage. En tout cas, il a malheureusement fallu se débarrasser de la doctrine de la spécifiabilité syntaxique, à laquelle nous avons eu plaisir à donner un sens comparativement clair. La doctrine linguistique de la vérité logique, de son côté, poursuit sa route d'un pas assuré.

La notion de vérité logique est maintenant considérée par Carnap comme sémantique. Ceci, bien sûr, ne veut pas dire en soi que la vérité logique a son fondement dans le langage ; notez en effet que la notion générale de vérité est également sémantique, bien que la vérité en général n'ait pas son fondement purement dans le langage. Mais le caractère sémantique de la vérité logique, en particulier, *est* de ceux qui, selon Carnap, ont leur fondement dans le langage : dans les conventions, dans un *fiat*, dans les significations. Les éléments qu'il apporte en faveur de cette doctrine, autres que ceux couverts dans les § I-VI, semblent dépendre d'une analogie avec ce qui se passe lorsqu'on expose des langages artificiels ; et je vais maintenant essayer de montrer pourquoi je pense que cette analogie est erronée.

La meilleure manière de présenter ceci dans les grandes lignes est de considérer un cas qui n'a pas directement à voir avec la vérité logique, mais où l'on est typiquement susceptible de produire un langage artificiel à titre d'étape dans un argument. C'est le cas fictif d'un positiviste logique, disons Ixmann, qui a entrepris de prendre la défense des scientifiques contre les exigences d'un métaphysicien. Le métaphysicien soutient que la science présuppose des principes métaphysiques, ou soulève des problèmes métaphysiques, et que les scientifiques devraient en conséquence se montrer soucieux 127 de métaphysique. La réponse d'Ixmann consiste | à montrer en détail comment des gens (disons des Martiens) pourraient parler un langage tout à fait adapté à l'ensemble de notre science, mais dans lequel, à la différence de notre langage, il serait impossible d'exprimer les prétendues questions métaphysiques. (J'applaudis à cette réponse, et je pense qu'elle incarne ce qu'il y a de plus révélateur dans les propres représentations antimétaphysiques de Carnap; mais je digresse.) Maintenant, comment notre hypothétique M. Ixmann fait-il pour spécifier ce langage doublement hypothétique? En nous expliquant, au moins autant qu'il est nécessaire pour l'argument, quelles phrases il nous faut imaginer que les Martiens prononcent et ce qu'elles sont supposées signifier. On retrouve ici la dualité familière chez Carnap entre règles de formation et règles de transformation (ou postulats de signification), en tant que règles du langage. Mais ces règles font seulement partie de la machinerie mobilisée par Ixmann aux fins de son récit, elles ne font pas partie de ce sur quoi porte ce récit. Il ne donne pas à voir ses Martiens hypothétiques comme étant eux-mêmes d'une certaine façon explicites à propos des règles de formation et de transformation. Il ne donne pas davantage à voir qu'il existe une différence intrinsèque entre ces vérités qui se trouvent nous être révélées à travers ses spécifications partielles (à travers ses règles de transformation) et les autres vérités, supposées elles aussi connues des Martiens de la parabole, qu'il n'a pas pris la peine d'esquisser.

Si l'on est sous la menace d'une faute de raisonnement, c'est que les règles d'Ixmann sont bien des *fiat* arbitraires, comme l'ensemble de sa parabole martienne. La faute consiste à confondre les niveaux, en projetant le caractère conventionnel des règles sur l'histoire elle-même, ce qui conduit à mésinterpréter la parabole d'Ixmann en attribuant à ses Martiens hypothétiques le pouvoir de légiférer en matière de vérité.

Le cas d'un langage artificiel non hypothétique est en principe identique. Étant une invention nouvelle, le langage doit être expliqué; et l'explication va avoir lieu en faisant appel à ce qu'on peut certainement qualifier de règles de formation et de transformation. Ces règles vont valoir par un *fiat* arbitraire, c'est l'inventeur le patron. Mais tout ce que pouvons raisonnablement demander à ces règles, c'est qu'elles nous permettent de trouver pour chacune de ses phrases une phrase de même valeur de vérité dans le langage ordinaire qui nous est familier. Il n'y a (de mon point de vue) aucun décret intelligible additionnel que l'on puisse lui demander et qui porterait sur la frontière, parmi ses vérités, entre l'analytique et le synthétique, entre la logique et les faits. Nous pouvons tout à fait décider d'étendre l'usage de notre mot « analytique » ou « logiquement vrai » à des phrases de son langage, qu'il a, dans ses explications, mises en correspondance de façon assez directe avec des phrases du français que nous mettons dans la même catégorie; mais ce décret est le nôtre, il porte sur nos mots « analytique » ou « logiquement vrai ».

| IX   **128**

Nous avons dû donner au § II une première approximation de ce que la vérité logique est supposée recouvrir, avant de

pouvoir aborder la doctrine linguistique de la vérité logique.
Nous l'avons fait à l'aide de la notion générale de vérité[1]
et d'une énumération partielle du vocabulaire logique d'un
langage particulier. Au § VII, nous avons entrevu la possibilité
d'une caractérisation moins provinciale et accidentelle du
vocabulaire logique; mais cela a échoué. La situation n'est
toutefois pas intolérable. Nous savons très bien, grâce à la
logique moderne, comment élaborer une notation technique
qui convient admirablement lorsqu'il est question de « ou »,
« non », « et », « tous », « seul », et des autres particules du
même genre que nous pourrions vouloir compter comme
logiques; et énumérer les signes et les constructions de cette
notation technique, ou un sous-ensemble théoriquement
adéquat de ceux-ci, est le travail d'un moment (*cf.* § II). Dans
la mesure où nous sommes satisfaits de penser que la totalité de
la science trouve sa place dans ce cadre logique standardisé – il
n'y a là aucune difficulté – notre notion de vocabulaire logique
est précise. Il en va de même, par voie de conséquence, pour
notre notion de vérité logique. Mais seulement du point de vue
de son extension. Il n'y a pas de corollaire épistémologique
concernant les *fondements* de la vérité logique (*cf.* § II).

Même cette situation à moitié tolérable ne vaut que pour la
vérité logique en un sens relativement restreint, à l'exclusion
des vérités par « prédication essentielle » (pour parler comme
Aristote) telles que « Aucun célibataire n'est marié ». J'ai
tendance à réserver le terme « logiquement vrai » au domaine
restreint et à utiliser le terme « analytique » pour le domaine
plus large qui inclut les vérités par prédication essentielle.

---

1. Pour une défense de cette notion générale, qui présente un vif [*invidious*]
contraste avec celle d'analyticité, voir mon recueil *Du point de vue logique*,
op. cit., p. 193 *sq.*

Carnap, au contraire, a utilisé les deux termes au sens le plus large. Mais les problèmes concernant ces deux subdivisions de la classe des vérités analytiques sont si différents qu'il a été plus aisé, jusqu'à ce point de l'essai, de traiter principalement de la vérité logique au sens restreint.

Les vérités par prédication essentielle sont les phrases qui peuvent être transformées en vérités logiques lorsque certains prédicats simples (par exemple « célibataire ») sont remplacés par des synonymes complexes (par exemple « homme non marié »). Cette formulation n'est pas inadéquate lorsqu'on considère d'autres exemples comme « Si A est une partie de B et B est une partie de C, alors A est une partie de C » ; ce cas-là peut être traité en utilisant à la place de « est une partie de » le | synonyme « ne chevauche rien qui ne chevauche également- **129** ment »[m]. La notion pertinente de synonymie est celle de co-extensivité *analytique* (aussi circulaire que puisse être cette définition).

Considérer l'analyticité comme un genre de vérité logique revient, pourrait-on croire, à accepter la doctrine linguistique de la vérité logique ; en effet, le terme « analytique » suggère directement la vérité en vertu du langage. Mais cette suggestion est susceptible d'ajustement, de façon parallèle à ce qui a été dit à propos de « vrai par définition » au § V. « Analytique » veut dire vrai en vertu de synonymies et en vertu de la logique, partant, sans aucun doute, vrai en vertu du langage et de la logique, et simplement vrai en vertu du langage *si* la doctrine linguistique de la vérité logique est correcte. La logique elle-même, s'agissant des remarques présentes, peut être considérée comme incluant ou comme excluant la théorie des

---

m. Suivant Goodman.

ensembles (et donc les mathématiques), selon la manière dont l'on précisera sa position.

Ce qui nous a rendu si difficile la tâche consistant à donner un sens satisfaisant à la doctrine linguistique est l'obscurité de l'expression « vrai en vertu du langage ». « Synonyme » se trouve dans la même obscurité centrale ; car le mieux que nous puissions dire des prédicats synonymes est sans doute qu'ils sont d'une certaine façon « co-extensifs en vertu du langage ». L'obscurité s'étend bien sûr à « analytique ».

On identifie rapidement des cas en apparence non problé-matiques de synonymie, comme « célibataire » et « homme non marié », et l'on est sensible à la trivialité des phrases associées telles que « Aucun célibataire n'est marié ». Il est concevable que le mécanisme sous-jacent à notre capacité à reconnaître ce genre de choses, quand il sera mieux compris, pourra constituer les bases d'une définition de la synonymie et de l'analyticité en termes de comportement linguistique. D'un autre côté, il se peut qu'une telle approche ne puisse nous donner que quelque chose comme des degrés de synonymie et d'analyticité. Je ne vois aucune raison de s'attendre à ce que l'analyticité absolue, sur laquelle Carnap et d'autres font peser de si grandes exigences, puisse trouver sa place dans une fonda-tion de ce genre, même de manière approximative. En tout cas, nous ne disposons en l'état actuel des choses d'aucune sugges-tion générale défendable, qu'il s'agisse d'une approximation en pratique ou d'une possibilité théorique lointaine, concer-nant ce que c'est que d'être une phrase analytique. Tout ce que nous avons, ce sont des exemples supposés et des affirmations selon lesquelles les vérités de la logique élémentaire, avec ou sans le reste des mathématiques, devraient faire partir du lot. À ma connaissance, chaque fois que l'on a cru disposer d'un critère général, il y a eu un échec cuisant, consistant par exemple à compter toutes les phrases ou aucune comme analytiques, ou alors il y a eu un problème de circularité, comme celui | noté trois alinéas plus haut, ou il y a eu dépendance **130** à l'égard de termes comme «signification», «possible», «concevable», et autres semblables, qui sont au moins aussi mystérieux (et de la même manière) que ce que nous voulons définir. J'ai longuement parlé de ces difficultés ailleurs[n], et White l'a fait également.

La vérité logique (au sens qui est le mien, à l'exclusion de la catégorie additionnelle de la prédication essentielle) est, nous l'avons vu, assez bien définissable (relativement à une notation logique fixée). On peut même donner de la vérité logique *élémentaire* une formulation étroitement syntaxique, du genre de celle naguère envisagée par Carnap pour la logique et les mathématiques tout entières (*cf.* § VII); on sait en effet que le système déductif de la logique élémentaire est complet. Mais quand nous voulons compléter les vérités logiques en ajoutant le reste de ce que l'on appelle les vérités analytiques, vraies par prédication essentielle, alors nous ne sommes même plus capables de dire de quoi nous parlons. La distinction elle-même, et pas simplement un problème épistémologique la concernant, est alors ce qui fait problème.

Pourquoi ne pas établir les limites de la classe plus large des vérités analytiques en fixant un langage de référence comme nous l'avons fait pour la vérité logique? Non, la question est très différente. Une fois donné le vocabulaire logique, nous avons le moyen d'indiquer clairement l'espèce «vérité logique» à l'intérieur du genre «vérité». Mais il n'en va pas de même pour le genre intermédiaire «analyticité», car il ne

n. «Two dogmas».

consiste pas dans les vérités qui contiennent seulement un certain vocabulaire de manière essentielle (au sens du § II). Pour mettre à part l'analyticité, nous aurons plutôt besoin de tenir le compte des synonymies d'un langage universel ou bon à tout faire. Aucun langage universel enrégimenté n'est en vue, cependant, que nous puissions prendre en considération ; ce que Carnap a proposé dans cette direction n'a bien sûr consisté qu'en des exemples à valeur illustrative, de portée fragmentaire. Et même si l'on disposait d'un tel langage, il n'est pas clair de savoir par quels standards nous voudrions bien décider les questions de synonymie et d'analyticité pour ce langage.

X

La position actuelle de Carnap[o] est que l'on n'a spécifié un langage de manière suffisamment rigoureuse que lorsqu'on a fixé, au moyen de ce qu'il est convenu d'appeler des postulats de signification, quelles phrases doivent compter comme analytiques. Celui qui propose | un tel langage est supposé distinguer parmi ses affirmations entre celles qui comptent comme des postulats de signification, et engendrent donc l'analyticité, et celles qui ne comptent pas comme des postulats de signification. On peut présumer que cela est fait en utilisant l'étiquette « postulat de signification ».

Mais le sens à donner à cette étiquette est beaucoup moins clair pour moi que quatre causes qui concourent à lui conférer l'apparence de la clarté. Laquelle de ces quatre causes a

o. Voir en particulier « Meaning postulates ».

influencé Carnap, si tant est que l'une l'ait influencé, je ne puis le dire ; mais je sais sans aucun doute que toutes les quatre ont influencé ses lecteurs. L'une de ces causes est la mauvaise évaluation du rôle de la convention en liaison avec les langages artificiels ; voyez la faute de raisonnement, laissée anonyme, décrite au § VIII. Une autre est la mauvaise évaluation de la conventionalité des postulats : il s'agit de l'incapacité à apprécier le fait que, bien qu'ils soient des postulats par *fiat*, ils ne sont pas *par la même* vrais *per fiat* (*cf.* § IV-V). Une troisième cause réside dans la surestimation du caractère distinctif des postulats, et des définitions, à cause du rôle remarquable et particulier qu'ont joué les postulats et les définitions dans des situations qui ne sont pas vraiment pertinentes eu égard à ce qui nous intéresse présentement : il s'agit du rôle des postulats dans les systèmes ininterprétés (*cf.* § IV) et de celui des définitions dans les systèmes à double notation (*cf.* § V). Une quatrième cause est la mauvaise évaluation des postulats législatifs et des définitions législatives eux-mêmes, selon deux aspects : l'incapacité à apprécier le fait que le caractère législatif est un caractère des hypothèses scientifiques de façon très générale (*cf.* § VI), et l'incapacité à apprécier le fait qu'il s'agit du caractère de l'événement transitoire qu'est l'acte de postulation plutôt que de la vérité qui est par là instituée (*cf.* la fin du § V).

Supposons qu'un scientifique introduise un terme nouveau, pour désigner une certaine substance ou une certaine force. Il l'introduit soit par une postulation législative, soit par une définition législative. Au fur et à mesure qu'il progresse, il développe des hypothèses concernant d'autres caractéristiques de la substance ou de la force ainsi nommée. Supposons maintenant que l'une de ces hypothèses auxquelles il est conduit est une hypothèse solidement confirmée qui identifie

la substance ou la force avec une substance ou une force nommée par un terme complexe formé en empruntant à d'autres portions de son vocabulaire scientifique. Nous savons tous que cette nouvelle identité va prendre sa place dans les développements qui suivront, tout à fait à égalité avec l'identité qui a d'abord résulté de l'acte de définition législative, s'il y en a eu un, ou à égalité avec la loi qui a d'abord résulté de l'acte de postulation législative. Les révisions, au fil des progrès futurs, ont autant de chances de toucher n'importe laquelle de ces affirmations. J'insiste sur le fait que les scientifiques, en procédant de cette manière, ne sont pas en train d'effacer quelque distinction douée de sens. Des actes législatifs sont effectués à de nombreuses reprises ; d'un autre côté, la dichotomie concernant les vérités elles-mêmes qui en résultent, dichotomie entre vérités analytiques et synthé-
132 tiques, | vérités en vertu des postulats de signification et vérités en vertu de la force de la nature, n'a reçu aucune signification raisonnablement claire, fut-ce au titre d'idéal méthodologique.

On peut voir une conséquence remarquable de la croyance de Carnap en cette dichotomie dans son attitude à l'égard des disputes philosophiques concernant ce qui est[p]. C'est seulement en supposant l'existence d'un clivage entre vérités analytiques et synthétiques qu'il peut déclarer que le problème des universaux est affaire non de théorie, mais de décision linguistique. Je suis certes aussi impressionné que quiconque par l'ampleur de la contribution qu'apporte le langage à la science et à notre conception du monde tout entière ; et en particulier, j'accorde que notre hypothèse concernant ce qu'il

p. Voir l'essai suivant [p. 243-248].

y a, par exemple concernant la question de savoir s'il y a des universaux, est au fond une chose tout aussi arbitraire ou pragmatique que notre adoption d'une nouvelle variété de théorie des ensembles ou même d'un nouveau système de chiffrage. Carnap admet à son tour que de telles décisions, aussi conventionnelles soient-elles, « seront cependant ordinairement influencées par une connaissance théorique » q. Ce qui m'impressionne plus que cela n'impressionne Carnap, c'est à quel point toute cette attitude convient également bien aux hypothèses théoriques des sciences de la nature elles-mêmes, et c'est combien peu il y a matière à faire une distinction.

Les connaissances héritées de nos pères forment un tissu de phrases. Entre nos mains, ce tissu se développe et change, à travers des révisions, plus ou moins arbitraires et délibérées, et des additions de notre cru, plus ou moins directement occasionnées par la stimulation ininterrompue de nos organes sensoriels. Ces connaissances sont gris pâle, noires de fait et blanches de convention. Mais je n'ai trouvé aucune raison substantielle pour conclure à la présence de fils tout à fait noirs, ou de fils tout à fait blancs.

q. « Empirisme, sémantique et ontologie », § 2.

UN SOUTIEN À LA DÉFINITION IMPLICITE*

Paru initialement dans le *Journal of Philosophy* (volume 61, 1964). Je suis redevable à Burton Dreben et à Dagfinn Føllesdal de leurs remarques utiles sur une première ébauche.

La caractérisation des axiomes comme définitions implicites peut être repérée dès 1818, chez Gergonne, et elle était toujours en vigueur il y a trente ans. Ce qu'il y a d'exaspérant, dans cette doctrine, c'est la façon facile ou bon marché dont elle sert à doter certains énoncés de la sécurité propre aux vérités analytiques sans jamais devoir montrer qu'ils suivent de définitions proprement dites, de définitions avec des *definienda* éliminables.

Russell a, selon moi, donné à cette doctrine ce qu'elle méritait (bien qu'il ne l'ait pas mentionnée par son nom) lorsqu'il écrivit en 1919 que «la méthode consistant à "postuler" ce que nous voulons a de nombreux avantages; les mêmes que ceux qu'a le vol sur le travail honnête».

Or je suis choqué de découvrir que la vision des axiomes comme définitions implicites peut être défendue, et cela avec

* Traduit par Sabine Plaud.

une littéralité que ses propres défenseurs n'auraient guère crue possible. L'acquittement de cette sombre tâche est l'objectif de la présente note.

En bref, le point est qu'il existe une routine mécanique par laquelle, étant donné un assortiment de prédicats interprétés indéfinis « F_1 », « F_2 », …, « F_n » gouvernés par un axiome vrai ou par une liste finie de tels axiomes, nous pouvons passer à un ensemble nouveau et également économique de prédicats indéfinis, et définir « F_1 », …, « F_n » dans les termes de ces derniers, plus des notations arithmétiques auxiliaires, de telle **134** sorte que les anciens axiomes | deviennent arithmétiquement vrais. Les prédicats « F_1 », …, « F_n » ne deviennent pas des prédicats de nombres, mais continuent, sous les définitions, à être vrais des choses précises dont ils étaient vrais sous leurs interprétations originales.

Cela ne surprendra pas les lecteurs qui ont rencontré cette idée centrale dans un article de 1940 de Goodman et moi-même. Le lien avec la doctrine de la définition implicite est une idée ajoutée, mais le point technique lui-même, tel qu'il est formulé dans le paragraphe précédent, ne fait qu'améliorer notre résultat de 1940 de trois manières : il cible les prédicats au lieu des termes singuliers, se conformant ainsi à une théorie des théories plus moderne ; il s'appuie spécifiquement sur l'arithmétique (en fait sur la théorie élémentaire des nombres), plutôt que sur la théorie des ensembles en général ; et il fournit une routine mécanique pour trouver les définitions.

Cette dernière amélioration dépend d'une forme renforcée du théorème de Löwenheim proposée par Hilbert et Bernays en 1939. Le théorème de Löwenheim date de 1915 et affirme que tout schéma satisfaisable susceptible d'être écrit dans la notation de la logique de la quantification peut être satisfait par une interprétation dans l'univers des nombres naturels. La version renforcée de Hilbert et Bernays spécifie l'interprétation dans la notation arithmétique. Hilbert et Bernays montrent comment, étant donné un schéma quelconque dans la notation de la logique de la quantification, trouver des prédicats arithmétiques (ou mieux : des phrases ouvertes de la théorie élémentaire des nombres) qui, lorsqu'on les adopte comme des interprétations des lettres de prédicat du schéma, rendront ce schéma vrai s'il était satisfaisable[a].

Dans les pages qui restent, nous verrons comment, une fois accordée la capacité que nous confèrent Hilbert et Bernays, nous pouvons convertir les axiomes en définitions comme promis plus haut. Imaginons une théorie déductive interprétée θ qui présuppose la logique élémentaire et traite de quelque sujet extra-logique, par exemple la chimie. Supposons qu'elle soit mise en place de la façon standard en employant des prédicats primitifs « F_1 », …, « F_n », des fonctions de vérité, des quantificateurs et des variables générales. L'exclusion des termes singuliers, des signes de fonction et des multiples sortes de variables n'est pas une vraie restriction, puisque ces accessoires sont réductibles à la base plus étroite selon les manières habituelles.

Au moyen d'une réinterprétation légère et inoffensive, le domaine des valeurs des variables d'une théorie peut être étendu de façon à intégrer n'importe quels objets supplémentaires. Il suffit de sélectionner l'une des valeurs | originellement 135 disponibles, disons a, pour étendre ensuite l'interprétation originale de tout prédicat en comptant comme vrai des objets supplémentaires tout ce qui était vrai de a, et en comptant

a. Hilbert et Bernays, vol. 2, p. 253. Pour une présentation et pour des références supplémentaires, voir mon article « Interpretations of set of conditions », p. 101 *sq.*

comme faux de ces objets tout ce qui était faux de *a*. Les
nouveaux objets font alors leur entrée d'une façon indétec-
table, étant indiscriminables de *a*. Cette manœuvre, que je
nommerai *inflation cachée*, n'est pas nouvelle[b].

En particulier, comprenons alors les variables de θ comme
ayant pour valeurs non seulement des objets physiques ou
d'autres objets spéciaux de la chimie, mais également les
nombres naturels – toutes ces choses étant mélangées dans un
unique univers du discours. Car les nombres naturels, s'ils
n'existaient pas, pourraient toujours être incorporés par
inflation cachée.

Admettons que les axiomes de θ soient en nombre fini,
et vrais. Concevons «$A(F_1, \ldots, F_n)$» comme abrégeant la
conjonction de tous ces axiomes. Il s'agit là d'un schéma de la
logique de la quantification si nous oublions les interprétations
chimiques de «F_1», ..., «F_n»; et il s'agit d'un schéma satisfaisable, puisqu'il était vrai sous les interprétations chimiques.
Ainsi, selon la méthode de Hilbert et Bernays, nous pouvons
trouver des prédicats en théorie élémentaire des nombres,
abrégés par exemple en «K_1», ..., «K_n», tels que $A(K_1, \ldots, K_n)$.
Et il n'est pas non plus nécessaire que les variables quanti-
fiées ci-dessus voient leur domaine de valeurs restreint aux
nombres naturels. Par inflation cachée, nous pouvons continuer à leur donner pour domaine de valeurs l'univers entier de
θ, numérique et autre.

Adoptons ensuite une nouvelle théorie interprétée, qui
aura là encore le même univers inclusif de discours que θ.
Donnons-lui des prédicats primitifs suffisants pour la théorie
élémentaire des nombres, et donnons-lui de surcroît les

b. Par exemple, voir Hilbert et Ackermann, p. 92.

prédicats primitifs « G_1 », …, « G_n » sujets aux mêmes interprétations chimiques que « F_1 », …, « F_n » dont on bénéficiait dans θ. Mais ne donnons pas à cette nouvelle théorie d'axiomes mettant en jeu « G_1 », …, « G_n ». À présent, introduisons dans cette nouvelle théorie « F_1 », …, « F_n » en tant que prédicats définis, de la façon suivante. Pour chaque i, expliquons « $F_i(x_1, …, x_j)$ » (avec le nombre approprié j de places) comme une abréviation de :

$$A(G_1, \quad …, \quad G_n) \cdot G_i(x_1, \quad …, \quad x_j) \cdot \lor \sim A(G_1, \quad …, \quad G_n) \cdot K_i(x_1, …, x_j)$$

On rappellera que les axiomes de θ sont chimiquement vrais. Voilà également pourquoi, en tant que question de fait chimique non axiomatisée[1], $A(G_1, …, G_n)$. En conséquence, la définition proposée plus haut rend « F_i » coextensif de fait avec « G_i ». Elle s'accorde donc avec l'interprétation chimique de « F_i » dans θ, pour chaque i. Pourtant, sous la définition **136** ci-dessus, « $A(F_1, …, F_n)$ » est logiquement déductible de la seule vérité arithmétique « $A(K_1, …, K_n)$ ». (Preuve : « F_1 », …, « F_n » sont par définition identifiés à « K_1 », …, « K_n », à moins que $A(G_1, …, G_n)$, auquel cas ils sont identifiés à « G_1 », …, « G_n », de sorte que là encore, $A(F_1, …, F_n)$.)

Un tel changement de système était bien entendu une farce. Nous nous sommes contentés de réécrire les prédicats primitifs de θ sous forme de nouvelles lettres, en conservant les anciennes interprétations chimiques, pour ensuite redéfinir de façon pléonastique les anciennes lettres de prédicat dans les termes de ces dernières, de sorte que leurs interprétations

---

1. Quine emploie ici l'expression « *as a chemical matter of unaxiomatized fact* », jouant ainsi sur la locution « *as a matter of fact* » qui signifie littéralement « en fait ».

chimiques soient là encore préservées (en tout cas extension-
nellement). Pourtant, les anciens axiomes chimiques de θ sont
devenus, sous l'effet de ce tour de passe-passe définitionnel,
arithmétiquement vrais.

Je ne parle pas de démontrabilité arithmétique, car on
rencontre alors la question du choix entre des systèmes
incomplets de la théorie des nombres. Je parle de vérité
arithmétique.

La doctrine selon laquelle les axiomes sont des définitions
implicites reçoit alors un soutien. Si les axiomes sont satis-
faisables en général, ils peuvent être considérés comme une
instruction abrégée pour l'adoption de définitions comme
ci-dessus, rendant ainsi notre théorie arithmétiquement vraie.
Et si les axiomes étaient vrais dans une interprétation littérale,
l'interprétation de leurs prédicats demeure non perturbée.

On a déploré la doctrine de la définition implicite comme
un moyen trop facile de rendre analytique n'importe quelle
vérité souhaitée : il suffit de l'appeler axiome. Nous voyons
à présent que de telles prétentions à l'analyticité sont aussi
fermes qu'elles peuvent l'être dans le cas de phrases dont
la vérité suit par définition de l'arithmétique. Tant pis,
assurément, pour la notion d'analyticité.

M. STRAWSON SUR LA THÉORIE LOGIQUE [*]

Ce texte a été écrit comme une recension, mais il a finalement été choisi comme article d'ouverture dans *Mind* (volume 62, octobre 1953) pour inaugurer mon année de professeur associé George Eastmann à Oxford. Reproduit avec la permission des éditeurs de *Mind*.

Un philosophe du langage ordinaire a appliqué à la logique formelle sa limpide langue vernaculaire[a]. Il explique posément, pas à pas, les termes de l'évaluation logique et ce qui constitue le travail du logicien, puis il oppose les artefacts du logicien et le discours de l'homme naturel. « ⊃ » apparaît page 34, les tables de vérité page 68, les quantificateurs page 131 et le syllogisme page 158. Les espaces intermédiaires et restants sont consacrés non pas aux théorèmes, preuves et procédures de décision (à l'exception de quelques exemples sommaires), mais à l'interprétation et à la critique. Un neuvième chapitre, le dernier, est un excellent petit essai philosophique sur l'induction.

[*] Traduit par Thomas Morel et Layla Raïd.

[a] Strawson, *Introduction to Logical Theory*.

La division de cette recension en sections correspondra à la structure non pas du livre mais des réflexions critiques que ce livre a provoquées chez son lecteur.

I. IMPLICATION, ANALYTICITÉ ET COMPAGNIE

Premièrement, M. Strawson entreprend d'expliquer, en utilisant le langage ordinaire, les notions d'inconsistance et 138 d'implication. | Les outils à sa disposition sont l'analogie et l'exemple ; et même la méthode de l'exemple offre des difficultés, puisqu'il s'efforce de ne pas marquer du stigmate de l'inconsistance des expressions à la mode comme « Oui et non ».

Les ingénieurs sont connus pour faire des merveilles avec le calcul différentiel, sans avoir jamais reçu d'explication plus intelligible de ses fondements que la notion d'infinitésimal actuel ; et il y a des philosophes dont les us et coutumes les ont amenés à se sentir tout autant à l'aise avec la notion d'implication, si répandue dans les analyses philosophiques de G.E. Moore. Il y a des philosophes du langage ordinaire qui se sont tellement habitués aux termes philosophiques « implique » et « inconsistant » qu'ils les considèrent peut-être comme du langage ordinaire. Mais, même après que M. Strawson a minutieusement discuté les notions d'inconsistance et d'implication, le lecteur qui n'a pas le bénéfice de ces us et coutumes peut ressentir un peu la même sorte d'insécurité que celle que de nombreux ingénieurs ont dû sentir, novices, face aux dérivées et différentielles. Au risque de passer pour réfractaire à toute instruction, je déclare publiquement être l'un de ces lecteurs.

Détournons-nous un instant du livre de M. Strawson pour prendre du recul sur le problème général. Les termes

« implique » et « inconsistant » appartiennent à un groupe dont d'autres membres sont « analytique » et « synonyme ». Comme ces termes sont facilement interdéfinissables, l'un d'eux suffit à représenter le groupe ; et « analytique » est un choix commode. Dans la philosophie classique récente, l'attitude habituelle pour expliquer « analytique » revient à peu près à ceci : un énoncé est analytique s'il est vrai uniquement en vertu de la signification des mots et indépendamment de toute considération factuelle [*matters of fact*]. Il peut être objecté, dans un esprit quelque peu formaliste et non charitable, que la frontière établie par cette définition est vague, ou que le *definiens* est tout autant en attente de clarification que le *definiendum*. C'est un niveau de polémique facile en philosophie, et aucun effort philosophique sérieux n'en est à l'abri. Mais des doutes sur la notion d'analyticité sont également justifiés à un niveau plus profond, où l'on a sincèrement tenté de deviner la *Weltanschauung* implicite d'où émerge la motivation et la plausibilité d'une division des énoncés entre analytiques et synthétiques. Je suppose que cette *Weltanschauung* est une survivance plus ou moins atténuée du réductionnisme phénoméniste.

| Un philosophe peut avoir rejeté le phénoménisme au sens **139** pleinement réductionniste, et préféré admettre que les énoncés sont pour la plupart chargés d'un fardeau extra-phénoménal irréductible en plus de leur contenu phénoménal. Mais il peut continuer à soutenir (a) que les énoncés possèdent bien encore leur contenu phénoménal, ou ce qu'il en reste, comme énoncés séparés pris individuellement ; ou il peut plutôt soutenir (b) que les énoncés sont liés au témoignage des sens uniquement d'une manière systématique ou holiste qui interdit toute répartition énoncé par énoncé de certificats sensoriels. S'il va jusqu'à soutenir le vestige (a) du réductionnisme phénoméniste, il trouvera alors naturel d'accepter une division de principe entre

vérités analytiques et synthétiques, les premières étant celles dans lesquelles le contenu phénoménal est nul. Si, par contre, sa position est (b), on peut s'attendre à ce qu'il ne trouve aucun moyen de mettre certaines vérités en quarantaine empirique tout en jugeant le reste exempt de contamination. Pour lui, la contribution apportée par la signification linguistique à la connaissance et celle apportée par le témoignage sensoriel sont trop inextricablement entrelacées pour admettre une séparation phrase par phrase.

Ma position personnelle est (b). Je concède qu'un événement sensoriel donné semble se rapporter plus directement à certains énoncés qu'à d'autres ; j'admets également que certains énoncés semblent moins directement concernés que d'autres par les événements sensoriels en général ; mais je pense que ces variations peuvent être considérées comme des effets de surface sporadiques, sans préjudice à (b) comme principe fondamental[b]. Mes doutes concernant la notion d'analyticité sont ainsi des doutes principiels. Mais, pareillement, ceux qui adoptent la notion l'adoptent surtout par principe, concédant sans difficultés que la limite entre l'analytique et le synthétique peut être, dans son application, embarrassante et peu concluante.

Le but de la digression précédente n'est pas d'invoquer ma philosophie pour critiquer le livre d'un autre. Il y a plutôt trois autres raisons. Une première est que les doutes sur l'analyticité et les notions reliées ne sont pas juste des chicaneries à propos de frontières floues. Une seconde est que ces notions sont trop étroitement liées avec une position philosophique contestable pour être bien adaptées aux rôles majeurs que M. Strawson

---

b. Voir mon article « Two dogmas of empiricism », p. 40 *sq.*

leur assigne dans son projet de clarifier la logique élémentaire du point de vue du langage ordinaire. | La troisième est que je **140** verrais M. Strawson lui-même plutôt pencher vers (b) que vers (a), étant donnée son insistance sur les réalités du langage du sens commun.

Il se montre souvent conscient du fait qu'il y a des difficultés dans l'application de l'analyticité et des notions liées. Il écrit page 5 :

> Qu'est-ce qui rend les prédicats incompatibles ? […] C'est nous, les créateurs du langage, qui rendons les prédicats incompatibles. […] Une frontière doit être tracée pour limiter l'applicabilité d'un mot utilisé pour décrire des choses ; et c'est nous qui décidons où les frontières doivent être tracées.
> Cette métaphore d'un tracé de frontières est, par certains aspects, trompeuse. Je ne veux pas dire par là que nous prenons souvent consciemment des décisions de cet ordre […] ni que les décisions que nous prenons, lorsque nous les prenons, sont des décisions purement verbales.

Page 91, il écrit :

> Peut-être souffrons-nous ici du caractère rudimentaire de notre notion d'implication.

Page 231, il écrit :

> Nous pouvons bien souvent hésiter à dire si une phrase est analytique ou synthétique ; et l'imprécision de cette distinction, lorsqu'elle est appliquée au langage ordinaire, reflète une imprécision dans l'application de la notion d'implication au discours ordinaire.

Cette dernière observation, tout à fait louable, aurait bien pu amener un philosophe du langage ordinaire à remettre en question son utilisation de la notion d'analyticité comme clef de voûte. Mais, comme je l'ai souligné dans les pages précédentes, la notion possède un défaut plus sérieux encore que son caractère vague.

II. Vérité logique

Si l'auteur a utilisé avec l'analyticité une clef de voûte trop souple et friable, il est alors juste de demander ce qu'il aurait pu utiliser à la place. Dans la mesure où il utilise la notion d'analyticité pour définir le domaine de la logique, ma réponse est la suivante : il aurait pu utiliser, à la place, les notions de vérité et de vocabulaire logique. Une fois ces notions données, le travail de la logique formelle peut être décrit comme celui de trouver des formes d'énoncés qui sont *logiques*, au sens où elles ne contiennent pas de constantes au-delà du vocabulaire

141 logique, | et (extensionnellement) *valides*, au sens où tous les énoncés exemplifiant la forme en question sont vrais. Les énoncés exemplifiant de telles formes peuvent être dit *logiquement vrais*. Aucune doctrine n'est ici suggérée concernant les fondations épistémologiques de la vérité logique; pas d'affirmation ou de rejet du conventionnalisme (quoi que cela puisse être), ni d'effort pour séparer l'analytique du synthétique.

M. Strawson observe (p. 40 *sq.*) et avec raison (si pour le moment nous mettons de côté tous les doutes concernant la notion d'analyticité), que les énoncés analytiques ne sont pas tous des instances de formes logiques dont toutes les instances seraient analytiques. Il cite comme exemples du contraire des énoncés de la forme non-logique :

x est un fils cadet $\supset$ x est un frère [c]

Il reconnaît cependant que les cas de cette dernière forme ne sont pas supposés être pris en charge par les règles de la logique. Les formes que le logicien veut comme théorèmes sont, selon l'explication de M. Strawson lui-même, uniquement les formes logiques dont toutes les instances sont analytiques. Cette explication correspond à celle de mon précédent paragraphe, si l'on excepte le fait qu'elle met « analytique » à la place de « vrai ». En termes de portée nette, ces deux explications de la logique ne diffèrent pas ou très peu. Elles pourraient différer en ce que certaines formes logiques dont la validité dépend de la taille de l'univers auraient droit au statut de théorème pour mon livre de logique mais pas pour le sien ; mais il faudrait que je comprenne mieux l'analyticité pour être sûr ne serait-ce que de cela.

J'ai recommandé ci-dessus que la caractérisation par M. Strawson de la portée de la logique en termes d'analyticité soit abandonnée au profit d'une caractérisation en termes de vocabulaire logique et de vérité. Je supposerai que le vocabulaire logique est uniquement spécifié par énumération. Si cet élément qui semble être arbitraire est un défaut, alors c'est également un défaut dans la caractérisation de M. Strawson ; celle-ci dépend en effet également de la notion de vocabulaire logique *via* celle de forme logique. M. Strawson peut encore avoir le sentiment de mettre en évidence la nature essentielle de la logique de manière plus complète que ma caractérisation ne le ferait, puisque les vérités logiques se révèlent être pour lui une partie (mais cependant pas la totalité) des énoncés

c. Pour une discussion plus approfondie de cette différence, voir « Two dogmas of empiricism ».

analytiques. Cependant, celui qui rejette la notion d'analyticité répugne moins que d'autres à considérer que les frontières
de la logique, comme celles de la biochimie ou d'autres
disciplines, sont dans une certaine mesure capricieuses.

142 | La notion d'analyticité, telle qu'elle est employée dans la
caractérisation de la logique de M. Strawson, a laissé place
dans ma caractérisation alternative à la notion de vérité. La
notion de vérité est bien sûr également l'une des notions dont
M. Strawson fait souvent usage au cours de son ouvrage. Peut-
être considère-t-il la notion comme intelligible uniquement
comme « somme » d'analyticité et de vérité empirique ; dans
ce cas, la répugnance à œuvrer sans la notion d'analyticité
semble d'autant plus compréhensible. Mais, en fait, la notion
inclusive de la vérité est un point de départ bien moins douteux
que celui d'analyticité ; car nous comprenons dans quelles
circonstances il est possible de dire de *n'importe quel* énoncé
donné qu'il est vrai aussi clairement que nous comprenons
l'énoncé lui-même.

Le groupe de notions engendré par la notion d'analyticité,
c'est-à-dire l'implication, l'inconsistance et la synonymie,
trouve son équivalent dans le groupe de notions issu de la
vérité logique au sens défini quelques paragraphes plus haut.
Ainsi, tout comme un énoncé en implique [*entails*] un autre si
le conditionnel correspondant (« ⊃ ») est analytique, pour moi
un énoncé en implique [*implies*] (logiquement) un autre si ce
conditionnel est logiquement vrai. Tout comme un énoncé est
inconsistant pour M. Strawson si sa négation est analytique,
pour moi il sera inconsistant, ou logiquement faux, si sa négation est logiquement vraie. Il convient de noter, dans mes
réserves envers la notion d'analyticité, que la plus grande
partie de l'usage que M. Strawson fait de l'analyticité et de
l'implication [*entailment*] au cours de ses développements

logiques ressemble fortement à mon usage de la vérité logique et de l'implication [*implication*] dans mes *Methods of Logic*. D'un autre côté, on trouve dans le livre de M. Strawson des passages longs et peu concluants qui disparaitraient si les changements recommandés étaient faits.

III. Des mots aux symboles
Lacunes de valeur de vérité

La logique, pour chacun des deux aspects opposés ci-dessus, est logique *formelle* dans un sens étroit qui exclut ces opérations préparatoires par lesquelles, en logique appliquée, les phrases du langage ordinaire sont ajustées aux formes logiques par interprétation et paraphrase. M. Strawson insiste sur l'ampleur de ces manœuvres applicatives et je suis tout à fait d'accord là-dessus. Les considérations qui y sont impliquées méritent l'attention des textes de logique, et l'ont parfois reçue ; rarement, cependant, avec le soin bienveillant et la subtilité que M. Strawson leur accorde.

Une divergence remarquable entre le langage utilisé et le langage représenté dans les formes logiques est la correspondance de | nombreuses expressions d'un côté avec un petit **143** nombre de l'autre. La réduction de la riche variété de constructions grammaticales plus ou moins interchangeables et des locutions logiques du langage ordinaire à un minimum commodément standardisé est un impératif pour une utilisation algorithmique ; car la puissance et la simplicité d'un algorithme, ou d'ailleurs de n'importe quelle théorie, dépend du fait d'avoir beaucoup d'occurrences de peu d'éléments plutôt que peu d'occurrences de beaucoup d'éléments.

D'autres divergences entre les langages utilisés et le langage tel que reflété dans les formes logiques subsistent une fois achevées des réductions du type que nous venons de mentionner; car les particules logiques rescapées ont des usages dans le langage ordinaire qui divergent des lois formulées par les logiciens. L'échec bien connu des opérateurs d'énoncés ordinaires « ou », « si-alors », « et » et « non » à se conformer dans tous les cas aux préceptes de la logique vérifonctionnelle est bien exposé par M. Strawson. Comme la déviation de « et » et « non » est moins radicale que celle des autres, j'ai trouvé pédagogiquement utile (dans mon livre *Elementary Logic*) de traiter la traduction du langage ordinaire en forme logique, au niveau vérifonctionnel, comme canalisée par « et » et « non »; et M. Strawson emboîte le pas.

De tels échecs de correspondance ne sont bien sûr pas confinés au niveau vérifonctionnel. Ils réapparaissent avec « tout » et « quelques », en relation avec la logique de la quantification. M. Strawson développe également ces détails avec beaucoup de sensibilité.

Une autre divergence manifeste entre le langage ordinaire et le langage tel qu'il se reflète dans les formes logiques est l'existence de ce que j'ai appelé les lacunes de valeurs de vérité [*truth-value gaps*]. Une illustration dans mes *Methods of Logic* est le conditionnel, selon son usage ordinaire au mode indicatif. Le conditionnel n'est pas du tout pensé ordinairement comme étant vrai ou faux, mais plutôt ainsi : le conséquent est pensé comme conditionnellement vrai ou faux étant donné l'antécédent. Un autre exemple, *op. cit.*, est fourni par la description singulière; si l'objet qu'elle se propose de décrire n'existe pas, alors les contextes de description ne se voient communément accorder aucune valeur de vérité selon l'usage ordinaire. « La question de leur vérité », comme M. Strawson le formule dans son exposition habile du sujet, « ne se pose pas ».

M. Strawson exploite cette idée dans une défense détaillée de la logique syllogistique traditionnelle à propos de la fameuse question, soulevée par Leibniz et bien d'autres, de la teneur existentielle [*existential import*]. La méthode de M. Strawson est d'interpréter les formes catégoriques pour les besoins de | la logique traditionnelle de manière à ce que là où un terme ne **144** possède pas d'extension, la question de la vérité de l'énoncé catégorique le contenant ne se pose pas. Il défend de manière plausible l'idée que cette conception rend remarquablement justice au langage ordinaire. Sa manière de défendre la syllogistique traditionnelle est, je crois, la meilleure possible.

Une conséquence importante des réflexions de M. Strawson sur les lacunes de valeur de vérité est la théorie, exposée précédemment dans un article de Strawson[d], et qui fait penser à Thomas D'Aquin et à Geach, dans laquelle une distinction est faite entre le rôle référentiel et le rôle prédicatif d'un terme singulier. Cette distinction, dont la littérature logique a peu tenu compte, est importante pour l'appréciation du langage ordinaire ; et, comme M. Strawson le met en évidence, elle révèle l'échec manifeste de la théorie de la description de Russell à correspondre à l'usage ordinaire de « le ».

En temps normal, si le rôle d'un terme singulier dans un énoncé donné est référentiel, la question de la vérité de l'énoncé ne se pose pas dans le cas où l'objet supposé auquel le terme fait référence s'avère ne pas exister. Puisque la logique formelle moderne met fin à toutes les lacunes de valeur de

d. « On referring ».

vérité de ce genre, il n'est pas étonnant qu'il n'y ait rien dans
la logique moderne qui corresponde au rôle référentiel des
termes, au sens de M. Strawson. Il s'emploie à montrer que les
noms propres, comme les appellent les logiciens formalistes,
sont par conséquent loin de correspondre aux termes singuliers
du langage ordinaire.

Sur ce point, il pense que la logique moderne est en
difficulté, car il écrit (p. 216) :

> Maintenant, toute la structure de la logique quantificationnelle,
> avec son appareillage de variables individuelles, semble, ou a
> semblé à la plupart de ses partisans, nécessiter, pour que son
> application au discours ordinaire soit seulement possible, qu'il
> doive exister des expressions individuelles référentielles qui
> puissent apparaître comme valeurs de variables individuelles.

Il est par conséquent important de souligner, contrairement à ce que la citation ci-dessus suggère, que tout ce qui
est ne serait-ce que vaguement analogue à un nom propre ou à
un terme singulier peut systématiquement être complètement
éliminé de la logique moderne, aussi bien en théorie qu'en
application[e].

En admettant la valeur de la distinction entre le rôle
référentiel et le rôle prédicatif comme moyen de saisir le génie
du langage ordinaire, ce serait une erreur d'en conclure que la
145 logique moderne commet une faute en | ne conservant pas
les idiosyncrasies du langage ordinaire que cette distinction fait ressortir. Nous retrouverons la question générale
de la fonction de la logique formelle au § V ci-dessous. En

---

e. *Cf.* mon livre *Methods of Logic*. [Chapitres « Description » et
« Élimination des termes singuliers, p. 242-250, trad. fr. M. Clavelin, Paris,
Armand Colin, 1972.]

attendant, restons-en là avec cette analogie : Weierstrass n'a pas défini l'infinitésimal, mais il a plutôt montré comment poursuivre sans lui.

IV. INSTABILITÉ DE LA VALEUR DE VÉRITÉ. TEMPS

Un autre aspect important sous lequel le langage usuel diverge du langage tel que reflété dans les formes logiques est la variation de la valeur de vérité d'une occurrence à l'autre d'une même phrase. Une telle variation peut être le résultat de l'utilisation d'indexicaux (« je », « ici », « maintenant ») ou de verbes conjugués ; elle peut aussi être due à des ambiguïtés accidentelles, qui peuvent être résolues de manière variée en fonction des contextes et des situations. La logique formelle, d'un autre côté, en développant comme elle le fait des arguments dans lesquels une lettre schématique « p » se retrouve de manière récurrente, est mal appliquée si la phrase représentée par « p » n'est pas pensée comme gardant une valeur de vérité fixe en tout point de l'argument.

En décrivant ces difficultés, M. Strawson adopte une double terminologie : « phrase » par opposition à « énoncé ». Une seule et même phrase peut être utilisée en langage ordinaire pour faire différents énoncés, alors qu'une phrase à laquelle la logique formelle est appliquée doit être considérée comme produisant un énoncé et un seul. En faisant ainsi appel aux « énoncés », non comme à un type de phrase mais comme à des actes exécutés en prononçant des phrases, ou peut-être comme à des contenus véhiculés par des phrases, M. Strawson gagne certainement en facilité d'exposition mais court également un certain risque. Le risque est celui d'hypostasier des entités obscures, peut-être semblables aux « propositions », aux « significations », aux « faits » ou aux « états de choses », et d'y voir une valeur explicative qui ne s'y trouve pas.

En dehors des questions de terminologie, la variation des valeurs de vérité dans le langage ordinaire et l'insistance sur la fixité des valeurs de vérité pour les besoins de la logique formelle sont des points qui ne sont pas moins importants qu'ils ne sont familiers. M. Strawson exagère cependant la limitation de la logique formelle qui en résulte, lorsqu'il écrit (p. 223) :

> (1) que lorsque nous demandons quel usage peut être fait de l'appareillage symbolique de la logique, nous trouvons que, pour certaines raisons générales, il semble adapté au mieux à la tâche de mettre systématiquement au jour les relations logiques entre des phrases répondant à l'idéal d'indépendance des conditions contextuelles.
>
> (2) que les phrases de ce type que l'on rencontre réellement sont les phrases analytiques et les phrases énonçant des lois.

146

La logique formelle serait un luxe plutôt vain si son applicabilité était aussi sévèrement limitée. Pour expliquer pourquoi la logique formelle n'est en réalité pas ainsi limitée, permettez que je me cite (*Methods of Logic*, p. 43) :

> Dans la mesure où l'interprétation des expressions ambiguës dépend du contexte total de l'argument – locuteur, auditeur, date, problème sous-jacent et but visé – il n'y a pas lieu de craindre le sophisme de l'amphibologie ; car on peut escompter que cet arrière-plan influencera uniformément l'interprétation d'une expression ambiguë, chaque fois où cette expression reviendra dans le cours de l'argument […].
>
> Le sophisme de l'amphibologie se fait plutôt jour quand les contextes immédiats influent d'une manière changeante sur l'interprétation d'une expression ambiguë […] de sorte que l'expression subit des modifications de sens dans les limites de l'argument. Dans de tels cas, nous devons reformuler […] au

> point de supprimer cette partie de l'ambiguïté susceptible, si on la laissait persister, d'être finalement résolue dans des directions dissemblables du fait de contextes immédiats différents à l'intérieur de l'argument logique proposé. [trad. fr. p. 57-58]

Peut-être la vision obscure qu'a M. Strawson de la portée de l'applicabilité de la logique formelle peut-elle être partiellement attribuée au fait que les verbes conjugués et non-conjugués [*tenseless*] le mettent en difficulté (p. 150 *sq.*) :

> Par exemple, nous pourrions essayer d'écrire la phrase « Il y avait au moins une femme parmi les survivants » sous la forme « $(\exists x)$ (x est une femme $\cdot$ x était parmi les survivants) ». Mais dire « Il y a au moins une personne qui est une femme et qui était parmi les survivants » suggère pour le moins que la personne est vivante au moment où la phrase est prononcée [...] Remplacer « est » par « était » ne nous aidera pas; cela suscitera simplement la question « Que lui est-il arrivé? A-t-elle changé de sexe? ». La difficulté ne peut pas non plus être évitée en déclarant que « $(\exists x)$ » doit être considéré comme atemporel dans cette phrase; il n'est pas vrai que, lorsque nous parlons de personnes et d'incidents, la question de la référence temporelle ne se pose pas.

L'erreur de M. Strawson apparaît lorsqu'il dit « La difficulté ne peut pas non plus être évitée [...] ». La seule attitude qu'on puisse tenir face aux quantificateurs et autres notations de la logique formelle est de toujours les considérer, dans tous les contextes, comme atemporels. Cela ne veut pas dire que les valeurs de « x » ne puissent pas elles-mêmes être des événements-choses [*thing-events*], des êtres à quatre dimensions dans l'espace-temps; cela signifie seulement que la date doit être | traitée comme le lieu, la couleur, la gravité 147 spécifique, etc. – et par conséquent non pas comme une restriction sur « $\exists$ », mais simplement comme l'un des divers attributs des événements-choses qui sont valeurs de «x». Quand «x» parcourt plutôt des nombres, M. Strawson se rend compte que la bonne manière de lire «$(\exists x)$» est «Il [existe] dans la série numérique un nombre x tel que», où [existe] n'est pas temporellement marqué; mais il ne se rend pas compte que «$(\exists x)$» doit pareillement être lu «Il [existe] dans l'espace temps un événement-chose x tel que» lorsque «x» parcourt les hôtes quadridimensionels des ères et galaxies de l'espace-temps. N'importe quelle valeur de «x» dans ce dernier univers de discours spatio-temporel aura en fait un temps, tout comme n'importe quelle valeur de «x» dans le précédent univers de discours numérique aura en fait un plus grand facteur premier; mais le [existe] ou «$\exists$» en lui-même ne parle pas plus de temps que de facteurs premiers.

Le moyen de traduire l'exemple de M. Strawson est «$(\exists x)$ (x [est] une femme . x était parmi les survivants)» avec «[est]» atemporel et, comme toujours, «$\exists$» atemporel. Sans doute «était» fait-il ici référence à un temps ou à une circonstance implicite dans le contexte manquant; si on le suppose donné par une constante «D» (par exemple, «le naufrage du *Lusitania*»), alors l'ensemble équivaut à «$(\exists x)$ (x [est] une femme . x [est] parmi les survivants de D)», entièrement atemporel.

L'exemple ci-dessus n'est pas curieux, mais typique. La conception quadridimensionelle de l'espace-temps est une partie intégrante de l'usage de la logique formelle moderne, et en particulier de l'usage de la théorie de la quantification, appliquée aux affaires temporelles. Le fait que la logique formelle appelle à un éloignement aussi drastique de la structure du langage indo-européen, imprégnée par le temps, pourrait être vu comme une critique. Mais la meilleure façon de voir les choses est de reconnaître aussi bien dans l'approche quadridimensionnelle, avec ses avantages techniques notables, que dans la théorie de la quantification, avec les siens propres, deux contributions corrélées à la méthode scientifique.

On pourrait difficilement exagérer l'importance de reconnaître l'atemporalité de la quantification concernant les entités temporelles. Ce principe a naturellement été suivi par quiconque a sérieusement tenté d'appliquer la logique moderne aux entités temporelles [f]. Je ne vois aucune raison d'attendre une application cohérente de la théorie de la quantification aux questions temporelles sur quelque autre base.

Je suggérais tout à l'heure que l'échec de M. Strawson à se rendre compte | de l'atemporalité de la quantification concer- **148** nant les entités temporelles pouvait être un facteur de sa sous-estimation de la portée de la logique moderne. J'aimerais aller plus loin et dire que je ne vois pas comment, en manquant d'apprécier l'atemporalité de la quantification concernant les entités temporelles, on pourrait raisonnablement prendre la logique moderne vraiment au sérieux. Après s'être peut-être étonné des doutes de M. Strawson sur la logique, on en vient plutôt à s'émerveiller de sa tolérance.

V. La place de la logique formelle

La réduction du langage ordinaire sous forme logique s'effectue, comme noté dans le § III ci-dessus, à au moins deux niveaux : une réduction de la variété des idiomes et des constructions grammaticales, et une réduction de chaque idiome survivant à une interprétation fixe et commode. Cette

---

f. Par exemple : Carnap, *Der logische Aufbau der Welt*; Woodger, *The Axiomatic Method in Biology*; Woodger, *Biology and Language*.

interprétation fixe sera de plus forcément assez pickwickienne, comme il ressort des § III-IV ci-dessus. Maintenant,
M. Strawson présente cette activité comme une sorte de *hobby* :

> Les logiciens aiment présenter un système soigné de règles
> interconnectées. La clarté d'un système pourrait en pâtir s'il
> possédait trop de constantes [p. 49].
>
> Et c'est cet idéal de systématisation qui a le plus profondé-
> ment influencé le développement moderne de la logique, si
> profondément que l'idée originale de simplement codifier les
> principes les plus généraux auxquels nous faisons appel en
> réalisant nos évaluations logiques a été pratiquement perdue
> de vue […] Le logicien formaliste, en relation avec le langage
> ordinaire, peut être comparé à un homme qui prétendrait
> dresser la carte d'une partie d'un pays dont les contours
> principaux sont hautement irréguliers et changeants. Mais
> notre homme est un géomètre invétéré […]. Naturellement, ses
> cartes ne seront jamais complètement concordantes. [p. 57 *sq.*]

Les plaisirs de la science sont indéniables, mais la
tendance à assimiler ces plaisirs à ceux des plaisirs du jeu peut
être sérieusement trompeuse. Il y a certainement des gens qui
ont abordé les mathématiques et la logique dans le même esprit
qu'ils abordent les échecs. Mais mes soupçons, non dissipés
malgré la tendance à la mode de citer les quaternions comme
l'exemple du contraire, est que ces esprits joueurs ont produit
moins d'importants résultats que ceux pour qui le plaisir en
science est le plaisir de travailler à ses fondements. On ne peut
149 déterminer | si ibn-Tahir et al-Khwarizmi conçurent la numé-
ration arabe et la notation algébrique par goût du jeu, mais la
motivation du traitement « procustéen » du langage ordinaire
dans les mains des logiciens a de toute façon plutôt été celle
d'obtenir une compréhension théorique intuitive comparable à
celle que la numération arabe et l'algèbre ont rendue possible.

Qu'ils n'aient pas espéré en vain, cela est attesté par des découvertes comme celle de Gödel de l'impossibilité d'un système complet de théorie des nombres, et de Church sur l'impossibilité d'une procédure de décision pour la théorie de la quantification.

Mais il n'est pas non plus nécessaire d'avoir des vues aussi élevées; même les banalités obtenues à partir des principes logiques élémentaires de la logique moderne permettent, concernant la relation générale des prémisses à la conclusion dans la science actuelle et le sens commun, un discernement qui est refusé aux hommes hésitant à déranger la moindre particule du langage naturel dans sa pleine concrétude philo-logique. Le naturaliste qui observe la nature uniquement avec les mains dans le dos pourrait développer une inspiration poétique, et il pourrait même apporter une petite contribution à la taxonomie; mais il ne faut pas compter sur lui pour une contribution fondamentale à la théorie scientifique.

L'activité ancillaire d'analyser et de paraphraser les phrases scientifiques du langage ordinaire, afin d'en extraire la forme logique et d'en explorer les conséquences formelles, est en principe comparable à l'activité du physicien qui retravaille et repense ses données et hypothèses sous une forme mathé-matique stéréotypée dans le but de pouvoir leur appliquer les techniques de l'analyse tensorielle ou des équations différen-tielles. C'est une activité importante, qui mérite toute l'atten-tion et la perspicacité que M. Strawson lui consacre. Mon seul différend porte sur l'idée, à laquelle on fait souvent allu-sion, qui veut qu'il soit en quelque sorte erroné d'entreprendre cette activité, et que les logiciens formalistes aient été d'une manière générale entraînés par jeu à se tromper sur le langage – comme si les français trahissaient une ignorance de leur

langue quand ils abandonnent les motifs « *soixante-dix-neuf* »
et « *quatre-vingts* » [1] pour écrire « 79 » et « 80 ».

Les passages longs et pénétrants dans lesquels
M. Strawson esquisse quelque chose comme une logique
du langage ordinaire ont tout l'intérêt et la valeur d'une
enquête philologique habile. Mais c'est une erreur d'imaginer
M. Strawson comme faisant de manière réaliste un travail que
le logicien formaliste, perdu dans ses rêves, a tenté pour sa part
de manière irréaliste. En fait, le travail du logicien formaliste
150 est très | différent, et pourrait être schématisé comme suit. Pour
commencer, décrivons la logique formelle comme une phase
de l'activité d'un hypothétique individu qui est également
physicien, mathématicien, etc. Supposons maintenant que
cet individu surmené soit intéressé par le langage ordinaire,
uniquement comme un moyen pour progresser en physique, en
mathématiques et dans le reste des sciences ; et il est heureux
de quitter le langage ordinaire dès qu'il trouve un outil plus
commode de langage extra-ordinaire, qui soit aussi bien
adapté à ses besoins du moment pour formaliser sa physique,
ses mathématiques, etc. Il abandonne « si-alors » en faveur
de « ⊃ » sans même envisager l'idée erronée selon laquelle ils
sont synonymes : il fait ce changement uniquement parce qu'il
trouve que la raison pour laquelle il a eu *besoin* de « si-alors »,
dans le cadre de son travail scientifique particulier, se trouve
être gérable de manière satisfaisante par un usage quelque peu
différent de « ⊃ » et d'autres procédés. Il fait ce changement et
d'autres dans l'optique de rationaliser son travail scientifique,
de maximiser le potentiel de ses algorithmes ainsi que sa
compréhension de ce qu'il est en train de faire. Peu lui importe

1. En français dans le texte.

à quel point sa notation logique est inadéquate comme reflet du langage vernaculaire, aussi longtemps qu'il peut l'utiliser pour satisfaire tous les besoins particuliers pour lesquels il aurait dû, dans son programme scientifique, se reposer à la place sur cette partie du langage vernaculaire. Il n'a même pas besoin de paraphraser le langage vernaculaire en notation logique, car il a appris à penser directement dans sa notation logique ou même (ce qui est la beauté de la chose) à la laisser penser pour lui.

Non pas que ce langage logique soit indépendant du langage ordinaire. Il a ses racines dans le langage ordinaire et ces racines ne doivent pas être coupées. N'importe qui, même notre hypothétique scientifique logicien et les élèves de ses élèves, est élevé dans le langage ordinaire et ne peut apprendre le jargon technique du scientifique logicien, de « ⊃ » à « dy/dx » ou « neutrino », autrement qu'en apprenant comment le paraphraser en langage ordinaire, du moins en principe. Mais dans ce but, il n'est pas besoin d'une analyse extensive de la logique du langage ordinaire. Il suffit que nous montrions comment réduire les notations logiques à un petit nombre de notations primitives (disons « ∼ », « . », « ∈ » et le quantificateur universel), et ensuite comment expliquer uniquement *celles-ci* en langage ordinaire en utilisant nous-mêmes d'amples paraphrases et scholies tant qu'il est nécessaire pour être précis. Ces explications seraient de nature à exclure, explicitement, tout caprice indésirable | des « non », « et », « est », et **151** « tout » du langage ordinaire ; de manière donc à assurer l'atemporalité, l'éternelle invariance de la valeur de vérité que la logique théorique classique présuppose dans les énoncés auxquels elle est appliquée (*cf.* § IV ci-dessus).

Ne laissons pas inférer du compte rendu ci-dessus que la logique formelle est un outil scientifique sans pertinence philosophique ; ne laissons pas non plus supposer que sa pertinence

philosophique doit consister en une application point par point
au comportement discursif enregistré chez un individu lambda.
La philosophie s'intéresse en grande partie aux soubassements
théoriques, non-génétiques, de la théorie scientifique; à ce qui
pourrait être l'objet de la science, ce qui pourrait être reconstruit avec son aide, en le distinguant de ce que la science a
historiquement utilisé. Si certains problèmes d'ontologie,
disons, ou de modalité, de causalité, ou de conditionnels contre-
factuels qui se posent en langage ordinaire se trouvent ne pas
se poser dans la science telle qu'elle est reconstituée à l'aide de
la logique formelle, alors ces problèmes philosophiques ont
été en un sens important résolus : il a été montré qu'ils ne sont
impliqués dans aucun fondement nécessaire de la science. De
telles solutions ne sont bonnes que dans la mesure où (a) la
philosophie des sciences est bien de la philosophie et (b) les
fondements logiques de la science tels qu'on les a reconstruits
n'engendrent pas de nouveaux problèmes philosophiques
propres.

Un exemple d'une telle élimination de perplexités
philosophiques est la « définition » du nombre par Frege. Un
autre est l'évitement, au moyen de la théorie de la quantification, du substantif trompeur « néant ». Un autre est le recours
à « ⊃ » et aux quantificateurs pour éviter l'expression vernaculaire « si-alors », et les problèmes de cause et de modalité
qu'elle soulève. Et le cas classique est la théorie des descriptions de Russell. M. Strawson (pour revenir à lui après une
absence d'une page et demie) montre de manière compétente
l'échec de la théorie des descriptions de Russell en tant
qu'analyse de l'usage vernaculaire du terme singulier « le »,
mais il ne fait aucun cas de la théorie de Russell comme moyen
de progresser en science sans utiliser aucun réel équivalent
de l'expression vernaculaire « le ». Le « $(\imath x)$ » de Russell est au

vernaculaire « le x tel que » ce que « $\supset$ » est au vernaculaire
« si-alors » ; dans aucun des deux cas nous n'avons une *traduction*, mais dans les deux cas nous avons un important moyen
d'évitement à but scientifique. Et dans les deux cas, nous avons
par conséquent des solutions aux problèmes philosophiques,
en un sens important de cette expression.

| ## VI. PERPLEXITÉ SUR LA TRANSITIVITÉ **152**

M. Strawson compare (p. 40-46) les formes d'inférences :

(1)   tous les f sont g et x est un f $\therefore$ x est un g,
(2) x est un frère cadet $\therefore$ x a un frère,
(3) xRy et yRz $\therefore$ xRz.

Il observe que toutes les inférences de la forme (1) et
(2) sont valides (en fait analytiquement valides), alors que
seulement quelques inférences de la forme (3) sont valides.
En particulier, les inférences de la forme (3) qui sont valides
(analytiquement) sont par exemple plus spécifiquement de
la forme :

(4) x est congruent à y et y est congruent à z $\therefore$ x est
        congruent à z,
(5) x est un ancêtre de y et y est un ancêtre de z $\therefore$ x est un
        ancêtre de z,
(6) x est plus rapide que y et y est plus rapide que z $\therefore$ x est plus
        rapide que z.

Il continue en observant que les formes (1) et (3) sont
logiques (*cf.* § II, ci-dessus), tandis que les formes (2), (4), (5)
et (6) ne le sont pas. Jusqu'ici, tout est en ordre. Mais il poursuit
ensuite son exposé avec une embarrassante expression de
perplexité quant à (3). « Certains logiciens » écrit-il, « ont senti

que tous les mots qui, à la place de «*R*» [dans (3)], produi-
raient des modèles d'inférence valides *devraient* posséder une
caractéristique verbale commune ». Il poursuit en affirmant, à
juste titre, que ces logiciens (qui qu'ils puissent être) ont tort.
Mais il revient plus longuement à (3) plus loin dans le livre
(p. 53-55, 203, 207-208, 210); et le lecteur sent qu'il y a encore
là une incertitude dans l'esprit de l'auteur, aussi bien à cause
de l'usage disproportionné de l'espace que de deux autres
passages qui suivent.

Dans l'un de ces passages (p. 207 *sq.*), il cite «l'inférence
transitivement relationnelle » comme un exemple de ce que la
logique formelle traditionnelle ne pourrait pas faire. «Les
tentatives », continue-t-il, «[…] de maintenir la réductibilité,
par exemple des inférences transitivement relationnelles, à la
forme syllogistique, ont un certain intérêt […]. La tentative la
plus élémentaire introduit simplement le principe […] comme
une prémisse supplémentaire, à ajouter à celles de l'inférence
153 originale ». | Mais que peut faire la logique moderne de plus
que cela pour «l'inférence transitivement relationnelle »? (3)
n'est pas une loi d'une quelconque logique, comme l'auteur
lui-même l'a souligné dans d'autres pages. *Toute* logique aura
besoin de renforcer (3) avec une prémisse supplémentaire
appropriée de la forme :

(7) $xRy \cdot yRz \cdot \supset xRz,$

à l'exception de ces exemples particuliers où la transitivité se
trouve être logiquement démontrable. Cette remarque est en
fait une pure tautologie.

Dans l'autre passage (p. 204), il classe comme transitifs les
prédicats relationnels qui, si on les substitue dans (7), produisent des formules *analytiques*. Mais l'usage standard requiert
uniquement, pour la «transitivité», que (7) se révèle *vraie*

pour tout x, y et z. Cette divergence peut suggérer un indice expliquant la préoccupation très particulière de l'auteur pour la transitivité : peut-elle être reliée à l'idée que (7) est vraie analytiquement à chaque fois qu'elle est vraie pour tout x, y et z ? Et si il pense cela, le pense-t-il parce que (7) est une formule logique ? Mais cela serait une erreur. La transitivité est effectivement un caractère logique, en ce que (7) est une formule logique. De la même façon, la nullité est un caractère logique en ce que « $(x) \sim fx$ » est une formule logique ; mais la possession de la nullité (ou la réalisation de « $(x) \sim fx$ ») par le prédicat de « griffonité » est une question de zoologie empirique. La réalisation de (7), pour tout x, y et z par un prédicat donné peut être tout aussi accidentelle. Exemple : Prenons « xRy » dans (7) comme « x et y sont des habitants des Açores occidentales et vivent à moins de dix miles l'un de l'autre ». (Ici, le fait pertinent est que les Açores occidentales sont mutuellement éloignées de onze miles et que la plus grande d'entre elles est longue de dix miles).

Concernant les idées erronées que j'ai attribuées à M. Strawson dans les spéculations psychologiques du paragraphe précédent, sa seule responsabilité est de m'avoir amené à spéculer. Il y a des passages, par exemple, au bas de la page 54 et dans la suivante, où ses opinions sur la transitivité semblent tout à fait correctes ; mais les longs passages qu'il ajoute provoquent l'étonnement. À vrai dire, le sujet de la transitivité n'aurait pas dû l'occuper bien au-delà des observations faites dans le premier paragraphe de la section présente de cette recension. (7) est comparable, en terme de statut logique, avec « $\sim fx$ » ou « $(x) \sim fx$ » (comme noté précédemment), et (3) est comparable avec :

(8) $fx \therefore gx.$

Elles sont comparables comme étant logiques, non-valides et possédant certains cas de validité. Quelques cas de (3) sont **154** analytiquement valides, | par exemple (4)-(6), et d'autres non ; quelques cas de (8) sont analytiquement valides, par exemple (2), et d'autres non. De plus, pour certains choix de « *R* », (3) n'est pas analytiquement valide mais mène néanmoins toujours, à l'aide de prémisses vraies, à de vraies conclusions, comme en témoigne l'exemple des Açores. Il en va de même, bien sûr, pour (8).

VII. Observations critiques supplémentaires

La valeur directe du livre est très considérable et se situe dans le domaine de l'analyse logique du langage ordinaire. Ce livre possède également une valeur supplémentaire, d'une manière ironiquement négative : les mêmes conceptions erronées que j'ai combattues dans cette recension sont, au plan philosophique, suffisamment significatives pour qu'il soit important de les révéler au grand jour, en particulier parce qu'elles ne sont probablement pas propres à M. Strawson. Enfin, il serait difficile de nier que différents artisans de la logique moderne ont parfois travaillé avec des conceptions erronées qui leur étaient propres ; et certaines d'entre elles sont utilement corrigées par M. Strawson.

La valeur de ce livre, à ce dernier égard, aurait été augmentée si l'auteur avait fait référence à la littérature. L'anonymat de ses « les logiciens formels disent » donne l'impression que Strawson affronte un homme de paille [*Strawson vs Strawman*]. S'astreindre à se documenter sur ses adversaires aurait ainsi pu opérer ici et là comme un correctif, en l'amenant à se demander si les logiciens formalistes pensaient réellement sur certains points comme il supposait qu'ils le faisaient. L'absence presque totale de citations possède également d'autres désavantages en dehors de l'aspect polémique. En trouvant dans le livre tant de choses familières mais non citées, un lecteur « non-omnivore » court le danger d'imaginer que les passages inconnus sont également anciens, et par là de ne pas rendre justice à l'auteur. Peut-être que le summum de la non-citation apparaît page 99, où il est dit que le cinquième axiome vérifonctionnel de Russell et Whitehead sur le calcul des propositions est superflu ; la seule mention de Bernays aurait permis au lecteur curieux de chercher la preuve, à l'aide par exemple de la *Bibliographie* de Church.

Le reste de ce compte rendu sera consacré à une série de divers points de critiques, dont chacun peut être traité en moins d'espace que ceux déjà réglés dans les sections précédentes.

Il existe une idée récurrente parmi les philosophes selon laquelle un prédicat | ne peut être nié de manière significative **155** que de choses qui sont d'une certaine manière homogènes en termes de catégorie avec les choses auxquelles le prédicat s'applique ; ou que le complémentaire d'une classe ne comprend que les choses qui, en dehors de cette classe, appartiennent d'une certaine manière à la même catégorie que les membres de la classe. Ce point de vue apparaît pages 6, 112 et ailleurs. C'est une partie intégrante de la doctrine selon laquelle « Cette pierre pense à Vienne » (exemple de Carnap) est dénué de sens plutôt que faux. Cette attitude est sans aucun doute encouragée par la théorie des types de Russell à laquelle, soit dit en passant, M. Strawson pense que la logique moderne est fermement attachée (*cf.* p. 227). En opposition à cette attitude, il est bon de noter trois points : le manque de clarté de la notion de catégorie impliquée, l'inutilité pour la logique formelle de telles restrictions sur la négation et le complémentaire, et les simplifications théoriques considérables qui sont gagnées en levant de tels interdits. Il ne s'agit pas de nier l'importance, pour la linguistique, de ce que les linguistes appellent classes de substitution, et par moments M. Strawson a essentiellement cette notion à l'esprit (*cf.* p. 226); mais les besoins et les buts de la linguistique sont très différents de ceux de la logique formelle.

L'auteur écrit page 16 que : « Dire de deux énoncés qu'ils sont contradictoires, c'est dire qu'ils sont mutuellement inconsistants et qu'aucun énoncé n'est inconsistant avec les deux ». Mais cela n'est pas satisfaisant quand S est par lui-même inconsistant, et par conséquent inconsistant avec tout énoncé. La définition de « contraires », sur la même page, est sujette à une difficulté similaire. Ma critique dépend certes du fait d'assumer qu'un S inconsistant en lui-même compte comme un énoncé, mais je pense y être autorisé par le bas de la page 8.

Un problème connexe apparaît page 87, où « si » est opposé à « ⊃ » : « Comme exemple de loi valable pour "si" mais pas pour "⊃", nous pouvons citer la formule analytique "∼[(si p, alors q)·(si p, alors non q)]" ». Mais comment cette formule soi-disant analytique se comporte-t-elle lorsque « p » devient « q·∼q » ? On peut supposer que « si q·∼q, alors q » est vrai, en tant que cas particulier de « si q·r, alors q »; et pareillement pour « si q·∼q, alors ∼q ». La justification de l'auteur serait peut-être que, dans mon exemple, la question de la vérité « ne se pose pas » avec un « si » ordinaire (*cf.* § III de cette recension); si c'est le cas, ce passage appelle un développement.

Que les deux alinéas précédents mettent ou non en
156 évidence deux véritables | cas d'incapacité à admettre une

composante toujours fausse, en tout cas une telle omission apparaît sans équivoque page 204. Une assertion sur cette page s'appuie sur l'incompatibilité de :

$$(x)(y)(z)(fxy \cdot fyz \cdot \supset fxz), \qquad (x)(y)(z)(fxy \cdot fyz \cdot \supset \sim fxz) \,[g],$$

alors qu'en réalité les deux formules se trouvent être vraies si $(x)(y) \sim fxy$.

Page 17, ligne 18, « les deux » doit être lu « chaque » pour éviter une ambiguïté.

Dans la définition en italique de « vérifonctionnel » page 66, les mots « *et uniquement* » devraient être supprimés. S'ils ajoutent quelque chose, ce qu'ils ajoutent est faux car nous pouvons souvent connaître la vérité d'un composé vérifonctionnel sans connaître la valeur de vérité d'aucun composant. Une remarque similaire s'applique à « seulement » au milieu de la page 69.

Page 66, et de nouveau page 216 (cité en III ci-dessus), l'expression « valeur d'une variable » est utilisée, contrairement à l'habitude, pour faire référence à des expressions constantes substituables plutôt qu'aux objets de l'univers de discours que parcourt la quantification. Ce dernier usage, plus orthodoxe, apparaît au bas de la page 112. Page 66 les « variables » sont des lettres d'énoncés non quantifiables ; il aurait donc été dans ce cas plus naturel de ne pas les considérer du tout comme prenant des valeurs, mais d'en parler comme représentant les phrases, c'est-à-dire occupant leur place.

M. Strawson est plutôt bon sur « $\supset$ » et « si-alors ». Il observe avec raison les divergences entre les deux et souligne

---

g. Ici et ailleurs, même dans les citations, je m'écarte légèrement des conventions de l'auteur en matière de points.

que « $p \supset q$ » est plus exactement lu comme « non (p et non q) »
que comme « si p alors q ». Il se montre conscient qu'une
correspondance comme celle que « $\supset$ » entretient avec
« si-alors » est meilleure que la correspondance avec
« implique ». Mais ces deux idées tournent court. Les pages
218 *sq.* sembleraient moins étranges et plus évidentes s'il
y réemployait la lecture « non (p et non q) ». De même, la
terminologie « implication matérielle et équivalence », qu'il
déplore avec raison page 94 mais continue d'utiliser, aurait pu
être facilement omise dans l'ensemble du livre en faveur de la
terminologie moins critiquable « conditionnel matériel et
biconditionnel », dont le cours connaît une augmentation
encourageante dans la littérature.

157 Page 106, « ou les docteurs » devrait être remplacé deux
fois par « et | les docteurs ». La raison est que la somme logique
des classes est représentée plutôt par « et » que par « ou » dans
le langage ordinaire, comme l'auteur l'a correctement noté à la
page précédente.

Page 124, en petits caractères, l'auteur spécule sur la
possibilité d'une procédure mécanique pour tester la validité
des fonctions de vérité des formules de l'algèbre booléenne
des classes, sans remarquer que la littérature en contient
plusieurs[h]. Ces techniques sont pour la plupart, telles qu'elles
sont publiées, faites pour la notation de la théorie monadique
de la quantification, mais elles peuvent être facilement adaptées à l'autre notation. En fait, l'auteur spécule sur la possibilité d'un test d'une version un peu spéciale ; néanmoins, le
lecteur devrait être informé que les tests sont à disposition.

---

h. Pour l'une d'entre elles, ainsi que pour des références à d'autres, voir
mes *Methods of Logic*. [Chapitre « Test de validité » p. 114-119.]

Page 140, « Personne n'aime sans que quelqu'un ne souffre » est rendu de manière erronée par « $(x)(\exists y)\,[\sim(x=y)\cdot fx\cdot\supset gy]$ ». Cela devrait être « $(x)(\exists y)\,[fx\supset\,\sim(x=y)\cdot gy]$ ». La formule de M. Strawson est un truisme logique, que l'on peut démontrer ainsi : $x=x$; par conséquent $\sim(x=x)\cdot fx\cdot\supset gx$; par conséquent $(\exists y)\,[\sim(x=y)\cdot fx\cdot\supset gy]$.

Page 149, où l'auteur explique la théorie des descriptions de Russell, la paraphrase qu'il donne pour « le roi d'Angleterre a souri » est redondante : « x est le roi d'Angleterre » peut être supprimé, puisqu'il suit du quantificateur suivant. Ou, s'il veut garder la clause redondante pour des raisons de clarté, il pourrait aussi bien affaiblir « $\equiv$ » en « $\supset$ » dans le quantificateur qui suit. La même critique s'applique page 185 et encore une fois page 186.

TROIS DEGRÉS D'IMPLICATION
DANS LA MODALITÉ *

Publication originale dans *Proceedings of the XIth International Congress of Philosophy, Brussels, 1953*, Amsterdam, North-Holland, 1953, volume 14, p. 65-81.

Il y a plusieurs opérateurs étroitement reliés entre eux, appelés opérateurs *modaux*, qui sont caractéristiques de la logique modale. Il y a les opérateurs de *nécessité*, de *possibilité*, d'*impossibilité*, de *non-nécessité*. Il y a aussi les opérateurs binaires, ou connecteurs, d'*implication stricte* et d'*équivalence stricte*. Ces divers opérateurs sont facilement définissables en termes les uns des autres. Ainsi, l'impossibilité est la nécessité de la négation; la possibilité et la non-nécessité sont les négations de l'impossibilité et de la nécessité; et l'implication stricte et l'équivalence stricte sont la nécessité du conditionnel et celle du biconditionnel. Pour un examen philosophique de la logique modale, nous pouvons donc la plupart du temps nous limiter commodément à un seul opérateur modal, celui de *nécessité*. Quoi qu'on puisse dire à propos de la

* Traduit par Philippe de Rouilhan.

nécessité, on peut aussi le dire, au prix d'ajustements faciles et évidents, à propos des autres modes.

Il y a trois degrés différents auxquels nous pouvons permettre à notre logique, ou sémantique, d'embrasser l'idée de nécessité. Le premier ou moindre degré d'acceptation est celui-ci : la nécessité s'exprime par un *prédicat sémantique* qu'on peut attribuer aux énoncés en tant que formes notationnelles – qu'on peut donc attacher aux noms d'énoncé. Nous **159** écrivons, | par exemple :

(1)   Néc « 9 > 5 »,
(2)   Néc (le théorème de Sturm),
(3)   Néc « Napoléon s'est échappé de l'Ile d'Elbe »,

en attachant dans chaque cas le prédicat « Néc » à un nom, un terme singulier, qui est un *nom de* l'énoncé qui est affirmé être nécessaire (ou nécessairement vrai). Des exemples ci-dessus, (1) et (2) seraient sans doute considérés comme vrais et (3) comme faux ; car la nécessité dont il est question en logique modale est généralement conçue comme étant du genre logique ou *a priori*.

Un deuxième degré, plus fort, auquel la notion de nécessité peut être adoptée est sous la forme d'un *opérateur d'énoncé*. Ici nous avons non plus un prédicat, s'attachant aux noms d'énoncé comme dans (1)-(3), mais un opérateur logique « néc », qui s'attache aux énoncés eux-mêmes, à la manière du signe de négation. Dans cet usage, on rendrait (1) et (3) plutôt comme :

(4)   néc (9 > 5),
(5)   néc (Napoléon s'est échappé de l'Ile d'Elbe),

et (2) en préfixant « néc » au théorème de Sturm lui-même plutôt qu'à son nom. Ainsi, alors que « Néc » est un prédicat ou verbe, « est nécessaire », qui s'attache à un nom pour former un énoncé, « néc » est plutôt un adverbe, « nécessairement », qui s'attache à un énoncé pour former un énoncé.

Finalement, le troisième degré, le plus inquiétant, est l'expression de la nécessité par un opérateur de phrase. C'est une extension du deuxième degré, qui va au-delà de celui-ci en autorisant l'attachement de « néc » non seulement aux énoncés, mais aussi aux phrases ouvertes, telles que « $x > 5$ », à titre préparatoire pour l'ultime attachement de quantificateurs :

(6) (x) néc $(x > 5)$,

(7) $(\exists x)$ néc $(x > 5)$,

(8) $(x)[x = 9 \mathbin{.} \supset$ néc $(x > 5)]$.

L'exemple (6) serait sans aucun doute évalué comme faux, et peut-être (7) et (8) comme vrais.

Dans cet article, je chercherai à mettre en évidence la signification logique et philosophique de ces trois degrés d'acceptation d'un moyen d'expression pour la nécessité.

| I   160

J'appelle *purement référentielle*[a] (Frege : *gerade*[b]) une occurrence de terme singulier dans un énoncé si, *grosso modo*, le terme sert simplement, dans ce contexte particulier, à faire référence à son objet. Les occurrences à l'intérieur d'une citation ne sont pas, en général, référentielles ; par exemple, les énoncés :

(9)   « Cicéron » contient sept lettres,

(10)   « $9 > 5$ » contient exactement trois caractères

---

a. *From a Logical Point of View*, p. 75 *sq.*, 139 *sq.*, 145 [trad. fr. *Du point de vue logique*, Paris, Vrin, 2003, p. 117 *sq.*, 197 *sq.* et 204].

b. « Über Sinn und Bedeutung ».

ne disent rien au sujet de l'homme d'état Cicéron ou du
nombre 9. Le critère de Frege pour l'occurrence référentielle
est la substituabilité de l'identité. Puisque

(11)   Marcus Tullius = Cicéron,
(12)   Le nombre des planètes = 9,

absolument tout ce qui est vrai de Cicéron est vrai, *ipso facto*, de
Marcus Tullius (ceux-ci étant une seule et même chose) et absolument tout ce qui est vrai de 9 est vrai du nombre des planètes.
Si, en mettant « Marcus Tullius » au lieu de « Cicéron » ou « le
nombre des planètes » au lieu de « 9 » dans une vérité, par
exemple (9) ou (10), nous nous retrouvons avec une fausseté :

(13)   « Marcus Tullius contient sept lettres »,
(14)   « le nombre des planètes > 5 » contient exactement trois
       caractères,

nous pouvons être sûrs que la position sur laquelle la
substitution s'est faite n'était pas purement référentielle.

L'énoncé (9) ne doit pas être confondu avec

(15)   Cicéron a un nom de sept lettres,

qui dit *bien* quelque chose au sujet de l'homme Cicéron, et
– à la différence de (9) – reste vrai quand le nom « Cicéron » est
supplanté par « Marcus Tullius ».

Suivant une allusion de Russell[c], nous pouvons parler d'un
contexte comme *référentiellement opaque* quand, en introdui-
sant un énoncé ϕ dans ce contexte, nous pouvons rendre non
purement référentielle dans le contexte global une occurrence
purement référentielle dans ϕ. Par exemple, le contexte :

« … » contient exactement trois caractères

---

c. Whitehead et Russell, 2e éd., vol. 1, appendice C.

| est référentiellement opaque; car l'occurrence de « 9 » dans **161**
« 9 > 5 » est purement référentielle, mais l'occurrence de « 9 »
dans (10) ne l'est pas. En bref, un contexte est référentiellement opaque s'il peut rendre non référentielle une occurrence
référentielle.

La citation est le contexte référentiellement opaque par
excellence. Intuitivement, ce qui figure à l'intérieur d'un
contexte référentiellement opaque peut être considéré comme
un accident orthographique, sans statut logique, comme
l'occurrence de « chat » dans « achat ». Le contexte citationnel
« "9 > 5" » de l'énoncé « 9 > 5 » a peut-être, à la différence du
contexte « achat » de « chat », un air trompeusement systématique qui nous donne envie de considérer ses parties comme
ayant quelque chose à voir, logiquement, l'une avec l'autre.
Pour autant que cette tentation existe, il est salutaire de paraphraser les citations en recourant à l'expédient suivant. Nous
pouvons adopter des noms pour chacune de nos lettres et autres
caractères, et le « ⌒ » de Tarski pour exprimer la concaténation. Puis, au lieu de nommer une forme notationnelle en la
prenant tout entière à bras le corps pour la mettre entre guillemets, nous pouvons la nommer en l'épelant. Par exemple,
puisque « μ » est mu, « ε » epsilon et « ν » nu, le mot « $\mu\varepsilon\nu$ » est
mu⌒epsilon⌒nu. De la même manière, l'énoncé « 9 > 5 » est
n⌒s⌒c, si nous adoptons les lettres « n », « s » et « c » comme
noms des caractères « 9 », « > » et « 5 ». L'exemple (10) peut
ainsi être transcrit comme :

(16) n⌒s⌒c contient exactement trois caractères.

Ici il n'y a pas d'occurrence non référentielle du chiffre
« 9 », car il n'y en a pas d'occurrence du tout; et ici il n'y a pas
d'inclusion référentiellement opaque d'un énoncé dans un
autre, parce qu'il n'y a pas d'inclusion d'énoncé du tout.

Paraphraser (10) en (16) pour se débarrasser complètement
de l'énoncé « 9 > 5 » qui y est inclus de façon opaque,
c'est comme paraphraser « achat » par « acquisition » pour se
débarrasser de l'occurrence simplement orthographique du
terme « chat ». Aucune des deux paraphrases n'est obligatoire, mais les deux sont secourables quand les occurrences
irréférentielles attirent indûment l'attention.

L'occurrence d'un énoncé comme partie d'un énoncé plus
long est appelée *vérifonctionnelle* si, à chaque fois que nous
supplantons l'énoncé contenu par un autre énoncé de même
valeur de vérité, l'énoncé contenant reste inchangé quant à sa
valeur de vérité. Naturellement, on ne s'attendrait pas que les
occurrences d'énoncé à l'intérieur des contextes référentiellement opaques, telles que les citations, soient vérifonctionnelles.
Par exemple, la vérité (10) devient fausse quand l'énoncé
contenu « 9 > 5 » est supplanté par un autre, « Napoléon s'est
162 échappé | de l'Ile d'Elbe », de même valeur de vérité que
« 9 > 5 ». De même, par cette même substitution, la vérité (1)
est transformée en la fausseté (3). On pourrait ne pas s'attendre
à ce que les occurrences d'énoncé à l'intérieur d'énoncés soient
vérifonctionnelles, en général, même quand les contextes ne
sont pas référentiellement opaques; certainement pas quand
les contextes sont référentiellement opaques [1].

En logique mathématique, cependant, une règle d'*extensionalité* est largement adoptée : celle de n'admettre d'énoncé
à l'intérieur d'énoncés que vérifonctionnellement (mis à part,

---

1. Notre traduction est ici parfaitement fidèle à la phrase d'origine. Nous
croyons devoir la comprendre ainsi : on pourrait soupçonner que, même en se
limitant aux contextes qui *ne* sont *pas* référentiellement opaques, certaines
occurrences d'énoncé à l'intérieur d'énoncés ne sont pas vérifonctionnelles;
ce soupçon devient une certitude si l'on considère les contextes qui *sont*
référentiellement opaques.

évidemment, les contextes tels que la citation, qui sont référentiellement opaques). Notez que le prédicat sémantique
« Néc » de (1)-(3) peut être réconcilié avec cette règle d'extensionalité, puisque toute entorse qu'il implique, *prima facie*,
à son égard est partagée par des exemples comme (10) et
peut être attribuée à l'opacité référentielle de la citation.
Nous pouvons toujours recourir à l'expédient de l'épellation,
réécrivant ainsi (1) comme :

(17) Néc (n⌢s⌢c).

L'énoncé (17), comme (16) et en fait comme (2) et à
la différence de (1) et de (3), ne contient aucun énoncé
composant, mais seulement un nom d'énoncé.

L'opérateur d'énoncé « néc », en revanche, est un manquement prémédité à l'extensionalité. L'occurrence de la vérité
« $9 > 5$ » dans (4) est non vérifonctionnelle, puisque, en la
supplantant par une vérité différente, nous pouvons convertir
le contexte vrai (4) en une fausseté telle que (5). De telles
occurrences, d'ailleurs, ne sont pas considérées comme étant
de quelque façon illégitimes ou sans rapport avec la structure
logique, comme les occurrences en contexte de citation ou
comme « chat » dans « achat ». Au contraire, la logique modale,
dont (4) est un énoncé typique, est habituellement mise en
avant comme un correctif de l'extensionalité, un supplément
dont a besoin ce qui, sans lui, serait une logique appauvrie.
L'occurrence vérifonctionnelle n'est en aucune façon la règle
dans la langue ordinaire, comme en témoignent les occurrences d'énoncé gouvernées par « parce que », « pense que »,
« souhaite que », etc., aussi bien que « nécessairement ». Les
logiciens modaux, en adoptant « néc », n'ont vu aucune raison
de supposer qu'une logique adéquate pût adhérer à la règle
d'extensionalité.

Mais, malgré tout l'empressement des logiciens modaux à faire fi de la règle d'extensionalité, y a-t-il réellement une quelconque différence – pour ce qui est de l'extensionalité – entre leur opérateur d'énoncé « néc » et le prédicat sémantique « Néc », qui est tout à fait admissible du point de vue extensionnel ? On pouvait excuser ce dernier, du point de vue de la règle d'extensionalité, en pointant l'opacité référentielle de la

163 citation. Mais | on peut de même excuser l'opérateur d'énoncé « néc », du point de vue de la règle d'extensionalité, en pointant l'opacité référentielle de « néc » lui-même ! Pour voir l'opacité référentielle de « néc », nous n'avons qu'à noter que (4) et (12) sont vrais et que pourtant l'énoncé que voici est faux :

(18)   néc (le nombre des planètes > 5)

En bref, l'opérateur d'énoncé « néc » est à parité avec la citation. (1) se trouve écrit avec des guillemets et (4) sans, mais, du point de vue de la règle d'extensionalité, l'un n'est pas pire que l'autre. (1) ne serait préférable à (4) qu'en raison d'une règle auxiliaire possible, enjoignant d'essayer de réduire les contextes référentiellement opaques à une forme uniformément citationnelle.

La violation authentique de la règle d'extensionalité, par l'admission d'occurrences non vérifonctionnelles d'énoncés à l'intérieur d'énoncés *sans* opacité référentielle, est moins facile qu'on ne le suppose au premier abord. L'extensionalité ne s'impose pas seulement d'elle-même pour raison de simplicité et de commodité ; elle repose sur des fondements quelque peu plus contraignants, comme l'argument suivant le révèlera. Imaginez que « p » soit l'abréviation d'un certain énoncé, et « $F(p)$ » celle d'un énoncé vrai le contenant et tel que le contexte représenté par « F » ne soit pas référentiellement opaque. Supposez en outre que le contexte représenté par « F »

soit tel que les équivalents logiques y soient interchangeables *salva veritate*. (Cela est vrai en particulier de « néc ».) Ce que je montrerai, c'est que l'occurrence de « *p* » dans « *F(p)* » est alors vérifonctionnelle. C'est-à-dire, imaginez que « *q* » soit l'abréviation d'un certain énoncé de même valeur de vérité que « *p* »; je montrerai que, comme « *F(p)* », « *F(q)* » est vrai.

Ce que « *p* » représente est un énoncé, donc vrai ou faux (et dépourvu de « *x* » libre). Si « *p* » est vrai, alors la conjonction « $x = \Lambda \cdot p$ » est vraie d'un et un seul objet *x*, à savoir la classe vide Λ; alors que, si « *p* » est faux, la conjonction « $x = \Lambda \cdot p$ » n'est vraie d'aucun objet quel qu'il soit. La classe $\hat{x}(x = \Lambda \cdot p)$, par conséquent, est identique à la classe unité $\iota\Lambda$ ou à Λ elle-même, selon que « *p* » est vrai ou faux. De plus, l'équation :

$$\hat{x}(x = \Lambda \cdot p) = \iota\Lambda$$

est, de par les considérations qui précèdent, *logiquement équivalente* à « *p* ». Alors, puisque « *F(p)* » est vrai et que les *logiquement* équivalents y sont interchangeables, l'énoncé que voici sera vrai :

(19) $F[\hat{x}(x = \Lambda \cdot p) = \iota\Lambda]$.

| Puisque « *p* » et « *q* » sont de même valeur de vérité, les **164** classes $\hat{x}(x = \Lambda \cdot p)$ et $\hat{x}(x = \Lambda \cdot q)$ sont toutes deux identiques à $\iota\Lambda$ ou toutes deux identiques à Λ; ainsi

(20) $\hat{x}(x = \Lambda \cdot p) = \hat{x}(x = \Lambda \cdot q)$.

Puisque le contexte représenté par « *F* » n'est pas référentiellement opaque, l'occurrence de « $\hat{x}(x = \Lambda \cdot p)$ » dans (19) est une occurrence purement référentielle et donc soumise à la substituabilité de l'identité; ainsi, de (19), eu égard à (20), nous pouvons conclure que

$F[\hat{x}(x = \Lambda \cdot q) = \iota\Lambda]$.

D'où, à son tour, eu égard à l'équivalence logique de
« $\hat{x}(x = \Lambda \cdot q) = \iota\Lambda$ » à « q », nous concluons que $F(q)$.

On ne peut contourner l'argument ci-dessus en déniant
(20), aussi longtemps que la notation dans (20) est interprétée, comme d'habitude, comme désignant des classes.
Car des classes, ce qu'on appelle proprement des classes, sont
une seule et même classe si leurs membres sont les mêmes
– qu'importe que cette identité soit affaire de preuve logique ou
d'accident historique. Mais l'argument pourrait être contesté
par celui qui n'admet pas les noms de classe « $\hat{x}(x = \ldots)$ ». Il
pourrait aussi être contesté par celui qui, bien qu'admettant de
tels noms de classe, ne voit pas un critère indiscutable d'occurrence référentielle dans la substituabilité de l'identité quand
celle-ci est appliquée à des termes singuliers constants. Ces
points se présenteront forcément quand nous nous tournerons
vers « néc » comme opérateur de phrase sous quantification.
En attendant, l'argument ci-dessus sert bien à montrer que
la règle d'extensionalité a derrière elle plus que ses évidentes
simplicité et commodité, et qu'un quelconque manquement
à la règle (du moins quand les équivalents logiques restent
interchangeables) doit impliquer des révisions de la logique
des termes singuliers.

L'argument plus simple avancé plus haut pour l'opacité
référentielle de l'opérateur d'énoncé « néc », à savoir l'observation des vérités (4) et (12) et de la fausseté (18), pourrait de
même être contesté par celui qui répudie les termes singuliers
constants ou qui met en question le critère d'opacité référentielle qui les met en jeu. Tant qu'on n'adopte pas « néc »
comme opérateur de *phrase* à part entière, cependant, aucune
telle révision profonde de la logique mathématique classique
n'est requise. Nous pouvons nous en tenir à la théorie des
classes et des termes singuliers, et même à la règle d'extensio-

nalité. Nous devons seulement reconnaître, dans l'opérateur d'*énoncé* «néc», un contexte référentiellement opaque comparable au parfaitement légitime et très commode contexte de citation. Nous pouvons même considérer (4) et (5) comme une façon elliptique de rendre (1) et (3).

| II   165

Il y a quelque chose de très comparable au prédicat sémantique «Néc» dont on a régulièrement besoin en théorie de la démonstration. Quand, par exemple, nous parlons de la complétude d'un système déductif de la théorie de la quantification, nous avons en tête un certain concept de *validité* comme norme avec laquelle comparer la classe des théorèmes qu'on peut obtenir. La notion de validité, dans de tels contextes, n'est pas identifiable à celle de vérité. Un énoncé vrai n'est pas un énoncé valide de la théorie de la quantification, à moins que non seulement lui, mais tous ceux qui lui sont semblables par la structure quantificationnelle ne soient vrais. La définition d'une telle notion de validité ne présente aucun problème, et l'importance de la notion pour la théorie de la démonstration est incontestable.

Un dérivé remarquable de la notion de validité quantificationnelle est celui d'implication quantificationnelle. Un énoncé en implique quantificationnellement un autre si le conditionnel matériel composé des deux énoncés est valide pour la théorie de la quantification.

Cette référence à la théorie de la quantification n'est faite que pour illustrer le propos. Il y a des parallèles pour la théorie des fonctions de vérité : un énoncé est valide pour la théorie des fonctions de vérité si lui et tous les énoncés de même structure vérifonctionnelle que lui sont vrais, et un énoncé en implique vérifonctionnellement un autre si le conditionnel matériel formé des deux énoncés est valide pour la théorie des fonctions de vérité.

Et il y a des parallèles, à nouveau, pour la logique prise comme un tout : un énoncé est logiquement valide si lui et tous les énoncés de même structure logique que lui sont vrais, et un énoncé en implique logiquement un autre si le conditionnel matériel formé des deux énoncés est logiquement valide.

La logique modale a reçu une impulsion particulière, il y a des années, d'une lecture confuse de « ⊃ », le conditionnel matériel « si-alors », comme « implique » : une confusion du conditionnel matériel avec la relation d'implication[d]. Tandis que « ⊃ », ou « si-alors », connecte des énoncés, « implique » est proprement un verbe qui connecte des noms *d*'énoncés et exprime donc une relation entre les énoncés nommés. Le manque de soin quant à la distinction entre usage et mention ayant permis cette intrusion de « implique » comme lecture de « ⊃ », on a protesté là-dessus que « ⊃ », dans son sens matériel, était trop faible pour rendre justice à « implique », qui connote **166** quelque chose | comme l'implication logique. En conséquence, on s'est efforcé de surmonter la divergence en introduisant un meilleur substitut pour « ⊃ », écrit « ⥽ » et appelé implication stricte[e]. L'échec initial à distinguer l'usage de la mention persistait ; ainsi « ⥽ », bien que lu comme « implique » et motivé par les connotations du mot « implique », fonctionnait en réalité non comme un verbe, mais comme un connecteur d'énoncés, un « si-alors » grandement renforcé. Finalement, reconnaissant le fait que l'implication logique est la validité du

d. Notamment chez Whitehead et Russell.

e. Lewis, *A Survey of Symbolic Logic*, chap. 5.

conditionnel matériel, on a adopté un opérateur de validité
« néc » pour mettre en pratique la définition de « $p \exists q$ » comme
« néc $(p \supset q)$ ». Puisque « $\exists$ » avait été laissé au niveau d'un
connecteur d'énoncés, on a évidemment rendu « néc », à son
tour, comme un opérateur directement attachable à des énoncés
– alors que « est valide » est proprement un verbe attachable à
un nom d'énoncé et exprimant un attribut de l'énoncé nommé [f].

De toute façon, l'usage de « néc » comme opérateur
d'énoncé se convertit facilement en l'usage de « Néc » comme
prédicat sémantique. Nous n'avons qu'à mettre des guillemets, réécrivant ainsi (4) et (5) comme (1) et (3). De façon
correspondante, on peut rectifier le « si-alors » fort, « $\exists$ », en
une relation d'implication au sens propre. L'énoncé :

    (21) le témoin a menti $\exists$. le témoin a menti $\vee$ le propriétaire
           est responsable,

qu'on avait expliqué comme :

    (22) néc (le témoin a menti $\supset$. le témoin a menti $\vee$ le
           propriétaire est responsable),

devient :

    (23) « le témoin a menti » implique « le témoin a menti $\vee$ le
           propriétaire est responsable »,

qu'on explique comme :

    (24) Néc « le témoin a menti $\supset$. le témoin a menti $\vee$ le
           propriétaire est responsable ».

Typiquement, en logique modale, les lois s'expriment à
l'aide de lettre schématiques « p », « q », etc., ainsi :

f. Sur les questions abordées dans cet alinéa et le suivant, voir aussi le § 69
de Carnap, *Logical Syntax*, et le § 5 de mon livre *Mathematical Logic*.

(25) $p \dashv \cdot p \vee q$,
(26) néc $(p \supset \cdot p \vee q)$.

167 | On doit penser aux lettres schématiques comme
supplantées par des énoncés spécifiques quelconques pour
produire des exemples effectifs comme (21) et (22). Maintenant, de même exactement qu'on peut traduire (21) et (22) en
(23) et (24), on pourrait supposer pouvoir traduire les schéma
(25) et (26) eux-mêmes comme :

(27) « p » implique « $p \vee q$ »,
(28) Néc « $p \supset \cdot p \vee q$ ».

Ici, cependant, nous devons nous garder d'une subtile
confusion. Une citation nomme précisément l'expression
qu'elle contient ; un « p » cité nomme la seizième lettre de
l'alphabet et rien d'autre. Donc, tandis que (25) et (26) sont des
schémas, ou diagrammes, qui dépeignent les formes d'énoncés
effectifs, tels que (21) et (22), en revanche, (27) et (28) *ne* sont
pas des schémas dépeignant la forme d'énoncés effectifs tels
que (23) et (24). Au contraire, (27) et (28) ne sont pas des
schémas du tout, mais des énoncés effectifs : des énoncés *au
sujet des* schémas spécifiques « p », « $p \vee q$ », et « $p \supset \cdot p \vee q$ »
(avec exactement ces lettres-là). D'ailleurs, les prédicats
« implique » et « Néc » ont jusqu'ici été considérés comme
vrais seulement d'énoncés, non de schémas ; aussi sont-ils mal
employés dans (27) et (28) (en attendant quelque extension
délibérée de leur usage).

Les lettres « p » et « q » dans (25) et (26) se trouvent à la
place d'énoncés. Pour traduire (25) et (26) sous forme sémantique, en revanche, nous avons besoin de certaines variables
spéciales qui renvoient *à* des énoncés et donc se trouvent à la
place de noms d'énoncé. Utilisons à cette fin « ϕ », « ψ », etc.

Alors on peut rendre les analogues de (25) et (26) sous forme sémantique :

(29) ϕ implique la disjonction de ϕ et de ψ,
(30)   Néc (le conditionnel de ϕ avec la disjonction de ϕ et de ψ).

Nous pouvons condenser (29) et (30) en utilisant une notation conventionnelle que j'ai appelée par ailleurs[g] *quasi-citation*, ainsi :

(31) ϕ implique $\ulcorner \phi \vee \psi \urcorner$,
(32)   Néc $\ulcorner \phi \supset . \phi \vee \psi \urcorner$.

On voit ainsi la relation entre la logique modale des opérateurs d'énoncés et l'approche sémantique, qui était bien simple et évidente quand nous comparions (21)-(22) avec (23)-(24), présenter une petite dose de subtilité quand il s'agit de (25)-(26) ; ceux-ci correspondent non pas à (27)-(28), mais **168** à (31)-(32). Ce sont d'ailleurs des schémas comme (25)-(26), et non des énoncés effectifs comme (21)-(22), qui remplissent les pages des travaux sur la logique modale. Quoi qu'il en soit, cependant, c'est dans des énoncés effectifs tels que (21)-(24) que se trouve l'intérêt de la logique modale, et c'est la comparaison de (21)-(22) avec (23)-(24) qui reflète la véritable relation entre l'usage des opérateurs d'énoncés et celui des prédicats sémantiques. Des schémas comme (25)-(26) sont de simples procédés heuristiques, utiles pour l'exposé de la théorie de (21)-(22) et autres semblables ; et les procédés heuristiques qui portent de la même manière sur (23)-(24) sont (31)-(32).

Au vu de la façon dont les opérateurs modaux d'énoncés peuvent être convertis en prédicats sémantiques, on peut évi-

g. *Mathematical Logic*, § 6.

demment se contenter de noter la conversion comme principe et ne pas l'effectuer en pratique. Mais il y a cinq raisons pour lesquelles il est important de la noter en principe. L'une d'elles est que la tentation de condamner indûment « ⊃ » à travers l'association erronée de « si-alors » avec « implique » est par là écartée. Une deuxième raison est que c'est au niveau de la sémantique ou de la théorie de la démonstration, là où nous parlons *au sujet des* expressions et de leur valeur de vérité sous diverses substitutions, que nous arrivons à donner un sens clair et utile à la validité logique ; et c'est la validité logique qui s'approche le plus d'une explication claire de « Néc », pris comme un prédicat sémantique. Une troisième raison est qu'en utilisant « Néc » comme un prédicat sémantique, nous affichons un rappel familier de l'opacité référentielle, sous la forme de guillemets. Une quatrième raison est qu'en adoptant « néc » comme un opérateur d'énoncé, on est tenté de franchir un pas supplémentaire et de l'utiliser comme un opérateur d'énoncé susceptible de quantification. On risque de fermer les yeux sur l'importance de ce pas supplémentaire – j'y reviendrai bientôt –, sauf à concevoir expressément le « néc », dans son usage comme opérateur d'énoncé, comme une abréviation pour l'usage sémantique.

Une cinquième raison a à voir avec l'itération. Puisque « néc » s'attache à un énoncé pour donner un énoncé, « néc » peut ensuite être appliqué à nouveau. En revanche, « Néc » s'attache à un nom pour donner un énoncé, auquel, par conséquent, il ne peut s'appliquer à nouveau. Un « néc » itéré, par exemple :

(33) néc néc $(x)(x$ est rouge $\supset x$ est rouge),

peut évidemment, par notre procédure habituelle, se traduire en forme sémantique comme ceci :

(34)   Néc « Néc "$(x)(x$ est rouge $\supset x$ est rouge)" »,

| et cela nous rappelle que « Néc » peut en réalité être itéré si   **169**
nous insérons de nouveaux guillemets autant que de besoin.
Mais le fait demeure que, par opposition à (33), le passage à
(34) est improbable. Car, supposez que nous ayons réussi
comprendre « Néc » comme il le mérite, à savoir comme validité logique, disons relativement à la logique des fonctions de
vérité, de la quantification et peut-être des classes. L'énoncé :

(35) $(x)(x$ est rouge $\supset x$ est rouge),

est alors typique des énoncés auxquels nous attribuerions une
telle validité ; ainsi

(36)   Néc « $(x)(x$ est rouge $\supset x$ est rouge) ».

La validité de (35) réside dans le fait que cet énoncé est vrai
et que le sont de même tous les autres énoncés de même structure quantificationnelle et vérifonctionnelle que lui. C'est
ainsi que (36) est *vrai*. Mais si (36) à son tour est aussi *valide*, il
n'est valide qu'en un sens étendu qui ne nous a probablement
pas concernés antérieurement : un sens n'impliquant pas seulement une structure quantificationnelle et vérifonctionnnelle,
mais aussi, de quelque façon, la structure sémantique de la
citation et de « Néc » lui-même.

Ordinairement, nous travaillons dans un métalangage,
comme en (36), traitant du langage-objet, exemplifié par (35).
Nous ne remonterions pas à (34), excepté dans le cas rare où
nous voudrions traiter du métalangage au moyen de lui-même,
et voudrions en outre étendre la notion de validité au delà de
la sémantique de la logique, à la sémantique de la sémantique.
En revanche, quand l'opérateur d'énoncé « néc » est utilisé,
l'itération comme en (33) est un geste on ne peut plus naturel ;
et il est significatif qu'en logique modale, la question se soit

posée de savoir ce qu'il pourrait être le plus approprié de postuler concernant une telle itération [h].

Les itérations n'ont évidemment pas besoin d'être consécutives. Dans l'usage des opérateurs modaux d'énoncés, nous sommes aussi conduits à des itérations complexes telles que :

(37) $p \,\exists\, q \cdot \,\exists\, \cdot \sim q \,\exists\, \sim p,$

abréviation de :

(38) néc [néc $(p \supset q) \supset$ néc $(\sim q \supset \sim p)$].

170 | Ou, pour prendre un exemple effectif :

(39) $(x)(x$ a une masse$) \,\exists\, (\exists x)(x$ a une masse$) \cdot \,\exists\, \cdot \sim (\exists x)(x$ a une masse$) \,\exists\, \sim (x)(x$ a une masse$),$

(40) néc {néc $[(x)(x$ a une masse$) \supset (\exists x)(x$ a une masse$)] \supset$ néc $[\sim (\exists x)(x$ a une masse$) \supset \sim (x)(x$ a une masse$)]$}.

En termes de prédicats sémantiques, les correspondants de (39) et (40) sont :

(41) « "$(x)(x$ a une masse)" implique "$(\exists x)(x$ a une masse)" » implique « "$\sim(\exists x)(x$ a une masse)" implique "$\sim(x)(x$ a une masse)" »,

(42) Néc « Néc "$(x)(x$ a une masse)" $\supset (\exists x)(x$ a une masse)" $\supset$ Néc "$\sim(\exists x)(x$ a une masse)" $\supset \sim(x)(x$ a une masse)" ».

Mais (41)-(42), comme (34), ont singulièrement peu d'intérêt ou de raison d'être quand nous pensons sémantiquement à la nécessité.

Il importe de noter que nous ne devons pas traduire les schémas (37)-(38) sous forme sémantique de la façon suivante :

« "p" implique "q" » implique etc.

h. *Cf.* Lewis et Langford, p. 497 *sq.*

Le faire serait aggraver à un point vraiment horrifiant l'erreur notée plus haut, qui consistait à identifier (25)-(26) à (27)-(28). Les analogues de (37)-(38) dans une application sémantique devraient être plutôt rendues ainsi :

(43) $\lceil \phi$ implique ψ implique $\lVert \sim \psi$ implique $\lceil \sim \phi \rVert$,

(44) Néc$\lceil$Néc$\lceil \phi \supset \psi \supset$Néc$\lceil \sim \psi \sim \phi \rVert$,

sous réserve de quelques conventions spéciales gouvernant l'emboîtement des quasi-citations. De telles conventions tourneraient sur certaines subtiles considérations dans lesquelles on n'entrera pas ici. Qu'il suffise de rappeler que le genre de chose formulée en (33)-(34) et (37)-(44) est précisément le genre de chose que nous voyons probablement le moins d'intérêt à formuler, quand nous pensons la nécessité strictement comme un prédicat sémantique plutôt que comme un opérateur d'énoncé. Il est impressionnant et significatif que *la plus grande partie* de la logique modale (en dehors de la logique modale quantifiée, vers laquelle nous nous tournerons bientôt) se délecte de cas d'itérations comme (33) et (37)-(40) qui, simplement, ne s'imposeraient pas d'eux-mêmes à notre attention si la nécessité était maintenue dans son statut de prédicat sémantique et non rabaissée au niveau d'opérateur d'énoncé.

Nos réflexions ont démesurément favorisé le parti sémantique, | mais on ne doit pas les laisser obscurcir le fait que, **171** même comme prédicat sémantique, la nécessité soulève de graves questions. Il n'y a pas de difficulté aussi longtemps que la nécessité est interprétée comme validité relative, disons, à la logique des fonctions de vérité et de la quantification et peut-être des classes. Si nous pensons à l'arithmétique comme réduite à la théorie des classes, alors une telle validité couvre aussi les vérités de l'arithmétique. Mais on tend à agrandir encore le territoire; à inclure des exemples comme «Aucun célibataire n'est marié», dont la vérité est supposée dépendre de la «signification des termes» ou de la «synonymie» (par exemple, la synonymie de «célibataire» et de «non-marié»). La relation de synonymie dont dépendent de tels exemples est prétendument plus étroite que celle de simple coextensivité des termes, et l'on ne sache pas qu'elle soit susceptible d'aucune analyse satisfaisante. En bref, la nécessité dans son application sémantique tend à être identifiée à ce que les philosophes appellent analyticité; et l'analyticité, ai-je argué par ailleurs[i], est un pseudo-concept dont la philosophie se porterait mieux si elle se débarrassait.

En revanche, aussi longtemps que la nécessité dans son application sémantique est simplement interprétée comme étant explicitement la validité vérifonctionnelle ou la validité quantificationnelle ou la validité ensembliste ou la validité de n'importe quel autre genre bien déterminé, la logique du prédicat sémantique de nécessité est un axe important et très central de la théorie de la démonstration. Mais ce n'est pas la logique modale, même pas sous la forme où elle se présente elle-même habituellement, à savoir comme logique modale non quantifiée; car c'est une chose remarquablement maigre que la logique modale, quand elle est privée de toutes les complications dans lesquelles vous entraîne l'usage de «néc» comme opérateur d'énoncé. C'est la logique modale non quantifiée moins tous les principes qui, explicitement ou implicitement (*via* «∋», etc.), touchent à l'itération de la nécessité; et plus, si nous manquons d'imagination, une paire de guillemets après chaque «Néc».

---

i. «Two dogmas of empiricism».

III

Ayant adopté l'opérateur « ~ » de négation comme applicable à des énoncés, on l'applique aussi bien sans réfléchir aux phrases ouvertes : les phrases contenant des variables libres disponibles pour la quantification. Ainsi, nous pouvons écrire non seulement « ~(Socrate est mortel) », mais aussi « ~(x est mortel) », à partir de quoi, par quantification | et **172** encore négation, nous avons « ~(x)~(x est mortel) » ou, en bref, « (∃x)(x est mortel) ». Avec la négation, il n'y a là rien à redire. Aussi longtemps que « néc » est utilisé comme un opérateur d'énoncé, à parité avec la négation, un plan analogue s'impose à nouveau de lui-même : nous écrivons non seulement « néc (9 > 5) », mais aussi « néc (x > 5) », d'où nous pouvons, par quantification, former (6)-(8) et autres choses semblables.

Ce pas nous amène à « néc » comme opérateur de phrase. Une fois donné « néc » comme opérateur d'énoncé, le pas est naturel. Cependant, c'est un pas radical, car il fait soudainement obstruction à l'expédient précédent de la traduction en termes de « Néc » comme prédicat sémantique. Nous pouvons réinterpréter (4) et (5) à volonté comme (1) et (3), mais nous ne pouvons pas réinterpréter :

(45) néc (x > 5)

de façon correspondante comme :

(46) Néc « x > 5 ».

« Néc » a été jusqu'ici compris comme un prédicat vrai seulement d'énoncés, alors que (46) l'attribue plutôt à une phrase ouverte et est donc trivialement faux, du moins en attendant quelque extension délibérée de l'usage. Plus important, alors que (45) est une phrase ouverte avec « x » libre, (46) n'a pas de généralité correspondante ; (46) est simplement un énoncé *au sujet d'*une phrase ouverte spécifique. Car, on doit se rappeler que « $x>5$ » entre guillemets est un nom de l'expression citée, avec la lettre fixe « x ». Le « x » en (46) ne peut pas être atteint par un quantificateur. Écrire :

(47) (x)(Néc « $x>5$ »), $(\exists x)$(Néc « $x>5$ »),

c'est comme écrire :

(48) (x)(Socrate est mortel), $(\exists x)$(Socrate est mortel) ;

le quantificateur n'est suivi d'aucune occurrence pertinente de sa variable. En un mot, la nécessité comme opérateur de phrase ne passe pas en termes de nécessité comme prédicat sémantique.

D'ailleurs, l'acceptation de la nécessité comme opérateur de phrase implique une attitude tout à fait opposée à celle que nous avons adoptée précédemment (dans les §I-II), qui était que « néc » comme opérateur d'énoncé est référentiellement opaque. Car il est clair qu'il n'y aurait aucun intérêt à quantifier à travers un contexte référentiellement opaque ; témoin (47) ci-dessus. Nous ne pouvons raisonnablement inférer « $(\exists x)$ néc $(x>5)$ » de « néc $(9>5)$ » que si nous regardons ce dernier comme nous disant quelque chose au sujet de l'*objet* 9, un nombre, à savoir qu'il excède nécessairement 5. Si « néc
173 $(\dots>5)$ » | peut devenir vrai ou faux « du » nombre 9 simplement selon la manière dont on fait référence à ce nombre (comme la fausseté de (18) le suggère), alors, évidemment, « néc $(x>5)$ » n'exprime aucune condition authentique sur des objets d'aucune sorte. Si l'occurrence de « 9 » dans « néc $(9>5)$ » n'est pas purement référentielle, alors mettre « x » au

lieu de « 9 » dans « néc $(9 > 5)$ » n'a pas plus de sens que de mettre « x » au lieu de « non » dans le contexte « canon ».

Mais n'est-il pas établi, par la vérité de (4) et de (12) et la fausseté de (18), que l'occurrence en question de « 9 » est irréférentielle et, plus généralement, que « néc » est référentiellement opaque, et donc que mettre « néc » comme opérateur d'énoncé sous quantificateurs est une erreur ? Non, pas si l'on est prêt à agréer certaines nouveautés assez radicales, comme nous verrons.

Jusqu'ici, nous avons provisoirement condamné la nécessité comme opérateur général de phrase au motif que « néc » est référentiellement opaque. On a montré son opacité référentielle par l'échec de l'opération de substitution d'un terme singulier constant à un autre nommant le même objet. Mais on peut justement protester que les termes singuliers constants sont des accidents notationnels, dont on n'a pas besoin au niveau de la notation primitive.

Car il est bien connu qu'à ce niveau, en fait de termes singuliers, il n'est besoin de rien sinon des variables de quantification elles-mêmes. À titre de dérivés, toutes sortes de termes singuliers peuvent être introduits par définition contextuelle conformément à la théorie russellienne des descriptions singulières. Les noms de classes, en particulier, qui figuraient dans l'argument général pour l'extensionalité donné plus haut, au § I, peuvent être obtenus en expliquant « $\hat{x}(\dots)$ » comme abréviation de la description contextuellement définie « $(\eta)(x)(x \in y \cdot \equiv \dots)$ » ou en adoptant un ensemble séparé de définitions contextuelles pour les besoins de la cause[j].

j. *Cf.* mes *Methods of Logic*, § 36-38 (3e éd., § 41-43); *Mathematical Logic*, § 24, 26.

Maintenant, le logicien modal résolu à quantifier à travers les phrases en « néc » peut dire que « néc » n'est pas référentiellement opaque, mais qu'il interfère simplement quelque peu avec la définition contextuelle des termes singuliers. Il peut arguer que « $(\exists x)$ néc $(x>5)$ » n'est pas dénué de signification, mais vrai, et en particulier que le nombre 9 est l'une des choses dont « néc $(x>5)$ » est vrai. Il peut mettre la divergence réelle ou apparente de valeur de vérité entre (4) et (18) sur le compte du comportement bizarre des termes singuliers contextuellement définis. Spécifiquement, il peut tenir que

174 | (18) est vrai quand on l'interprète comme :

(49) $(\exists x)$[il y a exactement x planètes ▪ néc $(x>5)$]

et faux quand on l'interprète comme :

(50) néc $(\exists x)$[il y a exactement x planètes ▪ $(x>5)$],

et que (18) tel qu'il se présente est ambigu, faute d'une marque distinctive en faveur de (49) ou de (50)[k]. Aucune telle ambiguïté ne surgit dans la définition contextuelle des termes singuliers en logique extensionnelle (aussi longtemps que l'objet nommé existe), et notre logicien modal peut bien déplorer les complications qui proviennent de la présence de « néc » dans sa notation primitive. Cependant, il peut honnêtement protester que le comportement erratique des termes singuliers contextuellement définis ne porte pas atteinte au caractère signifiant de sa notation primitive, y compris ses phrases ouvertes en « néc » et sa quantification de celles-ci.

Considérant la quantification comme fondamentale et les termes singuliers comme contextuellement définis, on doit en vérité concéder le caractère non concluant du critère d'opacité

k. Ainsi Smullyan.

référentielle qui repose sur les échanges de termes singuliers constants. On ne peut proprement décrire les objets d'une théorie comme les choses nommées par les termes singuliers ; ce sont plutôt les valeurs des variables de quantification[1]. Fondamentalement, le critère propre d'opacité référentielle repose sur la quantification plutôt que sur la nomination, et c'est celui-ci : un contexte référentiellement opaque est un contexte tel qu'on ne peut proprement *quantifier à travers* lui (avec le quantificateur à l'extérieur du contexte et la variable à l'intérieur). La citation, à nouveau, est le contexte opaque par excellence ; *cf.* (47). Cependant, ce serait une pétition de principe que d'en appeler à l'opacité référentielle ainsi définie contre la nécessité comme opérateur de phrase.

Le critère fregéen d'occurrence référentielle, à savoir la substituabilité de l'identité, sous-tendait la notion d'opacité référentielle développée plus haut, au § I. Les énoncés d'identité concernés étaient formés de termes singuliers constants ; *cf.* (11), (12). Mais il y a une forme plus fondamentale de la loi de substituabilité de l'identité, qui met en jeu non pas des termes singuliers, mais seulement des variables de quantification ; à savoir :

$$(51) \quad (x)(y)(x = y \cdot \supset \cdot Fx \equiv Fy).$$

Cette loi est indépendante d'une quelconque théorie des termes singuliers et ne peut être proprement contestée. Car la contester serait simplement | utiliser le signe « = » de quelque **175** manière inaccoutumée sans pertinence pour notre enquête. Dans n'importe quelle théorie, quelle que soit la forme de ses symboles, une phrase ouverte dont les variables libres sont

---

1. Voir *From a Logical Point of View*, p. 12 *sq.*, 75 *sq.*, 102-110, 113 *sq.*, 148 *sq.* [trad. p. 38 *sq.*, 117 *sq.*, 149-159, 162 *sq.* et 207 *sq.*].

« x » et « y » est une expression d'identité seulement dans le cas
où, dans le rôle de « $x=y$ », elle remplit la condition (51). La
généralité de « F » dans (51) est celle-ci : « Fx » est à interpréter
comme n'importe quelle phrase ouverte du système en question
ayant « x » comme variable (quantifiable) libre; et « Fy »,
évidemment, comme le contexte correspondant de « y ».

Si « néc » n'est pas référentiellement opaque, « Fx » et
« Fy » dans (51) peuvent en particulier être pris respectivement
comme « néc $(x=x)$ » et « néc $(x=y)$ ». De (51), par conséquent, puisque « néc $(x=x)$ » est à coup sûr vrai pour tout x,
nous avons :

(52) $(x)(y)[x=y \mathbin{.} \supset néc\,(x=y)]$.

C'est-à-dire que, pour peu que vaille l'identité, elle vaut
nécessairement.

N'allons pas conclure précipitamment, sous prétexte que
(12) est vrai, que

(53)   néc (le nombre des planètes $=9$).

Cet énoncé ne suit pas de (12) et de (13), sinon à l'aide
d'une loi d'instanciation universelle, nous autorisant à mettre
les termes singuliers « le nombre des planètes » et « 9 » à la
place des variables universellement quantifiées « x » et « y » de
(52). Une telle instanciation peut être autorisée, certainement,
en logique extensionnelle; mais cela tient au bon comportement des termes singuliers constants, et nous avons
récemment observé qu'on ne pouvait pas compter sur un tel
comportement là où un « néc » est mêlé à l'affaire.

Ainsi, nos observations sur la nécessité dans son
application quantificationnelle se résument à ce qui suit. La
nécessité dans une telle application n'est pas *prima facie*
absurde si nous acceptons une certaine interférence dans la

définition contextuelle des termes singuliers. L'effet de cette interférence est qu'on ne peut manipuler les termes singuliers constants avec la liberté habituelle, même quand leur objet existe. En particulier, on ne peut les utiliser pour instancier des quantifications universelles, à moins que ne soient disponibles des lemmes spéciaux sur lesquels s'appuyer. Un effet supplémentaire de la nécessité dans son application quantificationnelle est que, pour peu que des objets soient identiques, ils deviennent nécessairement identiques.

Il y a encore une conséquence supplémentaire, et particulièrement frappante celle-là : l'essentialisme aristotélicien. C'est la doctrine selon laquelle certains attributs d'une chose (tout à fait indépendamment du langage dans | lequel on y fait **176** référence, si telle référence il y a) peuvent être essentiels à la chose, et d'autres accidentels. Par exemple, un homme, ou animal parlant, ou bipède sans plumes (car ce sont tous, en fait, la même *chose*) – cette chose est essentiellement rationnelle et accidentellement dotée de deux jambes et bavarde, non seulement en tant qu'homme, mais en tant qu'elle-même. De façon plus formelle, ce que l'essentialisme aristotélicien dit, c'est que vous pouvez avoir des phrases ouvertes – que je représenterai ici par « Fx » et « Gx » – telles que

(54) $(\exists x)(\text{néc } Fx \bullet Gx \bullet \sim\text{néc } Gx)$.

Un exemple de (54) relié à la fausseté de (53) pourrait être :

$(\exists x)[\text{néc } (x > 5) \bullet \text{il y a exactement } x \text{ planètes} \bullet \sim\text{néc (il y a}$
$\text{exactement } x \text{ planètes})]$,

un tel objet x étant le nombre (sous quelque nom que ce soit) qui est connu comme étant 9 et comme étant le nombre des planètes.

On peut montrer rapidement comment l'essentialisme aristotélicien, tel que formulé ci-dessus, est requis pour la logique modale quantifiée. En fait, quelque chose d'encore plus fort peut être montré : qu'il y a des phrases ouvertes « Fx » et « Gx » remplissant non seulement la condition (54), mais encore :

$$(x)(\text{néc } Fx \cdot Gx \cdot {\sim}\text{néc } Gx),$$

c'est-à-dire :

$$(x) \text{ néc } Fx \cdot (x) Gx \cdot (x) {\sim}\text{néc } Gx.$$

Un choix approprié de « Fx » est facile : « $x=x$ ». Et un choix approprié de « Gx » est « $x=x \cdot p$ », où l'on choisit pour « p » n'importe quel énoncé qui soit vrai, mais non nécessairement vrai. Il *y a* à coup sûr un tel énoncé, car sinon « néc » serait un opérateur à vide et la logique modale n'aurait aucun intérêt.

La nécessité comme prédicat sémantique reflète une conception non aristotélicienne de la nécessité : la nécessité réside dans la façon dont nous disons les choses, et non dans les choses dont nous parlons. La nécessité comme opérateur d'énoncé est susceptible, nous l'avons vu, de réinterprétation comme prédicat sémantique, mais elle a, cependant, ses propres dangers ; elle conduit à une élaboration excessive et oiseuse des lois de la modalité itérée, et donne envie de plonger finalement dans la modalité quantifiée ; pis, elle nous ramène dans la jungle métaphysique de l'essentialisme aristotélicien.

RÉPONSE AU PROFESSEUR MARCUS*

Ceci a été présenté comme un commentaire à une réunion du Colloque de Boston pour la Philosophie des Sciences le 8 février 1962. Avec le reste des actes de cette réunion, il a été publié dans *Synthese* (volume 13 [1], 1961), et dans M.W. Wartofski (ed.), *Boston Studies in the Philosophy of Science* (Dordrecht (Hollande), D. Reidel Publishing Co., 1963).

Le Professeur Marcus a touché juste quand elle m'a représenté comme suggérant que la logique modale moderne avait été conçue dans le péché : celui de la confusion entre usage et mention. Elle a eu raison de ne pas me représenter comme tenant que la logique modale *requiert* la confusion entre usage et mention. Mon point était un point d'histoire, ayant à voir avec la confusion russellienne de « si-alors » avec « implique ».

Lewis a fondé la logique modale moderne, mais Russell l'y avait poussé. Car, alors qu'il y a beaucoup à dire en faveur du conditionnel matériel comme une version de « si-alors », il n'y a rien à dire en sa faveur comme une version de « implique » ; et

---

* Traduit par Philippe de Rouilhan.

1. L'original donne 20 par erreur.

Russell l'a appelé implication, ne laissant ainsi apparemment aucune place libre pour d'authentiques connections déductives entre phrases. Lewis a entrepris de sauver les connections. Mais il ne l'a pas fait, comme on aurait pu le souhaiter, en levant la confusion russellienne de « implique » avec « si-alors ». Au lieu de cela, préservant cette confusion, il a proposé un conditionnel strict et *l*'a appelé implication.

Il est logiquement possible d'aimer la logique modale sans confondre usage et mention. Vous pourriez l'aimer parce que, au moins apparemment, vous pouvez quantifier dans un contexte modal par un quantificateur extérieur à ce contexte, alors que vous ne pouvez évidemment pas quantifier de façon cohérente dans une phrase mentionnée depuis l'extérieur de la mention de cette phrase. Cependant, l'homme est un animal qui ne fait rien pour rien et, comme tel, il ne trouve guère **178** | satisfaction à quantifier à travers des contextes modaux s'il ne croit pas comprendre ce que cela signifie. À cet égard, la confusion entre usage et mention semble ne pas avoir seulement une importance génétique pour la logique modale. Elle semble avoir aussi une force d'entraînement, engendrant une illusion de compréhension.

Je parle ici empiriquement. Il fut un temps, il y a vingt-cinq ans, où je ne cessais de me laisser entraîner dans des disputes avec C.I. Lewis et E.V. Huntington sur l'interprétation de la logique modale ; et, dans ces disputes, je trouvais nécessaire de rabâcher continuellement le thème de l'opposition entre usage et mention. Et me voilà maintenant, vu les points sur lesquels le Professeur Marcus a insisté ce soir en faveur de la logique modale, forcé de revenir à nouveau sur le même thème.

Ainsi, considérez son « argument informel :

> Si p est une tautologie et que p éq q, alors q est une tautologie. »

Son adoption des lettres «p» et «q», plutôt que, disons, «S_1» et «S_2», suggère qu'elle les destine à occuper des positions de phrase. Peut-être voit-elle aussi son «éq» comme un *connecteur* de phrases, bien qu'elle dise qu'il nomme une certaine relation d'équivalence; car elle dit qu'il pourrait être pris comme «$\equiv$». En revanche, ses propositions «p est une tautologie» et «q est une tautologie» ne font pas apparaître «p» et «q» en position de phrase. Ces propositions font apparaître «p» et «q» en position de nom, comme s'ils étaient remplaçables, non par des phrases, mais par des noms de phrase.

Ou essayez l'interprétation opposée. Supposez que le Professeur Marcus, contrairement à la coutume, utilise ici «p» et «q» comme variables dont les valeurs sont des phrases, et dont les substituts appropriés sont par conséquent des noms de phrase. Alors «éq» doit de fait être vu comme une certaine *relation* d'équivalence, exactement comme elle dit; et la mention de «$\equiv$» doit être négligée comme une inadvertance. Dans cette interprétation, (12) est irréprochable. Mais, dans cette interprétation, (12) ne fait pas partie de la logique modale; c'est de la métalogique non modale ordinaire. Car, dans cette interprétation, «éq» n'est pas du tout un connecteur de phrases non vérifonctionnel, c'est un prédicat binaire de phrases non vérifonctionnel, ordinaire, comme «implique». Je n'ai aucune objection contre ce genre de prédicat. Dans mes écrits logiques, anciens ou récents, j'en ai constamment utilisé.

Il y a vingt-cinq ans, dans mes disputes beaucoup plus longues sur exactement le même sujet avec Lewis et Huntington, j'ai été forcé de reconnaître mon incapacité à faire prendre conscience aux gens de leur confusion entre usage | et **179** mention. Et les années passant ne m'ont pas apporté la capacité de le faire; elles ont seulement prouvé que j'avais raison d'en désespérer. Peut-être aurais-je dû, depuis le temps, en conclure que c'était moi qui étais dans la confusion, n'étaient les gens qui finissent bien par voir la distinction comme je la vois.

J'ai dit que la logique modale ne requiert pas la confusion entre usage et mention. Mais il est indéniable que la confusion entre usage et mention plaide irrésistiblement en faveur de la logique modale, comme en témoigne (12).

Je ne devrais pas laisser (12) sans dire quelques mots d'une troisième interprétation. Peut-être «*p*» et «*q*» doivent-elles être vues comme des variables propositionnelles, dont les valeurs sont des propositions (ou significations de phrase) et dont les substituts appropriés sont par conséquent des noms de propositions, donc des noms de signification de phrase. Alors (12) est à nouveau en ordre, si nous accréditons ces subtiles entités. Mais, dans cette interprétation, «éq» en vient à nommer une relation entre propositions; à nouveau, ce n'est pas un connecteur de phrases. Supposer qu'il le soit serait confondre signification avec référence, et donc considérer les phrases comme noms de leur signification.

Venons-en maintenant à la discussion par le Professeur Marcus de son prédicat d'identité «*I*». Supposez que *aIb*. Alors, argue-t-elle, n'importe quoi vrai de *a* est vrai de *b*. Je suis d'accord. Mais, dit-elle, «*aIa*» est une tautologie. À nouveau, querelle possible sur le terme mise à part, je suis d'accord. Ainsi, conclut-elle, «*aIb*» doit être aussi une tautologie. Pourquoi? Le raisonnement est le suivant. Nous essayons ici de prouver ceci à propos de *b* : non pas seulement que *aIb*, mais que, tautologiquement, *aIb*. Or, cette chose que nous essayons de prouver à propos de *b*, à savoir que, tautologiquement, *aIb*, est vraie de *a*; donc, puisque *b* n'est autre que *a*, elle est vraie de *b*.

À nouveau, nos ennuis se concentrent sur la distinction entre usage et mention. Si nous prenons «tautologiquement» comme un opérateur qu'on peut directement attacher à des phrases, alors l'argument est valable, mais sans pertinence tant que dure la controverse sur les mérites de la logique modale. Si, en revanche, nous n'acceptons « tautologique » que comme prédicat qu'on peut attribuer à des phrases, et donc attacher à des citations de phrase, alors l'argument s'effondre. Car la propriété à prouver à propos de b – à savoir que, tautologiquement, $a I b$ – doit maintenant être vue comme une pseudo-propriété briseuse de citation, sur laquelle la substitutivité de l'identité n'a aucune influence. Ce que je veux dire par une pseudo-propriété briseuse de citation sera évident si nous nous tournons un instant vers la vérité « "Cicéron" a trois syllabes ». Évidemment, nous ne pouvons en inférer que « Marcus Tullius » a trois | syllabes, même si Marcus Tullius n'est autre **180** que Cicéron. Et de « "$a I a$" est tautologique » il n'y a pas plus de raison d'inférer que « $a I b$ » est tautologique, même en admettant que b ne soit autre que a.

Les réflexions du Professeur Marcus sur l'identité l'ont conduite à conclure que l'identité, la substitutivité et l'extensionalité sont des choses qui viennent par degrés. Je viens maintenant d'objecter à une partie du raisonnement. Je n'accepte pas non plus la conclusion. Ma position est que nous pouvons régler objectivement et absolument la question de savoir quel prédicat d'une théorie est à compter comme le prédicat d'identité, si tant est qu'il y ait rien de tel, une fois que nous avons réglé la question de savoir quelles notations sont à compter respectivement comme quantificateurs, variables et fonctions de vérité. Tant que nous n'avons pas trouvé comment traiter la quantification dans une théorie donnée, nous ne pouvons même pas dire, évidemment, quelles expressions de la théorie sont à compter comme prédicats, et quels signes comme les variables en position de sujet pour ces prédicats ; et, incapables de repérer les prédicats, nous ne pouvons repérer le prédicat d'identité. Mais montrez-moi les quanti-

ficateurs, les variables et les fonctions de vérité, et je vous
montrerai quand une phrase ouverte « ϕxy » est à lire comme
« $x=y$ ». Les exigences sont la réflexivité forte et la
substitutivité, donc :

$$(x)\phi xx, \ (x)(y)(\phi xy \bullet \dots x \dots \bullet \supset \dots y \dots).$$

Si ces exigences sont satisfaites, alors, comme il est bien
connu, « ϕxy » satisfait toutes les exigences formelles de
« $x=y$ » ; et sinon, non.

Les exigences fixent univoquement l'identité. C'est-à-dire
que, si « ϕ » et « ψ » satisfont toutes deux les exigences de réflé-
xivité forte et de substitutivité, alors elles sont coextensives.
Prouvons cela rapidement. Par substitutivité de « ϕ »,

$$(x)(y)(\phi xy \bullet \psi xx \bullet \supset \psi xy).$$

Mais, par réflexivité de ψ, nous pouvons laisser tomber le
« ψxx ». Ainsi « ψ » vaut là où « ϕ » vaut. Par le même argument
avec échange de « ϕ » et de « ψ », « ϕ » vaut là où « ψ » vaut.

Il y a deux considérations tangentielles que je voudrais
juste mentionner, mais non utiliser. L'une est qu'il n'y a aucune
assurance, étant donné une théorie avec des notations reconnues pour la quantification et les fonctions de vérité, qu'il y ait
en elle un prédicat d'identité. Il peut arriver qu'aucune phrase
ouverte en « x » et « y », si complexe qu'elle soit, ne soit
fortement réflexive et substitutive. Mais c'est inhabituel.

L'autre est que, si une phrase ouverte en « x » et « y »
satisfait bien les deux exigences, il se peut que nous la
trouvions plus large que la véritable identité quand nous
181 l'interprétons à la lumière d'interprétations préalables | des
prédicats primitifs de la théorie. Mais on peut toujours faire
remonter cette sorte de divergence à certaines distinctions
gratuites dans ces interprétations préalables des prédicats
primitifs. L'effet de notre règle générale pour distinguer un

prédicat d'identité est une sorte modérée d'identification des indiscernables[a].

Considérations tangentielles mises à part, mon point est que nous avons un critère objectif et non équivoque pour repérer le prédicat d'identité d'une théorie, si tant est qu'il y ait rien de tel. Le critère est indépendant de ce que l'auteur de la théorie peut faire avec « = » ou « I » ou le mot « identité ». Ce dont il dépend bien, c'est de la reconnaissance des notations de la quantification et des fonctions de vérité. Le caractère absolu de ce critère est important, en ce qu'il donne un point fixe de référence pour la comparaison des théories. La question de l'univers et celle de l'individuation acquièrent un minimum de signification [*significance*] intersystématique qui, sinon, leur ferait défaut.

En particulier, le critère ne jette aucun doute sur la loi du Professeur Marcus pour la logique modale :

$$(x)(y)(x=y \centerdot \supset \centerdot \text{nécessairement } x=y).$$

Elle découle de « nécessairement $x=x$ » par substitutivité.

Notez que ma condition de substitutivité est absolue. Il n'a pas été question de positions spéciales à exempter de la substitutivité, ni de noms ou descriptions spéciaux à exempter dans ces positions spéciales. Il n'y a donc eu aucune occasion de gradation de l'identité et de la substitutivité. Ce qui m'a permis de trancher si nettement, c'est que j'ai parlé en termes, non de noms ou descriptions, mais de « x » et de « y » : de variables de quantification. La grande valeur philosophique de l'éliminabilité des termes singuliers autres que les variables est qu'elle peut ainsi quelquefois nous épargner fausses pistes et peine perdue.

a. Voir mon livre *Word and Object*, p. 230 [trad. p. 318-319].

Dans la poursuite de sa propre discussion, le Professeur
Marcus a fait valoir un contraste entre noms propres et descriptions. Son dessein était, crois-je comprendre, de jeter plus de
lumière sur les degrés ou alternatives supposés en matière
d'identité et de substitutivité. Je viens maintenant de soutenir
qu'on peut couper court à tout cela en se concentrant sur les
variables susceptibles d'être liées. Et j'en suis heureux, car je
crois voir de toute façon un problème dans le contraste entre
noms propres et descriptions tel que le Professeur Marcus le
182 dessine. Son paradigme pour l'assignation | des noms propres
est l'étiquetage [*tagging*]. Nous pouvons étiqueter la planète
Vénus, un soir de beau temps, avec le nom propre « Hesperus ».
Nous pouvons étiqueter à nouveau la même planète, un jour
avant le lever du soleil, avec le nom propre « Phosphorus ».
Quand nous découvrons enfin que nous avons étiqueté deux
fois la même planète, notre découverte est empirique. Et ce
n'est pas parce que les noms propres étaient des descriptions.

De toute façon, je dis cela en passant. Le contraste entre
noms propres et descriptions ne nous concerne pas forcément,
si nous choisissons plutôt comme termes singuliers ultimes les
variables de quantification. Pour la seconde fois déjà, nous
notons la valeur philosophique de l'éliminabilité des termes
singuliers autres que les variables : à nouveau, elle nous
épargne fausses pistes et peine perdue.

Tournons-nous alors vers le prochain pas du Professeur
Marcus. De façon alarmante, son prochain pas a été de
contester la quantification elle-même, ou l'interprétation que
j'en donne comme orientée vers les objets. Ici, elle parle des
valeurs des variables en un sens que je dois nettement séparer
du mien propre. Pour moi, les valeurs, par exemple, des
variables de nombre en algèbre ne sont pas les termes numé-
riques clos [*numerals*] que vous pouvez leur substituer, mais
les nombres dont vous parlez. Pour le Professeur Marcus, les

valeurs sont les expressions que vous pouvez substituer. Je pense que mon usage est historiquement mieux attesté, mais le sien aussi a une histoire. Ryle a objecté quelque part à mon *dictum* selon lequel être, c'est être la valeur d'une variable, en arguant que les valeurs des variables sont des expressions, et donc que mon *dictum* répudie toutes les choses à l'exception des expressions. Il est alors clair que nous devons distinguer entre les valeurs de variable au sens *réel* et les valeurs de variable au sens de *Ryle*. Les confondre est, à nouveau, confondre usage et mention. Le Professeur Marcus, à ce que j'observe, ne les confond pas. Elle parle simplement de valeurs de variable au sens de Ryle. Mais, pour prévenir la confusion, j'aimerais dire « substituts pour variable » plutôt que « valeurs de variable » en ce sens, réservant ainsi « valeurs de variable » pour les valeurs de variable au sens réel.

Ainsi paraphrasée, la réinterprétation de la quantification existentielle proposée par le Professeur Marcus est celle-ci : la quantification est vraie si, et seulement si, la phrase ouverte après le quantificateur est vraie pour un substitut pour la variable de quantification. Or c'est, je l'accorde, une réinterprétation intelligible et qui ne requiert pas d'objets, en aucun sens, comme valeurs, au sens réel, des variables de quantification. Notez seulement qu'elle dévie de l'interprétation ordinaire de la quantification sur certains points qui peuvent compter. | Et d'abord sur la question des objets non spécifiables. **183** Ainsi, prenez les nombres réels. Ils sont non dénombrables, en tout cas selon la théorie classique, alors que les expressions, simples ou complexes, disponibles dans un langage donné quelconque sont dénombrables. Il y a par conséquent, parmi les nombres réels, une infinité dont aucun n'est séparément spécifiable par une expression simple ou complexe quelconque. En conséquence, une quantification existentielle peut se révéler vraie quand elle est interprétée dans le sens ordinaire, grâce à l'existence de nombres réels appropriés, et pourtant être fausse quand elle est interprétée dans le sens du Professeur Marcus, si par hasard tous ces nombres réels appropriés se trouvent être séparément non spécifiables.

Mais le fait demeure que la quantification peut bien être ainsi réinterprétée, si ce n'est tout tout à fait *salva veritate*, de manière à la dissocier de l'interprétation objective et des valeurs réelles de variable. Pourquoi devrait-on désirer qu'elle le soit? Peut-être en réponse à l'accusation portée contre la logique modale quantifiée de pouvoir tolérer seulement des intensions, et non des classes ou des individus, comme valeurs de ses variables? Mais c'est une curieuse réponse. Car elle se soustrait complètement à la référence. Ce qu'on appelle ordinairement la quantification est purement et simplement l'idiome logique de la référence objective. Quand nous la réinterprétons en termes d'expressions substituées plutôt que de valeurs réelles, nous abandonnons la référence. Nous préservons la distinction entre vrai et faux, comme dans la logique des fonctions de vérité elle-même, mais nous cessons de dépeindre la dimension référentielle. Or quiconque souhaite échapper à la question de l'univers du discours ne peut guère s'être intéressé à la question de savoir s'il y avait des classes et des individus, ou seulement des intensions, dans l'univers du discours. Mais alors, pourquoi ces contorsions? En bref, si la référence importe, nous ne pouvons nous permettre de l'abandonner comme catégorie; et si elle n'importe pas, nous n'avons pas besoin de le faire.

À vrai dire, l'accusation préoccupante selon laquelle la logique modale quantifiée peut tolérer seulement des intensions, et non des classes ou individus, était une erreur, pour commencer. Elle remonte à 1943 : à mon « Notes on existence and necessity » et à sa recension par Church. Pour illustrer mes doutes sur la quantification à travers les contextes modaux, j'avais utilisé, dans cet article, l'exemple de 9 et du nombre des planètes. Les deux sont la même chose[1], cependant, 9 excède nécessairement 7, alors que le nombre des planètes excède 7 seulement da façon contingente. Ainsi, avais-je argué, excéder nécessairement 7 n'est aucun trait de la chose neutre elle-même, le nombre, qui est le nombre des planètes aussi | bien **184** que 9. Et c'est donc un non-sens de dire, de façon neutre, qu'il y a *quelque chose*, *x*, qui excède nécessairement 7. Church a répliqué que mon argument marchait seulement pour des choses comme les nombres, les corps, les classes, que nous pouvions spécifier de différentes manières coïncidentes de façon contingente [quant à l'objet spécifié] : ainsi, 9 est ce qui succède à 8, et c'est aussi le nombre des planètes. Si nous limitons nos objets aux intensions, recommandait Church, cela n'arrivera pas.

Or, sur ce dernier point, Church avait tort. J'ai été lent à le voir, mais la preuve est simple. N'importe quel *x*, même une intension, est spécifiable, si tant est qu'elle le soit, de diverses manières coïncidentes de façon contingente. Car supposez que *x* soit univoquement déterminé par la condition « ϕx ». Alors il est aussi univoquement déterminé par la condition conjonctive « $p \cdot \phi x$ », où « p » est une vérité quelconque, quelque dénuée de pertinence qu'elle soit. Prenez « p » comme une vérité arbitraire qui ne soit pas impliquée par « ϕx », et l'on voit que les deux spécifications suivantes de *x* sont coïncidentes de façon contingente : « ϕx » et « $p \cdot \phi x$ ».

Contrairement à ce que pensait Church, par conséquent, mes critiques de 1943, si elles étaient pertinentes contre la quantification [en question] sur certaines sortes d'objet, l'étaient sur toutes ; on ne gagne rien à limiter l'univers aux

---

1. À l'époque du présent article, Pluton était tenu pour une planète.

intensions. La seule chose qui reste à faire pour le champion de la logique modale quantifiée est de répondre frontalement à mes critiques : d'arguer, dans le cas de 9 et du nombre des planètes, que ce nombre est, de lui-même et indépendamment du mode de spécification, quelque chose qui, nécessairement, et non de façon contingente, excède 7. Cela signifie adopter une attitude franchement inégalitariste à l'égard des diverses manières de spécifier le nombre. L'un des traits déterminants, succéder à 8, est compté comme un trait nécessaire du nombre. Le sont aussi les traits, quels qu'ils soient, qui découlent de celui-là, notamment excéder 7. D'autres traits univoquement déterminants du nombre, notamment d'être le nombre des planètes, sont dévalués comme traits contingents du nombre, et tenus comme ne démentant pas le fait que le nombre excède bien encore nécessairement 7.

C'est ainsi que l'essentialisme fait son entrée : la distinction injuste entre certains traits d'un objet comme *lui* (sous quelque nom que ce soit) étant essentiels et d'autres comme lui étant accidentels. Je ne dis pas qu'un tel essentialisme, si peu sympathique qu'il me soit, ne devrait pas être sympathique au champion de la logique modale quantifiée. Au contraire, il devrait lui être tout aussi sympathique que la logique modale quantifiée elle-même [b].

---

b. Pour un exposé plus fourni dans la même veine que ces derniers alinéas, voir mon livre *From a Logical Point of View*, 2[e] éd., p. 148-157 [trad. p. 204-218].

QUANTIFICATEURS ET ATTITUDES PROPOSITIONNELLES[*]

Cet article est paru dans le *Journal of Philosophy* (volume 53, 1956), rassemblant quelques remarques que j'avais faites dans des conférences à Harvard et Oxford à partir de 1952. Il est réimprimé ici avec quinze lignes en moins.

I

Que l'énoncé :

($\exists x$)(x est une licorne $\bullet$ Ctésias est en train de chasser x)

ne soit pas une façon correcte de rendre « Ctésias est en train de chasser la licorne » est commodément attesté par l'inexistence des licornes, mais l'incorrection n'est pas seulement due à cette lacune zoologique. Il serait également incorrect de rendre « Ernest est en train de chasser le lion » par :

(1)   ($\exists x$)(x est un lion $\bullet$ Ernest est en train de chasser x),

* Traduit par Philippe de Rouilhan.

où Ernest est un amateur de sport en Afrique. La force de (1) est plutôt qu'il y a un certain lion individuel (ou plusieurs) qu'Ernest est en train de chasser; un animal échappé d'un cirque, par exemple.

Le contraste réapparaît dans « Je voudrais un sloop » [1]. La version :

(2) $(\exists x)(x$ est un sloop . je voudrais $x)$

ne peut convenir que si l'on peut dire qu'il y a un certain sloop que je voudrais. Si ce que je recherche est simplement de ne plus être en manque de sloop, alors (2) ne donne pas la bonne idée.

Le contraste est entre ce qu'on peut appeler le sens *relationnel* de chasser-le-lion ou de vouloir-un-sloop, à savoir (1)-(2), et le | sens plus probable, ou sens *notionnel*. Le latin et les langues romanes apprécient la distinction, comme le montre la différence de mode dans les propositions subordonnées; ainsi « *Procuro un perro que habla* » a le sens relationnel :

$(\exists x)(x$ est un chien . x parle . je cherche $x)$

par opposition à « *Procuro un perro que hable* », qui a le sens notionnel :

J'essaie de faire en sorte que $(\exists x)(x$ est un chien . x parle . je trouve $x)$.

En attendant les considérations contraires dans lesquelles on entrera plus loin, nous pouvons donner une représentation frappante du contraste en termes de permutation de composants. Ainsi peut-on expliciter (1) et (2) (non sans violence à l'égard de la logique et de la grammaire) de la façon suivante :

---

1. *sloop* : petit navire à mât vertical gréé en cotre (Le Robert).

(3) $(\exists x)(x$ est un lion . Ernest essaie de faire en sorte qu'Ernest trouve $x)$,

(4) $(\exists x)(x$ est un sloop . je souhaite que j'aie $x)$,

tandis que « Ernest est en train de chasser au lion » et « Je voudrais un sloop » dans leur sens notionnel peuvent être rendus plutôt ainsi :

(5)   Ernest essaie de faire en sorte que $(\exists x)(x$ est lion . Ernest trouve $x)$,

(6)   Je souhaite que $(\exists x)(x$ est un sloop . j'ai $x)$.

Les versions contrastées (3)-(6) ont été façonnées en paraphrasant « chasse » et « voudrais » de façon à faire apparaître les locutions « essaie de faire en sorte que » et « souhaite que », qui expriment ce que Russell a appelé des *attitudes propositionnelles*. Or, parmi tous les exemples d'attitudes propositionnelles, il y a d'abord et avant tout celui de la *croyance*; et, sans altérer la forme, cet exemple peut être utilisé pour mettre encore mieux en lumière que ne le font (3) et (6) le contraste entre les sens relationnel et notionnel. Considérez les sens relationnel et notionnel de la croyance aux espions :

(7) $(\exists x)$(Ralph croit que x est un espion),

(8)   Ralph croit que $(\exists x)(x$ est un espion).

Peut-être les deux peuvent-ils être formulés de façon ambiguë : « Ralph croit que quelqu'un est un espion », mais ils peuvent être formulés sans ambiguïté, respectivement : « Il y a quelqu'un que Ralph croit être un espion » et « Ralph croit qu'il y a des espions ». La différence est grande ; de fait, si Ralph est comme la plupart d'entre nous, (8) est vrai et (7) faux.

En optant pour les attitudes propositionnelles, comme nous l'avons fait en (3)-(6), nous gagnons non seulement le contraste de structure graphique entre (3)-(4) et (5)-(6), mais

aussi une certaine généralité. Car nous pouvons maintenant
187 | multiplier les exemples d'essayer-de-faire-en-sorte et de
souhaiter, sans relation avec chasser et vouloir. Ainsi, nous
obtenons les sens relationnel et notionnel de souhaiter
l'élection d'un président :

(9) $(\exists x)$(Witold souhaite que x soit élu président),

(10) Witold souhaite que $(\exists x)$(x est élu président).

Selon (9), Witold a son candidat; selon (10), il aimerait
simplement que la forme de régime appropriée fût en
vigueur. Nous rendons aussi d'autres attitudes propositionnelles susceptibles de semblables considérations – comme en
témoignent (7)-(8).

Cependant, les formulations suggérées des sens
relationnels – à savoir (3), (4), (7) et (9) – passent toutes par la
quantification dans un idiome d'attitude propositionnelle à
partir de l'extérieur de cet idiome. C'est une activité douteuse,
comme on peut le voir sur l'exemple suivant.

Il y a un certain homme au chapeau marron que Ralph a
aperçu plusieurs fois dans des circonstances douteuses sur
lesquelles nous pouvons passer ici; qu'il suffise de dire que
Ralph soupçonne qu'il s'agit d'un espion. Il y a aussi un
homme aux cheveux gris, vaguement connu de Ralph comme
étant un peu un pilier de la communauté, que Ralph n'a pas
conscience d'avoir vu, sinon une fois, à la plage. Or Ralph ne
le sait pas, mais ces hommes sont un seul et même homme.
Pouvons-nous dire de cet *homme* (Bernard J. Ortcutt, pour lui
donner un nom) que Ralph croit que c'est un espion? Si la
réponse est positive, nous nous retrouvons en train d'accepter
une conjonction du type :

(11) w dénie sincèrement « … » ▪ w croit que …

comme vraie, avec une seule et même phrase dans les deux blancs. Car Ralph est assez prêt à dire, en toute sincérité, « Bernard J. Ortcutt n'est pas un espion ». Si, en revanche, dans l'idée d'interdire les situations du type (11), nous décrétons simultanément que

(12) Ralph croit que l'homme au chapeau marron est un espion,

(13) Ralph ne croit pas que l'homme vu sur la plage est un espion,

alors nous cessons d'affirmer la moindre relation entre Ralph et un homme quelconque. Les deux propositions subor- données en « que » sont en réalité à propos de l'homme Ortcutt; mais le « que » doit être considéré en (12) et (13) comme un scellé apposé à l'entrée de ces propositions, rendant par là (12) et (13) compatibles parce que ne portant pas du tout, en tant que touts, sur Ortcutt. Il devient alors | incongru de **188** quantifier comme dans (7); « croit que » devient, en un mot, référentiellement opaque[a].

Aucune question ne surgit avec (8); il exhibe une quantification seulement *à l'intérieur* du contexte en « croit que », non une quantification *à travers* celui-ci. Ce qui s'en va par-dessus bord, quand nous décrétons que (12) et (13) sont tous deux vrais, c'est juste (7). Cependant, nous sommes difficilement prêts à sacrifier la construction relationnelle « Il y a quelqu'un que Ralph croit être un espion », que (7), par opposition à (8), était censé reproduire.

Le prochain pas à franchir est d'essayer de nous accommoder de notre dilemme en distinguant deux sens de la

a. Voir *From a Logical Point of View*, p. 142-159 [trad. p. 200-222]; également « Trois degrés d'implication dans la modalité », essai 15 plus haut [p. 282-308].

croyance : la *croyance*$_1$, qui rejette (11), et la *croyance*$_2$, qui tolère (11), mais donne un sens à (7). Pour la croyance$_1$, en conséquence, nous soutenons (12)-(13) et bannissons (7) comme non-sens. Pour la croyance$_2$, en revanche, nous soutenons (7); et, pour *ce* sens de la croyance, nous devons rejeter (13) et acquiescer à la conclusion que Ralph croit$_2$ que l'homme à la plage est un espion, même s'il croit$_2$ *aussi* (et croit$_1$) que l'homme à la plage n'est pas un espion.

II

Mais il y a un traitement plus suggestif. Commençant avec un seul sens de la croyance, à savoir la croyance$_1$ ci-dessus, considérons celle-ci d'abord comme une relation entre celui qui croit et une certaine *intension*, nommée par la subordonnée en « que ». Les intensions sont des créatures de l'ombre, et je me réjouirai avec le lecteur quand elles seront exorcisées, mais je veux d'abord faire certaines remarques grâce à elles. Maintenant, je parlerai plus spécifiquement des intensions nommées par des subordonnées en « que » sans variables libres comme d'intensions de degré 0, ou propositions. En outre, je reconnaîtrai (pour le moment) les intensions de degré 1, ou attributs. Elles sont à nommer en préfixant une variable à une phrase dans laquelle elle figure librement; ainsi, $z(z$ est un espion) est l'espionnité [*spyhood*]. De même, nous pouvons spécifier des intensions de degré supérieur en préfixant de multiples variables.

Maintenant, tout comme nous avons reconnu une relation dyadique de croyance entre celui qui croit et une proposition, ainsi :

(14)   Ralph croit qu'Ortcutt est un espion,

| nous pouvons reconnaître aussi une relation triadique de **189** croyance entre celui qui croit, un objet et un attribut, ainsi :

(15) Ralph croit $z(z$ est un espion) d'Ortcutt.

Pour des raisons qui apparaîtront, la croyance en question est à considérer non comme une croyance dyadique entre Ralph et la proposition *qu'*Ortcutt a $z(z$ est un espion), mais plutôt comme une relation irréductiblement triadique entre les trois choses, Ralph, $z(z$ est un espion) et Ortcutt. De même, il y a une relation tétradique de croyance :

(16) Tom croit $yz(y$ a dénoncé $z)$ de Cicéron et Catilina,

et ainsi de suite.

Maintenant, nous pouvons prescrire une règle absolue interdisant de quantifier à travers les idiomes d'attitude propositionnelle ; mais nous lui donnons désormais la forme d'une règle interdisant de quantifier à travers les noms d'intension. Ainsi, bien que (7), tel qu'il est, ne puisse être autorisé, nous pouvons satisfaire les besoins qui ont suscité (7) en quantifiant plutôt à travers la construction de croyance triadique, ainsi :

(17) $(\exists x)$(Ralph croit $z(z$ est un espion) de $x)$.

Ce qui, au lieu de (7), est alors notre nouvelle façon de dire qu'il y a quelqu'un que Ralph croit être un espion.

La croyance₁ était la croyance interprétée de telle façon qu'une proposition pouvait être crue quand un objet y était spécifié d'une manière, et cependant ne pas l'être quand le même objet était spécifié d'une autre manière ; témoins (12)-(13). Ci-après, nous pouvons adhérer uniformément à ce sens étroit de la croyance, à la fois pour le cas dyadique et pour les cas triadique et de degré supérieur ; dans chaque cas, le terme qui nomme l'intension (qu'il s'agisse d'une proposition ou d'un attribut ou d'une intension de degré supérieur) est à considérer comme référentiellement opaque.

La situation (11) est donc exclue. En même temps, l'effet de la croyance$_2$ peut être obtenu simplement en montant de la croyance dyadique à la croyance triadique, comme en (15). Car (15) relie bien les hommes Ralph et Ortcutt précisément comme on voulait que la croyance$_2$ le fasse. L'énoncé (15) reste bien vrai d'Ortcutt sous n'importe quelle désignation; d'où la légitimité de (17).

De la même manière, alors que de :

  Tom croit que Cicéron a dénoncé Catilina

nous ne pouvons conclure :

  Tom croit que Marcus Tullius a dénoncé Catilina,

190 | En revanche, de :

  Tom croit y(y a dénoncé Catilina) de Cicéron,

nous pouvons conclure que :

  Tom croit y(y a dénoncé Catilina) de Marcus Tullius,

et aussi que :

  (18)   ($\exists x$)(Tom croit y(y a dénoncé Catilina) de x).

De la même manière, de (16) nous pouvons inférer que :

  (19)   ($\exists w$)($\exists x$)(Tom croit y(y a dénoncé z) de w et de x).

Des quantifications telles que :

  ($\exists x$)(Tom croit que x a dénoncé Catilina),
  ($\exists x$)(Tom croit y(y a dénoncé x) de Cicéron)

comptent encore pour des non-sens, ainsi que (7); mais de légitimes desseins tels que ceux-là auraient pu être servis par

(17)-(19) et autres semblables. Ce qui compte comme étant référentiellement opaque, ce sont nos noms d'intension, et eux seulement.

Résumons nos trouvailles concernant les sept énoncés numérotés à propos de Ralph. L'énoncé (7) compte maintenant comme non-sens, (8) comme vrai, (12)-(13) comme vrais, (14) comme faux, et (15) et (17) comme vrais. Un autre énoncé vrai est :

> (20) Ralph croit que l'homme vu à la plage n'est pas un espion,

qui ne doit évidemment pas être confondu avec (13).

Le genre d'exportation qui conduit de (14) à (15) devrait certainement être considérée en général comme étant implicative. [Correction : voir Sleigh, p. 397.] Eu égard à l'histoire qui nous sert d'exemple, (14) se trouve être faux ; mais (20) est vrai, et il conduit par exportation à :

> (21) Ralph croit $z(z$ n'est pas un espion) de l'homme vu à la plage.

L'homme à la plage, donc Ortcutt, n'est pas objet de référence dans (20), à cause de l'opacité référentielle ; mais il l'est dans (21), aussi pouvons-nous conclure de (21) que :

> (22) Ralph croit $z(z$ n'est pas un espion) d'Ortcutt.

Ainsi, (15) et (22) comptent tous les deux comme vrais. Ce n'est pas là, cependant, accuser Ralph d'entretenir des croyances contradictoires. On pourrait raisonnablement discerner une telle accusation dans :

> (23) Ralph croit $z(z$ est un espion . z n'est pas un espion) **191** d'Ortcutt,

mais cela montre simplement qu'on n'a pas intérêt à considérer (15) et (22) comme impliquant (23).

Il n'est guère besoin de dire que l'usage barbare illustré par (15)-(19) et (21)-(23) n'est pas recommandé comme une réforme pratique. Il est proposé comme une façon de localiser une difficulté théorique qui, en résumé, était la suivante : les contextes de croyance sont référentiellement opaques ; par conséquent, il est de prime abord dénué de sens de quantifier à travers eux ; comment alors faire place aux indispensables énoncés relationnels de croyance, comme « Il y a quelqu'un que Ralph croit être un espion » ?

N'allez pas croire que la théorie que nous avons examinée revienne simplement à autoriser la quantification sans condition à travers les contextes de croyance, avec juste un changement légaliste de notation. Au contraire, le choix crucial est à refaire à chaque fois : quantifiez si vous voulez, mais le prix à payer est l'acceptation d'énoncés presque contraires comme (15) et (22) à chaque fois que vous choisissez de quantifier. En d'autres termes : distinguez comme bon vous semble entre positions référentielles et positions non référentielles, mais en gardant une trace de votre choix, afin de traiter chaque genre de position de façon appropriée. La notation des intensions, de degré un et au-delà, est en effet un moyen de repasser à l'encre une frontière entre les occurrences de terme qui sont référentielles et celles qui ne le sont pas.

III

Essayer-de-faire-en-sorte et souhaiter, comme croire, sont des attitudes propositionnelles et sont référentiellement opaques. On peut critiquer (3) et (4) comme on l'a fait de (7), et l'on peut répéter pour ces attitudes propositionnelles le traitement que nous venons de proposer pour la croyance. Ainsi, de même que (7) faisait place à (17), de même (3) et (4) font place à :

(24) $(\exists x)(x$ est un lion $\bullet$ Ernest essaie de faire en sorte z(Ernest trouve z) de x),

(25) $(\exists x)(x$ est un sloop $\bullet$ je souhaite z(j'ai z) de x),

en prenant quelque liberté avec l'idiome, pour les besoins de l'analogie, dans le cas de « essaie de faire en sorte ».

Ces exemples venaient d'une étude de chasser et de vouloir. Observant dans (3) et (4) la quantification à travers des contextes opaques, nous aurions alors pu nous replier sur (1) et (2) et nous abstenir de | les paraphraser en termes **192** d'essayer-de-faire-en-sorte et de souhaiter. Car (1) et (2) étaient des façons tout à fait simples de rendre la chasse-au-lion et le souhait-de-sloop dans leur sens relationnel ; c'étaient seulement les sens notionnels qui appelaient réellement l'analyse en termes d'essayer-de-faire-en-sorte et de souhaiter, (5)-(6).

En réalité, cependant, ce serait de la myopie que de laisser la chasse-au-lion et le souhait-de-sloop au stade inanalysé (1)-(2). Car, que nous choisissions ou non de transposer ces énoncés en termes de souhaiter et d'essayer-de-faire-en-sorte, il y a de toute façon d'autres cas relationnels de souhaiter et d'essayer-de-faire-en-sorte qui demandent à être considérés – comme, par exemple, (9). Les formulations intenables (3) et (4) peuvent en fait être corrigées en (24)-(25) ou condensées en revenant à (1)-(2) ; en revanche, nous n'avons d'autre choix que de corriger l'intenable (9) sur le modèle de (24)-(25), à savoir en :

$(\exists x)$(Witold souhaite y(y est président) de x).

Les versions intenables (3)-(4) et (9) avaient toutes à voir avec souhaiter et essayer-de-faire-en-sorte au sens relationnel. Nous voyons au contraire, du côté notionnel de souhaiter et d'essayer-de-faire-en-sorte, que (5)-(6) et (10) sont innocents de toute quantification illicite dans un contexte opaque à partir de l'extérieur de ce contexte. Mais notez maintenant qu'exactement les mêmes ennuis commencent aussi du côté notionnel, dès que nous essayons de dire non pas simplement qu'Ernest chasse le lion et que je veux un sloop, mais que *quelqu'un* chasse le lion ou veut un sloop. Ce pas nous fait ostensiblement passer de (5)-(6) à :

> (26) $(\exists w)(w$ essaie de faire en sorte que $(\exists x)(x$ est un lion . w trouve x)),
> (27) $(\exists w)(w$ souhaite que $(\exists x)(x$ est un sloop . w a x)),

et ceux-ci quantifient bien de façon inacceptable à travers des contextes opaques.

Nous savons comment, à l'aide de l'appareillage des attributs, mettre (26)-(27) en ordre; nous avons en fait le modèle à suivre sous les yeux avec (24)-(25). Des versions admissibles sont :

> $(\exists w)(w$ essaie de faire en sorte $y(\exists x)(x$ est un lion . y trouve x) de w),
> $(\exists w)(w$ souhaite $y(\exists x)(x$ est un sloop . y a x) de w),

ou, en bref :

> (28) $(\exists w)(w$ essaie de faire en sorte $y(y$ trouve un lion) de w),
> (29) $(\exists w)(w$ souhaite $y(y$ a un sloop) de w).

193 | Une telle quantification du sujet de l'attitude propositionnelle peut aussi bien, évidemment, apparaître dans la croyance; et, si le sujet est mentionné dans la croyance elle-

même, le modèle ci-dessus est celui qu'il faut suivre. Ainsi,
« Quelqu'un croit qu'il est Napoléon » doit être rendu :

$$(\exists w)(w \text{ croit } y(y = \text{Napoléon}) \text{ de } w).$$

Pour être concret, j'ai discuté la croyance en premier lieu,
et en second lieu deux autres attitudes propositionnelles :
essayer-de-faire-en-sorte et souhaiter. Le traitement de
chacune est, voyons-nous, étroitement parallèle à celui des
deux autres ; et il s'étend aussi bien, évidemment, aux autres
attitudes propositionnelles – par exemple, l'espoir, la peur, la
surprise. Dans tous les cas, mon intérêt porte, évidemment, sur
un aspect technique spécial des attitudes propositionnelles : le
problème de la quantification dans [ou : à travers].

IV

Il y a de bonnes raisons pour ne pas nous contenter d'une
analyse qui nous laisse avec les propositions, les attributs et les
autres intensions. Les intensions sont moins économiques
que les extensions (valeurs de vérité, classes, relations) en ce
qu'elles sont plus étroitement individuées. Le principe de leur
individuation, de plus, est obscur.

L'équivalence logique est communément adoptée comme
principe d'individuation des intensions. Plus explicitement : si
S e S' sont deux phrases quelconques avec n (≥ 0) variables
libres, les mêmes dans chacune d'elles, alors les intensions
respectives que nous nommons en mettant les n variables (ou
« que », si $n = 0$) devant S et S' seront une seule et même intension si, et seulement si, S et S' sont logiquement équivalentes.
Mais le concept pertinent d'équivalence logique soulève à son

tour de sérieuses difficultés[b]. Les intensions sont au mieux une population assez obscure.

Cependant, il est assez évident que nous ne pouvons, dans le traitement précédent des attitudes propositionnelles, laisser tomber les intensions au profit des extensions correspondantes. Ainsi, pour prendre un exemple trivial, considérez « *w* est en train de chasser à licorne ». Par analogie avec (28), cette phrase devient :

> *w* essaie de faire en sorte *y*(*y* trouve une licorne) de *w*.

194 | Et de même pour la chasse au griffon. D'où il suit que, si un individu quelconque, *w*, doit chasser la licorne sans chasser le griffon, les attributs :

> *y*(*y* trouve une licorne),
> *y*(*y* trouve un griffon)

doivent être distincts. Mais les classes correspondantes, étant vides, sont identiques. Aussi est-ce en réalité des attributs, et non des classes, que nous avions besoin dans notre formulation. On pourrait tirer la même morale, quoique moins brièvement, sans faire appel aux classes vides.

Mais il y a une façon d'éviter les intensions qui mérite d'être sérieusement prise en considération. Au lieu de parler d'intensions, nous pouvons parler de phrases, en les nommant par citation. Au lieu de :

> *w* croit que …

nous pouvons dire :

> *w* croit-vrai « … ».

---

b. Voir « Two dogmas »; voir aussi « Carnap and la vérité logique », l'essai 12 de ce livre [p. 201-241].

Au lieu de :

(30) w croit $y(\ldots y \ldots)$ de x

nous pouvons dire :

(31) w croit « $\ldots y \ldots$ » satisfait par x.

Ici, les mots « croit satisfait par », comme auparavant « croit de », seraient considérés comme un prédicat irréductiblement triadique. Un changement semblable peut être opéré dans le cas des autres attitudes propositionnelles, évidemment, et dans le cas tétradique et au-delà.

Cette reformulation sémantique n'est évidemment pas destinée à suggérer que le sujet de l'attitude propositionnelle parle le langage de la citation, ou un langage quelconque. Nous pouvons traiter la crainte qu'une souris a d'un chat comme le fait que cette souris craigne-vrai une certaine phrase de l'anglais. Cela manque de naturel sans être pour autant erroné. C'est un peu comme décrire le courant océanique préhistorique comme tournant dans le sens des aiguilles d'une montre.

Comment, où, et à quel titre tracer une frontière entre ceux qui croient ou souhaitent ou essaient de faire en sorte que p et ceux qui ne le font pas tout à fait, est indéniablement une affaire vague et obscure. Cependant, s'il y en a qui approuvent bien qu'on parle de croyance d'une proposition et qu'on parle à son tour d'une proposition comme signifiée par une phrase, alors ils ne peuvent certainement pas s'opposer à notre reformulation sémantique « w croit-vrai S » au motif d'une quelconque obscurité particulière ; car, « w croit-vrai S » est explicitement définissable | en *leurs* termes comme « w croit la **195** proposition signifiée par S ». De même pour la reformulation sémantique (31) de (30) ; de même pour le cas tétradique et au-delà; et de même pour souhaiter, essayer-de-faire-en-sorte et les autres attitudes propositionnelles.

Nos versions sémantiques impliquent toutefois une relativité à la langue qui doit être rendue explicite. Lorsque nous disons que w croit-vrai S, nous devons être capables de dire à quelle langue la phrase S est considérée comme appartenant; non parce que w aurait besoin de comprendre S, mais parce qu'il se pourrait que S existât fortuitement (en tant que forme linguistique) dans deux langues avec des significations très différentes[c]. En toute rigueur, par conséquent, nous devrions considérer l'expression dyadique « [w] croit-vrai S » comme développée en une expression triadique « w croit-vraie S dans L »; et de même pour (31) et au-delà.

Comme on l'a noté deux alinéas plus haut, la forme sémantique d'expression :

(32) w croit-vrai « ... » dans L

peut s'expliquer en termes intensionnels, pour ceux qui y tiennent, comme :

(33) w croit la proposition signifiée par « ... » dans L,

ne laissant ainsi plus aucune raison de protester pour ce qui est de sa relative clarté. On entendra peut-être encore, cependant, une protestation pour une autre raison : (32) et (33), quoique équivalentes l'une à l'autre, ne sont pas strictement équivalentes à ce qui nous intéresse réellement, à savoir « w croit que ... ». Car, argue-t-on, pour inférer (33), nous avons besoin non seulement de l'information que fournit « w croit que ... » à propos de w, mais aussi d'information

---

c. Cette remarque est faite par Church, « On Carnap's analysis ».

additionnelle à propos de la langue *L*. Church[d] met cela en évidence en faisant appel aux traductions, en substance de la façon suivante. Les énoncés respectifs :

> *w* croit qu'il y a des licornes,
> *w* croit la proposition signifiée en français par « Il y a des licornes »

se traduisent en allemand par :

(34) *w glaubt, dass es Einhörne gibt,*
(35) *w glaubt diejenige Aussage, die* « Il y a des licornes » *auf Französisch bedeutet,*

| et il est clair que (34) ne fournit pas assez d'information pour **196** permettre d'inférer (35) à un Allemand ignorant le français.

On peut utiliser le même raisonnement pour montrer que « Il y a des licornes » n'est pas strictement ou analytiquement équivalent à :

> « Il y a des licornes » est vrai en français.

Le paradigme tarskien de la vérité n'était pas non plus, en fait, destiné à affirmer une équivalence analytique. De même, alors, pour (32) en relation avec « *w* croit que … » ; on peut déclarer un accord systématique quant aux valeurs de vérité, et rien de plus. Cette limitation se révèlera de peu d'importance pour ceux qui partagent mon scepticisme à l'égard de l'analyticité.

Ce que je trouve plus inquiétant à propos des versions sémantiques, telles que (32), c'est d'avoir à faire intervenir, si peu que ce soit, le concept de langue. Qu'est-ce qu'une langue ? Quel degré de fixité lui suppose-t-on ? Quand avons-

---

d. *Ibid.*, avec un remerciement à Langford.

nous une langue et non deux? Les attitudes propositionnelles, pour commencer, sont des affaires peu claires, et il est
dommage de devoir ajouter l'obscurité à l'obscurité en faisant
intervenir aussi des variables de langue. Mais n'allez pas croire
qu'on gagne la moindre clarté en réintégrant les intensions.

UNE APPROCHE LOGISTIQUE
DU PROBLÈME ONTOLOGIQUE[a][*]

Présenté au cinquième Congrès International pour l'Unité de la Science, Cambridge, Massachussetts, septembre 1939, et imprimé pour diffusion au congrès en tant qu'extrait anticipé du *Journal of Unified Science*, qui avait été fondé en Hollande comme successeur d'*Erkenntnis* après l'annexion allemande de l'Autriche. Le *Journal* lui-même, contenant cet article ainsi que les autres articles du congrès, était destiné à ne jamais paraître, en raison de l'invasion allemande de la Hollande.

Que signifie le fait de demander, par exemple, s'il y a une entité telle que la rotondité? Notons que nous pouvons employer le mot « rotondité » sans reconnaître une quelconque entité de ce type. Nous pouvons soutenir que ce mot est *syncatégorématique*, comme les propositions, les conjonctions, les articles, les virgules, etc. : que bien qu'il figure comme partie essentielle de différentes phrases douées de signification, il

* Traduit par Sabine Plaud.

a. Je dois exprimer ma reconnaissance à M. H. Nelson Goodman pour ses précieuses critiques sur une version précédente.

n'est pas un *nom* pour quoi que ce soit. Demander s'il y a une entité de ce type, ce n'est donc pas mettre en question le fait que « rotondité » ait une signification ; cela revient plutôt à demander si ce mot est un nom ou une expression syncatégorématique.

Les questions ontologiques peuvent être transformées, de cette manière superficielle, en questions linguistiques portant sur la frontière entre noms et expressions syncatégorématiques. À présent, où, de fait, cette frontière passe-t-elle ? On trouvera la réponse, à mon avis, en dirigeant notre attention vers les variables. Si dans l'énoncé :

(1)　　Les cailloux ont la rotondité

198 | le mot « rotondité » est considéré comme un fragment purement syncatégorématique de son contexte, comme « ont » ou même « loux » ou « ité », alors la vérité de (1) ne nous autorise pas à inférer :

(2)　　Les cailloux ont quelque chose,

c'est-à-dire :

(2)　　$(\exists x)$ (les cailloux ont x).

Là où « ont » est compris comme il l'est dans le contexte « ont la rotondité », et là où « rotondité » est compris syncatégorématiquement, l'emploi de la variable « x » après « ont » comme dans (2) serait simplement agrammatical – comme l'est son emploi après « cail » dans :

$(\exists x)$ (les cail$x$ ont la rotondité).

Les variables sont des pronoms, et n'ont de sens que dans des positions qui sont accessibles aux noms. Il semblerait ainsi que le fait d'admettre l'inférence de (2) à partir de (1) reviendrait à reconnaître « rotondité » comme un nom plutôt que comme une expression syncatégorématique ; que cela reviendrait, en d'autres termes, à reconnaître une entité rotondité.

On peut parvenir à la même conclusion par des canaux moins explicitement syntaxiques. (2) affirme qu'il y a une entité que les cailloux « ont » ; en conséquence, si nous nous autorisons à inférer (2) à partir de (1), nous aurons admis une entité rotondité, et aurons interprété (1) comme affirmant que les cailloux l'« ont ». Certains pourraient cependant objecter que le quantificateur « $(\exists x)$ », dans (2), n'affirme rien au sujet d'entités ni au sujet de l'existence ; que la signification de la prétendue quantification existentielle n'est complètement décrite que par les seules règles logiques qui la gouvernent. Or j'accorde que la signification de la quantification est couverte par les règles logiques ; mais la signification que ces règles déterminent reste celle que l'usage ordinaire accorde aux idiomes « il y a une entité telle que », « une entité existe telle que », etc. Une telle conformité était l'objectif du logisticien lorsqu'il a codifié la quantification ; la quantification existentielle a été conçue pour jouer le rôle de ces idiomes communs. C'est précisément en ce sens habituel d'« il y a » que nous entendons rechercher s'il y a une entité telle que la rotondité ; et c'est précisément en ce sens qu'une réponse affirmative est implicite dans l'inférence de (2) à partir de (1).

Il semble que nous ayons découvert une base formelle pour distinguer les noms des expressions syncatégorématiques. Dire que « rotondité » est un nom (*i.e.*, qu'il y a une entité telle que la rotondité), c'est dire qu'à partir d'un contexte « … rotondité … », nous pouvons inférer « $(\exists x)(\ldots x \ldots)$ ». Mais si de telles inférences sont valides, alors en particulier, | depuis un **199** contexte négatif « $\sim(\ldots \text{rotondité} \ldots)$ », il sera valide d'inférer

« $(\exists x) \sim (\ldots x \ldots)$ », c'est-à-dire « $\sim (x)(\ldots x \ldots)$ »; d'où, par contraposition, il sera conversement valide d'inférer « … rotondité … » à partir de « $(x)(\ldots x \ldots)$ ». La loi par laquelle l'énoncé existentiel suit du singulier est en effet équivalente à la loi par laquelle le singulier suit de l'universel.

Il apparaît donc approprié de décrire tout simplement les *noms* comme ces expressions constantes qui remplacent les variables et sont remplacées par des variables selon les lois habituelles de la quantification. Les autres expressions douées de signification (les autres expressions susceptibles de figurer dans des énoncés) sont *syncatégorématiques*. C'est aux noms, en ce sens, que les mots « Il y a une entité telle que » peuvent authentiquement servir de préfixes. Pour formuler cela de façon elliptique : on peut dire de nous que nous acceptons telle et telle entité si, et seulement si, nous considérons que le domaine de valeurs de nos variables inclut une telle entité. *Être*, c'est être une valeur d'une variable.

La formulation à laquelle nous sommes parvenus n'est adaptée qu'à ces formes familières de langage où la quantification figure à titre primitif, et où les variables ne figurent que comme compléments de la quantification[b]. Les considérations qui suivent seront elles aussi limitées à des langages de ce type. Il faudrait des révisions superficielles pour adapter ces développements à des langages dans lesquels l'abstraction est primitive[c]; et il faudrait des révisions fondamentales pour

b. Voir par exemple Tarski : « Wahrheitsbegriff », p. 363-366, et mes deux articles, « Set-theoretic foundations » et « New foundations ».

c. Voir par exemple mon *System of Logistic*, ainsi que « Logic based on inclusion and abstraction ».

les adapter à des langages dans lesquels les variables sont éliminées au profit de combinateurs [d].

On choisit parfois de parler *comme si* certaines expressions syncatégorématiques étaient des noms d'entités, en continuant cependant à soutenir que c'est là une pure façon de parler, que ces expressions ne sont en réalité pas des noms, et que ces prétendues entités sont des *fictions* commodes. Cette notion de fiction peut recevoir une signification claire du point de vue des présents développements. Parler comme si certaines expressions étaient des noms, c'est, comme nous l'avons vu, autoriser ces expressions à remplacer et à être remplacées par des variables selon les lois de la quantification. Mais si cela doit être une pure façon de parler commode et théoriquement évitable, nous devons être en mesure | de traduire un tel usage **200** dans un autre idiome n'exigeant *pas* que les expressions en question remplacent et soient remplacées par des variables. Les expressions en question doivent tout d'abord être syncaté-gorématiques, et l'usage de variables de quantification dans la position de telles expressions doit être expliqué par des défini-tions, par des conventions d'abréviation notationnelle. On peut considérer que c'est dans ce type d'extensions défini-tionnelles de la quantification que consiste l'introduction d'entités fictives.

Supposons, par exemple, que notre langage, au niveau primitif, ne fasse pas usage de variables dans des positions appropriées aux énoncés. Les énoncés sont alors syncatégo-rématiques; ils ne nomment rien. Supposons en outre que notre langage soit tel qu'il ne permette à un énoncé de figurer dans un autre qu'au moyen des modes vérifonctionnels de la

d. Schönfinkel; Curry. [Voir l'essai 28 ci-dessous, p. 469-504.]

composition des énoncés; c'est-à-dire, supposons que les énoncés ayant les mêmes valeurs de vérité soient interchangeables dans tout contexte sans que cela affecte la valeur de vérité du contexte. Cette condition est remplie par les langages logiques habituels, et il est probable qu'elle puisse être également remplie par les langages adaptés à la science en général[e]. Or l'usage des variables dans notre langage peut être étendu aux positions d'énoncé au moyen des définitions suivantes[f]. Là où « …p… » a la forme d'un énoncé mais contient la variable «p» à des places où figureraient normalement les énoncés constituants, nous expliquons la quantification «(p)(…p…)» et «(∃p)(…p…)» respectivement comme des abréviations pour la conjonction :

$$(\dots 0=0\dots)\boldsymbol{\cdot}(\dots 0=1\dots)$$

et pour la disjonction :

$$(\dots 0=0\dots)\vee(\dots 0=1\dots)$$

Les énoncés deviennent désormais des noms; les propositions – *designata* des énoncés – se voient reconnues comme des entités. Mais c'est là uniquement une façon de parler, reposant sur des abréviations; nous considérons donc les énoncés comme de pseudo-noms [*fake names*], et les prétendues propositions comme des fictions. La différence entre fiction et réalité peut ainsi être envisagée comme réduisant la différence entre quantification définie et quantification relevant de la notation primitive.

En étendant définitionnellement la quantification, nous accomplissons l'introduction de fictions; mais nous pourrions

e. Carnap, *Logical Syntax*, p. 240-260.
f. D'après Tarski, « Sur les truth-functions ».

toujours ajouter des définitions | supplémentaires, afin 201
d'amener nos fictions à se comporter davantage comme des
entités réelles – c'est-à-dire, afin de rendre nos pseudo-noms
adaptables aux différents contextes dans lesquels figurent des
noms authentiques. Un contexte important est l'identité.
L'équation formée à partir de pseudo-noms α et β doit avoir
pour *definiens* quelque contexte primitivement doué de signification pour les expressions syncatégorématiques α et β; et ce
contexte doit être de telle sorte qu'il vaille comme énoncé vrai
pour ces choix précis de α et β qui sont interchangeables dans
tous les autres contextes *salva veritate*. Ce canon combine
préservation de la substituabilité de l'identité et préservation
du principe converse, l'identité des indiscernables. Ainsi, dans
le système examiné plus haut où les énoncés doués des mêmes
valeurs de vérité sont interchangeables dans tous les contextes
salva veritate, le présent canon identifierait le bi-conditionnel
vérifonctionnel (« $\equiv$ », « si, et seulement si ») comme la façon
appropriée de définir « $=$ » entre des énoncés. Il s'avèrerait
alors que nos propositions fictives ne sont qu'au nombre de
deux.

La question de savoir quelles entités existent, du point de
vue d'un langage donné, dépend des positions qui sont accessibles aux variables dans ce langage. La question de savoir
lesquelles sont des fictions, du point de vue d'un langage
donné, dépend des positions qui sont accessibles aux variables
définitionnellement plutôt que primitivement. Un changement
de langage entraîne habituellement un changement d'ontologie. Il y a cependant un sens important dans lequel la
question ontologique transcende la convention linguistique :
jusqu'à quel point *pouvons*-nous mettre en place une ontologie économique tout en ayant un langage adéquat à tous les

objectifs de la science? Sous cette forme, la question des présuppositions ontologiques de la science survit.

Il est bien connu que la logique et les mathématiques sont exprimables dans un langage comprenant uniquement la négation alternée (la barre de Sheffer), la quantification universelle, et le prédicat « $\in$ » d'appartenance de classe[g]. On peut présumer qu'un langage adéquat à la science en général peut être formé sur ce noyau par l'annexion d'un nombre indéfini de prédicats empiriques. Pour ce langage tout entier, la seule ontologie requise – le seul domaine de valeurs pour les variables de quantification – consiste en individus concrets de telle ou telle sorte, plus toutes les classes d'entités de ce type, plus toutes les classes formées à partir de cette totalité d'entités ainsi complétée, etc.

202 | Mais ce n'est pas là un maigre univers. Il est d'un type que j'appellerai *transcendant*; dans la théorie des ensembles de von Neumann, on l'appellerait II-*Ding*. Une totalité transcendante est une totalité dont toute combinaison des membres détermine un membre supplémentaire. Un tel univers est pire qu'infini : le seul fait de parler de son nombre cardinal implique une révision de l'arithmétique infinie classique[h], puisque soit le nombre est le plus grand de tous les nombres, soit des parties de l'univers ont des nombres cardinaux supérieurs au tout.

L'expression « toute combinaison » mentionnée plus haut est vague. Nous ne saurions, même dans notre univers transcendant, permettre à une nouvelle entité d'être déterminée par toute *condition* formulable sur les entités; on sait que cela

g. Voir les références dans la note 2 *supra* [note b, p. 342].

h. Voir mon article « On Cantor's theorem ».

conduit à une contradiction dans le cas de la condition
« $\sim(x \in x)$ » et de certaines autres. De telles combinaisons illu-
soires d'entités peuvent être exclues par telle ou telle stipu-
lation ; mais il est significatif que de telles stipulations soient
ad hoc, non soutenues par l'intuition. Un univers transcendant
transcende les contrôles du sens commun.

Le nominalisme est peut-être par essence une protestation
contre un univers transcendant. Le nominaliste voudrait
supprimer les « universaux » – les classes de notre univers – et
conserver uniquement les individus concrets (quels qu'ils
puissent être). L'accomplissement effectif du nominalisme, en
ce sens, consisterait à partir d'un univers immanent (non transcendant) pour étendre ensuite la quantification aux classes au
moyen de quelque genre indirect de définition contextuelle.
L'aspect transcendant de notre univers se réduit alors à des
fictions, sous le contrôle des définitions. Une telle construction impliquerait probablement certains primitifs sémantiques
comme auxiliaires pour les primitifs logiques. S'il s'avère,
comme cela est vraisemblable, que des fragments des mathématiques classiques doivent être sacrifiés sous toutes les
constructions de ce type, il reste malgré tout un ressort pour
le nominaliste : il peut entreprendre de montrer que ces
fragments récalcitrants sont inessentiels à la science.

SUR LES IDÉES DE CARNAP
TOUCHANT L'ONTOLOGIE *

Partie d'un texte présenté lors d'une rencontre avec Carnap à l'université de Chicago, le premier février 1951. Cet extrait fut transmis aux *Philosophical Studies* à la demande des éditeurs, et fut publié un peu plus tard dans l'année (volume 2, 1951).

Bien que nul autre, plus que Carnap, n'ait davantage influencé ma pensée philosophique, les questions d'ontologie et d'analyticité n'ont cessé, depuis des années, d'être un sujet de débat entre lui et moi. Ces questions se révèlent liées, et leurs relations mutuelles apparaissent de manière particulièrement claire dans l'article de Carnap « Empiricism, Semantics, and Ontology ». J'accorderai une attention particulière à cet article afin de tenter d'isoler et de réduire nos divergences.

Lorsque je cherche quels sont les *engagements ontologiques* d'un corps doctrinal ou théorique donné, je ne fais que demander ce qu'il y a, selon cette théorie. Je pourrais dire incidemment, bien que cela ne soit pas un point de désaccord substantiel, que Carnap n'aime guère la terminologie que

---

* Traduit par Pierre Wagner.

j'utilise ici. Or s'il faisait lui-même un meilleur usage de ce bon vieux terme d'« ontologie », je serais enclin à rechercher un autre mot pour ce que j'ai à dire. Mais en réalité, je crois qu'il désapprouve le fait même que j'accorde une signification à un mot qui appartient à la métaphysique traditionnelle et qui devrait, par conséquent, en être dépourvu. Ma propre éthique, en matière de terminologie, exige, à l'occasion, d'éviter qu'un mot soit utilisé à certaines fins lorsqu'une signification antérieure exerce un droit de préemption, mais les mots dépourvus de signification sont précisément ceux auxquels je me sens le plus libre d'en attribuer une. En réalité, cependant, le fait que **204** j'adopte le mot « ontologie » aux fins | que j'ai dites n'est pas aussi arbitraire que je le laisse entendre. Bien que je ne sois nullement un champion de la métaphysique traditionnelle, j'ai dans l'idée que le sens que je donne à ce vieux mot croustillant a toujours été au cœur de l'usage qu'on en a fait.

Admettons, pour l'espace des remarques qui suivent, le mot. La question des engagements ontologiques d'une théorie est alors la question de savoir ce qui est, selon cette théorie. Carnap pense – et ici le sujet du débat n'est plus purement terminologique – que la question de savoir ce qu'une théorie présuppose quant à ce qui est doit être divisée d'une certaine façon en *deux* questions ; et je ne suis pas d'accord. Quelle doit être cette division, selon lui, et ce qui justifie mon désaccord, nous le verrons dans un instant ; mais pour commencer, examinons un peu l'idée, avant sa division.

Comment décider si tel ou tel discours implique ou non un engagement à l'égard de telle ou telle entité présumée, cela n'a pas toujours été clair. Lorsque nous disons que tous les poissons sont aquatiques, est-ce que nous nous engageons à accepter deux entités abstraites – classes ou propriétés – que désignent les mots « poisson » et « aquatique » ? Lorsque nous utilisons le mot « similaire » sans le définir préalablement par d'autres termes, est-ce que nous nous engageons par là à accepter une entité abstraite qui est la relation de similarité ? Russell a affirmé que tel était le cas. Mais aucun nominaliste ne serait d'accord.

Tout nominaliste, et quiconque fait usage du langage, se sert librement de termes généraux comme « poisson », « aquatique » et « similaire », mais seuls des anti-nominalistes vont imaginer qu'un tel usage est une allusion à des entités abstraites. Pour le nominaliste, le mot « poisson » est *vrai de* chaque poisson concret mais ne *désigne* pas, en outre, une poissonité abstraite ou classe de poisson ; pour lui, le mot « similaire » est vrai de tout alligator relativement à tout crocodile, et de toute Pontiac relativement à toute Pontiac, sans désigner pour autant, en outre, une relation de similarité. Pourquoi « poisson », « aquatique » ou « similaire » devraient-ils être mis sur le même plan que des noms comme « Chicago », « Truman » ou « Parthénon » ? Bien des mots peuvent être admis dans des phrases signifiantes sans prétendre désigner, comme l'attestent « le », « de », « pour » et « porte-à-faux ». Pourquoi pas « poisson », « aquatique » et « similaire » ?

Peut-être pouvons-nous convaincre un locuteur de son engagement à l'égard d'entités abstraites non pas du fait de ses termes généraux, mais uniquement du fait de ses termes abstraits tels que « poissonité », « aquaticité » ou « similarité » ? Mais on ne peut s'en tenir là. Si vous accordez au nominaliste ses termes généraux, il peut justifier l'usage qu'il fait de termes abstraits | comme autant de paraphrases pittoresques de **205** ce qui pourrait être dit à l'aide de termes généraux.

Toute cette tolérance à l'égard du langage et ces adieux à l'égard des engagements sont assez raisonnables, mais n'ont-ils pas une limite ? Dans le même esprit, « Chicago »,

« Truman » et « Parthénon » pourraient eux-mêmes passer pour des mots qu'on peut admettre dans des phrases sans qu'ils prétendent désigner. Il s'avèrerait qu'il n'y a rien de tel qu'un engagement à l'égard d'entités par l'entremise du discours.

Il est vrai, à mon avis, qu'il n'y a pas d'engagement à l'égard d'entités du simple fait qu'on utilise pour elles de prétendus *noms*; toutes choses étant égales par ailleurs, nous pouvons toujours nier l'allégation selon laquelle les mots en question sont des noms. Néanmoins, il y a certainement un engagement à l'égard d'entités par l'entremise du discours; car nous sommes tout à fait capables de dire, de toutes sortes de façons, qu'*il y a* des cygnes noirs, qu'*il y a* une montagne de plus de 8800 mètres d'altitude, et qu'*il y a* des nombres premiers supérieurs à cent. En disant de telles choses, nous disons également, par implication, qu'il y a des objets physiques et des entités abstraites, car tous les cygnes noirs sont des objets physiques et tous les nombres premiers supérieurs à cent sont des entités abstraites.

Ainsi, je considère que l'engagement essentiel à l'égard d'entités, de quelque sorte qu'elles soient, résulte des variables de quantification et non de l'usage de prétendus noms. Les entités auxquelles un discours nous engage sont les entités que nos variables de quantification doivent parcourir afin que les énoncés affirmés dans ce discours soient vrais.

Les noms sont des leurres. L'usage de prétendus noms, nous l'avons vu, ne nous engage pas à l'égard d'entités correspondantes. À l'inverse, par l'entremise de nos variables de quantification, nous sommes tout à fait capables de nous engager à l'égard d'entités que nous ne pouvons pas du tout désigner individuellement grâce aux ressources de notre langage; en témoignent les nombres réels qui, selon la théorie classique, forment une infinité supérieure à la totalité des

noms qu'il est possible de construire dans n'importe quel
langage. On peut, en fait, se dispenser entièrement des noms
au profit de termes généraux *non*-nominaux, plus la quantification et d'autres outils logiques; l'astuce qui accomplit cette
élimination est fournie, dans ses grandes lignes, par la théorie
des descriptions de Russell. Dès lors, la variable de quantification devient le seul canal de la référence. Pour l'engagement
ontologique, c'est la variable qui compte.

Carnap accepte, si je comprends bien, le critère qui me
permet de juger si telle théorie donnée accepte telles préten-
dues entités données. | Il s'agit de tester si le domaine de **206**
quantification de ces variables doit inclure ces entités afin de
rendre la théorie vraie. Avec, bien sûr, un frisson au son du mot
« ontologique » et du mot « engagement ».

Or c'est une chose de déterminer quelles entités une
théorie donnée présuppose, c'en est une autre de déterminer
quelles entités on devrait permettre à une théorie de présupposer, quelles entités il y a réellement. C'est surtout dans ce
dernier cas que Carnap insiste sur la dichotomie dont j'ai dit
que je parlerais. Dans cette dichotomie, il met d'un côté la
question de savoir s'il y a des cygnes noirs, des montagnes
de plus de 8800 mètres, ou des nombres premiers supérieurs à
cent, et de l'autre côté la question de savoir s'il y a des objets
physiques ou des entités abstraites. La distinction dépend de ce
qu'il appelle un *cadre* [*framework*] :

> Si quelqu'un souhaite parler dans son langage d'un nouveau
> genre d'entités, il doit introduire un système de nouvelles
> façons de parler, assujetties à de nouvelles règles; nous
> appellerons cette procédure la construction d'un *cadre* pour
> les nouvelles entités en question. Et maintenant, nous devons
> distinguer deux genres de questions d'existence : en premier
> lieu, des questions portant sur l'existence de certaines entités de

ce nouveau genre *à l'intérieur du cadre*; nous les appelons des *questions internes*; en second lieu, des questions qui concernent l'existence ou la réalité *du cadre lui-même*, appelées *questions externes* ... Considérons à titre d'exemple le cadre le plus simple auquel on ait affaire dans le langage de tous les jours : le système spatio-temporellement ordonné des choses et événements observables. Une fois que nous avons accepté ce langage de choses et, de ce fait, le cadre des choses, nous pouvons poser des questions internes, par exemple : « Y a-t-il une feuille de papier blanc sur mon bureau ? », « Le roi Arthur a-t-il réellement existé ? », « Les licornes et les centaures sont-ils réels ou simplement imaginaires ? », et d'autres semblables, et y répondre. C'est par des recherches empiriques que l'on doit répondre à ces questions. ... De ces questions, nous devons distinguer la question externe de la réalité du monde des choses lui-même. Contrairement aux premières, cette question n'est posée ni par l'homme de la rue ni par des scientifiques, mais seulement par des philosophes. ... Ceux qui posent la question de la réalité du monde des choses lui-même ont peut-être à l'esprit non une question théorique comme leur formulation semble le suggérer, mais plutôt une question pratique, une décision d'ordre pratique concernant la structure de notre langage. Nous devons choisir si, oui ou non, nous acceptons et utilisons les formes d'expression du cadre en question. ... Si quelqu'un décide d'accepter le langage des choses, il n'y a pas d'objection à dire qu'il a accepté le monde des choses. Mais cela ne doit pas être interprété comme signifiant qu'il a accepté de *croire* à la réalité du monde des choses ; il n'y a pas de telle croyance, assertion, ou assomption, | parce qu'il ne s'agit pas d'une question théorique. Accepter le monde des choses ne signifie rien de plus qu'accepter une certaine forme de langage[a].

207

---

a. Carnap, « Empiricism, semantics, and ontology », p. 21-23.

Rappelons maintenant mon explication de ce en quoi consiste l'approbation donnée à des entités. Elle consiste en leur inclusion dans le ou les domaines des variables de quantification. En conséquence, Carnap décrit l'introduction d'un cadre comme consistant pour l'essentiel dans les deux étapes suivantes :

> Premièrement, l'introduction d'un terme général, d'un prédicat de niveau supérieur, pour le nouveau genre d'entités, nous permettant de dire d'une entité particulière quelconque qu'elle appartient à ce genre (par exemple, « Rouge est une *propriété* », « Cinq est un *nombre* »). Deuxièmement, l'introduction de variables du nouveau type. Les nouvelles entités sont les valeurs de ces variables, auxquelles les constantes (et les expressions closes composées, s'il y en a) sont substituables. À l'aide des variables, on peut formuler des phrases générales concernant les nouvelles entités [b].

Il commence à apparaître, alors, que la dichotomie carnapienne des questions d'existence est une dichotomie entre des questions de la forme « Y a-t-il des tels et tels ? » où les tels et tels sont censés épuiser le champ d'un style particulier de variables liées, et des questions de la forme « Y a-t-il des tels et tels ? » où les tels et tels ne sont pas censés épuiser le champ d'un style particulier de variables liées. J'appellerai questions de *catégorie* les premières et questions de *sous-classe* les secondes. J'ai besoin de cette nouvelle terminologie parce que les termes « externe » et « interne » qu'utilise Carnap déterminent une distinction quelque peu différente qui est dérivée de la distinction entre questions de catégorie et questions de sous-classe. Les questions externes sont les questions de

b. *Ibid.*, p. 30.

catégorie mais conçues comme étant proposées avant l'adoption d'un langage donné; et, selon Carnap, elles doivent être interprétées, à proprement parler, comme des questions de désirabilité d'une forme de langage donnée. Les questions internes comprennent les questions de sous-classe et, en outre, les questions de catégorie lorsque celles-ci sont interprétées comme étant traitées, à l'intérieur d'un langage déjà adopté, comme des questions qui admettent des réponses trivialement analytiques ou contradictoires[c].

Mais je voudrais maintenant examiner la dichotomie qui, comme on le voit, est sous-jacente à la distinction que fait Carnap entre externe et interne, et que je formule comme la
208 distinction entre questions de catégorie et | questions de sous-classe. Il est évident que la question de savoir s'il y a des nombres ne sera une question de catégorie que relativement à des langages qui possèdent un style de variables distinct servant exclusivement à faire référence à des nombres. Si notre langage fait référence à des nombres par l'entremise de variables qui prennent pour valeurs des classes autres que des nombres, alors la question de savoir s'il y a des nombres devient une question de sous-classe, qui se trouve sur le même plan que la question de savoir s'il y a des nombres premiers supérieurs à cent. Telle sera la situation dans le cas du langage des *Principia Mathematica* et dans le cas des langages de toutes les autres théories des ensembles qui nous sont familières.

Même la question de savoir s'il y a des classes ou s'il y a des objets physiques devient une question de sous-classe si notre langage fait usage d'un style unique de variables pour parcourir les deux sortes d'entités. Savoir si l'énoncé selon

c. Telle est clairement l'intention, *ibid.*, p. 24.

lequel il y a des objets physiques et l'énoncé selon lequel il y a des cygnes noirs doivent être placés du même côté de la dichotomie ou en des côtés opposés se trouve dépendre d'une considération plutôt triviale, qui est de savoir si nous faisons usage d'un ou de deux styles de variables pour les objets physiques et les classes.

Je dois maintenant expliquer pourquoi j'affirme qu'il s'agit là d'une considération plutôt triviale. L'usage de différents styles de variables pour différents champs est courant en mathématiques, mais peut habituellement être expliqué comme une abréviation contingente et éliminable : au lieu de faire précéder certains de nos énoncés par l'expression « Si x est un nombre réel compris entre 0 et 1, alors », nous pouvons juger commode, l'espace d'un chapitre ou dans un livre sur la théorie des probabilités, de prévoir des lettres spéciales « p », « q », « r » pour les nombres réels compris entre 0 et 1. La différence entre utiliser l'hypothèse explicite « x est un nombre réel compris entre 0 et 1 » et introduire les variables restreintes est tellement négligeable qu'au niveau de l'écriture mathématique ordinaire, elle ne se remarque habituellement pas ; et il n'y a du reste aucune raison pour qu'elle doive être remarquée.

Mais Carnap n'a pas en tête uniquement cette distinction triviale. Il pense à des langages qui contiennent des styles de variables essentiellement distincts, avant même toute définition abréviative, et à des styles de variables séparés les uns des autres d'une manière si absolue qu'il est contraire à la grammaire usuelle d'utiliser une variable d'un style à un endroit où la grammaire admettrait une variable d'un autre style. Le langage de la théorie des types de Russell utilise cette sorte de compartimentation fondamentale des variables. Je pense néanmoins que beaucoup d'entre nous mettent trop l'accent sur la théorie|des types, au point de négliger la théorie des ensembles **209**

de Zermelo, dont elle est contemporaine, et ses descendants.
Dans cette dernière tradition, la notation ne marque aucune
distinction entre styles de variables, et toutes les questions
qui touchent à l'acceptation non seulement des nombres en
général, mais des entités abstraites en général, ou des objets
physiques en général, deviendraient des questions de sous-
classe – au même titre que la question de savoir s'il y a des
cygnes noirs et des nombres premiers supérieurs à cent. Ainsi,
la distinction de Carnap entre interne et externe, fondée sur
une distinction entre questions de catégorie et questions de
sous-classe, nous importe peu, à moins que nous n'adoptions
quelque chose comme la théorie des types. Je fais partie de
ceux qui, depuis de nombreuses années, ont eu tendance à ne
pas adopter la théorie des types.

En réalité, le cas se présente un peu plus mal que ce que
j'en ai dit jusqu'ici. Même si nous adoptons la théorie des
types, nous restons libres d'adopter le procédé que Russell lui-
même adopta sous le nom d'*ambiguïté de type* – renonçant
ainsi à utiliser un style de variables distinct pour chaque type.
Russell fait un usage modéré de ce moyen, mais nous pouvons
aller plus loin et n'utiliser qu'un seul style de variables pour
tous les types. La théorie des types ne disparaît pas si l'on
suit cette voie : seules sont admises comme grammaticales les
formules qui *pourraient*, par un jeu de réécriture de chaque
variable, être transformées en formules douées de signification d'une théorie des types explicite, avec des styles de
variables distincts pour tous les types.

Cette sorte de conformité indirecte à la théorie des types,
concernant des formules écrites avec un style de variables
unique, est un trait que j'ai appelé *stratification* ; et elle peut
également être définie de manière directe, sans faire appel à
une notation supposée plus fondamentale comprenant des

styles de variables distincts. La stratification est simplement le fait, pour les variables d'une formule, de ne pas être assujetties à certains schémas de répétition liés au symbole d'appartenance entre classes.

Ensuite, nous pouvons aller jusqu'à renoncer à l'idée russellienne d'un univers hiérarchique d'entités disposées en types logiques ; rien ne reste de la théorie des types, si ce n'est une restriction grammaticale ultime sur les sortes de schémas de répétition que des variables sont autorisées à manifester dans les formules. Pourtant, d'un point de vue formel, notre logique, remise à neuf de la manière qu'on a dite, ne se distingue pas de la théorie des types de Russell plus la convention russellienne d'ambiguïté de types. Or ce que montre cette digression logique est que même dans la théorie des types, l'usage de | styles de variables distincts, explicite ou même **210** implicite, est un détail éditorial des plus contingents.

Dans ce qui précède, j'ai défendu l'idée que la distinction entre questions de catégorie et questions de sous-classe est de maigre importance, à moins que l'on adopte quelque chose comme la théorie des types. Or ce que je pense avoir montré maintenant, c'est qu'elle est de maigre importance même dans le cadre de la théorie des types. C'est une distinction qui n'est pas invariante sous des changements typographiques logiquement non pertinents.

Je nourris l'espoir, doublement justifié, de persuader Carnap d'abandonner cette distinction particulière. Première-ment, pour les raisons que j'ai dites, je la trouve mal fondée. Mais deuxièmement, également, je pense qu'il peut parfaitement bien rejeter cette distinction, sans que cela soit incompatible avec le but philosophique de l'article dont il est ici question. Ce n'est rien de plus que la distinction entre *analytique* et *synthétique* qui est requis pour étayer la thèse

carnapienne selon laquelle les énoncés que l'on conçoit
habituellement comme ontologiques, à savoir des énoncés tels
que « Il y a des objets physiques », « Il y a des classes », « Il y a
des nombres », sont analytiques ou contradictoires pour un
langage donné. Ce n'est rien de plus que la distinction entre
analytique et synthétique qui est requise pour étayer sa thèse
selon laquelle les énoncés que l'on conçoit habituellement
comme ontologiques sont affaire de convention uniquement
sous la forme de choix qu'on propose touchant le langage.
L'opposition qu'il défend, entre ces énoncés ontologiques et
des énoncés d'existence empiriques tels que « Il y a des cygnes
noirs », est induite par la distinction entre analytique et synthétique. Il n'y a, certes, dans ces termes, aucune opposition entre
des énoncés analytiques d'un genre ontologique et d'autres
énoncés analytiques d'existence tels que « Il y a des nombres
premiers supérieurs à cent » ; mais je ne vois pas pourquoi il
devrait se soucier de cela.

Mon désaccord, cependant, ne s'arrête pas là. Au
contraire, le point d'opposition fondamental vient tout juste
d'apparaître : la distinction entre analytique et synthétique
elle-même. Dans une note, Carnap écrit à juste titre :

> Quine ne reconnaît pas la distinction sur laquelle j'insiste
> ci-dessus [à savoir la distinction entre des questions ontolo-
> giques et des questions factuelles d'existence] parce que, selon
> sa conception générale, il n'y a pas de frontière stricte entre
> vérité logique et vérité factuelle, entre questions de signifi-
> cation et questions de fait, entre l'acceptation d'une structure
> linguistique et l'acceptation d'une assertion formulée dans
> le langage.

211 | J'ai exposé mes doutes touchant la distinction entre
analytique et synthétique dans un article récent : « Deux

dogmes de l'empirisme », et je ne vais pas en reprendre ici le détail. J'en soulignerai seulement la conséquence : s'il n'y a pas de véritable distinction entre analytique et synthétique, alors l'opposition sur laquelle Carnap insiste – entre énoncés ontologiques et énoncés empiriques d'existence – n'a plus aucun fondement. Les questions d'ontologie se trouvent, en définitive, sur le même plan que les questions de science naturelle.

À l'intérieur de la science naturelle, il y a une gradation continue, depuis les énoncés qui rapportent des observations, jusqu'à ceux qui reflètent les traits fondamentaux, par exemple de la théorie quantique ou de la théorie de la relativité. Dans le dernier article cité, l'opinion à laquelle j'aboutis est que les énoncés d'ontologie, ou même de mathématiques et de logique, sont dans la continuité de cette gradation continue, une continuité qui est peut-être encore plus éloignée de l'observation que ne le sont les principes centraux de la théorie quantique ou de la relativité. Les différences, ici, ne sont à mon avis que des différences de degré et non de genre. La science est une structure unifiée et, en principe, c'est la structure en tant que tout, et non les énoncés qui la composent, un à un, que l'expérience confirme ou dont elle montre l'imperfection. Carnap soutient que les questions d'ontologie, ainsi que les questions qui portent sur les principes logiques ou mathématiques, ne sont pas des questions de fait mais de choix d'un cadre ou schème conceptuel qui convienne pour la science ; et sur ce point, je ne suis d'accord que si l'on accepte de dire la même chose de toute hypothèse scientifique.

LA RÉDUCTION ONTOLOGIQUE
ET LE MONDE DES NOMBRES*

Présenté dans des séances du Princeton Graduate Seminar et du Harvard Philosophy Club en février 1964. Repris du *Journal of Philosophy* (volume 61, 1964), avec des changements substantiels. Je suis reconnaissant à Kenneth F. Schaffer pour une lettre de questions qui a déterminé la révision.

Une préoccupation notable de la philosophie analytique ou scientifique a été de réduire certaines notions à d'autres, de préférence à des notions moins douteuses. Un cas familier de réduction de genre est celui de la définition du nombre par Frege. Chaque nombre naturel n est devenu, si je puis m'exprimer circulairement, la classe de toutes les classes contenant n membres. Comme cela est également bien connu, la façon dont Frege s'y est pris n'était pas la seule bonne façon de faire. Celle de von Neumann en était une autre. De la façon dont ce dernier s'y est pris, si je puis à nouveau m'exprimer circulairement, chaque nombre naturel n devenait la classe de tous les nombres plus petits que n.

* Traduit par Henri Galinon.

À mon sens, nous avons certainement réduit de façon satisfaisante un prédicat à d'autres si nous avons formulé en termes de ces autres prédicats une phrase ouverte qui est *co-extensive* au prédicat en question tel qu'interprété originellement; c'est-à-dire, qui est satisfait par les mêmes valeurs des variables. Mais cette norme ne convient pas aux réductions du nombre de Frege et von Neumann; parce que ces réductions sont toutes les deux bonnes, et ne sont pourtant pas co-extensives l'une à l'autre.

Considérons maintenant la clarification par Carnap de la mesure, ou nombre impur, où il interprète « la température de x est $n°C$ » comme « la température-en-degré-Centigrade de x est n » et fait ainsi l'économie des nombres impurs $n°C$ en faveur des nombres purs n^a. Il y avait, pourrait-on dire, un

213 prédicat de température à deux places | « H » tel que « $H(x, \alpha)$ » signifiait que la température de x était α. Nous avons à la fin un nouveau prédicat de température en degré Centigrade à deux places « H_c ». « $H(x, n°C)$ » est expliqué comme « $H_c(x, n)$ ». Mais « H » n'est pas co-extensif à « H_c », ni en fait avec aucune des phrases ouvertes subsistantes; « H » s'appliquait à des objets putatifs α, les nombres impurs, que l'on en est venu à bannir de l'univers. Leur bannissement constituait le but même de Carnap. Une telle réduction est pour une part *ontologique*, pourrait-on dire, et la co-extensivité ici est clairement à côté de la question.

Les définitions des nombres de Frege et von Neumann se comprennent mieux comme étant elles aussi des réductions ontologiques. Carnap, dans le dernier exemple, montrait comment éluder les nombres impurs et procéder avec les seuls

a. Carnap, *Physikalische Begriffsbildung*.

nombres purs. Exactement de la même façon, pourrait-on dire, Frege et von Neumann ont montré comment éluder les nombres naturels et faire avec ce que, pour le moment, nous pourrions appeler les *classes de Frege* et les *classes de von Neumann*. Il y a seulement cette différence de détail : les classes de Frege et les classes de von Neumann simulent le comportement des nombres naturels au point qu'il est pratique de les appeler des nombres naturels, au lieu de dire que nous sommes parvenus à nous dispenser des nombres naturels de même que Carnap s'était dispensé des nombres impurs.

Lorsque la réduction est en partie ontologique, nous le voyons, la co-extensivité n'est pas le problème. Quel est-il alors ? Considérons à nouveau les façons dont Frege et von Neumann ont interprété les nombres naturels. Et il en existe encore une troisième réduction bien connue, celle de Zermelo. Pourquoi ces réductions sont-elles toutes bonnes ? Qu'ont-elles en commun ? Chacune est un modèle des nombres naturels qui en préserve la structure. Chacune préserve l'arithmétique, et cela suffit. On a insisté sur l'idée que nous avions besoin de plus : nous avons également besoin de fournir de quoi traduire les contextes mixtes dans lesquels les expressions arithmétiques apparaissent en compagnie d'expressions concernant les objets physiques et d'autres. En particulier, nous devons être capables de dire ce que cela signifie pour une classe d'avoir n membres. Mais en fait, il ne s'agit pas là d'une condition additionnelle. Nous pouvons dire ce que c'est pour une classe d'avoir n membres quelle que soit la façon dont nous interprétons les nombres, tant que nous les avons dans l'ordre. Car dire qu'une classe a n membres, c'est dire simplement que les membres de la classe peuvent être corrélés avec les nombres entiers jusqu'à n, quoi que soient ces nombres.

Les nombres réels, comme les nombres naturels, peuvent se comprendre de façons variées. La coupure de Dedekind est l'idée centrale, mais vous pouvez l'utiliser pour expliquer les nombres réels comme certaines classes de rapports, ou comme certaines relations entre nombres naturels, ou comme certaines **214** | classes de nombres naturels. Avec la première méthode, si je puis à nouveau parler circulairement, chaque nombre réel x devient la classe de toutes les fractions inférieures à x. Avec la seconde méthode, x devient cette relation entre nombres naturels : m est en relation avec n si le rapport de m à n est inférieur à x. Pour la troisième version, nous changeons cette relation entre nombres naturels en une classe de nombres naturels par une fonction des paires ordonnées de nombres naturels dans les nombres naturels.

Les trois possibilités sont admissibles, et ce que toutes trois ont visiblement en commun est, à nouveau, simplement la structure pertinente : chacune est un modèle des nombres réels qui en préserve la structure. À nouveau, il semble qu'il n'y ait besoin de rien de plus pour assurer une traduction satisfaisante également dans les contextes mixtes. Quand les nombres réels sont appliqués à des grandeurs dans le monde physique, n'importe quel modèle des nombres réels pourrait tout aussi bien être appliqué.

La même chose se révèle vraie lorsque l'on en vient à s'intéresser aux nombres imaginaires et aux nombres infinis, cardinaux et ordinaux : le problème de l'interprétation n'est rien de plus, à nouveau, que celui de la modélisation. Une fois que nous avons trouvé un modèle qui reproduit la structure formelle, il semble n'y avoir aucune difficulté à traduire également n'importe quel contexte mixte.

Ces cas suggèrent que ce qui justifie la réduction d'un système d'objets à un autre est la préservation de la structure pertinente. Puisque, d'après le théorème de Löwenheim-Skolem, toute théorie qui admet une interprétation vraie admet un modèle dans les entiers, G.D.W. Berry concluait que seul le sens commun fait obstacle à l'adoption d'une ontologie pythagoricienne universelle : les nombres naturels exclusivement.

Il y a ici un renversement intéressant. Nos premiers exemples de réduction ontologique étaient les réductions des nombres naturels à la théorie des ensembles par Frege et von Neumann. Ces exemples et d'autres encourageaient la pensée que ce qui importe dans ces réductions est la découverte d'un modèle. Et pour finir nous disons, au vu du théorème de Löwenheim-Skolem, que des théories concernant des objets de n'importe quelle sorte peuvent, lorsqu'elles sont vraies, être réduites à des théories des nombres naturels. Ici, il y a un gain évident, parce que les nombres naturels sont relativement clairs et – puisque les ensembles infinis disparaissent – économiques.

Mais est-il vrai que tout ce qui importe est d'avoir un modèle ? Toute théorie interprétable peut, au regard du théorème de Löwenheim-Skolem, être | *modélisée* dans les **215** nombres naturels, oui ; mais cela nous permet-il de dire qu'elle est une fois pour toute *réductible* à ce domaine, en un sens qui nous autoriserait à partir de là à répudier les vieux objets, quel que soit notre but, et à reconnaître seulement les nouveaux, les nombres naturels ? Les exemples nous encourageaient dans l'impression que la modélisation assurait une telle réductibilité, mais nous devrions être capables de confirmer ou d'effacer cette impression au moyen d'une petite analyse.

Que demandons-nous de la réduction d'une théorie à une autre ? Voici une réponse complaisante : toute transformation effective de phrases closes en phrases closes fera l'affaire si elle préserve la vérité. Si nous nous décidons pour cela, qu'en est-il de la thèse que toute théorie vraie θ peut être réduite à une théorie concernant les nombres naturels? On peut prouver cette thèse, même sans le théorème de Löwenheim-Skolem. Car nous pouvons traduire toute phrase close S de θ par «Tx» où x est le nombre de Gödel de S et «T» le *prédicat de vérité* pour θ, un prédicat satisfait par tous les nombres de Gödel des phrases vraies de θ et elles seulement.

De cette façon triviale de réduire une ontologie aux nombres naturels, on doit dire que tout ce qu'elle permet d'économiser en ontologie, elle le paie en *idéologie* : nous devons renforcer l'ensemble des prédicats primitifs. Car nous savons par Gödel et Tarski que le prédicat de vérité de θ est exprimable seulement en des termes qui sont plus forts par des aspects essentiels que tout prédicat originellement disponible dans θ elle-même [b].

Ce n'est pas non plus un coût qu'il serait en général possible d'éviter en invoquant le théorème de Löwenheim-Skolem. Je vais expliquer pourquoi. Lorsque, conformément à la preuve du théorème de Löwenheim-Skolem, nous réinterprétons les prédicats primitifs d'une théorie θ de façon à en faire des prédicats des nombres naturels, nous n'en faisons pas en général des prédicats arithmétiques. C'est-à-dire qu'ils ne sont pas en général transformés en prédicats pouvant être exprimés en termes de la somme, du produit, de l'égalité et de la logique. Si nous modélisons seulement les *théorèmes* d'un système déductif – les implications d'un ensemble effectif, sinon fini, d'axiomes – alors nous pouvons certainement

---

b. Voir Tarski, *Logic, Semantics, Metamathematics*, p. 273. Il y a des exceptions lorsque θ est particulièrement faible ; voir Myhill, p. 194.

obtenir une réinterprétation arithmétique des prédicats[c]. Mais ce n'est pas ce que nous cherchons. Nous voulons plutôt accommoder toutes les *vérités* de θ – toutes les phrases qui étaient vraies selon l'interprétation originale des prédicats de θ, indépendamment de la question de leur axiomatisabilité. Il | existe, d'après le théorème de Löwenheim-Skolem, une **216** réinterprétation qui transforme toutes ces vérités en vérités concernant les nombres naturels; mais il se peut qu'il n'y ait aucune interprétation de ce genre en termes arithmétiques. Il en existera si θ admet une axiomatisation complète, bien entendu, et il en existera dans d'autres circonstances, mais pas dans toutes. Dans le cas général, le mieux que nous puissions dire est, à nouveau, que les réinterprétations numériques sont exprimables dans la notation de l'arithmétique et du prédicat de vérité pour θ[d].

Donc, au total, la réduction à une ontologie pythagoricienne entraîne un prix à payer en idéologie, que nous invoquions le prédicat de vérité directement, ou que nous nous laissions guider par l'argument du théorème de Löwenheim-Skolem. Il reste pourtant une raison de préférer la seconde et la plus longue de ces voies à la première. Lorsque j'ai suggéré de traduire simplement S par « Tx » avec x le nombre de Gödel de S, je tirais avantage de la libéralité de la norme : la réduction était n'importe quelle fonction effective et préservant la vérité des phrases closes dans les phrases closes. Maintenant, la vertu de la seconde voie est qu'elle fonctionne également pour une

c. Voir Wang; également Kleene, p. 389-398 et plus particulièrement p. 431. Pour un exposé, voir également mon article « Interpretations of sets of conditions ».

d. On peut le voir en examinant la construction générale au § 1 de « Interpretations of sets of conditions ».

norme de réduction moins libérale : au lieu d'accepter simplement toute fonction des phrases closes dans les phrases closes
tant qu'elle est effective et préserve la vérité, on peut insister
plutôt sur le fait qu'elle préserve la structure des prédicats.
C'est-à-dire qu'au lieu de transformer simplement les phrases
complètes de θ en des phrases, nous pouvons exiger pour
chacune que les prédicats primitifs de θ soient transformés en
un prédicat ou une phrase ouverte concernant les nouveaux
objets (les nombres naturels).

Quelle qu'en soit la preuve et quelle qu'en soit la
sémantique, une doctrine de réductibilité totale des ontologies
aux nombres naturels oblitère la plupart des perspectives ontologiques. Si l'univers du discours de toute théorie peut tout
naturellement être mis aux normes de l'univers pythagoricien,
alors apparemment la seule réduction ontologique particulière
à laquelle aspirer dans n'importe quelle théorie est la réduction
à un univers fini. Une fois que la taille est à la fois finie et
spécifiée, bien sûr, les considérations ontologiques perdent
leur force ; car on peut alors réduire toutes les quantifications
à des conjonctions et des disjonctions, et ainsi ne conserver
aucun appareil référentiel reconnaissable.

Il reste encore, je crois, un champ pour nos efforts ontologiques, à savoir celui concernant la relativité à l'égard de
l'idéologie. On peut essayer de réduire une théorie donnée à
217 l'ontologie pythagoricienne sans déborder de son | idéologie.
Cette tentative a peu d'importance dans le cas des théories
complètement axiomatisées, toutefois, puisqu'elles se réduisent
à l'arithmétique pure, ou à la théorie élémentaire des nombres[e].

---

e. Jusqu'à ce point de l'article, j'ai rapporté des choses que j'ai dites dans
les Shearman Lectures à University College, Londres, en février 1954. Ce n'est
plus le cas à partir d'ici.

De toute façon, il semble que nous ayons effacé la plupart des contrastes ontologiques. Peut-être le trouble vient-il de ce que notre norme de réduction ontologique est encore trop libérale. Nous l'avons renforcée de façon appréciable lorsque nous avons exigé que chaque prédicat reçoive son interprétation. Mais elle n'est pas encore très sévère. Nous avons continué à autoriser chacun des prédicats d'une théorie θ à être traduit par n'importe quel prédicat ou phrase ouverte concernant les nombres naturels, tant que les valeurs de vérité des phrases closes étaient préservées.

Revenons au cas du nombre impur discuté par Carnap pour y regarder de plus près. Nous sommes initialement confrontés à une théorie dont les objets incluent des points de l'espace-temps x et des nombres impurs α, et dont l'ensemble des prédicats primitifs contient « H ». Nous réduisons la théorie à une nouvelle théorie dont les objets contiennent des points de l'espace-temps et des nombres purs, et dont l'ensemble des prédicats contient « H_c ». L'étape cruciale consiste à expliquer « $H(x, n°C)$ » comme « $H_c(x, n)$ ».

Maintenant, cette étape est un succès, à supposer que c'en soit un, parce que trois conditions sont réunies. Une première condition est, bien entendu, que « $H_c(x, n)$ » selon l'interprétation attendue s'accorde en valeur de vérité avec « $H(x, n°C)$ », sous son interprétation attendue originale, pour toutes les valeurs de x et n. Une seconde condition est que, dans la théorie originale, toute mention des nombres impurs α soit confinée ou confinable à la forme spécifique des contextes « $H(x, \alpha)$ ». Sinon, le passage à « $H_c(x, n)$ » ne permettrait pas d'éliminer ces mentions. Mais si cette condition n'était pas satisfaite, parce qu'il y aurait d'autres prédicats (disons un prédicat de longueur ou de densité) et d'autres unités (disons des mètres) en plus de « H » et des degrés, nous pourrions toujours parvenir à nos fins simplement en les traitant de façon similaire. Une troisième condition, finalement, est que l'on puisse toujours référer à un nombre impur α en termes d'un nombre pur et d'une unité : ainsi $n°C$, n mètres. Sans quoi, expliquer « $H(x, n°C)$ » comme « $H_c(x, n)$ » ne permettrait pas de traiter « $H(x, \alpha)$ ».

Cette troisième condition exige que nous soyons capables de spécifier ce que j'appellerai une *fonction de délégation* [*proxy function*] : une fonction qui assigne un des nouveaux objets, dans cet exemple un nombre pur, à chacun des anciens objets – chacun des nombres impurs de température. Dans cet **218** exemple, la | fonction de délégation est la fonction « combien de degrés Centigrades » – la fonction f telle que $f(n°C)=n$. On n'exige pas qu'une telle fonction soit exprimable dans la théorie originale θ à laquelle « H » appartenait, encore moins qu'elle soit disponible dans la théorie finale θ' à laquelle « H_c » appartient. On exige plutôt de *nous*, dans la métathéorie où nous expliquons et justifions l'abandon de θ en faveur de θ', que nous ayons les moyens d'exprimer une fonction de délégation. C'est à nous seulement, qui expliquons « $H(x, \alpha)$ » comme « $H_c(x, n)$ », qu'est dévolue la charge de montrer comment chaque α de l'ancienne θ détermine un n de la nouvelle θ'.

Avec ces trois conditions, nous avons à nouveau renforcé ce qui avait été une norme trop libérale de ce qui compte comme réduction d'une théorie ou d'une ontologie à une autre. Nous l'avons renforcée au point que, me semble-t-il, les choses que nous voulons compter comme réduction comptent comme réduction mais pas le reste. L'élimination par Carnap des nombres impurs compte comme une réduction ; il en va de même de la réduction par Frege et par von Neumann de l'arithmétique naturelle à la théorie des ensembles ; et il en va de même des réductions essentiellement dédekindiennes variées de la théorie des nombres réels. Toutefois, la banalisation générale de l'ontologie échoue; il cesse d'y avoir une quelconque façon évidente de soutenir, à partir du théorème de Lowenheim-Skolem, que les ontologies sont généralement réductibles aux nombres naturels.

Les trois conditions nous ont été inspirées par un exemple. Si nous les reformulons plus généralement, elles perdent leur caractère tripartite. La norme de réduction d'une théorie θ à une théorie θ' peut maintenant être formulée de la façon suivante. Nous spécifions une fonction, pas nécessairement dans la notation de θ ou de θ', qui admet pour argument tous les objets de l'univers de θ et prend ses valeurs dans l'univers de θ'. C'est la fonction de délégation. Puis à chaque prédicat primitif à n place de θ, pour chaque n, nous associons de façon effective un phrase ouverte de θ' à n variables libres, de telle manière que le prédicat est satisfait par un n-uplet d'arguments de la fonction de délégation à chaque fois que, et seulement quand, la phrase ouverte est satisfaite par le n-uplet de valeurs correspondant.

Par souci de brièveté, je suppose que θ possède seulement des prédicats, des variables, des quantificateurs et des fonctions de vérité. L'exclusion des termes singuliers, des signes de fonctions, des opérateurs d'abstraction et de leurs semblables n'est pas une véritable restriction, parce que ces accessoires sont réductibles à la base plus étroite par des voies familières.

Essayons d'appliquer la norme de réduction ci-dessus au | cas de Frege: la réduction par Frege du nombre à la théorie **219** des ensembles. Ici, la fonction de délégation f est la fonction qui, appliquée, par exemple, au « véritable » nombre 5, donne comme valeur la classe de toutes les classes contenant 5 membres (ce que Frege appelle 5). En général, fx peut être décrit comme la classe de toutes les classes contenant x membres.

Quand les nombres réels sont réduits (par ce que j'ai appelé la première méthode) à la classe des fractions, fx est la classe de toutes les fractions plus petites que le « véritable » nombre réel x.

Je dois admettre que ma formulation souffre d'un élément visiblement illusoire. Ainsi, dans l'exemple de Carnap, j'ai dû parler comme s'il *existait* des choses tells que $x°C$, quoique j'ai applaudi à leur répudiation par Carnap. Dans l'exemple de Frege, j'ai dû parler comme si le « véritable » nombre 5 était réellement quelque chose de plus que celui de Frege, quoique j'ai applaudi à sa réduction. Ma formulation appartient, par sa nature, à une théorie inclusive qui admet les objets de θ, non réduits, et les objets de θ' sur un pied d'égalité.

Mais la formulation, si nous passons outre cette imperfection, semble marquer la frontière que nous voulons. Les réductions ontologiques que nous pensions sérieuses s'y conforment. Une autre réduction qui s'y conforme, outre celles mentionnées jusqu'ici, est la réduction d'une ontologie de points de l'espace-temps à une ontologie de quadruplets de nombres au moyen de coordonnées cartésiennes. Et, en même temps, elle fait obstacle à toute « pythagoricianisation » malheureuse basée sur la force du théorème de Löwenheim-Skolem. La preuve du théorème de Löwenheim-Skolem est telle qu'elle nous permet de donner les prédicats du modèle numérique ; mais la norme de réduction ontologique que nous avons maintenant atteinte exige plus que cela. La réduction d'une théorie θ aux nombres naturels – une vraie réduction selon notre nouvelle norme, pas une simple modélisation – signifie la détermination d'une fonction de délégation qui assigne réellement des nombres à tous les objets de θ et transforme les prédicats de θ en phrases ouvertes du modèle numérique. Quand cela peut être fait, en préservant la valeur de vérité des phrases closes, on peut bien parler de réduction aux nombres naturels. Mais l'argument de Löwenheim-Skolem ne détermine, dans le cas général, aucune fonction de délégation. Il ne détermine pas quels nombres doivent être les délégués des objets respectifs de θ. En cela, il est loin de satisfaire notre norme de réduction ontologique.

Il est apparu plus tôt dans cet article que ce qui justifie une réduction ontologique est, pour parler vaguement, la préservation de la structure pertinente. | Ce que nous voyons mainte- **220** nant est que cette structure pertinente est profonde ; les objets d'un système doivent être assignés un par un aux objets de l'autre système.

Goodman a défendu cette conclusion et même davantage par d'autres voies[f] ; il exigeait un isomorphisme, une correspondance un-à-un entre les anciens objets et leurs délégués. Je préfère admettre que différentes choses puissent avoir le même délégué. Car, considérons à nouveau l'inflation cachée, telle qu'elle est décrite dans l'essai précédent. Désamorcer une telle inflation est un genre respectable de réduction ontologique, et cela consiste précisément à prendre un objet comme délégué pour tous les objets indiscernables de lui[g].

f. Pages 5-19.

g. Je dois cette observation à Paul Benacerraf. Sur cette déflation, voir aussi ma discussion de l'identification des indiscernables dans *Word and Object*, p. 230 [trad. p. 318-319] ; dans *From a Logical Point of View*, p. 71 *sq.* [trad. p. 112 *sq.*] ; et dans « Réponse au Professeur Marcus », essai 16 ci-dessus [p. 309-320].

SUR LES ENTITÉS MENTALES *

L'essai a été initialement présenté lors d'une conférence à l'*Institute for the Unity of Science* à Cambridge (Mass.) le 18 novembre 1952, puis publié en 1953 dans le volume 80 des *Proceedings of the American Academy of Arts and Sciences*, intitulé *Contributions to the Analysis and Synthesis of Knowledge*.

Une question ne cesse de revenir : devons-nous affirmer ou nier qu'il y a des choses telles que les *sensations*, conçues comme des expériences immédiates et subjectives ? Je me pencherai sur cette question, mais pas dans l'immédiat. Dans un premier temps, il sera plus commode de m'exprimer comme s'il y en avait.

Pour commencer, considérons le processus du langage, en acceptant ainsi de manière non critique l'utilisation d'une épistémologie et d'une psychologie introspective démodées. Dans la philosophie récente, à la fois chez certains philosophes analytiques anglais et chez certains positivistes logiques, il était à la mode de considérer que les termes de la science ou du langage ordinaire ont une sorte de définition cachée ou

---

* Traduit par Cédric Brun et Layla Raïd.

implicite qui ramène chacun d'eux à des termes se rapportant à
l'expérience immédiate. Une telle conception est clairement
peu réaliste. On peut en formuler une meilleure description,
quoiqu'elle continue à mobiliser la notion d'expérience immédiate, de la manière suivante. D'un côté, nous avons le langage
comme totalité infinie des phrases et des expressions dites ou
dicibles de manière appropriée, de l'autre, nous avons notre
expérience sensible, qui, par un processus d'association
psychologique ou de réponse conditionnée, est reliée au matériau linguistique en des lieux nombreux et variés. Le matériau
linguistique est un système emboîté qui est lié ici et là à
l'expérience ; ce n'est pas un ensemble de termes et d'énoncés
établis séparément, possédant chacun sa définition empirique
222 distincte. Il n'y a pas de signification séparée, | en termes
d'expérience directe, de l'énoncé selon lequel il y a une table
ici ou de l'énoncé selon lequel il y a une planète quelque part
dans l'espace céleste. Ce dernier énoncé peut être lié à notre
expérience sensible de la vue d'une telle planète ou simplement à notre relevé des perturbations des orbites des autres
planètes. Et même l'énoncé selon lequel il y a une table ici peut
être lié à notre expérience sensible par le toucher ou par la vue
ou par ouï-dire. Ou encore, l'énoncé selon lequel je me suis
coupé le doigt peut être lié à l'expérience *soit* par la vue *soit*
par la douleur *soit* par les deux à la fois. J'ai souvent défendu
l'idée qu'il est erroné d'essayer même de distinguer entre les
énoncés scientifiques qui sont vrais en vertu des significations
des termes qui les composent et ceux qui sont vrais ou
probables en vertu d'une preuve inductive. Comme Pierre
Duhem l'a souligné, c'est le système comme un tout qui est
lié à l'expérience. Il s'acquiert par l'exploitation de ses liens
sporadiques et hétérogènes avec l'expérience et il se maintient

ou s'effondre, il est retenu ou modifié, selon sa capacité à nous servir efficacement ou non face à l'expérience continuée.

Nous héritons ce système, dans ses grandes lignes, de nos ancêtres. Lorsque, enfants, nous apprenons le langage, nous accédons à des termes simples variés ainsi qu'à des phrases clefs par une association directe avec des expériences appropriées. Une fois que nous avons progressé un peu dans ce genre d'apprentissage, nous apprenons d'autres usages de manière contextuelle. Finalement, nous sommes dans la position de recevoir la doctrine traditionnelle par chapitres entiers. Enfin, certains hommes se risquent à réviser la tradition ici et là, en vue d'une plus grande simplicité ou de meilleurs liens avec l'expérience ; et ce sont des scientifiques.

Telle est l'histoire de la maîtrise individuelle du langage et du savoir ; mais qu'en est-il des origines de tout cela dans la race ? Il serait irrationnel de supposer que ces origines sont rationnelles. La préhistoire de la science était probablement composée de symbolisme primitif inconscient de type freudien, de confusions entre signe et objet, de magie verbale, d'une pensée prenant ses désirs pour des réalités et de l'acceptation paresseuse de formes linguistiques dont la motivation avait été oubliée depuis longtemps. Des préjugés dans nos schèmes conceptuels peuvent avoir une grande utilité dans la systématisation de la science, et par là-même une grande valeur pour la survie, malgré des origines humbles dans le fonctionnement hasardeux de la déraison – exactement comme des mutations aléatoires dans le chromosome peuvent déclencher le surgissement d'une nouvelle race robuste et adaptée. La sélection naturelle à travers le temps a tendance à favoriser, dans l'évolution des idées comme dans l'évolution des espèces, les accidents heureux aux dépens des accidents défavorables.

223 | En tant que scientifiques, nous acceptons provisoirement l'héritage d'un passé confus, avec des révisions intermédiaires introduites par nos plus récents ancêtres, et nous continuons alors à le déformer et à le réviser. Comme le disait Neurath, nous sommes dans la situation d'un marin qui doit reconstruire son navire planche par planche tout en continuant à naviguer au large.

Comment décidons-nous de ce que nous conservons et de ce que nous révisons ? Pour être plus précis, comment décidons-nous, à propos du monde réel, quelles choses *existent* ? En fin de compte, je pense que nous le décidons en prenant en considération la simplicité et en devinant de manière pragmatique la manière dont le système dans son ensemble continuera de fonctionner en lien avec l'expérience. Nous postulons qu'il y a des molécules, et finalement des électrons, alors même que ceux-ci ne sont pas accessibles à notre expérience directe, mais simplement parce qu'ils contribuent à un système général qui, en tant que tout, est plus simple que ses alternatives connues ; la pertinence empirique des notions de molécule et d'électron est indirecte et dépend des liens avec l'expérience qui existent à *d'autres* endroits du système. Au fond, je m'attends à ce que les tables et les moutons soient, en dernière analyse, sur le même plan que les molécules et les électrons. Les tables et les moutons ne peuvent eux aussi figurer légitimement dans notre schéma conceptuel qu'en vertu de leur contribution indirecte à la simplicité globale de notre organisation linguistique ou conceptuelle de l'expérience ; car il faut se rappeler que les tables et les chaises ne sont pas des sensations directes.

D'un point de vue épistémologique, les notions d'objets macroscopiques, comme celles de table et de mouton, se distinguent essentiellement de celles de molécules et d'électrons en termes de degré d'ancienneté. Tandis que les molécules ont été délibérément posées dans les temps historiques, le postulat des objets externes du sens commun est un trait original de la nature humaine. Les hommes ont certainement adhéré à une conception du monde comme étant composé d'objets externes – conception assez similaire à celle du sens commun – depuis aussi longtemps que ce qui peut être proprement décrit comme un langage existe, car l'enseignement du langage et son usage pour des fins de communication dépendent de l'institution, au sein des formes linguistiques, de références fixées de manière intersubjective. Il serait insensé de rechercher un motif à ce postulat archaïque et inconscient, mais on peut néanmoins insister sur sa fonction et sa valeur pour la survie ; de ce point de vue, l'hypothèse du sens commun selon laquelle il y a des objets externes n'est pas sans commune mesure avec celle de l'existence des molécules et des électrons.

Parce que la notion d'objet macroscopique externe est si fondamentale à la fois pour les origines du langage et pour l'apprentissage continu de celui-ci, nous pouvons être quasiment sûrs qu'elle est appelée à | durer alors même que les **224** notions d'électrons et d'autres entités encore plus hypothétiques pourraient, du fait des révisions continues des sciences, apparaître et disparaître. L'expérience nous rappelle en permanence que c'est au sujet des objets externes macroscopiques qu'il y a le moins de désaccords entre locuteurs, c'est naturellement vers les tables et les moutons que nous nous tournons lorsqu'il y a un problème concernant de nouveaux concepts.

Les épistémologues, déconcertés par le fait que les objets macroscopiques sont épistémologiquement sur le même plan que les molécules et les électrons, ont cherché dans les *sense data* – conçus comme le contenu brut de la sensation elle-même – un domaine plus ultime d'entités. Les difficultés qui en découlent sont célèbres. On les aperçoit clairement si l'on commence par réfléchir à la mémoire. Selon cette théorie, les données présentes de nos expériences sensibles passées sont des sortes de copies affaiblies d'impressions sensibles du passé, de faibles échos d'une sensation passée accompagnant l'éclat de la sensation présente. En fait, il n'est pas besoin de beaucoup d'effort introspectif pour s'apercevoir que de telles impressions secondes, ternes et non brillantes, sont l'exception plutôt que la règle. D'ordinaire, nous ne nous souvenons pas de la surface sensorielle trapézoïdale d'un bureau comme d'une tache colorée s'étendant sur la moitié inférieure du champ visuel; ce dont nous nous rappelons, *c'est qu'il* y avait un bureau dont on peut spécifier approximativement telles et telles propriétés de forme et de taille dans l'espace tridimensionnel. La mémoire est tout autant le produit d'un postulat passé d'objets extra-sensoriels qu'elle est une donnée pour le postulat présent de *sense data* passés.

Ce qui vient d'être dit de la mémoire s'applique dans une certaine mesure au cours de l'expérience sensorielle en général. À partir des découvertes des psychologues de la *Gestalt*, on pourrait rendre encore plus apparent qu'on ne peut le faire à partir de notre expérience quotidienne le fait que notre conscience sélective des surfaces sensibles dépend de nos buts présents et de nos conceptualisations passées. On ne peut pas considérer la contribution de la raison comme simplement limitée à la conceptualisation de l'expérience telle qu'elle se présente en flot et au postulat des objets derrière celui-ci, car cette activité réagit, par sélection et contraste, à la composition qualitative du flot de l'expérience lui-même dans ses portions successives. Représenter la cognition comme l'identification de régularités dans le cours inaltéré de l'expérience n'est pas une simplification éclairante, mais une erreur fondamentale.

Il vaut mieux considérer ce cours lui-même comme étant pollué par chaque cognition antérieure à chaque point de son évolution.

| Ainsi, la notion de pur *sense datum* est une abstraction **225** plutôt fragile, bien plus conjecturale que la notion d'un objet externe comme une table ou un mouton. Il est notable que lorsque nous essayons de parler du domaine subjectif, nous empruntons notre terminologie au domaine objectif : c'est comme si je tombais, j'ai une sensation de malaise, je me sens pousser des ailes, je vois des éléphants roses (mieux : c'est comme si je voyais réellement de réels éléphants roses), etc. Même les termes que nous en sommes venus à considérer comme relevant strictement et immédiatement du registre sensible, comme « rouge », sont évidemment objectifs dans leur référence à une première instance : nous apprenons le mot « rouge » en étant confrontés à un objet que nos parents appellent rouge, exactement comme nous apprenons le mot « mouton » en étant confrontés à un objet externe que nos parents appellent un mouton. Lorsque, arrivé à un certain niveau de sophistication épistémologique, nous transférons le mot « rouge » à un supposé *datum* de l'expérience sensible immédiate et subjective, nous reproduisons exactement ce que nous faisons lorsque nous disons que nous avons une sensation de malaise : c'est *comme si* j'étais réellement, de manière externe, en train de tomber et c'est *comme si* j'étais réellement confronté à un objet externe rouge.

Je soutiens que c'est une erreur de rechercher une réalité immédiatement évidente qui serait, d'une certaine manière, plus immédiatement évidente que le domaine des objets externes. Si nous n'étions pas plongés dans la perplexité par la philosophie, nous suivrions tous le Dr. Johnson dont l'orteil constituait la pierre de touche de la réalité. Les moutons sont réels, pas les licornes; les nuages sont réels, mais le ciel (conçu comme une voûte solide) ne l'est pas. Les nombres impairs sont peut-être réels, mais les nombres premiers pairs autres que 2 ne le sont pas. Bien sûr, tout est réel, mais il y a des moutons et il n'y a pas de licornes, il y a des nuages et pas de ciel (au sens que nous avons indiqué), il y a des nombres impairs, mais il n'y a pas de nombres premiers pairs autres que 2. Tel est l'usage ordinaire du terme « réel », une distinction entre les moutons et les licornes. Faute de définition alternative – qui n'est manifestement pas à notre disposition – c'est le seul usage sur lequel on puisse se reposer.

L'idée cruciale de l'empirisme est que toute preuve scientifique trouve ses points terminaux dans les sens. Cette idée reste valide, mais elle n'intervient qu'en aval de la physique, de la physiologie et de la psychologie, non en amont. Les épistémologues ont cherché à poser un domaine de *sense data*, situé d'une certaine manière à mi-chemin du stimulus physique, par peur de la circularité : considérer la stimulation physique plutôt que le *sense datum* comme le point final de la preuve scientifique reviendrait à faire dépendre la preuve de la science physique de la science physique elle-même. Mais si, **226** avec Neurath, nous acceptons | cette circularité, reconnaissant ainsi simplement que la science de la science est une science, nous nous débarrassons alors du motif épistémologique invoqué pour supposer un domaine des *sense data*. Devrions-nous alors nous débarrasser définitivement des entités mentales ?

Plus haut, j'ai insisté sur la nécessité de décider quelles choses existent, ou quelles choses nous devrions traiter comme existantes, eu égard à la simplicité du système dans son ensemble et à son utilité par rapport à l'expérience, pour ainsi dire. Je dis « pour ainsi dire », parce que je ne veux pas forcer la question de savoir si l'expérience doit être reconnue comme une entité ou un composé d'entités. Jusqu'à présent, je me suis exprimé comme s'il y avait de telles entités ; je devais utiliser un langage ou un autre et j'ai utilisé celui-ci de manière non-critique. Mais l'histoire du problème corps-esprit témoigne de la maladresse de cette manière de faire. Comme je le notais plus haut, nous sommes pratiquement obligés d'adhérer à une ontologie d'objets extérieurs ; mais la question de savoir si le postulat d'objets additionnels de genre mental constitue une aide ou un obstacle à la science est sujet à discussion. Ou peut-être n'est-ce pas si discutable. En tout cas, soit c'est discutable, soit il est clair que ces entités mentales sont des obstacles à la science.

Rejeter les entités mentales ne revient pas à nier que nous sentons ou même que nous sommes conscients ; c'est simple-ment rapporter et essayer de décrire ces faits sans supposer d'entités de genre mental. Ce dont on parle en termes d'objets résiduels posés par la science et le sens commun (comme mon doigt coupé) est lié à nos réponses nerveuses de différentes manières ; des nerfs partant de mes yeux et des yeux d'autrui ainsi que les nerfs de mon doigt sont impliqués. Certaines personnes sont dans une position telle qu'elles ont accès aux stimuli qui sont les plus pertinents pour l'expression « le doigt coupé de Quine », d'autres personnes ne sont pas dans cette position. Une douzaine d'entre nous sont en position d'avoir une stimulation visuelle appropriée, et un seul d'entre nous est en position d'avoir une stimulation appropriée des nerfs du doigt.

Aucun d'entre nous n'est exactement placé, à l'égard des objets externes, de la même manière que les autres et, tandis que nous changeons de positions, les objets changent. Aucun d'entre nous n'a appris les mots de sa langue de la même manière qu'un autre. Mais nous les utilisons avec une concordance systématique suffisante pour une communication convenable – ce qui n'a rien d'étonnant puisque le langage est subordonné à la loi de la survie du plus adapté. Nous parvenons à parler efficacement du doigt coupé de quelqu'un d'autre du fait d'un schéma [*pattern*] d'habitudes qui relie des stimulations visuelles passées et présentes avec des stimulations passées des nerfs de nos doigts dans des conditions visuelles similaires. Il en va de même pour la douleur – mais 227 cela | ne constitue pas un argument contre l'idée d'interpréter la douleur comme un état de l'organisme physique. Si nous rejetons les entités mentales en tant qu'entités, le rideau de fer entre le privé et le public disparaît, il ne reste plus qu'un écran de fumée, une affaire de différence de degrés quant au caractère privé de certains événements du monde physique. La conscience conserve une place en tant qu'état d'un objet physique si – comme le suggérait le Professeur Deutsch dans son allocution devant cet institut l'an dernier – nous interprétons la conscience comme une faculté de répondre à nos propres réponses. Ici, les réponses sont des comportements physiques ou peuvent être interprétées comme telles. Dans cette perspective, l'objectif n'est pas de laisser quelque aspect de la vie hors de toute tentative d'explication. La question est simplement de savoir si, dans une explication finale idéale de toute chose ou dans l'explication pratique actuelle de tout ce que nous pouvons, il est efficace de régler notre schème conceptuel de telle sorte qu'il distingue, en plus du domaine des entités physiques, un domaine d'entités ou d'unités d'un genre qu'il est convenu d'appeler mental. Mon hypothèse, avancée dans l'esprit des sciences de la nature, est que cela n'est pas efficace.

LE DOMAINE ET LE LANGAGE DE LA SCIENCE*

Présenté comme discours invité dans l'une des Conférences du Bicentenaire à l'université de Columbia, en octobre 1954, et publié avec les révisions de l'éditeur dans Lewis Leary (ed.), *The Unity of Knowledge* (New York, Doubleday, 1955). Mon texte original est paru par la suite dans le *British Journal for the Philosophy of Science*, 1957, et c'est cela qui est reproduit ici, avec quelques corrections négligeables, avec la permission des administrateurs de Columbia, et avec l'approbation de l'éditeur du *British Journal*.

I

Je suis un objet physique assis dans un monde physique. Certaines forces de ce monde entrent en collision avec ma surface. Des rayons lumineux frappent mes rétines ; des molécules bombardent mes tympans et le bout de mes doigts. Je frappe en retour, en émettant des ondes d'air concentriques. Ces ondes prennent la forme d'un torrent de discours à propos des tables, des gens, des molécules, des rayons lumineux, des

---

* Traduit par Pierre Jacob. La traduction de cet article est une version révisée de celle qui avait été proposée dans le volume *De Vienne à Cambridge. L'héritage du positivisme logique*, P. Jacob (éd.), Paris, Gallimard, 1980.

rétines, des ondes d'air, des nombres premiers, des classes infinies, de la joie et du chagrin, du bien et du mal.

Mon pouvoir de représailles, aussi élaboré soit-il, vient de ce que j'ai assimilé une bonne partie de la culture de ma communauté, tout en la modifiant et en l'enrichissant peut-être un peu de ma propre initiative. Toute cette éducation [*training*] est elle-même faite de la collision de certaines forces physiques (en grande partie, les propos énoncés par les autres) avec ma surface, et des changements graduels dans ma propre constitution suscités par ces forces physiques. Tout ce que je suis ou puis jamais espérer être est dû aux irritations de ma surface, combinées avec les tendances à répondre éventuellement latentes dans le protoplasme de mon germe originel. Et tout

229 le | savoir accumulé pendant des siècles est dû à l'irritation successive de surfaces humaines, combinée, ici encore, avec les conditions internes initiales de chaque individu.

Mais comment savons-nous que toute notre connaissance dépend ainsi seulement de l'irritation de nos surfaces et de nos conditions internes? Simplement, parce que nous savons d'une manière générale à quoi ressemble le monde, avec ses rayons lumineux, ses molécules, ses hommes, ses rétines, et ainsi de suite. C'est donc notre compréhension même du monde physique, aussi partielle soit-elle, qui nous permet de constater le caractère limité des preuves sensorielles qui témoignent en sa faveur. C'est notre compréhension, telle qu'elle est, de ce qui existe au-delà de nos surfaces, qui nous enseigne que les preuves sensorielles grâce auxquelles nous avons pu édifier cette compréhension sont limitées à nos surfaces. Mais en se livrant à ce genre de réflexion, on risque d'éveiller certains doutes logiques : lorsque nous parlons de rayons lumineux, de molécules et d'hommes, n'émettons-nous rien d'autre que du bruit et de la fureur, induits par l'irritation de nos surfaces et dépourvus de signification? La conception du monde qui donne une certaine crédibilité à cette modeste approche de notre connaissance serait, selon cette approche elle-même, une fabrication dépourvue de fondement.

Mais raisonner ainsi, c'est commettre un sophisme : un sophisme typiquement philosophique, et dont les philosophes sont de plus en plus conscients. Nous ne pouvons pas, sous peine d'absurdité, remettre en question la réalité du monde extérieur, ni nier que nos sens témoignent en faveur de l'existence des objets extérieurs. Autrement, nous séparerions les termes « réalité » et « preuves » précisément des applications grâce auxquelles nous les comprenons le mieux – si tant est que nous les comprenions.

Nous absorbons une philosophie naturelle archaïque avec le lait de notre mère. Avec le temps, en nous tenant au courant de la littérature et en faisant nous-mêmes quelques observations supplémentaires, nous acquérons une vision plus claire des choses. Mais c'est là un processus de croissance et de changement graduel : nous ne rompons pas brutalement avec le passé, nous ne créons pas non plus de standards de preuve et de réalité d'une espèce radicalement différente des standards vagues qui guident les enfants et les profanes. La science ne remplace pas le sens commun, elle le prolonge. La quête de la connaissance n'est en fait qu'un effort pour élargir et approfondir la connaissance dont jouit déjà l'homme de la rue. Désavouer le noyau du sens commun, faire la fine bouche devant ce que le physicien et l'homme de la rue admettent sans faire d'histoires ne témoigne pas d'un perfectionnisme louable, mais plutôt d'une confusion pompeuse, | d'un échec à tenir **230** compte de la jolie distinction entre le bébé et l'eau du bain.

Acceptons donc la réalité physique, soit à la façon innocente de l'homme de la rue, soit avec plus ou moins de sophistication scientifique. Ce faisant, nous assumons le rôle de dépositaires et de messagers du savoir dont l'évolution s'étale sur des millénaires. Puis, développant le détail de notre théorie courante sur la réalité physique, nous tirons des conclusions, notamment sur le compte de notre être physique, et sur nous-mêmes en tant que porteurs de savoir. L'une de ces conclusions, c'est que ce savoir que nous continuons à tisser a été induit en nous par l'irritation de nos surfaces et pas autrement. Voilà un petit article de savoir sur le savoir. Si on sait comment l'interpréter, il ne contredit pas le savoir dont il parle. Au contraire, notre hypothèse d'un monde physique, initialement formulée de façon non critique, reçoit le soutien pragmatique de tout ce qui, grâce à elle, rentre dans une doctrine cohérente de la formation du savoir ou d'autres phénomènes naturels.

Dès qu'on a vu qu'il n'y a rien d'autre que l'irritation de nos surfaces qui nous permette de former notre connaissance du monde extérieur, deux questions s'imposent d'elles-mêmes – une bonne et une mauvaise. La mauvaise (que l'on vient de révoquer) consiste à se demander si le monde extérieur existe vraiment. La bonne est la suivante : d'où vient la force de notre croyance en l'existence du monde extérieur ? D'où vient notre obstination à représenter le discours comme étant *à propos* d'une réalité, et d'une réalité existant au-delà de l'irritation ?

Ce n'est pas que le simple fait de parler soit considéré comme une preuve évidente de l'existence d'une réalité extérieure correspondante. Même l'homme de la rue le sait bien, ce que nous disons est souvent dépourvu de référence : « Salut », « Merci », « Hum », n'ont aucune prétention sur la réalité. Ce sont des réponses physiques, ayant le même statut sémantique que le réflexe du genou. D'où vient donc l'idée de l'objectivité scientifique ? D'où vient l'idée que le langage est de temps à autre descriptif, contrairement aux autres frissonnements du protoplasme irritable ?

C'est à la science naturelle du monde extérieur de répondre à cette question : notamment à la psychologie des animaux humains. La question a deux parties difficilement séparables : d'où vient notre insistance sur un monde de référence, sur fond duquel se détache le langage ? Et d'où vient notre insistance sur un monde d'objets extérieurs, sur fond duquel nous nous détachons nous-mêmes ? En fait, on peut esquisser une réponse plausible | assez générale à cette double question, sans **231** entrer dans des considérations psychologiques très élaborées.

II

Supposons que l'un des premiers mots acquis par tel enfant particulier soit « rouge ». Comment l'apprend-il ? On lui présente simultanément des émissions du mot et des exemples de rouge. On applaudit aussi à son propre babillage, lorsqu'il émet un son qui ressemble à « rouge » en présence du rouge. Au bout du compte, il acquiert l'art d'appliquer le mot conformément au goût de sa mère, ni trop étroitement, ni trop largement. Cet apprentissage nous est familier sous plusieurs noms : association, conditionnement, dressage, formation d'habitudes, renforcement et extinction, induction.

Quelles que soient les découvertes faites par nos collègues dans leur laboratoire sur les mécanismes internes qui sous-tendent ce processus, une chose est sûre : sa seule possibilité présuppose une tendance préalable à donner un poids inégal aux différences qualitatives. Si a, b et c sont trois objets distincts, alors la différence logique entre a et b est exactement du même ordre qu'entre a et c ; en tout cas, autant de classes séparent a de b (c'est-à-dire, contiennent l'un et pas l'autre) que a de c. Mais pour l'enfant, certaines différences doivent compter plus que d'autres, sinon l'apprentissage de « rouge » ne pourra pas du tout progresser. Que sa tendance soit innée ou qu'il l'ait apprise à un stade prélinguistique, l'enfant doit avoir tendance à associer une balle rouge avec une balle rouge, plutôt qu'avec une balle jaune ; avoir tendance à associer une balle rouge avec un ruban rouge, plutôt qu'avec un bleu ; avoir tendance à dissocier la balle d'avec son environnement, plutôt que ses parties les unes des autres. Autrement, aucun dressage [*training*] ne pourrait guider son emploi du mot « rouge », puisque les utilisations passées du mot ne pourraient conférer à certains des éléments futurs le statut privilégié d'occasion favorable. Pour pouvoir apprendre le mot « rouge », il faut avoir une certaine réceptivité opérationnelle aux « espèces naturelles », ou en tout cas une tendance à répondre avec une intensité différente à des différences différentes.

Au tout début de notre apprentissage du langage, les mots sont donc appris grâce à des ressemblances et des contrastes qu'on peut percevoir sans recourir aux mots. Il n'est pas surprenant que nous attribuions ces ressemblances et ces contrastes à
232 la réalité [*real stuff*], et que nous nous représentions | le langage comme un appareil surimposé destiné à nous permettre de parler *du* réel.

Les ressemblances et les contrastes qui sous-tendent les débuts de l'apprentissage du langage doivent être non seulement perceptibles préverbalement, mais également intersubjectifs. La sensibilité au rouge ne servira en rien à l'enfant à qui la mère apprend « rouge », sinon dans la mesure où la mère a elle-même conscience que l'enfant est en présence de quelque chose de rouge. D'où, peut-être, nos premières lueurs d'un monde extérieur. Le sentiment le plus primitif de l'extériorité pourrait bien être le sentiment provoqué par le renforcement maternel des ressemblances et des contrastes, lors des phases initiales de l'apprentissage des mots. Le réel est donc senti, d'abord et avant tout, comme antérieur au langage et extérieur à soi-même. C'est le matériau dont la mère se porte garante et auquel elle donne un nom.

Au fur et à mesure de l'apprentissage, cette priorité du non linguistique sur le linguistique diminue. L'*érudition* entre en scène ; c'est-à-dire le type d'apprentissage qui dépend de l'apprentissage antérieur des mots. On apprend « mauve » à un âge avancé, par l'intermédiaire d'une formule verbale de la forme « la couleur de » ou « une couleur à mi-chemin entre ». Le principe de l'érudition établit son emprise de bonne heure, car l'enfant n'aura pas acquis un grand nombre de mots, que déjà son vocabulaire sera devenu l'un des principaux instruments de sa propre croissance. À l'époque où l'enfant est capable de soutenir une conversation rudimentaire dans son étroite communauté, sa connaissance de la langue et sa connaissance du monde forment une masse unitaire.

Mais nous sommes tellement impressionnés par la phase initiale de notre éducation que nous continuons à nous représenter le langage en général comme un appareil secondaire ou surimposé, destiné à parler de choses réelles. Nous tendons à négliger le fait que nous apprenons la plupart des choses, la plupart des traits présomptifs du prétendu monde, par l'intermédiaire du langage ; que nous croyons en leur existence à travers une projection depuis le langage. C'est ainsi que certaines personnes qui manquent de sens critique en arrivent à une théorie du langage-copie : elles tiennent les éléments du langage pour des noms des éléments de la réalité, et le discours vrai pour une carte de la réalité. Elles projettent sans discrimination les caprices du langage sur le monde et truffent l'univers de ets et de ous, de définis et d'indéfinis, de faits et d'états de choses, pour la simple raison que des éléments et des distinctions parallèles existent du côté linguistique.

La tâche générale que se fixe la science, c'est de spécifier la façon dont la réalité est « réellement » : d'esquisser la structure de la réalité, par opposition à la structure de telle ou telle

233 langue traditionnelle | (sauf, naturellement, lorsque la science dont il s'agit se trouve être la grammaire elle-même). Le savant conserve, de ses impressions les plus primitives, la notion d'une réalité indépendante. Mais il évite ou minimise la réification trop facile des traits linguistiques.

Or qu'est-ce qui permet aux savants d'adopter une attitude critique et discriminatoire vis-à-vis de leurs réifications? Si tout discours n'est qu'une réponse à l'irritation des surfaces, sur quelle base peut-on dire que la projection du monde adoptée par tel homme est plus valide que celle adoptée par tel autre? S'il est vrai, comme je l'ai suggéré, que c'est grâce à leurs applications par le sens commun archaïque que nous comprenons les termes « réalité » et « preuve », qu'est-ce qui nous interdit de balayer les présomptions de la science?

Ce qui nous l'interdit, c'est que la science est elle-même un prolongement du sens commun. Ce qui distingue le savant du profane, ce n'est pas son instinct de ce qui constitue une preuve empirique, mais c'est simplement qu'il est plus attentif. Cette attention accrue ne consiste pas en une révision des critères de preuve, mais seulement dans une collection et un usage plus patients et plus systématiques de ce que n'importe qui d'autre qualifierait de preuve empirique. S'il arrive parfois au savant de rejeter ce qu'un profane superstitieux aurait peut-être qualifié de preuve, cela peut venir simplement de ce que le savant a des données différentes et contradictoires, dont le profane finirait par concéder la supériorité si elles lui étaient présentées patiemment, les unes après les autres. Il se peut aussi que le profane soit victime d'une chaîne de raisonnement défectueuse dont il est lui-même l'auteur, au tout début de laquelle il a pu croire à tort que certains types de liaison étaient probants : à tort, car il lui suffisait pour se détromper de passer soigneusement en revue ses propres étapes fautives inaperçues et oubliées. (Un exemple plausible est le « sophisme du joueur » [*gambler's fallacy*] – l'idée que plus le noir sort, plus le rouge devient probable).

Non que le profane ait à sa disposition un critère de preuve empirique explicite – mais le savant non plus. Le savant part de ce sens primitif de ce qui constitue une preuve qu'il possédait en tant que profane, et il l'utilise de façon soigneuse et systématique. Il ne le réduit pas encore à une règle, quoiqu'il élabore et utilise diverses méthodes statistiques pour éviter qu'il ne devienne inutilisable dans les cas complexes. En soumettant la nature aux tests les plus embarrassants qu'il puisse imaginer, le savant exploite au maximum son flair profane pour les preuves empiriques. En même temps, il amplifie ce flair lui-même, en s'affublant d'une trompe artificielle faite de cartes perforées et de papier quadrillé.

En bref, notre dernière question était : comment la science fait-elle pour surpasser le sens commun ? Et la réponse, en un mot, est « système ». Le | savant introduit le système dans sa **234** quête et son examen des preuves empiriques. C'est aussi le système qui dicte au savant ses hypothèses : les mieux reçues sont celles dont on considère qu'elles conduisent au maximum de simplicité dans la théorie globale. Une fois que des prédictions ont été déduites des hypothèses, elles sont à leur tour soumises à la discipline des preuves empiriques. Mais les hypothèses, durant leur existence d'hypothèses, n'ont pour toute recommandation que des considérations de simplicité systématique. Dans cette mesure, la simplicité elle-même – en un certain sens de ce terme difficile – vaut comme une sorte de preuve. Les savants considèrent d'ailleurs depuis longtemps la plus simple de deux hypothèses, non seulement comme l'hypothèse préférable [*the more likable*], mais comme la plus probable [*the more likely*]. Qu'on ne croie pas pour autant que nous avons enfin trouvé un type de preuve qui serait acceptable pour la science et étranger au sens commun. Au contraire, la préférence de l'hypothèse apparemment la plus simple est une habitude profane perpétuée par la science. La quête de la simplicité systématique ne semble être d'esprit particulièrement scientifique que parce que la science en est le résultat.

III

La notion d'une réalité indépendante du langage, si les spéculations des pages précédentes sont correctes, dérive des impressions les plus primitives, avant d'être perpétuée naturellement par la science. La science perpétue de la même manière, en l'amplifiant, l'accent mis sur l'extériorité. Car si nos spéculations sont correctes, le sens de l'extériorité s'enracine dans l'intersubjectivité qui est si essentielle à l'apprentissage du langage. L'intersubjectivité est d'ailleurs vitale, non seulement pour le langage, mais aussi pour cette autre entreprise, elle aussi sociale, qu'est la science. Tous les hommes doivent avoir la qualité de témoin vis-à-vis des données empiriques de la science, et les vérités de la science doivent être vraies quel que soit celui qui les énonce. C'est pourquoi la science a eu plus de succès avec les masses et les vitesses qu'avec les goûts et les dégoûts. C'est aussi pourquoi, lorsque la science étudie les goûts et les dégoûts, elle les étudie en tant que comportement, observable d'un point de vue intersubjectif. Le langage en général est solidement extraverti, mais la science l'est encore plus.

Ce serait faire preuve d'un rationalisme injustifié que de supposer qu'on peut fixer la mission de la science avant même de développer la science et d'avoir édifié un certain corps de 235 théorie scientifique. Considérons | par analogie une tâche plus modeste – fixer la mission de la chimie. Après quelques succès en chimie, on peut *ex post facto* la décrire comme l'étude de la combinaison des atomes en molécules. Mais on ne pouvait pas circonscrire aussi clairement la mission de la chimie avant que cette mission ne soit largement accomplie. Or la situation est similaire avec la science en général. Décrire la science comme le domaine du jugement cognitif ne nous sert à rien, car le *definiens* a ici un besoin de clarification aussi pressant que le *definiendum*. Mais à partir du moment où l'on tire délibérément profit de travaux scientifiques existants et où l'on n'éprouve pas de scrupule à s'identifier à une position scientifique effective, on peut esquisser (dans une certaine mesure) les objectifs scientifiques ou le domaine cognitif. Que l'on soit incapable de formuler une tâche avant de l'avoir à moitié accomplie, c'est une difficulté courante.

La pensée, à partir d'un certain seuil de complexité, est inséparable du langage – sûrement en pratique et probablement en principe. Quoique la science recherche des traits de la réalité indépendants du langage, elle ne peut ni remporter de succès sans le langage, ni aspirer à la neutralité linguistique. Cependant, le savant peut, par le choix même de sa langue, augmenter un peu l'objectivité et diminuer l'interférence du langage. Quant à nous, préoccupés que nous sommes de dévoiler l'essence du discours scientifique, nous pouvons purifier avec profit le langage de la science, au-delà de ce qu'on pourrait raisonnablement exiger d'un savant en exercice. Tournons-nous maintenant vers une telle opération.

On peut, dans l'esprit non pas d'une réforme pratique du langage, mais du schématisme philosophique, commencer par bannir ce qu'on appelle les *mots indicateurs* (Goodman) ou les *particuliers égocentriques* (Russell) : « je », « vous », « ceci », « cela », « ici », « là », « maintenant », « alors », et d'autres encore. Il est clair qu'on doit le faire, si l'on veut que les vérités de la science soient littéralement vraies, indépendamment de l'auteur et de l'occasion de l'énonciation. Ce n'est qu'ainsi que l'on peut parler de phrases (c'est-à-dire de certaines formes linguistiques) vraies et fausses. Tant que l'on conserve les mots indicateurs, on ne peut pas dire de la phrase qu'elle est vraie ou fausse, mais seulement des multiples événements formés par les actes de son énonciation.

Outre les mots indicateurs, l'ambiguïté ordinaire est une autre source fréquente de fluctuations en matière de vérité et de fausseté. Une seule et même phrase, en tant que forme linguistique, peut être vraie dans une occurrence et fausse dans une autre, parce que l'ambiguïté d'un mot y est résolue diffé-
236 remment par les circonstances présentes dans ces deux | occa-sions. La phrase ambiguë « *Your mothers bore you* » sera probablement comprise d'une certaine manière, lorsqu'elle vient juste après une phrase de la forme « *x bore y* », et d'une autre manière, lorsqu'elle vient juste après une phrase de la forme « *x bores y* »[1].

Dans les langues indo-européennes, il y a une troisième source évidente de fluctuations en matière de vérité et de fausseté : les temps. En fait, les temps ne sont qu'une variété de ce phénomène que sont les mots indicateurs. On peut para-phraser les temps au moyen de verbes dépourvus de temps en employant le mot indicateur « maintenant », ou « jusqu'à maintenant », etc.

---

1. La phrase ambiguë se traduit par « Vos mères vous ennuient » (si l'on suppose que la phrase est au présent) ou par « Vos mères furent enceintes de vous » (si l'on suppose que la phrase est au passé). Un exemple d'ambiguïté analogue en français serait peut-être « Vos parents vous ont eus ». Mais à la différence de l'anglais, on ne peut pas distinguer les deux contextes aussi nette-ment (« *x bore y* » et « *y bores x* »), simplement par la présence ou l'absence d'un « s » à la fin du verbe.

Comment faire pour éviter les mots indicateurs ? On peut remplacer « je » et « vous » par des noms personnels ou des descriptions, « maintenant » par des dates ou des descriptions équivalentes, et « ici » par des noms de lieu ou des descriptions équivalentes. Certains objecteront peut-être qu'on ne peut finalement éviter d'utiliser des mots indicateurs, au moins lorsqu'on enseigne les termes destinés à les remplacer. Mais ce n'est pas une objection sérieuse. La seule chose qui compte, c'est de pouvoir *ensuite* éviter les mots indicateurs. C'est qu'il soit possible en principe de coucher la science dans une notation telle qu'aucune de *ses* phrases n'oscille entre la vérité et la fausseté, d'une énonciation à l'autre.

Les termes primitifs ou irréductibles, du point de vue de cette notation scientifique, ne nous seront peut-être intelligibles que par l'intermédiaire d'explications énoncées dans le langage ordinaire lui-même truffé de mots indicateurs, de temps et d'ambiguïtés. Le langage scientifique est de toute façon une excroissance du langage ordinaire, non un substitut.

À supposer que l'on puisse débarrasser la science des mots indicateurs, à quoi bon ? D'abord, pour gagner un type d'objectivité qui sied aux objectifs de la science : la vérité devient invariante par rapport au locuteur et à l'occasion de son énonciation. En même temps, on remplit une mission plus pressante : on simplifie et on facilite l'un des départements de base de la logique, à savoir la logique déductive. Considérons par exemple les canons très élémentaires de la déduction, permettant d'affirmer « p » à partir de « p et q », « p ou q » à partir de « p », et « q » à partir de « p et si p alors q ». La lettre « p », qui tient lieu d'une phrase quelconque, apparaît deux fois dans chacune de ces règles ; et il est clair que les règles ne seraient pas valides si on laissait l'une des occurrences de la phrase qu'on substitue à « p » être vraie et l'autre être fausse. On suivrait une procédure étrange, compliquée et entièrement stérile si l'on formulait les lois logiques sans stipuler en même temps la fixité de la vérité et de la fausseté.

237 | Dans la pratique, assurément, on ne débarrasse pas explicitement une œuvre scientifique des mots indicateurs, des temps et des ambiguïtés, et on ne limite pas non plus l'usage de la logique aux phrases ainsi purifiées. Dans la pratique, on *suppose* simplement que tous ces points de variation sont fixes pour l'espace de notre argument logique. On n'éprouve donc pas le besoin de recourir à des paraphrases explicites, sauf aux points où des changements de contexte locaux *au sein* de l'argument logique lui-même nous menacent d'une certaine équivocité.

On rationalise souvent cette procédure pratique en postulant des entités abstraites, les « propositions », dotées de toute la précision et de la fixité requises, dont manquent les phrases elles-mêmes ; puis on dit que c'est aux propositions, et non à leurs grossières incarnations phrastiques, que les lois de la logique ont réellement affaire. Il est moins mystérieux d'imaginer une forme idéalisée du langage scientifique dans laquelle les phrases sont conçues de telle sorte qu'elles n'oscillent jamais entre vérité et fausseté. Il est significatif que le discours scientifique tende effectivement vers cet idéal, d'autant plus que la science est plus développée. Les ambiguïtés, les penchants [*biases*] locaux et temporaux diminuent. Les temps, en particulier, sont remplacés par un traitement quadri-dimensionnel de l'espace-temps.

IV

On peut représenter une des formes de base des phrases de la science par « *Fa* », où « *a* » représente un terme singulier dénotant un objet, parmi ceux qui existent conformément à ce

que dit la théorie scientifique en question, et où « F » représente un terme général ou prédicat. La phrase « Fa » est vraie
si, et seulement si, l'objet satisfait le prédicat. La prédication
« Fa » ne présuppose aucun temps; toute date pertinente fait
partie intégrante des termes représentés par « F » et « a ».

Les phrases composées sont construites à partir de ces
prédications, à l'aide des connecteurs et des opérateurs
logiques familiers : « et », « non », le quantificateur universel
« (x) » (« tout objet x est tel que ») et le quantificateur existentiel « $(\exists x)$ » (« il existe au moins un objet x tel que »). Par
exemple, « (x) non $(Fx$ et non $Gx)$ » dit qu'aucun objet x n'est
tel que Fx et non Gx, bref que tout F est G.

On dira d'un terme singulier donné et d'un terme général
ou prédicat déterminé qu'ils se *correspondent*, si le terme
général n'est vrai que d'un | objet, à savoir l'objet que le terme **238**
singulier dénote. Un terme général qui correspond à un terme
singulier sera naturellement d'« extension singulière », c'est-
à-dire vrai d'exactement un objet. Mais il appartient néanmoins
à la catégorie grammaticale des termes généraux, représentée
par le « F », plutôt que par le « a » de « Fa ». On peut, par souci
d'économie, éliminer la catégorie entière des termes singuliers
et lui substituer des termes généraux, à savoir les termes généraux correspondant à ces termes singuliers. Supposons que
« a » représente un terme singulier quelconque, « F » un terme
général correspondant, et « … a … » une phrase quelconque,
contenant « a », que nous voulons affirmer. On peut alors se
dispenser de « a » et affirmer « $(\exists x)(Fx$ et … x …) ». Il est clair
que ceci sera vrai si, et seulement si, « … a … » était vrai.
Si l'on veut d'ailleurs marquer explicitement que l'objet
satisfaisant « F » est unique, on peut le faire facilement de la
manière suivante :

$$(x)(y) \text{ non } [Fx \text{ et } Fy \text{ et non } (x = y)]$$

à condition que le signe d'identité soit présent dans notre vocabulaire.

Comment s'assurer (pourrait-on se demander) qu'il y aura un terme général correspondant à un terme singulier donné ? On peut se représenter le problème de la manière suivante : on procède à une nouvelle analyse grammaticale qui consiste simplement à *reclasser* les termes singuliers en terme généraux d'extension singulière, la notion de référence-à en notion de vérité-de, et l'expression « ... a ... » en « ($\exists x$) (Fx et ... x ...) ». Si l'ancien terme singulier était un nom propre appris par ostension, alors on le traite comme un terme général appris de la même manière.

La référence récente à « $=$ » vient nous rappeler qu'il faut inclure des termes généraux relatifs, ou prédicats polyadiques, en plus des termes monadiques. Les phrases atomiques de notre langage scientifique canonique comprendront donc, non seulement « Fx », « Fy », « Gx », etc., mais encore « Hxy », « Hzx », « Jyz », « $Kxyz$ » et autres, pour des prédicats « F », « G », « H », « J », « K », etc., proprement interprétés (parmi lesquels « H » en particulier pourrait être interprété comme « $=$ »). Le reste des phrases est construit à partir de ces phrases atomiques, au moyen de « et », « non », « (x) », « (y) », etc. On peut d'ailleurs, comme on l'a vu, se passer des termes singuliers « a », « b », etc., et des quantificateurs existentiels « ($\exists x$) », « ($\exists y$) », etc., puisqu'on peut paraphraser « ($\exists x$) » au moyen de « non (x) non ».

Outre les termes singuliers simples, il faut aussi prendre en considération les opérateurs comme « $+$ », qui engendrent des termes singuliers complexes, comme « $x+y$ ». Mais il n'est **239** pas difficile de voir comment on peut s'en débarrasser | et les remplacer par des prédicats polyadiques correspondants – par exemple le prédicat « Σ » tel que « Σzxy » veut dire que z est $x+y$.

C'est évidemment un schème de langage scientifique assez restrictif. Il n'y a pas de noms d'objets. En plus, aucune phrase n'intervient à l'intérieur d'autres phrases, si ce n'est dans les contextes de conjonction, de négation et de quantification. Pourtant, c'est en général un moyen d'expression suffisant pour les théories scientifiques. Tout ou presque tout ce que la science peut désirer est exprimable sous cette forme, à coups de constructions plus ou moins ingénieuses, que les étudiants de logique connaissent bien. Considérons, pour ne prendre que l'exemple le plus trivial et le plus familier, l'idiome « si-alors » ; on peut rendre « si p, alors q » par « non (p et non q) ».

Il est peut-être instructif d'insister sur cet exemple. Comme chacun sait, « non (p et non q) » n'est pas une traduction de « si p, alors q », et n'a pas à l'être. Simplement, là où, en mathématiques et dans d'autres œuvres typiquement scientifiques, on utiliserait habituellement la construction « si-alors », on peut parfaitement substituer la forme « non (p et non q) », moyennant parfois un quantificateur universel. On n'a pas besoin d'exiger de l'idiome réformé qu'il constitue une véritable analyse scientifique de l'ancien idiome ; simplement, on ne dépend plus de l'ancien idiome dans notre travail technique. On a ici le contraste paradigmatique entre l'analyse linguistique et la construction d'une théorie.

V

Les variables « x », « y », etc., qui sont des adjonctions à la notation de la quantification, élargissent la notion de phrase. Une phrase qui contient une variable sans son quantificateur (par exemple, « Fx » ou « $(y)Fxy$ », sans « (x) ») n'est pas une phrase vraie-ou-fausse au sens ordinaire. Elle est peut-être vraie *pour* certaines valeurs de ses variables libres et fausse pour d'autres. On appelle une telle phrase une phrase *ouverte*. Elle ressemble plutôt à un prédicat : au lieu d'avoir une *valeur de vérité* (vérité ou fausseté), on peut dire qu'elle a une *extension*, conçue elle-même comme la classe des évaluations de ses variables libres pour lesquelles elle est vraie. Par commodité, on parle aussi de l'extension d'une phrase close, mais ce que l'on désigne alors, c'est simplement sa valeur de vérité.

Étant donnée une phrase composée, contenant une clause **240** composante, | on dira que la phrase composée est un contexte *extensionnel* de la phrase composante si, chaque fois qu'on remplace la phrase composante par une phrase quelconque ayant la même extension, la phrase composée conserve la même extension. Dans le cas particulier des phrases closes, les contextes sont extensionnels si toute substitution de vérités à la place des composantes vraies et de faussetés à la place des composantes fausses préserve la vérité des contextes vrais et la fausseté des contextes faux. Bref, dans le cas des phrases closes, les contextes extensionnels sont ce qu'on appelle d'ordinaire des fonctions de vérité.

Comme chacun sait (et il est facile de s'en apercevoir), les moyens évidemment limités que nous nous accordons dans le but de composer des phrases – à savoir, «et», «non» et les quantificateurs – n'ont la capacité d'engendrer que des contextes extensionnels. Il apparaît d'autre part qu'ils n'ont pas d'autre effet restrictif. Les *seuls* modes d'enchâssement de phrases à l'intérieur de phrases qui restent récalcitrants et résistent à l'analyse par «et», «non» et les quantificateurs, se révèlent être des catégories de contexte non extensionnelles. Il sera instructif de les passer en revue.

Il est clair qu'une *citation* est, selon nos critères, non extensionnelle. On n'est pas libre de remplacer des vérités par des vérités, et des faussetés par des faussetés, à l'intérieur de citations, sans affecter la valeur de vérité de la phrase dont la citation fait partie. On peut pourtant toujours se dispenser de citations. Il suffit d'épeler. Au lieu par exemple de :

> Héraclite disait « πάντα ῥεῖ »,
> « πάντα ῥεῖ » contient trois syllabes,

on peut dire (suivant Tarski) :

> Héraclite   disait   pi-alpha-nu-tau-alpha-espace-rho-epsilon-iota,

et on peut en faire autant pour l'autre exemple, en employant des noms de lettres et un trait d'union comme signe de concaténation. Lorsqu'on fait une citation, on enchâsse une phrase (la phrase grecque) dans une autre, pas lorsqu'on l'épelle. Donc la question de l'extensionnalité disparaît.

Dans une version comme dans l'autre, on parle d'un certain objet – une forme linguistique – à l'aide (comme d'habitude) d'un terme singulier qui dénote cet objet. La citation produit, en la circonstance, un terme singulier ; épeler en produit un autre. La citation est une sorte d'écriture picturale | commode 241 en pratique ; mais c'est en épelant qu'on obtient une analyse adaptée aux buts de la théorie logique des signes.

On vient de voir qu'on n'a finalement jamais besoin de termes singuliers. On peut notamment éliminer les termes singuliers qu'on obtient lorsqu'on épelle en les remplaçant par une notation, du type de celle envisagée dans les pages précédentes, dans laquelle n'apparaissent que des prédicats, des quantificateurs, des variables, « et » et « non ». Le trait d'union de la concaténation fait alors place à un prédicat triadique analogue au « Σ » de la section IV, et les termes singuliers « pi », « alpha », etc., font place à des termes généraux qui leur « correspondent », au sens de la section IV.

Le discours indirect est un contexte non extensionnel qui pose des problèmes plus sérieux : « Héraclite disait que tout coule ». Contrairement au cas de la citation, ce n'est pas une phrase portant sur une forme linguistique spécifique et nommable. Peut-être, contrairement à la stratégie suivie dans le cas de la citation, allons-nous devoir accepter, dans le cas du discours indirect, l'irréductibilité de l'occurrence non extensionnelle d'une phrase à l'intérieur d'une autre. Auquel cas le discours indirect résiste au schématisme récemment mis en avant pour le langage scientifique.

Il devient donc d'autant plus intéressant de noter que le discours indirect n'est pas conforme à l'objectivité caractéristique de la science. C'est un idiome subjectif. Alors qu'une citation rend compte d'un événement discursif extérieur, parlé ou écrit, au moyen d'une description objective de la forme écrite ou du son émis, le discours indirect, pour sa part, rend compte de l'événement en termes de projection subjective de soi-même dans l'état d'esprit du locuteur ou de l'écrivain en question, tel que l'on se l'imagine. Le discours indirect, c'est la citation moins l'objectivité et la précision. D'ailleurs, rassembler des données en faveur d'un discours indirect, c'est revenir à la citation.

Il est significatif qu'on n'ait jamais fixé la latitude de paraphrase tolérable dans le discours indirect, et il est encore plus significatif qu'on ne ressente que si rarement le besoin de la fixer. La fixer représenterait un pas scientifique en avant, mais un pas scientifiquement non motivé, en ce sens que le discours indirect s'écarte de l'objectivité que recherche la science.

Le discours indirect (sous sa forme typique « dit que ») est le chef d'une famille qui inclut aussi « croit que », « doute que », « est surpris que », « souhaite que », « s'efforce de », et autres. Ces autres idiomes ont en partage deux fois plus de

subjectivité que « dit que ». Car ce qu'ils décrivent en termes
| d'une projection subjective de soi-même n'est même pas le   242
comportement discursif du protagoniste, mais plutôt son
état subjectif.

Parmi les autres cas d'idiomes non extensionnels, outre la
famille immédiate énumérée plus haut, il y a « parce que » et le
phénomène du conditionnel contre-factuel, qui lui est intimement associé. C'est un fait à la fois ironique et familier qu'on
peut décrire dans un langage non scientifique la tâche de la
science comme la découverte de causes, sans que la notion de
cause n'ait elle-même de place dans la science. La disparition
de la terminologie causale hors du jargon des branches de la
science les unes après les autres semble représenter un progrès
intellectuel dans les branches en question.

À part les citations réelles, qu'on peut traiter comme on l'a
vu, les divers idiomes non extensionnels familiers disparaissent de ce qui représente le plus typiquement l'esprit scientifique. Non pas qu'on devrait ou qu'on pourrait en éviter
l'usage dans le discours quotidien, ou même dans la science au
sens large. Mais leur utilisation diminue au fur et à mesure que
les énoncés de la science sont rendus plus explicites et plus
objectifs. On commence à voir comment la forme de langage
schématisée à la section IV pourrait bien suffire, malgré son
étroitesse, à exprimer la science dans sa forme la plus pure.

VI

Tant qu'on adhère à ce schématisme idéalisé, on se
représente une science comme comprenant des vérités exprimables au moyen de « et », « non », des quantificateurs, des
variables et de certains prédicats appropriés à la science en
question. Cette énumération de matériaux pourrait laisser

croire qu'on dispose maintenant approximativement des
normes possibles, définissant ce qu'on doit ranger dans le
« purement cognitif ». Mais les normes, aussi strictes soient-
elles en apparence, sont toujours bien trop souples. Pour
spécifier une science, dans le cadre du moule ainsi décrit,
il faut encore préciser quels sont les prédicats, quel est le
système d'objets qui sert de domaine aux variables de la
quantification. Quelle solution à ces questions sera donc
conforme aux idéaux scientifiques ?

Si l'on considère la science effective comme une entreprise en mouvement, on peut fixer le système d'objets d'une
manière générale. Pour commencer, les objets physiques
(individus qui peuplent l'espace-temps) en font clairement
partie. Cette catégorie embrasse sans distinction ce qu'à une
autre époque on aurait appelé des substances et des modes ou
243 des états des substances. | Un homme est un objet à quatre
dimensions qui s'étend disons quatre-vingt-trois ans dans la
dimension du temps. Chaque partie spatio-temporelle d'un
homme forme un autre objet à quatre dimensions plus petit. Un
candidat, élu aux élections présidentielles, avant d'entrer dans
ses fonctions, est l'un de ces objets, de deux mois de long. Un
accès de fièvre en est un autre, si on l'identifie avec sa victime
pendant la durée de la crise, pour les besoins de la clarté
ontologique (comme on peut facilement le faire).

Contrairement à une croyance populaire, cette ontologie
physique peut accueillir les états d'esprit. On peut identifier
une inspiration ou une hallucination (comme la crise de fièvre)
avec son hôte pendant le temps qu'elle dure. Cette identification artificielle d'un état mental x avec la tranche temporelle
correspondante x' de son hôte est parfaitement réalisable. Il
suffit d'imaginer la manœuvre suivante. Si P est un prédicat
quelconque qu'on veut appliquer à x, on dira que P' est vrai de
x' si, et seulement si, P est vrai de x. Tout ce qu'on regarde

comme une confirmation, une cause, ou une conséquence de l'application de P à x, jouira du même statut à l'égard de l'application de P' à x'. Grâce à ce parallélisme et à l'extensionnalité du langage scientifique, nous pouvons débarrasser notre théorie des anciens P et x, et les remplacer par P' et x', rebaptisés P et x. Telle est l'identification. Elle préserve l'intégrité de nos idiomes mentalistes, mais les réconcilie avec une ontologie physique.

Cette physicalisation facile des états d'esprit ne dépend aucunement du parallélisme entre disons des impulsions nerveuses, ou des concentrations chimiques, et l'apparition périodique d'espèces prédéterminées d'états mentaux. On ne pourra peut-être (ni maintenant, ni jamais) savoir si un homme est inspiré, déprimé, déçu ou souffrant, qu'en le lui demandant, ou en observant son comportement visible à l'œil nu – pas en examinant ses fonctions nerveuses, même avec des instruments d'une subtilité inimaginable. La découverte du parallélisme mentionné serait un succès scientifique sans égal, mais la physicalisation dont on parle ici ne l'exige pas.

Bien sûr, cette physicalisation ne suffit pas à rendre «inspiration», «hallucination», «souffrance», et les autres termes mentalistes plus acceptables aux yeux de la science. Bien qu'ils deviennent des termes concrets généraux applicables aux objets physiques (à savoir des tranches temporelles de personnes), ils restent néanmoins pour la plupart trop vagues pour être d'utilité scientifique. Ce n'est pas que les termes dispositionnels et les autres prédicats, qui ne se prêtent pas à une vérification immédiate, soient inacceptables en tant que tels. Mais il y en a des bons et il y en a des mauvais. Quand | faudrait-il classer une tranche temporelle de personne dans la **244** catégorie de l'inspiration ou de l'hallucination? La réponse reste probablement trop indéterminée pour avoir la moindre utilité. Mais ce qui est alors en jeu, c'est l'acceptabilité de certains prédicats, et non l'acceptabilité de certains objets qui sont les valeurs des variables de la quantification.

Un mot encore sur ce sujet : l'ontologie ou les valeurs que peuvent prendre les variables. Comme on l'a vu, on peut aller loin avec les objets physiques. Cela ne veut cependant pas dire qu'ils sont suffisants. Conformément à l'argument précédent, on n'a certainement pas besoin d'ajouter des objets mentaux. Mais si l'on veut rendre compte de la science telle qu'elle est couramment constituée, on a en revanche besoin d'ajouter des objets *abstraits*. Certaines des choses qu'on veut dire en science nous obligent probablement à admettre dans le domaine des valeurs des variables de la quantification, non seulement des objets physiques, mais aussi des classes et des relations d'objets physiques, et même des nombres, des fonctions et d'autres objets des mathématiques pures. Car la meilleure façon de traiter les mathématiques (non pas les mathématiques non interprétées, mais la théorie authentique des ensembles, la logique, la théorie des nombres, l'algèbre des nombres réels et complexes, le calcul différentiel et intégral, et ainsi de suite), c'est de les traiter comme partie intégrante de la science, sur le même plan que la physique, l'économie, etc., dans lesquelles les mathématiques sont, comme on dit, appliquées.

Les recherches effectuées dans les fondements des mathématiques ont montré que toutes les mathématiques, au sens indiqué plus haut, peuvent être réduites à la logique et à la théorie des ensembles, et que les objets requis par les mathématiques (toujours au même sens du mot) peuvent être réduits à une seule catégorie, celle des *classes* – y compris des classes de classes, des classes de classes de classes, et ainsi de suite. Notre ontologie provisoire de la science, notre domaine provisoire des valeurs des variables de la quantification, se ramène donc à ceci : les objets physiques, les classes d'objets physiques, les classes des éléments de ce domaine combiné, et ainsi de suite vers le haut.

Ce n'est pas en raisonnant *a priori*, à partir de la nature de la science comme telle, que nous avons réussi à formuler cette caractérisation du cadre scientifique. C'est en saisissant les traits de la science d'aujourd'hui. Parmi les traits spéciaux que nous avons exploités, il y a la notion d'objet physique, le concept d'espace-temps à quatre dimensions, le moule classique des mathématiques modernes classiques, l'orientation vrai-faux de la logique standard, et l'extensionnalité elle-même. Il est bien possible que l'un ou l'autre de ces traits change, au fur et à mesure que la science progresse. Déjà, la notion d'objet physique comme portion intrinsèquement déterminée du continuum de l'espace-temps n'est pas réellement bien adaptée aux développements récents de la mécanique quantique. | Il y a même des physiciens qui suggèrent que, pour **245** rendre compte des découvertes de la mécanique quantique, le mieux serait de réviser la dichotomie vrai-faux elle-même.

Enfin, un dernier mot sur la question des prédicats acceptables. On peut en général être sûr qu'un prédicat ne se prête à l'entreprise scientifique que si, vu sous certains angles cruciaux, il n'est pas trop vague. Si le prédicat s'applique essentiellement à la sphère des objets macroscopiques du sens commun, alors il faudra que d'une manière générale les observateurs tendent à s'accorder sur son application à ces objets. Car c'est dans ces applications que réside la vérifiabilité inter-subjective des données empiriques de la science. D'un autre côté, dans le cas d'un prédicat qui s'applique essentiellement aux objets scientifiques éloignés de l'observation ou du sens commun, ce qui est requis, c'est que sa fonction théorique ne soit pas gommée par son imprécision. Cela revient simplement à dire que les prédicats appropriés à la science sont ceux qui satisfont les réquisits de la confirmation inter-subjective, de la clarté théorique et de la simplicité. Les mêmes réquisits gouvernent aussi la décision ontologique – la détermination du domaine de quantification. Dès qu'on trouvera une ontologie de rechange qui satisfait mieux ces réquisits, on abandonnera sans doute l'ontologie provisoire actuelle faite d'objets physiques et de classes.

En science, tout est provisoire, tout est sujet à révision – y compris, comme on l'a vu, la loi du tiers-exclu. Mais en attendant la prochaine révision, il est plus facile de contrôler l'ontologie que ce qu'on peut appeler l'*idéologie* – la question des prédicats acceptables. On a trouvé dans les objets physiques et les classes une ontologie provisoire, mais le lexique des prédicats reste décidément ouvert. Que l'ontologie, en attendant la prochaine révision, soit relativement bien définie, cela est requis par la simple présence des quantificateurs dans le langage de la science; car les quantificateurs ne peuvent être dits interprétés et compris que dans la mesure où l'on a décidé quel est le domaine de leurs variables. Que le stock des prédicats soit toujours susceptible d'expansion, c'est un théorème implicite des mathématiques; car on sait qu'étant donnée n'importe quelle théorie, aussi riche soit-elle, il existe des classes qui ne sont les extensions (*cf.* la sèction V) d'aucune de ses phrases.

POSITS ET RÉALITÉ *

Rédigé aux alentours de 1955 pour le début de *Word and Object*, mais finalement remplacé. Publié pour la première fois avec une traduction japonaise dans S. Uyeda (ed.), *Basis of the Contemporary Philosophy*, volume 5 (Tokyo, Waseda University Press, 1960). Paru également en italien, *Rivista di Filosofia*, 1964.

I. Particules invisibles

Selon la physique, mon bureau est, malgré son apparente fixité et solidité, un essaim de particules en vibration. Le bureau tel que nous le ressentons est comparable à une lointaine meule de foin dont nous ne saurions distinguer les tiges individuelles ; comparable, également, à une roue dans laquelle, en raison de sa rotation rapide, nous ne pouvons distinguer les rayons individuels. Comparable, mais avec une différence. En nous approchant de la meule de foin, nous pouvons en distinguer les tiges, et en ralentissant la roue, nous pouvons en distinguer les rayons. En revanche, on ne saurait avoir aucun aperçu

* Traduit par Sabine Plaud.

des molécules séparées du bureau; elles sont, nous dit-on, trop petites.

En l'absence d'une telle expérience, quelles preuves [*evidence*] le physicien peut-il réunir pour sa doctrine des molécules? Sa réponse est qu'il y a une convergence de preuves indirectes, tirées de phénomènes aussi divers que l'expansion, la conduction thermique, l'attraction capillaire et la tension de surface. Le point important est que ces phénomènes disparates peuvent, sous l'hypothèse de la théorie moléculaire, être regroupés sous les lois familières du mouvement. Ce qu'il y a de fantaisiste dans cette hypothèse d'une sous-structure de particules en mouvement de taille imperceptible est compensé par un gain en naturalité et en portée [*scope*] 247 pour l'ensemble des lois | de la physique. On sent, en outre, que la théorie moléculaire gagne progressivement en corroboration à mesure que les prédictions d'observations futures effectuées par le physicien se trouvent être confirmées et à mesure que la théorie se révèle favoriser des extensions couvrant des classes supplémentaires de phénomènes.

Les bénéfices ainsi mis au crédit de la théorie moléculaire peuvent être divisés en cinq. L'un d'eux est la simplicité : des lois empiriques concernant des phénomènes en apparence dissemblables se voient intégrées en une théorie compacte et unitaire. Un autre bénéfice est la familiarité du principe : les lois déjà familières du mouvement deviennent exploitables là où, autrement, on aurait eu besoin de lois indépendantes. Le troisième est la portée : la théorie unitaire résultante implique un éventail plus large de conséquences testables que n'en aurait impliqué toute autre accumulation de lois indépendantes. Le quatrième est la fécondité : on facilite le succès d'extensions ultérieures de la théorie. Le cinquième va sans dire : les conséquences testables de la théorie telles qu'elles ont été testées ont produit des résultats positifs, à part quelques exceptions éparses qui peuvent, en toute bonne conscience, être mises au compte d'interférences inexpliquées.

La simplicité, le premier des bénéfices énumérés, est une affaire vague. Nous pouvons à tout le moins être à peu près sûrs de ceci : les théories ne sont plus ou moins simples ou plus ou moins unitaires que relativement à tel ou tel vocabulaire ou appareil conceptuel. La simplicité est, sinon entièrement subjective, du moins provinciale. Pourtant, la simplicité contribue à la portée, de la façon suivante. Il est typique d'une théorie empirique qu'elle généralise ou extrapole à partir d'échantillons de données, et qu'elle couvre donc plus de phénomènes qu'on n'en a contrôlés. La simplicité, à nos yeux, est ce qui guide notre extrapolation. Voilà pourquoi plus la théorie, dans son ensemble, est simple, et plus cette couverture non contrôlée est vaste.

Quant au quatrième bénéfice, la fécondité, il s'agit évidemment d'une conséquence des deux premiers, la simplicité et la familiarité, puisque ces deux traits sont les meilleures conditions d'une pensée efficace.

Tous les bénéfices énumérés ne peuvent pas être attribués en général aux théories scientifiques acceptées, bien que tous doivent être appréciés lorsqu'ils sont disponibles. Ainsi, le bénéfice de la familiarité du principe est, comme c'est le cas avec la théorie quantique et la théorie de la relativité, une chose à laquelle on peut renoncer, sa perte étant regrettée mais compensée.

Mais revenons en arrière. Dans son contenu manifeste, la doctrine moléculaire porte directement sur une réalité inobservable, en affirmant l'existence d'une structure | de minuscules **248** particules grouillantes. D'un autre côté, toute défense de cette doctrine porte plutôt sur ses applications indirectes à la réalité observable. C'est en formant le noyau d'une théorie physique intégrée qui implique des vérités au sujet de l'expansion, de la conduction, etc., que cette doctrine bénéficie des conséquences indirectes en jeu. Les bénéfices que nous avons passés en revue sont des bénéfices que la doctrine moléculaire, pour autant qu'elle en est le noyau, confère à la physique de ces mêmes phénomènes observables.

Supposons à présent que nous devions extirper ce noyau, mais tout en conservant l'anneau périphérique de lois dérivées, et donc sans perturber les conséquences observables. Les lois ainsi conservées pourraient dès lors être considérées comme des lois empiriques autonomes, innocentes de tout engagement moléculaire. Cette combinaison de lois empiriques, admettons-le, n'aurait jamais pu être réalisée sans l'aide unificatrice d'une doctrine moléculaire centrale ; prenons note de nos récentes remarques sur la portée. Mais nous pourrions encore éliminer la doctrine moléculaire dès l'instant où elle aura ainsi rempli son objectif heuristique.

Cette réflexion renforce un soupçon naturel : que les bénéfices conférés par la doctrine moléculaire donnent au physicien de bonnes raisons de l'apprécier, mais ne fournissent aucune preuve de sa vérité. Bien que cette doctrine réussisse à la perfection du point de vue de ses applications indirectes à la réalité observable, la question de sa vérité porte plutôt sur ses prétentions directes au sujet de la réalité inobservable. Ne se pourrait-il pas que la doctrine moléculaire soit remarquablement utile en matière d'organisation et d'extension de notre connaissance du comportement des choses observables, tout en étant factuellement fausse ?

On peut, en considérant les choses de plus près, se demander s'il s'agit vraiment là d'une possibilité intelligible.

Réfléchissons à nos mots et à la façon dont nous les avons appris.

II. POSITS ET ANALOGIES

Les mots sont des artifices humains, dépourvus de signification à moins qu'une association à l'expérience opérée par nous ne les dote de signification. Le mot « essaim » est initialement doué de signification pour nous à travers son association à des expériences comme celle d'un essaim bourdonnant de moucherons, ou d'un essaim de grains de poussière dans un rayon de soleil. Lorsque nous étendons ce terme aux bureaux et autres choses semblables, nous nous engageons dans l'établissement d'une analogie entre ce que l'on appelle essaims au sens ordinaire d'une part, et les bureaux, | etc., **249** d'autre part. Le mot « molécule » reçoit alors une signification sur un mode dérivé : ayant conçu par analogie les bureaux comme des essaims, nous imaginons les molécules comme ces choses dont les bureaux sont les essaims.

La prétendue question de fait, la question de savoir si les objets familiers qui nous entourent sont réellement des essaims de particules invisibles en vibration, commence à présent à vaciller et à se dissoudre. Si les mots impliqués ici n'ont de sens que par analogie, alors la seule question de fait est celle de savoir jusqu'à quel point vaut l'analogie entre le comportement d'un bureau ou d'autres choses semblables et le comportement, par exemple, d'un essaim de moucherons. Ce qui était apparu comme une application directe de la doctrine moléculaire à la réalité s'est désormais réduit à une analogie.

Qui plus est, même ce contenu analogique est secondaire, variable, et finalement éliminable. En particulier, l'analogie

entre le grouillement des molécules d'un solide et le grouillement des moucherons n'est que modérément fidèle ; une aide
supplémentaire à la compréhension de la dynamique des molécules d'un solide peut être trouvée dans l'analogie avec un tas
de ressorts de matelas. Dans une partie différente et plus
abstruse de la physique (la théorie de la lumière), la faiblesse
de l'analogie est bien connue : l'analogie des particules est
utile jusqu'à un certain point, et l'analogie des ondes est utile
jusqu'à un certain point, mais aucune d'elles ne suffit à
l'exclusion de l'autre. Les analogies fidèles sont une aide aux
progrès initiaux du physicien au sein d'un milieu inhabituel
mais, un peu comme avec une bouée, il s'agit d'une aide dont
celui-ci apprend à se passer.

   Au §I, nous avons opposé applications directes et
indirectes de la doctrine moléculaire à la réalité. Or les applications directes n'ont pas résisté à l'examen. Là où il semblait
initialement y avoir une question indécidable de faits inobservables, nous découvrons à présent au mieux une pure analogie,
et peut-être même moins que cela. Ainsi, la seule façon
dont nous découvrons à présent que la théorie moléculaire
s'applique à la réalité est la façon indirecte, *via* des
implications au niveau des phénomènes observables.

   L'effet de cette conclusion quant au statut des molécules
est qu'elles perdent jusqu'à la dignité d'entités inférées ou
hypothétiques pouvant ou non exister réellement. Les seuls
énoncés qui semblent les faire figurer et en traiter sont en eux-
mêmes un pur charabia, et ne sont indirectement signifiants
qu'en tant que clauses qui contribuent à un système inclusif
traitant lui aussi du réel. Le physicien moléculaire s'intéresse,
comme nous tous, à la réalité commune [*commonplace*
250 *reality*], et il découvre simplement qu'il peut simplifier | les
lois qui sont les siennes en postulant un supplément ésotérique

à l'univers exotérique. Il peut élaborer pour son univers enrichi, pour ce « sesquivers » [1] qu'il a lui-même décrété, des lois plus simples que celles qu'il a pu élaborer pour sa seule portion réelle ou originelle.

Au § I, nous avons imaginé éliminer la doctrine moléculaire de l'ensemble du corps dérivé de la théorie physique. Depuis notre point de vue actuel, cependant, cette opération nous apparaît insignifiante ; il n'y a pas d'authentique doctrine des molécules à éliminer. Les énoncés qui semblent faire figurer des molécules ne sont que des procédés visant à organiser les énoncés signifiants de la théorie physique. Peu importe si la physique fait en sorte que les molécules ou autres particules insensibles semblent plus fondamentales que les objets du sens commun ; les particules sont postulées au nom de la simplicité de la physique.

La tendance de nos propres réflexions a été, *a contrario*, de minimiser les molécules et leurs consorts, en maintenant la suprématie des corps du sens commun. Pourtant, pourrait-on à présent objecter, cette opposition inique n'est pas motivée. Ce qui est donné, dans la sensation, ce sont des taches visuelles de différentes formes et de différentes couleurs, des sensations tactiles douées de différentes textures et de différentes températures, ainsi qu'un assortiment de sons, de goûts, d'odeurs et d'autres bricoles ; on ne saurait pas plus trouver de bureaux que de molécules parmi ces données. Si nous avons des preuves de l'existence des corps du sens commun, nous ne les avons qu'au sens où l'on peut dire de nous que nous avons des preuves de l'existence des molécules. Le fait de postuler l'un ou l'autre de

1. Néologisme formé par Quine à partir du préfixe « sesqui- » pour désigner un « univers et demi ».

ces types de corps ne constitue de la bonne science que dans la mesure où cela nous aide à formuler nos lois – lois dont les preuves ultimes résident dans les *sense data* passés, et dont la justification ultime réside dans l'anticipation des *sense data* à venir. Le fait de postuler des molécules ne diffère du fait de postuler des corps du sens commun que par le degré de sophistication. En quelque sens que l'on puisse dire que les molécules de mon bureau sont irréelles et sont une fiction de l'imagination du scientifique, dans ce même sens le bureau lui-même est irréel, et est une fiction de l'imagination de la race.

Ce double verdict d'irréalité ne nous laisse, de toute évidence, rien d'autre que les grossiers *sense data* eux-mêmes. Il ne laisse effectivement à chacun d'entre nous rien d'autre que ses propres *sense data*; car l'hypothèse de l'existence d'autres personnes n'est pas mieux étayée que l'hypothèse de l'existence de n'importe quel autre type d'objets extérieurs. Cela laisse chacun d'entre nous dans la position du solipsisme, selon laquelle il n'existe personne d'autre dans le monde, ni même aucun monde, mais uniquement le défilé de nos propres *sense data*.

| III. RESTITUTION

Il est à présent certain que nous nous sommes fourvoyés dans une mauvaise ligne de raisonnement. Non seulement la conclusion est bizarre; mais elle corrompt les considérations mêmes qui y conduisent. Nous ne saurions à proprement parler représenter l'homme comme inventant un mythe des objets physiques afin de s'accommoder des *sense data* passés et présents, puisque les *sense data* passés sont perdus sauf pour la mémoire; or la mémoire, loin d'être un registre direct des *sense data* passés, dépend habituellement de postulats passés d'objets physiques. Le fait de postuler des objets physiques doit être considéré non pas comme une systématisation *ex post facto* des données, mais comme un coup antérieurement auquel nous n'aurions nulles données appréciables à systématiser.

Quelque chose n'a pas fonctionné avec notre critère de réalité. Nous avons commencé à éprouver des doutes au sujet de la réalité des molécules parce que l'énoncé du physicien selon lequel il y a des molécules a revêtu l'aspect d'une simple commodité technique destinée à aplanir les lois de la physique. Ensuite, nous avons noté que les corps du sens commun sont, d'un point de vue épistémologique, globalement sur un pied d'égalité avec les molécules, et nous en avons inféré l'irréalité des corps du sens commun eux-mêmes. Ici, notre perplexité devient visible. À moins de changer de significations en cours de route, les corps familiers qui nous entourent sont aussi réels qu'on puisse l'être ; et il y aurait un parfum de contradiction dans les termes à conclure autrement. Ayant noté que l'homme n'a pas de preuve de l'existence des corps au-delà du fait que leur hypothèse l'aide à organiser l'expérience, nous aurions mieux fait, au lieu de rejeter la preuve de l'existence des corps, de conclure : voilà, au fond, ce qu'est la preuve, tant pour les corps ordinaires que pour les molécules.

Ce point au sujet de la preuve ne porte pas atteinte à la priorité des *sense data* en matière de preuve. Au contraire, ce point au sujet de la preuve est précisément que le témoignage des sens vaut *bien* (contrairement à l'idée de Berkeley) comme preuve des corps, ce qui (comme l'a perçu Samuel Johnson) est ce en quoi consiste la preuve. Nous pouvons continuer à reconnaître, comme au § II, que les molécules voire les corps grossiers du sens commun sont simplement postulés à mesure que nous organisons nos réponses à la stimulation ; mais une

morale à tirer de notre réexamen des termes « réalité » et
« preuve » est que les posits ne sont pas *ipso facto* irréels. Les
bénéfices de la doctrine moléculaire qui nous ont tant impressionnés au § I, ainsi que les bénéfices du postulat primitif des
252 corps ordinaires sont les meilleures | preuves de réalité que
nous puissions demander (dans l'attente, bien sûr, de preuves
du même type pour quelque ontologie alternative).

Les *sense data* sont également des posits. Ce sont des
posits de la théorie psychologique, mais qui ne sont pas
pour autant irréels. Le *sense datum* pourrait être interprété
comme un composant hypothétique de l'expérience subjective
comportant la plus grande correspondance possible avec les
conditions expérimentalement mesurables de la stimulation
physique des organes terminaux. En cherchant à isoler les *sense
data*, nous nous engageons dans une psychologie empirique,
associant des stimuli physiques aux ressources de l'homme. Je
ne chercherai pas à deviner quelle peut être l'utilité de postuler
des *sense data* pour la théorie psychologique, ou plus spécifiquement pour une théorie psychologiquement fondée de la
preuve, ni quels traits détaillés gagneraient à être postulés à
leur sujet. Dans notre fuite depuis le fictif vers le réel, en tout
cas, nous avons effectué un tour complet.

Les *sense data*, si tant est qu'ils doivent être postulés, sont
fondamentaux à un égard ; les petites particules de la physique
sont fondamentales à un autre égard, et les corps du sens
commun à un troisième. Les *sense data* sont fondamentaux du
point de vue de la preuve [*evidentially fundamental*] : tout
homme est tributaire de ses sens dès qu'il s'agit de l'indication
des corps. Les particules physiques sont *naturellement* fondamentales, de la façon suivante : les lois du comportement de
ces particules fournissent, pour autant que nous le sachions, la
formulation la plus simple d'une théorie générale de ce qui se

produit. Les corps du sens commun, enfin, sont *conceptuelle-ment* fondamentaux : c'est en référence à eux que les notions mêmes de réalité et de preuve sont acquises, et que les concepts qui ont trait aux particules physiques voire aux *sense data* tendent à être construits et formulés. Mais ces trois types de priorité ne doivent pas être lus comme déterminant en quelque sorte trois schèmes conceptuels rivaux et auto-suffisants. Notre seul schème conceptuel sérieux est le schème inclusif et évolutif de la science, dont nous héritons et que, de nos manières diverses et modestes, nous contribuons à améliorer.

IV. EN TRAVAILLANT DE L'INTÉRIEUR

C'est en pensant au sein de ce schème conceptuel unitaire lui-même, en pensant aux processus du monde physique, que nous prenons conscience du fait que le monde ne peut recevoir d'évidence que par une stimulation de nos sens. C'est en pensant au sein de ce même schème conceptuel que nous prenons conscience du fait que le langage, | étant un art social, **253** est appris en premier lieu en référence à des objets intersubjec-tivement manifestes, et donc que de tels objets doivent néces-sairement être conceptuellement centraux. Ces deux *aperçus*[1] font partie de la compréhension scientifique de l'entreprise scientifique ; ils ne lui sont pas antérieurs. Dans la mesure où elle aide le scientifique à s'acquitter en meilleure connaissance de cause des tâches qui sont les siennes, la science emploie ses découvertes pour améliorer ses propres techniques. L'épis-témologie, de ce point de vue, n'est pas en quelque manière

1. En français dans le texte.

que ce soit logiquement antérieure au sens commun, ni à ce
sens commun raffiné qu'est la science; elle fait au contraire
partie de l'entreprise scientifique globale, une entreprise que
Neurath a comparée à celle qui consiste à reconstruire un
bateau tout en s'y tenant à flot.

Ainsi conçue, l'épistémologie continue à mettre à
l'épreuve les preuves sensorielles du discours sur le monde;
mais elle ne cherche plus à rattacher en quelque manière ce
discours à un impossible et imaginaire langage du *sense
datum*. Au contraire, elle est confrontée au fait que la société
nous enseigne notre langage physicaliste en nous dressant à
associer directement et de multiples façons diverses phrases
physicalistes à des irritations de nos surfaces sensorielles,
ainsi qu'en nous dressant à associer différentes phrases de ce
type les unes aux autres.

La totalité complexe de ces associations est un champ de
force fluctuant. Certaines phrases sur les corps sont, pour une
personne ou pour plusieurs d'entre elles, fermement conditionnées une à une par une stimulation sensorielle d'un type
spécifiable. Des séquences globalement spécifiables d'impacts
nerveux peuvent nous confirmer dans des énoncés portant sur
le fait que nous avons pris notre petit déjeuner, ou qu'il y a une
maison de briques sur Elm Street, au-delà de la force des
associations secondaires avec d'autres phrases que l'on peut
ajouter ou soustraire. Mais il y a, à cet égard, une gradation
d'un exemple à l'autre. De nombreuses phrases, y compris au
sujet des corps du sens commun, reposent entièrement sur la
preuve indirecte; en témoigne l'énoncé selon lequel l'un des
pennies actuellement dans ma poche se trouvait dans ma poche
la semaine dernière. *A contrario*, des phrases portant y compris
sur les électrons sont parfois directement conditionnées par
la stimulation sensorielle, par exemple *via* la chambre à

brouillard. Le statut d'une phrase donnée, en matière de connexion directe ou indirecte avec les sens, peut se modifier à mesure que notre expérience s'accumule ; ainsi, la première confrontation d'un individu avec une chambre à brouillard peut forger un lien sensoriel direct avec certaines phrases qui, jusqu'alors, n'avaient pour lui que la pertinence sensorielle la plus indirecte. Qui plus est, la pertinence sensorielle des phrases différera largement d'une personne à l'autre ; l'uniformité n'intervient que là où intervient la pression de la communication.

| Les énoncés sur les corps, qu'ils soient du sens commun **254** ou abstrus, n'ont donc généralement que peu ou pas de sens empirique, sinon en tant que parties d'un système collectivement signifiant qui les contient. Différents énoncés peuvent certainement être remplacés par leurs négations, sans aucun conflit avec une quelconque contingence sensorielle possible, à condition que l'on révise de façon compensatoire d'autres portions de notre science. La science est empiriquement sous-déterminée : il y a du jeu. Ce qui peut être dit au sujet des particules hypothétiques de la physique est sous-déterminé par ce qui peut être dit au sujet des corps sensibles, et ce qui peut être dit de ces derniers est sous-déterminé par la stimulation de nos surfaces. Un pressentiment de cet état de fait a sans doute favorisé la tendance à considérer les particules de la physique comme relevant davantage de la fiction que les corps sensibles, et à considérer ces derniers comme relevant davantage de la fiction que les *sense data*. Mais cette tendance est perverse, puisqu'elle n'assigne de réalité pleine et entière qu'à un domaine d'objets pour lequel il n'existe absolument aucun système de discours autonome.

Il vaut mieux se contenter d'explorer, de façon réaliste, les connexions nullement rigides qui existent entre stimulus sensoriel et doctrine physique, sans considérer ce manque de rigidité comme une réfutation de la doctrine physique. Les bénéfices du type énuméré au § I sont ce qui compte pour la doctrine moléculaire ou pour toute doctrine, et nous ne saurions espérer de pierre de touche plus sûre pour la réalité. Nous pouvons espérer améliorer notre physique en recherchant les mêmes types de bénéfices dans une plus large mesure, et nous pourrions même faciliter de tels efforts en comprenant mieux les degrés de liberté qui prévalent entre preuve stimulatoire et doctrine physique. Mais nous ne saurions rien choisir de mieux, comme terrain pour une telle enquête épistémologique, que cette même théorie du monde que nous cherchons à améliorer, celle-ci étant la meilleure dont nous disposions pour le moment.

SUR LES THÉORIES SIMPLES
D'UN MONDE COMPLEXE *

Rédigé en 1960 pour le soixante-dixième anniversaire de
J.H. Woodger. Accompagné d'autres articles de ce type, il est paru
dans *Synthese* (volume 15, 1963), et par la suite dans J.R. Gregg
et F.T. Harris (eds.), *Form and Strategy in Science* (Dordrecht
(Hollande), D. Reidel Publishing Co., 1964).

Il n'y a pas lieu de s'étonner que ceux qui élaborent les
théories recherchent la simplicité. Quand deux théories sont
également défendables par ailleurs, la plus simple des deux est
certainement préférable tant du point de vue de la beauté que
de la commodité. Mais ce qui est remarquable, c'est qu'entre
deux théories, la plus simple est généralement regardée non
seulement comme la plus désirable, mais aussi comme la plus
probable. Si deux théories se conforment de manière égale aux
observations passées, la plus simple des deux est perçue comme
ayant le plus de chances d'être confirmée lors d'observations
futures. Telle est la maxime de la simplicité de la nature. Elle
semble être implicitement supposée dans chaque extrapolation

* Traduit par Julien Boyer.

et interpolation, dans chaque tracé d'une courbe régulière reliant des points de coordonnées. Et la maxime de l'uniformité de la nature est du même bois qu'elle, l'uniformité étant un genre de simplicité.

La simplicité n'est pas facile à définir. Mais, quelle qu'elle soit, on peut s'attendre à ce qu'elle soit relative à la texture d'un schème conceptuel. Si les concepts fondamentaux d'un certain schème conceptuel sont les concepts dérivés d'un autre, et vice versa, il est sans doute possible qu'entre deux hypothèses, la première compte comme la plus simple pour un schème et que ce soit l'autre pour l'autre. Ceci étant, comment la simplicité peut-elle être porteuse d'une quelconque présomption particulière de vérité objective ? Telle est l'implausibilité de la maxime de la simplicité de la nature.

256 | Des remarques analogues s'appliquent directement à la maxime de l'uniformité de la nature, selon laquelle, pour parler vaguement, des choses similaires sous certains aspects tendent à s'avérer similaires sous d'autres. Car, là encore, il semblerait que la similarité, quelle qu'elle soit, soit relative à la structure de nos schèmes conceptuels ou espaces de qualités. Après tout, deux choses quelconques sont simultanément membres d'autant de classes que n'importe quelles deux autres choses ; les degrés de similarité dépendent du choix que nous faisons de l'une ou l'autre de ces classes comme étant la plus fondamentale ou la plus naturelle.

La croyance dans la simplicité de la nature et, donc, dans l'uniformité de la nature, peut être en partie expliquée de manière évidente. Un facteur plausible est que nous prenons nos désirs pour des réalités [*wishful thinking*]. Une autre cause, plus irréfutable, de cette croyance réside dans notre mécanisme perceptuel : il existe une sélectivité subjective qui fait que nous avons tendance à voir le simple et à rater le complexe.

Ainsi, considérez les lézardes, comme les appellent les imprimeurs : les tracés blancs verticaux ou diagonaux formés par un alignement fortuit de l'espace entre les mots. Le typographe minutieux les fait disparaître simplement en les rendant irréguliers.

Cette sélectivité subjective n'est pas limitée au niveau perceptuel. Elle peut figurer même dans les élaborations les plus réfléchies de critères expérimentaux. Ainsi, supposez que nous essayions de schématiser les degrés d'affinité mutuelle entre les stimuli d'un chien, au moyen d'une série d'expériences sur le conditionnement et l'extinction de ses réponses. Supposez en outre que le schéma ainsi obtenu soit mis en cause : supposez que quelqu'un objecte que le schéma ne reflète pas quelque espacement initial de qualités dans la psyché pré-expérimentale du chien ou dans son stock initial de dispositions, mais uniquement une histoire des réajustements successivement suscités par, précisément, les expériences de la série. Dès lors, comment ferions-nous face à cette mise en cause ? Évidemment, en répétant les expériences dans un ordre différent sur un autre chien. Si nous obtenons en grande partie le même schéma pour le second chien malgré la permutation, nous aurons la preuve que le schéma reflète un authentique agencement pré-expérimental de dispositions. Et nous aurons alors en outre la preuve de quelque chose de plus : que cet agencement ou espace de qualités est le même pour les deux chiens. Mais j'en viens maintenant à l'objet de mon exemple : nous ne pouvons pas, par cette méthode, obtenir la preuve de deux espaces de qualités pré-expérimentaux différents pour les deux chiens. De par la nature même de notre critère, dans cet exemple, nous obtenons soit la preuve de l'uniformité, soit de rien du tout. Une analyse des critères expérimentaux dans d'autres sciences révélerait sans aucun doute de nombreux

257 autres exemples du même genre de | parti pris [*bias*] imposé
expérimentalement en faveur de l'uniformité ou en faveur
d'autres formes de simplicité.

Ce parti pris sélectif fournit non seulement une explication
partielle de la croyance en la maxime de la simplicité de la
nature, mais, de façon bizarre, il en fournit également une
justification partielle. Car si notre façon de former des critères
est telle qu'elle empêche fréquemment toute confirmation de
la plus complexe de deux hypothèses rivales, alors on peut
effectivement bien affirmer que l'hypothèse la plus simple a
plus de chances d'être confirmée ; or telle était précisément la
maxime de la simplicité de la nature. Nous avons, dans cette
mesure, justifié la maxime tout en évitant en plus le paradoxe
qui semblait découler des tentatives de réconcilier la relativité
de la simplicité avec le caractère absolu de la vérité.

Cette solution, néanmoins, est trop partielle pour qu'on
s'en contente. Le parti pris sélectif en faveur de la simplicité au
sein de notre mécanisme perceptuel ou dans nos critères
expérimentaux réfléchis est significatif mais pas prédominant.
Des hypothèses complexes sont souvent effectivement tenues
pour des options viables, tout aussi susceptibles d'être confir-
mées expérimentalement que leurs alternatives plus simples ;
et même dans de pareils cas, la maxime de la simplicité continue d'être appliquée dans la pratique scientifique, avec autant
de plausibilité intuitive que dans les autres cas. Nous faisons
concorder la courbe la plus simple possible avec des points de
coordonnées, pensant que c'est la courbe la plus vraisemblable
tant que de nouveaux points ne viennent pas nous contredire ;
nous réunissons des données sous une hypothèse comportant
le moins possible de paramètres, pensant que cette hypothèse
est la plus vraisemblable tant que de nouvelles données ne
viennent pas nous contredire ; et nous enregistrons même une

mesure en l'arrondissant au chiffre rond le plus proche, tant que des mesures répétées ne viennent pas nous contredire.

D'ailleurs ce dernier cas, le chiffre arrondi, jette une lumière supplémentaire sur notre problème. Si une quantité mesurée est d'abord enregistrée à, disons, 5,21, puis, avec plus d'exactitude à la lumière de mesures supplémentaires, à 5,23, le nouveau relevé supplante le précédent; mais si elle est d'abord enregistrée à 5,2 puis ensuite à 5,23, le nouveau relevé peut très bien être considéré comme confirmant l'ancien et fournissant seulement une information complémentaire sur le détail des décimales suivantes. Donc, l'«hypothèse la plus simple», 5,2 plutôt que 5,21, est bien véritablement dix fois plus susceptible d'être confirmée, simplement parce que dix fois plus d'écart est toléré à titre de confirmation.

Il est vrai qu'on ne parle pas habituellement d'«hypothèse simple» dans le cas du chiffre arrondi. Ici, nous n'invoquons aucune maxime de la simplicité de la nature, mais seulement une règle qui consiste à négliger les décimales non signifi-catives. Pour autant, le même principe sous-jacent qui opère ici peut être détecté | dans des cas où l'on parle bel et bien de **258** simplicité des hypothèses. Si nous réunissons un ensemble de données sous une hypothèse comportant le moins possible de paramètres, et qu'ensuite nous sommes contraints, suite à de nouvelles expériences, d'ajouter un autre paramètre, il est probable que nous verrons cette correction non pas comme une réfutation du premier résultat mais comme une confirmation accompagnée d'un affinement; mais si nous avons un para-mètre supplémentaire dans la première hypothèse et que nous sommes contraints, suite à de nouvelles expériences, de le modifier, nous voyons cette correction comme une réfutation et une révision. Ici encore, l'hypothèse la plus simple, celle qui contient le moins de paramètres, est dès le départ la plus probable tout simplement parce qu'un éventail plus large de découvertes futures possibles sera classé comme lui étant favorable. Le cas de la courbe la plus simple reliant des points de coordonnées est similaire : plus la courbe est simple, plus une correction rendue nécessaire par de nouvelles découvertes sera susceptible d'être vue comme une confirmation accompagnée d'un affinement plutôt que comme une réfutation et une révision[a].

Nous avons relevé quatre causes qui font supposer que l'hypothèse la plus simple a le plus de chances d'être confirmée. Il y a que nous prenons nos désirs pour des réalités. Il y a un favoritisme perceptuel qui présente les données sous un jour favorable aux modèles simples. Il y a un favoritisme dans les critères expérimentaux des concepts, par lequel la plus simple de deux hypothèses est parfois susceptible d'être confirmée alors que son alternative demeure inaccessible. Et enfin, il y a un système préférentiel d'évaluation des résultats qui tolère des écarts d'autant plus grands que les hypothèses sont plus simples. Les deux dernières de ces quatre causes opèrent bien plus largement, me semble-t-il, qu'il n'apparaît à première vue. Opèrent-elles assez largement pour expliquer entièrement le rôle crucial que la simplicité joue dans la méthode scientifique ?

a. Je m'attends à ce que Kemeny ait eu tout ceci présent à l'esprit. Il fait des remarques sur la similitude entre la règle des décimales significatives et celle de la simplicité à la page 399 [« The use of simplicity in induction », *Philosophical Review*, 62, 1953].

SUR LA MULTIPLICATION DES ENTITÉS*

Ce court article est composé d'extraits de trois publications. L'une d'entre elles, « Existence », fut présentée lors d'un colloque à l'université de Denver en mai 1966 et publiée dans W. Yourgau (ed.), *Physics, Logic and History* (New York, Plenum, 1969). Une autre, « Grades of theoreticity », fut donnée comme cours à l'université du Massachusetts en avril 1969 et publiée dans L. Foster et J.W. Swanson (eds.), *Experience and Theory* (Amherst, University of Massachusetts Press, 1970). La troisième, « Whither physical objects? », doit être publiée dans un volume des Boston Studies in the Philosophy of Science dédié à la mémoire de Imre Lakatos [1].

Il serait satisfaisant d'élaborer un compte rendu systématique du monde tout en se cantonnant strictement à une ontologie d'objets physiques et, en fait, à des objets physiques assez grands pour être perçus. Je ne les limiterais pas aux corps; cette notion est à la fois trop vague et trop restreinte. Elle est trop vague dans la mesure où rien ne nous dit à quel

---

* Traduit par Julien Boyer.

1. En réalité, ce texte fut publié dans R. Cohen, P.K. Feyerabend et M.W. Wartofsky (eds.), *Essays in Memory of Imre Lakatos*, Boston Studies in the Philosophy of science, vol. XXXIX, Dordrecht, Reidel, 1976, p. 437-504.

point une chose doit être séparée, cohésive et complète pour avoir le droit d'être considérée comme un corps. Et elle est trop restreinte puisque en matière d'ontologie, toute considération de séparation, de cohésion ou de complétude est hors de propos. Nous pouvons plutôt comprendre un objet physique comme le contenu matériel agrégé de n'importe quelle portion de l'espace-temps, aussi effilochée et discontinue soit-elle.

Outre qu'elle nous épargne la tâche inutile de délimiter les corps, cette notion ouverte d'objet physique apporte d'autres avantages. Elle incorpore avec élégance les termes de masse tels que « sucre », « air » et « eau ». On ne peut pas dire d'un tel terme qu'il nomme un corps, mais on peut bien le concevoir comme nommant un objet physique. Nous pouvons identifier le sucre à un unique grand objet physique spatio-temporellement éparpillé, constitué de tout le sucre partout et en tout temps.

260 | Avec un petit effort d'imagination, on peut même faire en sorte que cette notion d'objet physique incorpore les processus physiques ou les événements, de manière comparable aux corps. On pourrait identifier un jeu de balle à la somme éparse des segments temporels appropriés des joueurs, en prenant chaque joueur pendant la durée de son jeu.

Un tel compte rendu des événements ne fait pas de distinction entre des événements qui se trouvent occuper exactement la même portion d'espace-temps. Si un homme sifflait une chanson pendant tout le temps où il marche vers l'arrêt de bus et pas un instant de plus, alors vraisemblablement, l'événement de son sifflement de la chanson et l'événement de sa marche jusqu'au bus seraient tous deux identifiés au même segment temporel de l'homme. Ce résultat sera malencontreux si l'on considère que l'événement du sifflement et l'événement de la marche devraient être distingués. Néanmoins, il ne me semble pas évident qu'ils doivent l'être. Nous disposons toujours de la distinction générale entre siffler la chanson et marcher jusqu'au bus, puisque parfois des gens marchent bel et bien jusqu'au bus sans siffler la chanson, et vice versa. Donc, nous transmettons tout de même une information quand nous disons que l'homme a sifflé la chanson tout au long de son chemin jusqu'au bus. Nous ne trivialisons pas ces énoncés en identifiant les événements.

En décrivant les objets physiques comme les contenus matériels des régions de l'espace-temps, je n'entends pas concéder un quelconque statut ontologique aux régions elles-mêmes. C'est juste ma façon d'illustrer la largeur du champ d'application que j'envisage pour ma notion d'objet physique. Nous pouvons prendre le contenu matériel et laisser les régions de côté.

J'ai proposé en outre que les objets physiques acceptés soient assez grands pour être perçus. Ceci est vague, mais en tout cas j'entends exclure par là les choses qui ne peuvent être détectées qu'au moyen d'appareillages tels que les micro-scopes ou les chambres à brouillard. Ce que je retiens comme étant perçu dans pareils cas, c'est uniquement l'image sur la plaque ou la bulle dans la chambre.

Il semblerait que cette ontologie frugale s'accorde bien avec le bon sens, l'historiographie et l'histoire naturelle. Elle ne reconnaît pas de nombres, ou d'ensembles ou d'autres objets abstraits. Pour autant, on peut simuler à ce niveau à peu près assez de théorie des ensembles pour couvrir ce qui est utile dans les références ordinaires aux classes ou aux propriétés. On peut le faire au moyen de ce que j'appelle la théorie virtuelle des classes; les références apparentes aux classes sont éliminées par définition contextuelle[a]. | De plus, tout en **261** ne reconnaissant pas les nombres comme objets, on peut néan-

---

a. Voir mon livre *Set Theory and Its Logic*, p. 16-27.

moins rendre compte de l'arithmétique pratique à un niveau élémentaire, là encore en exploitant les astuces de la définition contextuelle[b]. Le matériel mathématique rendu ainsi disponible est maigre, mais les besoins mathématiques de l'historiographie et de l'histoire naturelle sont modestes.

Un compte rendu systématique du monde en ces termes serait le bienvenu s'il était suffisamment maniable. Cependant, nous ne cessons de découvrir que notre compte rendu peut être rendu plus simple et plus systématique en postulant des entités supplémentaires. Ainsi, considérez la contribution que la postulation des classes peut apporter à une théorie systématique. Pour commencer par un exemple éculé d'un tel recours, considérez deux prédicats binaires « P » pour parent et « A » pour ancêtre. « Pxy » signifie que x est parent de y, et « Azy » signifie que z est ancêtre de y. Les valeurs de ces variables sont des particuliers, des gens. Les universaux, la parenté ou l'ancestralité, ne sont pas ici considérés comme des valeurs de variables. Mais si nous considérons certains universaux comme valeurs de nos variables, à savoir les classes, alors nous pouvons définir « A » à partir de « P » et du prédicat binaire « $\in$ » d'appartenance à une classe. Comme cela est connu depuis Frege et bien connu depuis Dedekind, on peut expliquer « Azy » comme signifiant que z est membre de toute classe qui contient comme membres tous les parents de ses propres membres ainsi que y.

Ce serait faire une mauvaise affaire, bien sûr, que de postuler des classes comme nouveaux objets de notre univers, simplement afin de réduire une paire de prédicats binaires « P » et « A » à une autre paire de prédicats binaires « P » et

b. On pourra trouver des suggestions partielles dans mon livre *Roots of Reference*, p. 116 *sq.*, et dans Goodman et Quine.

« ∈ ». Le gain se perçoit plutôt dans le fait que pour chaque prédicat binaire, il existe un autre prédicat binaire, que nous pourrions appeler son *itération close*, qui lui est relié de la même façon qu'ancêtre est relié à parent. Dès lors, l'hypothèse des classes et de « ∈ » nous permet d'exprimer, sans outillage supplémentaire, l'itération close de tous les prédicats binaires disponibles. Ceci n'aurait certainement pas pu être réalisé en ajoutant à notre vocabulaire un ou plusieurs prédicats portant sur des particuliers, mais cela s'accomplit en ajoutant le prédicat « ∈ » et en supposant des classes auxquelles ce dernier pourra s'appliquer.

On peut voir un autre des nombreux avantages systématiques de l'hypothèse des classes dans la possibilité d'éviter les modalités à certains endroits. Ainsi, comparez « Tous les corbeaux sont noirs » et « Tous les corbeaux noirs sont noirs » :

$$(x)(Cx \supset Nx), \qquad (x)(Cx \cdot Nx \cdot \supset Nx).$$

| Nous pourrions vouloir considérer le premier de ces deux **262** énoncés comme une simple vérité de fait, et non comme une nécessité logique. Mais l'autre est manifestement vrai par nécessité, et nous pourrions vouloir tenir compte de ce trait en remplaçant son conditionnel matériel par un conditionnel strict :

$$(x)(Cx \cdot Nx \cdot \dashv Nx).$$

D'un autre côté, il y a diverses raisons de préférer éviter les connecteurs modaux[c]. Or la généralité constitue souvent un succédané satisfaisant de la nécessité. Peut-être le besoin que nous avons ressenti d'ajouter une note de nécessité à « Tous les corbeaux noirs sont noirs » peut-il être suffisamment satisfait

c. Voir « Trois degrés d'implication dans la modalité », l'essai 15 ci-dessus [p. 280-308].

simplement en faisant abstraction de la spécificité de « noir »
et de « corbeau » et en disant que la règle tient de manière générale : pour toutes classes y et z, tout ce qui appartient à la fois à y
et à z appartient à y. Voilà ce que l'admission des classes
comme valeurs des variables et, ici encore, l'adoption de « $\in$ »
nous permettent en vue d'éviter la logique modale[d]. Le besoin
de logique modale que l'on ressent ne peut pas toujours être
ainsi comblé par la généralité, mais c'est bien souvent le cas.

Il y a d'autres posits ontologiques, en dehors des classes,
qui peuvent avoir pour effet de réduire les modalités. Ainsi,
supposez, pour en revenir à « Tous les corbeaux noirs sont
noirs », que quelqu'un ne se satisfasse pas de la généralisation
sur les classes qui fut notre succédané de nécessité. Une autre
voie possible consisterait à conserver les prédicats spécifiques
« noir » et « corbeau » et à obtenir l'effet de nécessité en
quantifiant non pas seulement sur les particuliers réels mais
aussi sur les particuliers possibles : « Tous les corbeaux noirs
possibles sont noirs ». Nous voyons ici un autre exemple de
réduction de la modalité par un élargissement de l'univers.
Néanmoins, cet expédient n'est guère recommandable, car les
particuliers irréels sont, à bien des égards, une espèce obscure
et problématique.

C'est la quête de systématicité et de simplicité qui a sans
cesse poussé le scientifique à postuler des entités supplémentaires comme valeurs de ses variables. L'exemple classique est
celui de la théorie cinétique des gaz. Vue en termes de corps
communs, la loi des gaz de Boyle était une description quantitative du comportement des chambres pressurisées. En postulant les molécules, la loi a pu se fondre dans une théorie géné-

---

d. Voir Putnam sur l'usage de la nécessité, à l'inverse, pour réduire
l'ontologie.

rale des corps en mouvement. Les avancées ultérieures en physique n'ont cessé d'inciter à postuler des particules sans cesse nouvelles, de plus en plus petites | – parfois comme un moyen de simplifier réellement la théorie précédente, comme pour la théorie cinétique des gaz, et parfois uniquement comme un moyen de traiter de nouvelles observations sans trop grande perte de simplicité.

Un usage de plus en plus conséquent des mathématiques a été appelé par ces développements, alors que, dans le même temps, les mathématiciens ont également eu recours de leur côté à la même astuce que les physiciens : multiplier les entités, postuler des espèces de plus en plus bizarres pour simplifier la théorie. Les exemples classiques furent le postulat des ratios pour rendre la division généralement applicable, le postulat des nombres négatifs pour rendre la soustraction généralement applicable, ainsi que le postulat des irrationnels et enfin des imaginaires pour rendre l'exponentiation généralement applicable. Des exemples moins classiques fleurissent aujourd'hui dans la théorie des ensembles infinis. Il semble que le désir humain de systématicité et de simplicité conduise à des complexités sans cesse renouvelées.

J'en viens enfin à une question générale touchant aux avantages que le fait de postuler des objets supplémentaires peut conférer. Se pourrait-il qu'en principe, on puisse se dispenser à chaque instant de tout élargissement du domaine des valeurs des variables qui ne serait pas nécessaire au final ? Ainsi, considérez un énoncé dont les variables portent sur un univers large, et supposez que les seules conséquences de cet énoncé qui nous intéressent au final soient des énoncés dont les variables sont restreintes à un sous-univers plus étroit. La question est alors de savoir si, en général, un énoncé restreint peut être construit, qui a les mêmes conséquences restreintes que l'énoncé non restreint d'origine.

La réponse est négative. On peut peut-être prouver cela élégamment; je peux le prouver en employant l'artillerie lourde, comme suit. La théorie des ensembles de von Neumann et Bernays comporte un nombre fini d'axiomes ou, puisque nous pouvons prendre leur conjonction, un axiome unique. Parmi tous les théorèmes de cette théorie des ensembles, considérons maintenant plus particulièrement ceux qui ont toutes leurs variables restreintes à un certain sous-univers. Ces théorèmes sont bien connus pour être précisément ceux d'une autre théorie des ensembles, celle de Zermelo. Donc, si la réponse à notre question était affirmative, il y aurait une formule, avec toutes ses variables restreintes au sous-univers, qui comprendrait précisément la théorie des ensembles de Zermelo. Mais nous savons depuis les travaux de Wang et McNaughton que la théorie des ensembles de Zermelo est irréductible à un axiome unique[e].

264 | Nous devons conclure que la multiplication des entités peut apporter une contribution substantielle à la théorie. Elle ne le fait pas toujours. En elle-même, la multiplication des entités devrait être perçue comme indésirable, conformément au rasoir d'Occam, et on devrait exiger d'elle qu'elle paye elle-même son écot. Garnissez l'univers de classes et autres suppléments si vous obtenez par là une théorie globale plus simple et plus homogène; dans le cas contraire, n'en faites rien. La simplicité, voilà ce qu'il nous faut, et l'économie ontologique en est un des aspects, à pondérer avec les autres. Nous pouvons raisonnablement nous attendre à ce que garnir quelque peu l'univers soit dans l'intérêt de la simplicité globale nette de notre système du monde.

e. Voir mon livre *Set Theory and Its Logic*, p. 320 *sq.*

REMARQUES ONTOLOGIQUES
SUR LE CALCUL PROPOSITIONNEL[*]

Publié pour la première fois dans *Mind* (volume 43, 1934).
Reproduit avec la permission des éditeurs de *Mind*.

Alors que l'on s'accorde assez généralement quant au
genre de principes et de méthodes utilisés pour le développement technique de ce qu'il est convenu d'appeler la théorie de
la déduction ou le calcul des propositions, on ne retrouve pas
une telle uniformité d'attitude concernant la nature des entités
auxquelles ce calcul est supposé s'appliquer.

Wittgenstein[a] interprète la proposition comme un signe, à
savoir la *phrase*; mais c'est la proposition comme dénotation
de la phrase, c'est-à-dire comme l'entité, s'il y en a une, dont
la phrase est le symbole, qui nous occupe présentement. Ce
sont ces entités insaisissables qui sont, vraisemblablement, les
éléments du calcul propositionnel et qui y sont dénotées par les
variables « p », « q », etc., et leurs combinaisons. Mais quelle

---

[*] Traduit par Denis Bonnay.

[a] *Tractatus Logico-Philosophicus*, 3.12, 3.31.

sorte de choses sont les choses que nomment les phrases? Pas des faits, car cela ne laisserait pas de place pour les propositions fausses. Sont-elles alors des jugements? Ou des possibilités abstraites, des idées platoniciennes? Ou sont-elles simplement, comme chez Frege[b], les deux valeurs de vérité, le vrai et le faux?

Étroitement apparentée à la question « Qu'est-ce qu'une proposition? » est la question « Quand des propositions sont-elles identiques? » ou mieux « Quand deux phrases dénotent-elles la même proposition? ». La notion de | propositions comme valeurs de vérité occupe de ce point de vue une position extrême; selon cette conception, l'équivalence matérielle des propositions, c'est-à-dire le fait qu'elles soient toutes les deux vraies ou toutes les deux fausses, vaut identité. L'extrême opposé consisterait à demander que deux phrases différentes n'expriment jamais la même proposition, c'est-à-dire que la possibilité d'exprimer des propositions par des phrases physiquement dissemblables vaille différence. Entre ces deux extrêmes, il y a une infinité de choix possibles, par exemple on peut soutenir que deux propositions sont identiques si, et seulement si, elles sont mutuellement dérivables à partir des principes de la logique. Alors que, dans les développements logiques de la théorie de la déduction, les logiciens examinent les différentes connections vérifonctionnelles entre propositions, par exemple l'équivalence matérielle, la conjonction, etc., et alors qu'ils examinent également les différents rapports heuristiques entre propositions, par exemple la cohérence, la déductibilité relative, etc., les considérations sur les propositions qui seraient liées à l'identité ou à la différence

b. *Grundgesetze der Arithmetik*, Band I, S. 50.

propositionnelle sont au contraire habituellement absentes des développements formels. Pourtant, les logiciens font souvent informellement appel aux notions d'identité et de différence propositionnelle, par exemple lorsqu'ils disent que « p » et « p est vraie » (ou « non p » et « p est fausse ») ne représentent pas la même proposition.

En dehors des discussions de logique, nous n'accordons jamais d'attention aux propositions, au sens de choses qui ne sont pas des phrases mais ce dont les phrases sont les symboles ; nous ne faisons que manipuler les phrases elles-mêmes. Par exemple, nous n'avons pas l'occasion d'observer que « Boston est à l'est de Chicago » et « Chicago est à l'ouest de Boston » sont (ou ne sont pas) deux noms pour la même proposition ; de fait, alors que nous pouvons avoir l'occasion de nous dire que « Boston » est le nom d'une ville, nous n'avons pas d'occasion de considérer « Boston est à l'est de Chicago » comme le nom de quoi que ce soit. C'est ainsi que, dans la théorie de la déduction en tant que systématisation formelle de certains aspects de l'usage ordinaire du langage et de l'exercice de la raison, il n'est pas besoin de considérer quelle sorte de chose pourrait être une proposition ou de formuler les conditions auxquelles deux propositions sont identiques. Les propositions sont des entités hypostasiées, des dénotations que l'on infère à partir de signes qui eux sont donnés.

Une fois que nous postulons des entités dont les phrases sont les symboles, les principes logiques pour la manipulation des phrases deviennent des principes *à propos de* ces entités – les propositions – que les phrases dénotent. Dans cette mesure, la théorie de la déduction devient un calcul des propositions ; mais elle reste un calcul très partiel de ce | point de vue, **267** puisque ses seuls principes sont ceux qui gouvernaient la manipulation des phrases antérieurement à l'idée que les phrases sont les noms de quelque chose. Ainsi, tandis que nous sommes instruits d'un large éventail de propriétés logiques des propositions, à propos desquelles il y a peu de désaccords substantiels, nous avons au contraire, concernant la nature résiduelle des propositions, la latitude totale de choix qui s'attache au développement des fictions dépourvues de nécessité.

Puisque la théorie de la déduction est entretissée avec un large système logique unifié qui prend également en charge d'autres questions, la structure et la machinerie primitive du système total pourraient se trouver améliorées en termes de simplicité et d'économie si l'on interprétait ainsi les phrases comme dénotant certaines entités, les « propositions », et si l'on identifiait ensuite ces entités avec une certaine sorte d'entités techniques bien définies qui joueraient également un rôle pour d'autres aspects du système logique total[c]. Mais de telles considérations vont dépendre de la structure du système plus large en question. Puisque, comme c'est ordinairement le cas, la théorie de la déduction est développée et considérée indépendamment des autres parties de la logique, toute l'idée des phrases comme noms est superflue et ne sert qu'à créer des faux problèmes.

Sans rien changer à l'intérieur de la théorie de la déduction, nous pouvons la réinterpréter de manière à balayer de telles considérations fictives ; il nous suffit de voir la théorie comme une grammaire formelle pour la manipulation des phrases et de renoncer à la position selon laquelle les phrases sont des noms. Les mots qui figurent dans une phrase peuvent chacun être vus comme dénotant des choses, mais la phrase dans sa totalité doit être considérée comme une combinaison verbale qui,

c. J'ai procédé ainsi dans mon *System of Logistic*, chap. 3.

bien qu'elle transmette vraisemblablement une certaine sorte
d'information (je m'exprime sur ce point de façon délibérément vague), n'a cependant pas cette espèce particulière de
signification qui consiste à dénoter ou à être un nom de
quelque chose.

Dans la théorie de la déduction, les signes « p », « q », etc.,
sont habituellement vus comme des variables de proposition,
c'est-à-dire comme des signes dénotant de manière ambiguë
des propositions, c'est-à-dire comme des signes dénotant de
manière ambiguë les choses que dénotent les phrases. Nous
faisons maintenant l'économie de ce détour par des entités
dénotées, et nous expliquons les signes « p », « q », etc., directement en disant qu'ils sont des abréviations ambiguës de
phrases – ce qui revient | à la même chose qu'avant sauf que **268**
l'existence d'entités dénotées, les propositions, n'est plus
présupposée.

L'expression « $\sim p$ » est interprétée dans le calcul propositionnel comme dénotant la contradictoire de la proposition p ;
ici aussi nous pouvons emprunter un raccourci et ne pas passer
par les propositions, en interprétant le signe « $\sim$ » comme une
abréviation pour le mot « non » ou pour les mots « il est faux
que ». Ainsi, lorsque « p » est une abréviation pour une phrase
« —», le signe « $\sim p$ » devient une abréviation pour la phrase
« Il est faux que —». De même « $p \vee q$ », que l'on explique
d'ordinaire en disant qu'elle dénote la disjonction des propositions p et q, en vient maintenant à être expliquée en interprétant
« $\vee$ » comme une nouvelle notation pour le mot « ou » ; « $\vee$ »
est un connecteur qui nous permet, à partir de phrases, de
construire de nouvelles phrases, sans qu'il soit question de
dénotation. De la même manière, le point dans « $p \cdot q$ » en vient
à être expliqué comme une abréviation pour « et », et le signe
« $\supset$ » de telle façon que « … $\supset$ —» soit « Si … alors —».

Ainsi réinterprétée, la théorie de la déduction demeure inchangée quant à sa structure, mais cesse d'être un système au sens usuel. Les systèmes de l'espèce usuelle traitent d'une certaine sorte d'éléments, disons les nombres cardinaux ou les points géométriques, qui sont dénotés de manière ambiguë par les variables; agissent sur ces éléments certaines opérations ou relations, exprimées de façon appropriée à l'intérieur du langage du système. La théorie de la déduction, quand on l'interprète comme un calcul des propositions, est un système de ce genre; ses éléments sont des propositions dénotées par les variables «p», «q», etc., et ses opérations sont les opérations propositionnelles, de négation, de disjonction, d'implication matérielle, etc., dénotées en préfixant ou en intercalant les signes «$\sim$», «$\vee$», «$\supset$», etc. Lorsque la théorie est au contraire réinterprétée ainsi qu'on vient de le voir comme un simple *organon* de phrases, elle cesse de s'occuper d'éléments sujets à des opérations; les anciennes variables proposition-nelles «p», «q», etc., deviennent des phrases ambiguës, qui ne sont les symboles *de* rien, et les signes «$\sim$», «$\vee$», «$\supset$», etc., deviennent des connecteurs phrastiques, vierges de tout corrélat en termes d'opérations sur des dénotations.

Considérons par exemple le théorème «$p \supset (p \vee q)$» de la théorie de la déduction. Selon l'interprétation usuelle, cette expression représente un élément du système, c'est-à-dire une proposition, construite de la manière indiquée à partir de propositions quelconques p et q à l'aide des opérations de disjonction et d'implication matérielle; que cette expression figure comme un théorème veut dire que toute proposition construite de cette façon est vraie. Lorsque nous réinterprétons **269** au contraire | la théorie de la déduction de façon à éliminer l'idée de dénotations des phrases, «$p \supset (p \vee q)$» cesse de dénoter un élément du système : en effet, la notion de systématisation d'éléments elle-même a disparu. En lieu et place, l'expression devient une simple abréviation pour toute phrase de la forme « Si ceci alors ceci ou cela ». En énonçant « $p \supset (p \lor q)$ » et les autres théorèmes de la théorie de la déduction, nous ne faisons qu'affirmer des phrases qui, bien qu'ambiguës, ne sont pas ambiguës d'une façon qui affecte leur vérité.

Selon ce point de vue, toutes les spéculations sur la nature des propositions disparaissent. La théorie de la déduction devient un cadre pour dépeindre l'usage des connecteurs « ou », « si-alors », etc., avec en vue la vérité des phrases qu'ils permettent d'engendrer. Il n'y pas d'entités à inférer, aucun envol de l'abstraction au-delà du royaume de l'usage familier des mots.

Il a été suggéré plus haut que, dans le calcul des propositions usuel, les théorèmes sont des expressions dénotant certains éléments du système. Il s'agit là d'une anomalie considérée avec méfiance par les mathématiciens. Il est habituel de considérer les systèmes abstraction faite de la nature de leurs éléments; les théorèmes d'un système, vus de cette façon, deviennent des phrases qui nous parlent de diverses propriétés d'éléments non identifiés. Mais, si l'on fait abstraction de ce que les éléments du calcul propositionnel sont des propositions, on prive les théorèmes *eux-mêmes* de leur nature de phrases, puisque dans ce calcul les théorèmes sont des symboles d'éléments du système. Qui étudie les systèmes de façon abstraite en vient donc à une *impasse*[1] en arrivant au calcul des propositions. Ainsi, le mathématicien ne sera sans doute pas mécontent de voir le calcul des propositions éliminé, et de trouver à sa place une théorie de la déduction qui procède

1. En français dans le texte.

seulement sur la base d'abréviations de phrases et qui ne
prétend pas être un système au sens ordinaire. Outre l'avantage
précédemment noté qu'il y a à se passer de ce qui nous embar-
rassait inutilement et à écarter toute spéculation concernant les
entités insaisissables appelées propositions, cette procédure
a cet autre avantage qu'elle permet d'ôter une anomalie à la
théorie des systèmes.

Mais il y a une manière d'obtenir ces avantages sans
continuer à exclure la théorie de la déduction du domaine
orthodoxe des systèmes. La théorie peut être réinterprétée de
manière à ce que «p», «q», etc., retrouvent leur statut de
270 variables dénotant des | éléments du système sans en revenir à
la fiction des propositions en tant que dénotations des phrases.
Nous pouvons réinterpréter la théorie de la déduction comme
une branche de la sémantique, un système dont les *éléments*
sont des formes, des signes, et plus particulièrement des
phrases. Les signes «p», «q», etc., deviennent ainsi des
variables de phrase; ce ne sont ni des signes dénotant de façon
ambiguë des propositions, ni des signes abrégeant de façon
ambiguë des phrases, mais des signes dénotant de façon ambiguë des phrases. Le signe «$\sim$» de la négation en vient à
indiquer une opération sémantique, l'opération consistant à
introduire de façon appropriée «non», «ne … pas», etc., à
l'intérieur d'une phrase p. Le signe «$\vee$» en vient à indiquer
l'opération sémantique consistant à mettre l'une à la suite
de l'autre deux phrases en intercalant le mot «ou». De même
pour le reste. Les signes «$\sim$», «$\vee$», «$\supset$», etc., cessent ainsi
d'être des notations concises pour certains adverbes et
certaines conjonctions, mais sont les signes des opérations
consistant à insérer de façon appropriée de tels adverbes et de
telles conjonctions.

L'expression «$p \supset (p \vee q)$» n'est plus une phrase ambiguë, mais un symbole *dénotant* de façon ambiguë des phrases; il dénote toute phrase de la forme « si ceci alors ceci ou cela ». Par conséquent, tant que les théorèmes d'un système doivent être des phrases, par opposition à des noms de phrases, «$p \supset (p \vee q)$» ne peut être admis comme un théorème; il lui faut un préfixe, disons «$\vdash$», que l'on peut lire comme un prédicat affirmant que l'élément dénoté à sa suite est une phrase vraie (c'est-à-dire une phrase véridique, qui dit la vérité). Ainsi, ce qu'il est convenu d'appeler le signe d'assertion, «$\vdash$», qu'il est de coutume d'utiliser dans la théorie de la déduction comme une étiquette utile quoiqu'inessentielle permettant de démarquer théorèmes et postulats, en vient maintenant à jouer un rôle essentiel à l'intérieur du système en tant que dénotant une propriété des phrases. Toutefois, les occurrences de «$\vdash$» restent limitées, selon l'habitude, à des occurrences au début des théorèmes et des postulats : en effet «$\sim$», «$\vee$», «$\supset$», etc., s'attachent seulement à des noms de phrases tandis que l'expression «$\vdash p$» est elle-même une phrase (qui porte sur une phrase) plutôt qu'un nom d'une phrase.

Si maintenant, comme Wittgenstein, nous prenons simplement « proposition » pour un synonyme de « phrase », le calcul des phrases que l'on vient de discuter devient un calcul des propositions; l'usage ordinaire s'en trouve superficiellement restauré, dans la mesure où la théorie de la déduction est à nouveau un calcul des propositions. Mais les manœuvres verbales de ce genre n'affectent pas la véritable distinction : à savoir celle qu'il y a entre un système dont les éléments sont des phrases et un système dont les éléments sont dénotés par des phrases. Dans un calcul des propositions au premier sens, les opérations propositionnelles représentées par «$\sim$», «$\vee$», «$\supset$», etc., deviennent des opérations sémantiques sur des

271 phrases; l'idée | d'entités dénotées par les phrases tombe à l'eau, et la question de l'identité propositionnelle en vient à admettre une réponse bien définie en termes de similarité géométrique ou de correspondance conventionnelle entre marques écrites. Ce calcul des phrases est, de plus, un système qui suit le schéma orthodoxe : ses théorèmes ne sont pas des expressions pour ses éléments, mais des affirmations à propos de ses éléments, à savoir des affirmations selon lesquelles les éléments (les phrases) de telle et telle forme ont la propriété ⊢.

LA VARIABLE[*]

Ce texte fut la conférence inaugurale du Colloque Logique de Boston, le 12 octobre 1972. Il doit paraître dans *Logic Colloquium*, édité par Rohit Parikh, Springer Lecture Notes in Mathematics, volume 453. Des portions en sont ici omises en faveur de références croisées à d'autres essais du présent livre.

La variable *qua* variable, la variable *an und für sich* et *par excellence*[1], est la variable objectuelle liable. Elle est l'essence de l'idiome ontologique, l'essence de l'idiome référentiel. Mais un travail de distillation est nécessaire pour s'en rendre compte, car la variable a de fortes affinités avec toute une variété de notions et d'outils intimement associés.

Il fut longtemps nécessaire de s'élever contre la notion de nombres variables, de quantités variables, d'objets variables, et d'expliquer que la variable est purement une notation n'admettant que des nombres fixes et d'autres objets fixes comme ses valeurs. Cette distinction semble maintenant généralement comprise, alors je me tourne vers d'autres confusions.

[*] Traduit par Serge Bozon.

[1]. En français dans le texte.

Il y a d'abord la lettre schématique. Aussi tard qu'en 1945, et dans une publication aussi sophistiquée que le *Journal of Symbolic Logic*, je m'étais encore senti obligé de consacrer trois pages à expliquer le statut des lettres schématiques de phrase et de prédicat telles qu'utilisées dans la logique des fonctions de vérité et de la quantification. Ces lettres ne se réfèrent pas à des objets qui en seraient les valeurs. Les lettres de phrase ne se réfèrent ni à des propositions, ni à des valeurs de vérité, et encore moins à des phrases, qui en seraient les valeurs, et les lettres de prédicat ne se réfèrent ni à des propriétés, ni à des classes, et encore moins à des prédicats, qui en seraient les valeurs. Ces lettres ne sont pas liables, elles ne sont pas objectuelles, et elles ne figurent pas dans des phrases. Elles figurent dans des schémas. J'ai ainsi consacré trois pages à cette question, sans aucune intention de créativité, mais avec l'intention encore vivante de détourner la plupart des lecteurs 273 de mécompréhensions fondamentales. Juste cinq | ans plus tôt, dans *Mathematical Logic*, j'avais même jugé peu avisé d'encourager de telles mécompréhensions par l'usage de lettres schématiques quelconques. Dans ce livre, j'ai présenté la logique des fonctions de vérité et de la quantification entièrement dans la notation métalogique des lettres grecques et des quasi-guillemets. Les lettres schématiques de phrase et de prédicat étaient alors déjà généralement en usage, mais le problème était que leur statut schématique ne se trouvait que rarement apprécié en toute clarté. De ci, de là, elles se trouvaient même quantifiées.

Un autre outil que nous devons prendre soin de dissocier de la variable objectuelle est la variable substitutionnelle liable. La lettre schématique elle-même est bien sûr déjà substitutionnelle : elle ne réfère pas à des objets quelconques qui en seraient les valeurs, mais admet simplement des expressions appropriées comme lui étant substituables. Mais outre les lettres schématiques, qui ne sont pas liables, il y a l'usage, par Ruth Marcus et d'autres, de variables substitutionnelles qui peuvent être liées par des quantificateurs et plongées dans des phrases [a].

Notre quantification sur des individus est vue le plus naturellement comme objectuelle. La considérer comme substitutionnelle impliquerait de supposer dans notre langage la présence d'un nom, ou d'un certain désignateur désignant un unique objet, pour chaque individu, chaque créature ou particule, aussi obscur et lointain qu'ils soient; et cela serait au mieux artificiel. Quand nous nous retrouvons à quantifier sur des classes, la version substitutionnelle semble de fait attirante; mais un problème se pose [b]. Considérons la loi :

$$(W)(W \text{ a des éléments} . \supset (\exists Z)(Z \text{ a un élément de } W \text{ comme seul élément})).$$

Cette loi est parole d'évangile pour la théorie des ensembles classique. On pourrait l'appeler la loi des sous-classes unitaires. Mais que devient cette loi lorsque « W » et « Z » sont substitutionnels ? Elle exige alors, pour chaque terme clos de classe que nous pouvons écrire dans notre langage, que, si sa condition d'appartenance se trouve être vraie de tels ou tels individus, aussi obscurs et lointains soient-ils, nous soyons capables d'écrire une autre condition qui isole exclusive-ment un de ces individus. C'est aussi peu souhaitable que de supposer directement dans notre langage un désignateur singulier pour chaque individu; et si cela était souhaitable,

a. Voir l'essai 16, plus haut, « Réponse au Professeur Marcus » [p. 309-320].

b. Je dois à Oswaldo Chateaubriand et à Gilbert Harman de m'avoir initialement orienté dans la direction de pensée en jeu.

nos variables d'individus pourraient aussi bien devenir substitutionnelles.

274 | Parsons a proposé une condition de vérité modifiée pour la quantification substitutionnelle qui évite cette conséquence. Pour lui, une quantification existentielle compte encore pour vraie tant qu'elle a une instance de substitution qui contient des variables libres objectuelles et qui est satisfaite par certaines valeurs de ces dernières. Par le choix de cette norme, la loi des sous-classes unitaires reste vraie.

J'ai dit que la variable objectuelle liable a des relations intimes avec toute une variété de notions et d'outils. Je l'ai maintenant distinguée des nombres variables et autres objets variables, car il n'y a pas de place pour eux dans l'univers. Je l'ai aussi dissociée de la lettre schématique, quelle que soit mon affection à la fois pour la variable et pour la lettre schématique. Et je viens de la dissocier maintenant de la variable substitutionnelle liable, tout en reconnaissant cette dernière comme claire et légitime dans son genre.

J'ai ainsi dissocié la variable objectuelle liable de notions associées avec lesquelles elle avait tendance à être confondue. Je veux maintenant la dissocier même de la quantification, pour mieux révéler la nature de la variable objectuelle liable, sans la couleur comme projetée sur elle par ces deux contextes si familiers, les quantificateurs.

Nous avons tendance à penser aux variables liées prioritairement en termes de quantification. Il en va ainsi car nous savons comment paraphraser les autres usages de variables liées en termes de l'usage quantificationnel, et car, de plus, il y a des bénéfices algorithmiques à la clé d'une telle paraphrase. Le « x » de la description « $(\imath x)Fx$ » se transforme en un « x » de la quantification par la définition contextuelle de la description de Russell. Le « x » de l'abstrait de classe « $\{x:Fx\}$ » se transforme en un « x » de la quantification, lorsque « $\{x:Fx\}$ » est définie par la description « $(\eta y)(x)\,(x\in y\,\boldsymbol{.}\equiv Fx)$ ». Le « x » de l'abstract fonctionnel « $\lambda_x fx$ » se traite de manière similaire[c]. Il en va de même pour la variable liée du calcul différentiel et intégral, car elle est en dernière analyse une variable de l'abstraction fonctionnelle.

Les réductions peuvent aussi être accomplies dans d'autres directions. L'abstraction fonctionnelle ou l'abstraction de classe peuvent être choisies comme primitives, et la quantification peut être définie en termes de chacune des deux. Church a choisi la première voie dans son lambda-calcul, et j'ai choisi la seconde dans ma logique fondée sur l'abstraction et l'inclusion. Même Peano disposait d'une pleine abstraction de classe, à partir de laquelle il fondait sa quantification existentielle, bien que sa quantification universelle prît une autre voie. Cependant, la réduction à la quantification doit être préférée en général à ces autres réductions, car la quantification est exigée non seulement | en théorie des ensembles, mais aussi **275** dans les théories élémentaires où il n'est pas fait appel aux classes et aux fonctions ; et la logique de la quantification est par ailleurs complète, compacte et commode, contrairement à la théorie des ensembles.

Telle est alors une *théorie standard*, au sens de Tarski ; il s'agit simplement de la logique de la quantification, ou calcul des prédicats, avec tel ou tel lexique fixé de prédicats appropriés à tel ou tel domaine d'investigation. L'ontologie d'une théorie, ainsi standardisée, est le parcours de valeurs des variables de la quantification ; car les variables *sont* les variables de la quantification. Et il est évidemment clair, par les usages de la quantification objectuelle dans le langage

c. Voir l'essai suivant [p. 469-504].

ordinaire, que l'ontologie consiste en ces valeurs; car les quantificateurs signifient « tout est tel que » et « quelque chose est tel que ».

Tout semble ainsi aller pour le mieux; mais où la dissociation visée entre-t-elle alors en jeu? Le point qui m'importe ici est que la force quantitative des quantificateurs, le « tout » et le « quelque », n'est pas pertinente relativement au travail propre de la variable liée et n'est pas pertinente relativement à la fonction référentielle de la variable liée. Ce composant quantitatif ne nécessite pas de variable; il est pleinement présent dans les énoncés catégoriques tradition-nels « Tous les hommes sont mortels », « Quelques Grecs sont sages ». Inversement, la variable liée est pleinement active, relativement à son travail propre, lorsqu'on l'utilise dans la description, dans l'abstraction de classe, dans l'abstraction fonctionnelle, dans l'intégration, tout autant que lorsqu'on l'utilise dans la quantification; et pourtant, ces autres usages ne connotent rien du « tout » et du « quelque », à moins évidem-ment qu'on n'impose d'office des définitions réductives dans la seule voie de la quantification.

Il y a quelques minutes, j'ai vanté cette réduction à la quantification comme étant en un sens plus fondamentale que la réduction à l'abstraction de classe ou à l'abstraction fonc-tionnelle. Il y a pourtant un usage de la variable liée qui est encore plus fondamental que son usage dans la quantification. Cet usage ne charrie aucune connotation de « tout » ou de « quelque », ou de classe ou de fonction, mais montre plutôt, sans mélange d'aucune sorte, le travail distinctif de la variable liée. Cet idiome fondamental et négligé est la subordonnée relative, enrégimentée mathématiquement par l'idiome du « tel que » : « x tel que Fx ». Il ne s'agit pas d'un terme singu-lier, ni d'une description singulière ou d'un abstract de classe;

c'est un terme général, un prédicat. Ce terme général a sa nécessité lorsque nous sommes en face d'une phrase complexe qui mentionne un objet *a* peut-être en milieu de phrase, peut-être à répétition, et que nous voulons isoler un adjectif complexe ou un nom commun qui puisse simplement être prédiqué de l'objet *a* de manière à obtenir le même effet que la phrase de départ. Quand nous concevons schématiquement la phrase de départ sous la forme « *Fa* », la subordonnée relative est l'isolement explicite du « *F* ». La construction en « tel que » | est la subordonnée relative simplifiée du point de vue de **276** l'ordre des mots et garnie d'une variable liée pour éviter les ambiguïtés de la référence croisée.

Les autres usages de la variable liée sont facilement interprétables comme dérivant de cet usage. Les quantificateurs sont « il y a quelque objet *x tel que* » et « tout est (un objet) *x tel que* »; l'opérateur de description est « l'(objet) *x tel que* »; l'opérateur de l'abstraction de classe est « la classe des (objets) *x tels que* ». La quantification peut être conçue comme l'application d'un foncteur « ∃ » ou « ∀ » à un prédicat; et c'est ce foncteur qui transmet la pure force quantitative, sans aucune intrusion de variables. De manière similaire, la description peut être conçue comme l'application d'un foncteur « *ı* » à un prédicat; et l'abstraction de classe peut être conçue de manière analogue. Ce qui introduit pour de bon la variable, si variable il y a, est le prédicat lui-même, dans le cas où ce prédicat est une subordonnée relative plutôt qu'un simple adjectif ou que, peut-être, un composé booléen.

Peano avait compris cela, mais tomba ensuite dans une confusion. Il introduisit l'epsilon inversé pour les mots « tel que », ou pour les mots équivalents dans ses trois langues romanes, et il introduisit les foncteurs « ∃ » et « *ı* » exactement comme je viens de le décrire. Mais il n'introduisit aucun

foncteur pour l'abstraction de classe. Il considérait l'abstraction de classe comme déjà obtenue par l'epsilon inversé; là
était sa confusion. Il ne distinguait pas le terme général, ou
prédicat, et le nom de classe, qui est un terme singulier.

La même confusion peut être observée dans l'epsilon non
inversé de Peano. Car l'epsilon qui est maintenant standard en
théorie des ensembles vient de Peano; et il l'adopta comme sa
copule de la prédication, la première lettre du grec «ἐστί». Il
l'inversa pour son «tel que» car ce dernier est l'inverse de la
prédication; les deux s'annulent. Peano était ainsi sensible à la
relation unissant prédication et subordonnée relative : «a est
un objet x tel que Fx» se réduit à «Fa». Il fut de fait sensible au
rôle de la variable comme pronom relatif; il fut explicite sur ce
point. Mais il doit être reconnu coupable de la confusion en jeu
à deux égards. Il pose explicitement que ses expressions en
«tel que» désignent des classes; «$(x \ni p) \in Cls$». Et, ce qui
touche encore plus à l'essentiel, il quantifie sur ces expressions
avec des variables liées; alors qu'une subordonnée relative, ou
proposition subordonnée en «tel que», doit proprement être
conçue plutôt comme un prédicat, susceptible au mieux d'être
l'instance de substitution d'une lettre schématique de prédicat
non liable. (Dans ce contexte historique, nous pouvons laisser
de côté la possibilité supplémentaire d'une variable substitutionnelle liable de prédicat.) Malgré toute sa sensibilité à la
277 grammaire, il ne fut sensible | ni à la distinction séparant un
terme général et un terme singulier abstrait, ni à la force
ontologique des valeurs des variables.

Heureusement, l'epsilon inversé de Peano s'est imposé,
dans des contextes mathématiques informels, comme un
symbole pour le seul «tel que»; et je vais continuer d'en
user ainsi.

Russell importa le « tel que » de Peano dans les *Principles of Mathematics* sans améliorer les choses. L'ainsi nommée fonction propositionnelle qui a fini par se retrouver dans les *Principia* est pour l'essentiel du même tonneau, mais embrouillée maintenant par une triple confusion : propriété, phrase ouverte, prédicat. Le terme « fonction proposition-nelle » est inspiré de Frege, dont les fonctions peuvent de fait être considérées comme les objets fictifs désignés par les subordonnées relatives ou en « tel que ». J'écris « fictives », car un terme général ne désigne rien ; et cela s'accorde avec la caractérisation par Frege de ses ainsi nommées fonctions comme *ungesättigt*, signifiant d'une certaine manière qu'il n'existe en réalité pas de telles choses.

On ressent dans l'histoire moderne de la logique une absence de goût pour le terme général, ou prédicat. Cette absence de goût est en partie l'effet et en partie la cause, j'imagine, de notre lenteur à apprécier le statut schématique des lettres de prédicat. On a tendance à confondre de telles lettres avec les variables objectuelles, et à réinterpréter ainsi les termes généraux comme des termes singuliers abstraits désignant des propriétés ou des classes. En conséquence, la subordonnée relative, ou en « tel que », devient l'abstraction de classe ; et alors nous nous retrouvons avec Peano. Ou bien, fuyant cette ontologie abstraite, nous consignons les variables à la seule tâche quantificationnelle, leur permettant alors d'opérer dans des phrases. Les prédicats ont été un intermé-diaire difficile entre les termes singuliers abstraits d'un côté, et les véritables phrases de l'autre.

Nous devons apprécier et mobiliser les lettres schéma-tiques pour mieux isoler et apprécier le travail de la variable liée elle-même. C'est en représentant obstinément les subor-données en « tel que » par des lettres schématiques de prédicat, et sans leur permettre d'être liées par des quantificateurs, que nous pouvons témoigner du travail de la variable liée comme de celui d'un pronom relatif, travail non encombré par l'abstraction de classe.

Lorsque les logiciens en vinrent à souhaiter distinguer les théories élémentaires ou du premier ordre des théories d'ordre supérieur, l'usage schématique de lettres de prédicat devint virtuellement indispensable. Il était devenu commun chez les logiciens continentaux en 1930, mais généralement sans une appréciation claire de son statut sémantique. La lettre de prédicat tendait plutôt à être vue comme une variable libre

278 pour des propriétés ou des classes, liable dans des contextes plus généraux, et libre simplement à l'intérieur du sous-calcul en jeu. Pourtant, c'est bien comme lettre schématique de prédicat que nous pouvons rétrospectivement l'analyser de la manière la plus claire.

Mais cela n'eut pas l'effet d'encourager les logiciens à introduire librement des subordonnées en « tel que », conçues comme des prédicats ontologiquement innocents, dans leurs théories du premier ordre ; ils les ont évitées comme si elles étaient des noms de classe. Ils traitaient par conséquent la lettre schématique « F » comme sujette seulement indirectement à des substitutions, par l'intermédiaire de pleines phrases ouvertes pour « Fx » ou « Fxy ». Les règles pour une telle substitution sont complexes, car elles doivent coordonner les phrases substituées pour « Fx » et « Fz », ou pour « Fxy » et « Fzw ». Quand de telle règles étaient construites en précision, elles mettaient en jeu des phrases ouvertes auxiliaires qui servaient en réalité, mais cachées en coulisses, le but des subordonnées en « tel que ». Hilbert et Bernays, en 1934, les appelèrent *Nennformen*. Deux phrases peuvent être substituées respectivement à « Fxy » et à « Fzw » si elles peuvent

toutes deux être obtenues d'une *Nennform* en substituant « x »
et « y » d'un côté, et « z » et « w » de l'autre. Par coïncidence, je
procédai de manière similaire la même année, en 1934, dans
mon premier livre. Dans mes ouvrages ultérieurs, j'ai rendu
les *Nennformen* plus graphiques par l'usage de numéraux
encerclés. J'ai appelé *pochoirs* [*stencils*] ces formules dans
Elementary Logic, en 1941. Elles étaient des phrases avec des
blancs indexés. Des expressions servant au fond le même but
avaient été appelées *rhèmes* par C.S. Peirce en 1892, bien que
sans relation explicite à un problème de substitution. Elles
pourraient aussi être appelées, de manière vague, des fonctions
propositionnelles, en un certain sens de ce terme particulièrement résistant. Ce n'est pas avant mon article de 1945 que
j'ai commencé à me rendre compte qu'il fallait les appeler des
prédicats, reconnaissant ainsi enfin qu'elles jouaient le rôle
d'une subordonnée relative, la subordonnée en « tel que ». Et
pourtant, je les cantonnais encore aux seules coulisses. Elles
étaient des outils pour calculer la substitution, et ne faisaient pas
partie des phrases ou schémas résultant d'une telle substitution.

Mais, en fait, elles peuvent contribuer grandement au
formalisme explicite, tout indépendamment de la substitution.
Elles peuvent même contribuer à la théorie des ensembles,
lorsque l'abstraction authentique est aussi déjà disponible.
Considérons ainsi le schéma d'axiomes de *remplacement* dans
le système de Zermelo-Fraenkel.

$$(x)(y)(z)(Fxz \cdot Fyz \cdot \supset \cdot x = y) \supset (u)(\exists w)(x)(x \in w \cdot \equiv (\exists z)(Fxz \cdot z \in u)).$$

| Ce schéma reste ampoulé tant qu'on confine les lettres de **279**
prédicat à des positions de prédication – « Fxz », « Fyz ». Mais
l'effet du « tel que » est de libérer les prédicats complexes
d'un tel confinement. Nous pouvons alors appliquer certains

foncteurs à des prédicats complexes comme suit, de manière parallèle aux définitions qui sont déjà disponibles pour les classes.

$$F`u =_{df} x \ni (\exists z)(Fxz \centerdot z \in u).$$
$$\text{Fonc } F =_{df} (x)(y)(z)(Fxz \centerdot Fyz \centerdot \supset \centerdot x = y).$$

Le schéma d'axiomes de remplacement est alors aisément saisi :

$$\text{Fonc } F \supset (u)(\exists w)(x)(x \in w \centerdot \equiv (F`u)x).$$

En suivant les conventions de mon livre *Set Theory and Its Logic*, le schéma se simplifie encore plus, mais je ne prendrai pas le temps d'exposer ces conventions.

La notation des prédicats et des foncteurs de prédicat remplit certaines tâches du nom de classe sans pour autant exiger que la classe en jeu existe. Tel était le cas plus haut ; car le but du schéma d'axiomes serait mis en échec en supposant l'existence de la classe $\{xy : Fxy\}$.

Gödel, dans sa monographie de 1940, se permit l'usage de cette commodité, bien que sans appeler subordonnées relatives ou termes généraux de telles expressions. Il introduisit ces expressions comme des quasi-noms éliminables de classes imaginaires, qu'il appela *notions*. À un niveau plus élémentaire, mais d'une manière plus explicite, j'ai fait peu ou prou la même chose sous la bannière des *classes virtuelles* de mes conférences portugaises de 1942, qui furent publiées en 1944. Dans *Set Theory and Its Logic*, vingt ans plus tard, je conçus un formalisme général simplifié pour les classes virtuelles, intimement intégré au formalisme des classes réelles. Il y a une nuance de pathos à présenter ainsi la notation pour les notions ou classes virtuelles comme une simulation de noms de classe, alors qu'il s'agit en réalité d'une question de subordonnées relatives, de termes généraux, qui devrait être conçue comme préalable à toute idée de classes. Pourtant, on peut reconnaître qu'une certaine simplicité est obtenue dans *Set Theory and Its Logic* par l'intégration intime des classes virtuelles et réelles.

Il faut faire attention à ne pas confondre les notions ou classes virtuelles avec les classes ultimes ou appelées « propres ». Ces dernières sont des classes réelles, valeurs des variables liées, et elles diffèrent des ensembles seulement en ceci qu'elles ne sont pas membres de classes à leur tour. Les notions ou classes virtuelles, à l'opposé, sont seulement une manière de parler et | n'existent pas vraiment, n'étant pas des **280** valeurs des variables liées. Leurs noms apparents sont en fait des prédicats, et leurs variables apparentes sont des lettres schématiques de prédicat. Ce qui est représenté comme des classes ultimes ou « propres » dans le système de Bernays en 1958 sont de simples notions ou classes virtuelles, car elles ne sont pas des valeurs des variables liées; mais les classes ultimes ou « propres » de son système de 1937-1954 sont là pour de bon. Quant à savoir si Cantor et König anticipèrent l'un ou l'autre de ces systèmes dans certains courts passages écrits au tournant du siècle, c'est une question ouverte[d].

Nous remarquons à quel point les logiciens ne sont pas prêts à penser directement dans les termes d'un calcul des prédicats complexes. Ils gravitent d'un côté autour des phrases, et de l'autre autour des noms de classe, allant même jusqu'à simuler des noms de classes imaginaires. Cette partialité a de fait été visible depuis longtemps au niveau le plus élémentaire, dans l'attitude envers ce qu'il est perversement convenu d'appeler le calcul booléen des classes. Il n'y a nul besoin de classes dans ce calcul. Cette partie de la logique a sa pleine

d. Voir mon livre *Set Theory and Its Logic*, p. 212 n.

utilité en tant qu'algèbre de prédicats, représentés par des lettres schématiques sujettes à des foncteurs d'union, d'intersection, de complément, d'inclusion, de coextensivité, le « $\exists$ » de Peano pour le fait d'être non-vide, et son dual « $\forall$ ». Trois de ces foncteurs forment des prédicats à partir d'autres prédicats, et quatre forment des phrases à partir de prédicats. Nous ajoutons ensuite des fonctions de vérité pour composer ces phrases en d'autres phrases.

Ce calcul booléen des prédicats et des foncteurs de prédicat est la version facile de la théorie de la quantification monadique; et il n'y a dans ce calcul pas de quantificateurs et pas de variables, mais seulement des lettres schématiques. C'est seulement dans la récente troisième édition de *Methods of Logic* que je suis passé à ce calcul pour la présentation de base de la logique monadique. J'évite la notation d'identité « $F = G$ » pour ne pas encourager à ce niveau une allusion quelconque à des classes; car « F » et « G » sont encore les lettres schématiques de prédicat de la logique de la quantification. La commodité de la notation booléenne a souvent été oubliée en raison de la croyance erronée que ce calcul requiert des classes. Et inversement, nouvelle ironie du sort, ce qu'on appelle une théorie des ensembles se retrouve maintenant présent dans les écoles primaires, alors qu'il s'agit juste de cette partie booléenne de la logique monadique, qui ne devrait pas être vue du tout comme une théorie des ensembles.

Behmann doit être mentionné comme celui qui, dès 1927, traita les foncteurs booléens vraiment dans le style des foncteurs de prédicat. Cependant, il gâcha promptement les choses **281** en quantifiant | ces prédicats, leur accordant ainsi de fait le statut de noms de classe au final. C'est le piège familier.

Mon thème était la variable. Nous ferions bien de retracer maintenant le chemin parcouru. Je suis persuadé que l'embryon de la variable liable, psycho-génétiquement, est le pronom relatif[e]. Son statut de variable liable apparaît explicitement lorsque nous enrégimentons la subordonnée relative en utilisant « tel que ». Les subordonnées relatives sont des adjectifs, des termes généraux, c'est-à-dire des prédicats. Comment le logicien doit-il concevoir un calcul formel de telles expressions, un calcul de prédicats ? Il aura besoin de représenter les prédicats par des lettres en tenant lieu. Insensible aux lettres schématiques, il pensera alors que ces lettres doivent être des variables d'une certaine sorte d'objets abstraits qui en seraient les valeurs ; et ainsi, ses subordonnées relatives deviennent des termes singuliers abstraits, et son « tel que » devient l'abstraction de classe. Un logicien plus récent, sensible aux lettres schématiques, réagira avec un authentique calcul de prédicats ; et l'on obtient alors la logique familière de la quantification dans le style moderne usuel de présentation. Mais le logicien « sur-réagit » : il insiste pour conserver les prédicats plongés dans leurs arguments, craignant qu'un prédicat flottant, libre et *ungesättigt*, redevienne un nom de classe. Le logicien a ainsi échoué à apprécier le « tel que » comme un opérateur ontologiquement innocent servant à isoler des prédicats complexes purs, représentables par des lettres schématiques flottant librement. Et ainsi, incidemment, il a livré sans nécessité sa bonne vieille logique booléenne aux mains de son prédécesseur non régénéré, le théoricien des ensembles.

La restauration de cette logique met en jeu de curieuses ironies. Elle dépend, nous l'avons vu, d'une meilleure appréciation de la variable liable comme d'un accessoire de la subordonnée relative, et non de l'abstract de classe. Mais les lettres schématiques de prédicat deviennent alors détachables

e. Voir mon livre *The Roots of Reference*, p. 93-101.

de leurs arguments variables, et ainsi les variables elles-
mêmes disparaissent.

Les variables liées disparaissent ainsi de la scène, dans
notre calcul booléen des prédicats, mais elles se cachent dans
les coulisses. Elles figurent dans la programmation, pour passer
à une métaphore informatique. Car, lorsque nous appliquons
ce calcul à des exemples verbaux, nous avons usuellement
besoin d'interpréter « F », « G », etc., pas seulement par substitution de mots ou de phrases tout prêts comme « homme » ou
« grec » ou « baleine blanche », mais par substitution de subordonnées relatives comme « $x \ni (\exists y)$ (y est un fils de x) » ou
« $x \ni (3x^2 > 2x)$ » ; et ici nous reconnaissons la variable liée dans
son travail propre. Par ailleurs, nous pouvons aussi utiliser
cette variable dans les fondations cachées de notre calcul
booléen des prédicats, ainsi :

282

$$\overline{F} =_{df} x \ni \sim Fx$$
$$F \cap G =_{df} x \ni (Fx \cdot Gx)$$
$$F \cup G =_{df} x \ni (Fx \vee Gx)$$
$$F \subseteq G =_{df} \forall (x \ni (Fx \supset Gx)).$$

Nous savons bien que la théorie de la quantification, qui est
autrement plus complexe que le calcul booléen des prédicats, a
sa motivation sérieuse dans les prédicats polyadiques. Quand
nous passons à la logique polyadique, la variable liée quitte les
coulisses et entre en scène. Le travail de base de la variable liée
est la référence croisée à des positions variées dans une phrase
comportant de la référence objective ; et alors que la logique
monadique n'exige ce service que de manière préparatoire, la
logique polyadique l'exige aussi dans le déroulement de l'algorithme en cours d'exécution, pour garder trace des permutations et des identifications des arguments des prédicats polyadiques. C'est dans de telles permutations et identifications que
la variable liée est essentiellement en jeu dans l'algorithme, et

c'est là, d'ailleurs, que les procédures de décision cessent en général d'être disponibles.

Une preuve de cette relation est disponible. La logique polyadique reste décidable, comme la logique monadique, tant qu'il n'y a pas de croisement des places d'argument. Il existe une procédure de décision couvrant tout schéma quantificationnel qui est *cannelé* [*fluted*], comme nous pourrions dire, au sens suivant. Toute lettre de prédicat a la même variable « x » comme premier argument, bien que cette lettre répétée puisse être liée en ses différentes occurrences par différentes occurrences de « (x) » ou « $(\exists x)$ ». Toute lettre de prédicat a la même unique lettre « y » comme second argument, si second argument il y a ; et ainsi de suite. Et, comme exigence finale, chaque occurrence d'un quantificateur en « y » se tient dans la portée d'un quantificateur en « x » ; chaque occurrence d'un quantificateur en « z » se tient dans la portée d'un quantificateur en « y » ; et ainsi de suite. J'ai donné une procédure de décision pour de telles formules au Congrès de Vienne. (Une condition supplémentaire était que toutes les lettres de prédicat aient le même nombre de places d'argument ; mais cela se révèle superflu.)

Il semblerait ainsi que la variable soit le foyer de l'indécision. Cela n'induit cependant pas de bornes à l'algébrisation. En ajoutant aux foncteurs de prédicat booléens quelques foncteurs de prédicat supplémentaires, nous pouvons encore, si nous le souhaitons, bannir la variable liée pour de bon. Car il existe des foncteurs de prédicat qui vont accomplir toute la liaison et la permutation nécessaires des places d'argument. Voir plus bas.

LOGIQUE ALGÉBRIQUE
ET FONCTEURS DE PRÉDICAT*

Publié en 1971 par Bobbs-Merrill sous deux formes, d'abord comme un opuscule, ensuite comme un chapitre du livre *Logic and Art : Essays in Honour of Nelson Goodman*, édité par Richard Rudner et Israel Scheffler. J'ai entièrement revu les paragraphes VII à X pour tenir compte d'un foncteur de permutation amélioré dû à George Myro.

I. ALGÈBRE ET ANALYSE

Essayez de songer par-delà les années écoulées au moment où, au Lycée ou à l'Université, vous avez terminé l'étude de l'algèbre pour commencer celle du calcul différentiel. L'algèbre avait été nette et claire. Elle était bâtie à partir de blocs bien découpés. Vous substituiez de tels blocs à des variables. Et, sur la base d'équations antérieures, vous substituiez aussi de tels blocs les uns aux autres. Le calcul différentiel, à l'opposé, était enveloppé de brouillard. Il y avait des variables et il y avait ce qu'on appelle des « constantes ». Vous obteniez $dc/dx=0$, où « c » était une constante et « x » une

---

* Traduit par Serge Bozon.

variable. Mais pouviez-vous substituer? Pour les variables,
non. Pour les constantes, oui : $d9/dx = 0$. Pour les variables, il
n'était pas même possible de substituer sur la base d'équations
antérieures. Vous obteniez $dx^2/dx = 2x$; pourtant, en supposant
de plus que $x = 3$, vous ne pouviez substituer et conclure que
$d9/dx = 6$. Vous obteniez $d9/dx = 0$.

Peut-être que certains d'entre vous reçurent une
introduction au calcul différentiel meilleure que celle qui me
fut dispensée. La difficulté peut bien sûr être éclaircie. Nous
devrions voir « dx^2/dx » comme exprimant l'application d'un
opérateur, non pas à un nombre x^2, mais à une fonction, le
carré-de, application permettant d'obtenir, non pas un nombre
$2x$, mais une fonction, le double-de. En utilisant l'abstraction
fonctionnelle de Frege (dans la notation lambda de Church),
nous pouvons exprimer la chose clairement :

284 $\lvert D \lambda_x(x^2) = \lambda_x(2x).$

Même l'identité « $d9/dx = 0$ » devrait être vue comme
portant, non sur des nombres, mais sur des fonctions
constantes : $D \lambda_x(9) = \lambda_x(0)$. Mais, même ainsi clarifié, le
calcul différentiel n'a pas la netteté et le caractère de construction « par blocs » de l'algèbre. Nous pouvons maintenant
donner un nom à ce qui les oppose : c'est que le calcul différentiel lie les variables. La variable de l'abstraction fonctionnelle est liée. Cela me frappe depuis longtemps comme la
grande différence séparant l'esprit de l'algèbre de l'esprit de
l'analyse : l'analyse lie les variables.

Nous savons comment réduire tout usage de variables liées
à la quantification. Par exemple, « $\lambda_x(x^2)$ » peut être éliminé de
tout contexte phrastique, disons « $\phi \lambda_x(x^2)$ », en analysant ce
tout comme :

$$(\exists f)(\phi f \boldsymbol{\cdot} (x)(f`x = x^2))$$

ou, en des termes plus purement ensemblistes :

$$(\exists z)(\varphi z \cdot (y)(x)(\langle y, x \rangle \in z \cdot \equiv \cdot y = x^2)).$$

Nous pouvons aussi réduire tout usage de variables libres à la quantification, si nous le désirons, puisqu'une phrase ouverte n'a en dernière instance d'usage que comme proposition subordonnée de multiples phrases closes dans lesquelles ses variables libres sont devenues liées.

Mais la réduction opposée est en un sens bien plus séduisante, si elle peut être accomplie : l'élimination des variables liées en faveur des seules variables libres. Cela serait une réduction du style analytique au style algébrique. Puisque tout usage de variables liées peut être limité à la quantification, le problème est celui d'algébriser la quantification. Que ce résultat soit ou non utile d'un point de vue pratique, il devrait l'être d'un point de vue théorique, en tant qu'analyse de l'idée de la variable liée : une explication de cette dernière avec toute la clarté des termes discrets, « en bloc », et des substitutions simples caractéristiques de l'algèbre. De plus, une telle analyse devrait permettre une compréhension plus profonde des variables comme telles, liées ou libres; car, comme je viens de le remarquer, les variables libres elles-mêmes servent à être liées dans des contextes plus larges. Ainsi, l'algébrisation de la quantification se révèlerait doublement éclairante : par l'analyse éliminative des variables liées, et par l'amélioration de notre compréhension des variables libres qui survivent dans l'algèbre elle-même.

L'algébrisation de la quantification est en partie un pas en arrière; car une partie des bénéfices de la quantification était autrefois obtenue | algébriquement en mobilisant des classes à **285** la manière de Boole et des relations à la manière de Peirce et de Schröder. Au lieu de « $(x) (Fx \supset Gx)$ » et de « $(\exists x) (Fx \cdot Gx)$ », on traitait les lettres de prédicat comme des noms de classe, en écrivant « $F \subseteq G$ » et « $F \cap G \neq \Lambda$ ». Au lieu de :

$$(x) \sim Fxx, (x)(y)(Fxy \supset Fyx), (x)(y)(z)(Fxy \cdot Fyz \cdot \supset Fxz),$$

on traitait la lettre de prédicat comme un nom de relation, en écrivant « $F \cap I = \Lambda$ », « $\breve{F} \subseteq F$ », « $F \backslash F \subseteq F$ ». Ainsi, nous avons ici certaines des notations algébriques qui permettent de se débarrasser des quantificateurs et de leurs variables : « $\cap$ », « $\subseteq$ », « $=$ », « Λ », « I », « $\breve{}$ », « $\backslash$ ». Le problème est de choisir un assortiment de tels outils adéquat au cas général.

II. ABSTRACTION FONCTIONNELLE

Schönfinkel parvint à éliminer toutes les variables liées en 1924[a], mais son travail emprunte une autre voie, ce qui est intéressant. La meilleure manière de comprendre son idée mobilise l'abstraction fonctionnelle plutôt que la quantification. Nous avons vu comment l'usage de variables liées dans l'abstraction fonctionnelle peut être réduit à l'usage de variables liées dans la quantification ; mais la réduction opposée est tout aussi possible. En fait, les seuls outils dont nous avons besoin, outre l'abstraction fonctionnelle, sont l'application fonctionnelle, comme dans « $f'x$ », et le symbole d'identité « $=$ ». Ces outils suffisent à condition que nous suivions Frege en considérant les phrases vraies comme des noms d'une certaine entité $\top$, et les phrases fausses comme des noms d'une certaine entité $\bot$. Une classe peut alors être vue comme une fonction qui, appliquée à ses membres, donne la valeur $\top$, et

a. La voie de Schönfinkel fut explorée, principalement par Curry, dans une littérature considérable.

donne la valeur $\perp$ autrement. Ainsi, prenez la classe des nombres premiers. Elle s'identifie maintenant à la fonction f telle que $f'x = \top$ si x est premier et $f'x = \perp$ sinon. Mais alors nous pouvons aussi dire que $(x$ est premier$) = \top$ si x est premier et $(x$ est premier$) = \perp$ sinon. Ainsi $f'x = (x$ est premier$)$, pour tout x. Ainsi la fonction f est $\lambda_x(x$ est premier$)$. Nous voyons par cet exemple que l'abstraction fonctionnelle accomplit la tâche, en particulier, de l'abstraction de classe; $\{x{:}x$ est premier$\}$ devient $\lambda_x(x$ est premier$)$.

Jusqu'ici, tout était déjà chez Frege. Maintenant, je vais repartir de là et montrer comment l'abstraction fonctionnelle, l'application fonctionnelle et | l'identité permettent d'obtenir **286** la quantification. Au regard de ce que l'on vient de voir, la classe universelle V ou $\{x{:}x=x\}$ peut être définie comme $\lambda_x(x=x)$; et ainsi la quantification universelle « $(x)Fx$ », avec n'importe quelle phrase ouverte à la place de « Fx », peut être définie comme $\lambda_x(Fx) = V$. Le quantificateur existentiel « $(\exists x)$ » peut alors être à son tour expliqué de la manière habituelle comme « $\sim(x)\sim$ », à condition que nous puissions définir la négation. Pour cela, sélectionnons d'abord une fausseté arbitraire exprimable dans notre notation; disons « $(x)(x=V)$ ». Alors nous définissons « $\sim y$ » en toute généralité comme « $y=(x)(x=V)$ », prenant avantage à nouveau du fait que les phrases sont des noms et que les phrases fausses sont des noms du même objet $\perp$.

Pour expliquer comment définir les deux types de quantification en termes d'abstraction fonctionnelle, d'application et d'identité, j'ai parlé des objets $\top$ et $\perp$, les deux valeurs de vérité. Je n'ai pas utilisé ces symboles dans les définitions, et je ne les ai pas définis. Mais nous pouvons les définir formellement, si nous le souhaitons. Nous pouvons choisir à nouveau notre fausseté arbitraire « $(x)(x=V)$ » et définir « $\perp$ » comme l'abrégeant, et « $\top$ » comme « $\sim\perp$ ».

Nous pouvons obtenir toutes les fonctions de vérité. L'astuce est d'obtenir la conjonction; tout le monde sait comment obtenir les autres fonctions de vérité à partir de la conjonction et de la négation. L'astuce pour obtenir la conjonction, je l'emprunte à un article de Tarski de 1923 : définir la conjonction « $x_\bullet y$ » comme « $(z)(x=(z\,{}^\backprime x=z\,{}^\backprime y))$ ». Mon usage des variables conjointes ici, et niées plus haut, semble bizarre; mais nous devons nous rappeler que les phrases comptent maintenant comme des noms. Pour voir comment la conjonction ainsi définie force x et y à être $\top$, voyez ce qu'elle donne en prenant pour z d'abord $\lambda_w x$, puis $\lambda_w w$. On obtient $x=(x=x)$ et $x=(x=y)$, et ainsi $x=\top=y$.

Nous venons de voir comment l'abstraction fonctionnelle, l'application et l'identité sont suffisantes pour la logique élémentaire – c'est-à-dire pour les fonctions de vérité, la quantification et l'identité. Mais elles sont aussi suffisantes pour bien plus. Nous avons vu que l'abstraction de classe est disponible, comme cas particulier de l'abstraction fonctionnelle, lorsque les valeurs de la fonction sont des valeurs de vérité. De même, l'appartenance est disponible; elle est le cas particulier de l'application fonctionnelle lorsque les valeurs de la fonction sont des valeurs de vérité. Rappelez-vous la classe f de tous les nombres premiers. Nous avons vu que $f\,{}^\backprime x=\top$ si x est premier et $\bot$ sinon; et c'est précisément ce que nous attendons de $x\in f$.

Nous avons réussi au-delà de nos espérances. Nous
287 voulions voir comment les variables liées | de la quantification peuvent être réduites à celles de l'abstraction fonctionnelle. Ce que nous avons découvert est que l'abstraction fonctionnelle, jointe aux notations auxiliaires apparemment minimales de

l'application et de l'identité, suffit pour la logique et la théorie des ensembles, et ainsi pour les mathématiques en toute généralité [b].

III. COMBINATEURS

Ce que je voudrais exposer maintenant, à partir de cette notation, est l'élimination des variables liées due à Schönfinkel. Nous définissons deux fonctions particulières :

(1) $C = \lambda_x \lambda_y x$
(2) $S = \lambda_x \lambda_y \lambda_z ((x\,{}^\backprime z)\,{}^\backprime(y\,{}^\backprime z))$

Inversement, comme nous le verrons, tout usage de l'abstraction fonctionnelle est éliminable en faveur de C et de S.

C est la fonction qui associe à tout objet la fonction constante correspondante. $C\,{}^\backprime 9$ est la fonction constante $\lambda_y 9$ dont la valeur est toujours 9. Et qu'est S? Difficile de le dire en peu de mots. C'est la fonctionnelle qui, appliquée à une fonction x quelconque, donne la fonctionnelle qui, appliquée à une fonction y quelconque, donne la fonction qui, appliquée à un z quelconque, donne ce que donnerait la fonction $x\,{}^\backprime z$ appliquée à $y\,{}^\backprime z$.

Le contenu d'équations comme (1) et (2) peut être exprimé plus commodément en appliquant chacun des deux côtés. Ainsi (1) nous dit que $C\,{}^\backprime x = \lambda_y x$, et donc que $(C\,{}^\backprime x)\,{}^\backprime y = x$. De manière similaire, (2) nous dit, après trois telles étapes, que

$$((S\,{}^\backprime x)\,{}^\backprime y)\,{}^\backprime z = (x\,{}^\backprime z)\,{}^\backprime(y\,{}^\backprime z).$$

---

b. L'adéquation de cette combinaison fut notée à la fin de mon article « Unification of universes in set theory ».

Adoptons de plus une convention de Schönfinkel permettant d'économiser les parenthèses dans les applications fonctionnelles itérées :

(3) $a`b`c=(a`b)`c.$

Alors nos deux résultats deviennent :

(4) $C`x`y=x.$
(5) $S`x`y`z=(x`z)`(y`z).$

C et S, et toutes les fonctions composées à partir de C et de **288** S par application fonctionnelle, | sont aujourd'hui appelées des combinateurs. Exemple : $S`C$. Qu'est-ce ? Par (5), $S`C`y`z=C`z`(y`z)$. Ainsi, par (4),

(6) $S`C`y`z=z.$

Un autre exemple : $S`C`C$. Par (6), $S`C`C`z=z$, donc $S`C`C$ est la fonction d'identité. En l'abrégeant par « I », nous obtenons :

(7) $I`z=z.$

Un autre exemple : $S`(C`S)C$. Par (5),

$$S`(C`S)C`w =(C`S)w`(C`w)$$
$$(\text{par}(3)) \qquad =(C`S`w)`(C`w)$$
$$(\text{par}(4)) \qquad =S`(C`w).$$

Comme Schönfinkel, abrégeons « $S`(C`S)C$ » par « Z ». Alors $Z`w=S`(C`w)$. Ainsi :

$$Z`w`y`x =S`(C`w)y`x$$
$$(\text{par}(5)) \qquad =(C`w)`x`(y`x)$$
$$(\text{par}(3)) \qquad =(C`w`x)(y`x).$$

Ainsi, par (4),

(8) $Z`w`y`x=w`(y`x).$

Vous voyez comment l'évaluation des combinateurs procède mécaniquement. Vous trouverez aussi, par des calculs similaires que, si « R » tient lieu de « $S'(Z'Z'S)(C'C)$ »,

(9) $R'x'y'z = x'z'y.$

Et, si « W » tient lieu de « $R'S'I'$ », que :

(10) $W'x'y = x'y'y.$

À titre de simple ajustement pratique de détail, éliminons maintenant « $=$ » en faveur de la fonction de singleton ι. Les deux sont interdéfinissables, puisque

$$\iota = \lambda_x \lambda_y (x = y), \qquad \iota'x'y = (x = y).$$

L'avantage de ce choix est une simplification des catégories grammaticales. Il n'y a plus maintenant que les variables et les lettres pour certaines fonctions (« S », « C », « ι »), le « λ » de l'abstraction fonctionnelle, le guillemet anglais ouvrant et les parenthèses de l'application fonctionnelle. Ce que nous voulons montrer est que le « λ » peut être éliminé.

| IV. ÉLIMINATION DES VARIABLES   **289**

Je vais préparer la voie en prouvant d'abord des résultats relatifs aux termes dans lesquels « λ » ne figure pas. Par les composants *superficiels* d'un tel terme, j'entendrai les occurrences en lui de termes non encadrés par des parenthèses, quand les parenthèses ont été supprimées autant que la convention (3) le permet. Ainsi une formule a la forme $\lceil \phi_1 ' \phi_2 ' \dots ' \phi_n \rceil$, où ϕ_1, $\phi_2 \dots$, et ϕ_n sont ses composants superficiels. Maintenant, considérons une occurrence superficielle d'une variable, disons « x », dans un terme ζ. Nous pouvons nous assurer que cette occurrence n'est pas initiale dans ζ, puisque nous pouvons substituer par (7) « $I'x$ » à « x ». Ainsi ζ a la forme $\ulcorner \phi' x' \psi_1' \ldots ' \psi_n \urcorner$, où ϕ, ψ_1, ..., ψ_n, peuvent être complexes. Maintenant, ou bien $n=0$, et cette occurrence de « x » est déjà terminale dans ζ, ou bien $n \neq 0$, et l'occurrence en jeu peut être déplacée en position terminale comme suit. Par (9), le début $\ulcorner \phi' x' \psi_1 \urcorner$ de ζ peut être rendu par $\ulcorner R' \phi' \psi_1' x \urcorner$, et ainsi ζ devient :

$$\ulcorner R' \phi' \psi_1' x' \psi_2' \psi_3' \ldots ' \psi_n \urcorner.$$

Par (9) à nouveau, le début $\ulcorner R' \phi' \psi_1' x' \psi_2 \urcorner$ de ce terme peut être rendu par $\ulcorner R'(R' \phi' \psi_1)' \psi_2' x \urcorner$. Ainsi ζ, pris comme est tout, est devenu maintenant :

$$\ulcorner R'(R' \phi' \psi_1)' \psi_2' x' \psi_3' \psi_4' \ldots ' \psi_n \urcorner.$$

Continuant ainsi, nous repoussons l'occurrence de « x » jusqu'à ce qu'elle termine la formule entière.

Telle est la preuve de :

LEMME 1. *Si ζ ne comporte pas « λ » et comporte une occurrence superficielle de « x », alors*, pour parler grossièrement, *cette occurrence peut être déplacée à la fin de ζ*; pour parler précisément, ζ est équivalent à un terme de la forme $\ulcorner \eta' x \urcorner$, et ne comportant pas « λ » ni aucune occurrence nouvelle de variable.

Pour ce lemme, il s'agissait d'utiliser le combinateur R pour repousser une occurrence superficielle de « x ». Pour le suivant, il s'agit d'utiliser Z pour rendre superficielle une occurrence de « x ».

LEMME 2. *Si ζ ne comporte pas « λ » et contient « x », alors une occurrence de « x » est superficielle ou*, pour parler grossièrement, *peut être rendue superficielle*; pour parler précisément, ζ est équivalent à un terme contenant une occurrence superficielle de « x », et ne contenant ni « λ » ni aucune occurrence nouvelle de variables.

Preuve. Une occurrence de « x » dans ζ est encadrée par, disons, k paires de parenthèses. Supposons que le terme figurant à l'intérieur de la paire la plus enchâssée soit θ. L'occurrence de « x » est superficielle dans θ ; donc, par le Lemme 1, θ devient $\ulcorner \eta`x \urcorner$. L'expression avec parenthèses $\ulcorner (\eta`x) \urcorner$ est située dans ζ comme sujette | à une application fonctionnelle, **290** $\ulcorner \phi`(\eta`x) \urcorner$; et cette dernière peut, par (8), être rendue par $\ulcorner Z`\phi`\eta`x \urcorner$, permettant ainsi d'extraire le « x » d'une des k paires de parenthèses. Par k telles étapes nous rendons superficielle l'occurrence de « x ».

Remarquez maintenant comment les deux lemmes se combinent. Si un terme ζ comporte des occurrences de « x » et pas de « λ », nous pouvons nous assurer, par le Lemme 2, qu'une occurrence de « x » est superficielle ; et nous pouvons alors la rendre terminale par le Lemme 1, si bien que ζ prend la forme $\ulcorner \eta`x \urcorner$. Alors nous réduisons de manière similaire $\eta$ à la forme $\ulcorner \theta`x \urcorner$, si bien que ζ devient $\ulcorner \theta`x`x \urcorner$, et ainsi, par (10), $\ulcorner W`\theta`x \urcorner$. Ce dernier terme a moins d'occurrences de « x » que n'en avait ζ, et l'une d'elles est terminale. L'itération de cette procédure garantit que :

LEMME 3. *Tout terme ne comportant pas* « λ » *et contenant* « x » *est réductible à la forme* $\ulcorner \eta`x \urcorner$, *où* η *ne comporte ni* « x » *ni* « λ ».

Maintenant, nous sommes prêts à nous occuper de « λ ». Considérez $\ulcorner \lambda_x \zeta \urcorner$, où ζ ne comporte pas « λ ». Par le Lemme 3, nous convertissons ζ en $\ulcorner \eta`x \urcorner$, où $\eta$ ne comporte ni « $x$ » ni « $\lambda$ ». Mais $\ulcorner \lambda_x(\eta`x) \urcorner$ est équivalent à η. De cette manière, étant donné un terme quelconque, nous pouvons éliminer successivement chacun de ses « λ » maximalement enchâssés, et ainsi, en

continuant de l'intérieur vers l'extérieur, éliminer tous ses
« λ ». Tel est notre théorème.

L'élimination de « λ » signifie l'élimination des variables
liées, puisque seul « λ » lie des variables. L'élimination des
variables liées signifie aussi, d'une certaine manière, l'élimination des variables libres, puisque les expressions ouvertes ne
sont requises, en dernière instance, que pour être plongées
dans des expressions closes. Ainsi, notre vocabulaire se réduit
maintenant juste aux trois constantes « S », « C », « ι », plus le
guillemet anglais ouvrant et les parenthèses de l'application
fonctionnelle. Ceci, nous l'avons vu, est adéquat pour la
logique et la théorie des ensembles, et ainsi pour les mathématiques en toute généralité. C'est le résultat de Schönfinkel, à
un détail près. Le détail est que Schönfinkel utilisa autre chose
que « ι ».

Schönfinkel fut le premier à réduire l'analyse à l'algèbre. Il
fut le premier à analyser la variable, en montrant comment la
traduire contextuellement en des termes constants. Mais son
traitement est moins pur qu'on ne pourrait le souhaiter, car il
analyse la variable seulement en combinaison avec une théorie
des fonctions qui est en fait la théorie générale des ensembles.

V. Vers un calcul des concepts

Dans un article de 1936 portant ce titre, j'ai montré
comment la quantification pouvait être traitée en des termes
algébriques moins puissants que ceux de Schönfinkel. En
291 qualifiant l'algèbre envisagée de calcul des | concepts, je mobi-
lisais le terme malheureux de « concept » pour couvrir en toute
généralité les valeurs de vérité, les classes et les relations. Les

valeurs de vérité, au nombre de deux, étaient les concepts de degré 0. Les classes d'individus d'un domaine supposé préassigné étaient les concepts de degré 1. Les relations entre tels individus étaient les concepts de degré 2 et plus, selon que les relations étaient dyadiques, triadiques, etc. Les degrés étaient mutuellement exclusifs, même relativement à leurs éléments nuls ; le concept nul de degré 0 était la valeur de vérité $\perp$, le concept nul de degré 1 était la classe nulle, et ainsi de suite en montant dans la hiérarchie. Les concepts étaient les éléments de l'algèbre envisagée et les valeurs des variables libres, et je les noterai maintenant « X », « Y », etc. Les individus ne figuraient que dans les explications informelles.

Je vais continuer pour un temps de parler de X, Y, etc., comme de concepts et non comme de classes de suites, pour deux raisons mineures. La première est que, dans ce calcul, les concepts nuls de degré distinct sont considérés comme distincts. La seconde est que les suites de différente longueur ne sont pas admises sous un même concept.

Pour tous concepts X, Y, de degré respectif m et n, il y avait le *produit cartésien* $X \times Y$ de degré $m+n$, comprenant toutes les suites obtenues en concaténant les suites appartenant à X avec les suites appartenant à Y. J'admettais aussi le *complément booléen* donnant, pour chaque concept X de degré n, le concept complémentaire $-X$ de degré n. Il y avait aussi l'*image*. Lorsque les degrés de X et de Y sont respectivement 2 et 1, l'image X"Y reçoit son sens habituel : c'est la classe de toutes les choses qui entretiennent la relation X à des éléments de Y. Plus généralement, lorsque X est de degré $m+n$ et Y de degré n, X"Y contient toutes les suites $\langle x_1, \ldots, x_m \rangle$ pour lesquelles il existe une suite $\langle y_1, \ldots, y_n \rangle$ de Y telle que $\langle x_1, \ldots, x_m, y_1, \ldots, y_n \rangle$ appartient à X.

Une quatrième et dernière opération était une opération de *duplication*, notée « *I* », mais à ne pas confondre avec la fonction d'identité de Schönfinkel[c]. Lorsque X est de degré n, IX contient toutes les suites $\langle x_1, \ldots, x_n, x_1, \ldots, x_n \rangle$ telles que $\langle x_1, \ldots, x_n \rangle$ appartient à X.

Mon usage présent, purement pédagogique, du symbolisme des suites et des variables minuscules « x_1 », « x_2 », « y_1 », etc., est étranger au calcul des concepts lui-même. Il en va de même des symboles « $\top$ », « $\bot$ » et de la notion de

292 degré. | La notation du calcul des concepts contient uniquement les lettres majuscules pour les variables de concept et les symboles du produit cartésien, du complément, de l'image et de la duplication.

Pour prendre un exemple aussi représentatif que tortueux de la construction d'autres notions à partir de ces quatre, considérez la forme généralisée de la notion de *converse* d'une relation. Lorsque le degré de X est n, une des $n-1$ converses de X contient les suites transposées $\langle x_{i+1}, \ldots, x_n, x_1, \ldots, x_i \rangle$ telles que $\langle x_1, \ldots, x_n \rangle$ appartient à X; et X a une telle converse distincte pour chaque $i < n$. Mais, en façonnant le calcul des concepts, j'évitai les chiffres et fis appel à leur place à des variables de concept elles-mêmes comme mesures de degré. Ainsi, au lieu de spécifier cette converse de X comme provenant d'une rupture après la i-ème place, je la spécifiai comme la converse de X provenant d'une rupture après le degré d'un autre concept Y convenablement choisi. Assez d'approximations : la notation était « $\mathrm{Conv}_Y X$ » et la définition était celle-ci :

c. J'ai présenté explicitement ces quatre opérations comme base dans « Concepts of negative degrees ». Dans « Toward a calculus of concepts », j'ai « compactifié » de manière artificielle et inintéressante trois de ces quatre opérations en une unique opération binaire.

(11) $((I-(I(X\times Y)``-(X\times Y)))``(I-(IY``-Y)))``X.$

Voyons pourquoi. Pour simplifier, supposons que les degrés de X et de Y soient respectivement 2 et 1, et voyons pourquoi (11) nous donne alors la converse familière de X.

Il est évident que, lorsque Y et Z sont de même degré, l'image $IY``Z$ se réduit à l'intersection booléenne $Y\cap Z$. Donc, en particulier, $IY``-Y$ est le concept nul du degré de Y; d'où la classe nulle, puisque le degré de Y est 1. Ainsi $-(IY``-Y)$ est la classe universelle; appelons-la V^1. De manière similaire, comme $X\times Y$ est de degré 3,

$$-(I(X\times Y)``-(X\times Y))=V^3.$$

Ainsi, (11) se réduit à $(IV^3``IV^1)``X$. Mais IV^3 contient toutes les suites de la forme $\langle x, y, z, x, y, z\rangle$, et IV^1 contient toutes les paires $\langle y, z\rangle$ telles que $y=z$; ainsi l'image $IV^3``IV^1$ contient toutes les suites de la forme $\langle x, y, z, x\rangle$ telles que $y=z$. En résumé, $IV^3``IV^1$ contient toutes les suites de la forme $\langle x, y, y, x\rangle$. Mais alors l'image $(IV^3``IV^1)``X$, à son tour, contient toutes les paires $\langle x, y\rangle$ telles que $\langle y, x\rangle$ appartient à X; et c'est bien la converse familière de X que nous espérions obtenir par (11).

Considérons maintenant comment traduire dans le calcul des concepts un schéma de la logique ordinaire de la quantification, disons :

(12) $(x)(Fx\supset(\exists y)(Fy\centerdot Gxy)).$

| En transformant les lettres de prédicat « F » et « G » en **293** variables de concept « X » et « Y », ce schéma se réduit clairement à « $X\subseteq Y``X$ ». De plus, l'explication générale de l'image implique évidemment que, lorsque deux concepts $X$ et $Z$ ont le même degré, $X``Z$ se réduit à une simple valeur de vérité : à $\top$ si X et Z se chevauchent, à $\bot$ sinon. En d'autres mots, « $X``Z$ »

devient l'énoncé que X et Z se chevauchent. Ainsi, « $X \subseteq Y\text{'}X$ », qui nie que X et $(-Y\text{'}X)$ se chevauchent, peut être rendu par :

(13) $-(X\text{''} - (Y\text{'}X))$.

Telle est la traduction de (12) dans le calcul des concepts.

Toutefois, le même (13) peut aussi bien être obtenu comme traduction de tout schéma logique de la forme :

(14) $(x_1) \dots (x_n)(Fx_1 \dots x_n \supset (\exists y_1) \dots (\exists y_n)(Fy_1 \dots y_n \blacksquare Gx_1 \dots$
      $x_n y_1 \dots y_n))$,

y compris le cas « $p \supset pq$ », où $n=0$. (13) peut même être obtenu comme traduction de certains termes non phrastiques de classe ou de relation, par exemple :

$$\{z : (x)(Fzx \supset (\exists y)(\exists w)(Fyw \blacksquare Gxyw))\}$$

et en fait de tous ceux de la forme :

(15) $\{x_1 \dots x_m : (x_{m+1}) \dots (x_n)(Fx_1 \dots x_n \supset (\exists y_1) \dots (\exists y_n)(Fy_1 \dots$
      $y_n \blacksquare Gx_{m+1} \dots x_n y_1 \dots y_n))\}$.

Les cas phrastiques (14) sont simplement les instances de (15) où $m=0$.

Ainsi, le calcul des concepts diverge de la logique ordinaire de la quantification par son insensibilité aux détails de degré. Les lettres de prédicat dans les schémas de la logique de la quantification sont de degré visible, par le nombre de variables apposées, alors que le degré des concepts est laissé ouvert dans le calcul des concepts. J'ai prouvé en fait[d] que la logique de la quantification et de l'identité était traduisible dans le calcul des concepts à cette marge d'indétermination près. Il aurait été

---

d. Dans « Toward a calculus of concepts ». Quiconque consultant cet article devrait être prévenu que « α », « β », etc., y jouent le rôle de mes présents « X », « Y », etc., alors que « X », « Y », etc., y varient sur les suites.

naturel et facile d'ajouter des indices de degré à mes variables de concept et de fixer ainsi pleinement la traduction ; mais à l'époque j'étais plus intéressé par l'abstraction.

| Je n'ai pas conçu de procédure de preuve définitive pour   **294** le calcul des concepts. Si une telle procédure devait être conçue, elle devrait l'être avec l'objectif de prouver comme théorèmes non seulement les formules qui sont évaluées comme vraies pour toutes les valeurs de leurs variables de concept, mais aussi toutes les formules qui désignent un concept universel V^n pour toutes les valeurs de leurs variables. Cet élargissement est nécessaire en raison de ce qui a été illustré par (15) au regard de (13) : en omettant le degré, nous supprimons toute distinction générale entre les formules phrastiques et les autres. Certaines formes sont univoquement phrastiques, notamment « X"X », mais la plupart ne le sont pas.

Une simplification curieuse du calcul des concepts s'obtient en admettant des concepts de degré négatif, comme je l'ai montré dans mon article portant ce titre. Le produit cartésien peut alors être abandonné en tant qu'opération primitive, car $X \times Y$ devient définissable comme X"$((Y$"$Y)$"$Y)$; et les lois primitives reçoivent alors une réduction tout aussi gratifiante. Mais je n'ai jamais trouvé une interprétation naturelle ou intéressante de la notion de degré négatif.

Le calcul des concepts contraste avec le schème de Schönfinkel par le fait que ce calcul conserve des variables libres. Ces dernières peuvent de fait être réévaluées comme lettres schématiques (*cf.* § VIII, plus bas), mais elles ne sont pas éliminables en faveur de constantes ; car il n'y a, hormis elles, que les quatre signes d'opération, qui ne peuvent constituer à eux seuls des formules. À l'opposé, « S », « C » et « ι » étaient des termes, des noms propres de trois objets abstraits ; ils étaient en eux-mêmes des formules complètes, et ils donnaient lieu au reste des formules de Schönfinkel par application fonctionnelle les uns aux autres, sans l'aide de variables ou de lettres schématiques.

Un contraste apparenté, mais plus profond, est que le calcul des concepts ne nous met pas en présence d'une ontologie dispendieuse, contrairement à celle de Schönfinkel. Un univers dénombrable de concepts suffirait, fini degré par degré et dénombrable tous degrés confondus.

VI. Algèbres cylindriques

À partir de 1951, Tarski et ses élèves ont développé ce qu'ils appelèrent une *algèbre cylindrique*[e]. Ses éléments sont des classes de suites infinies d'individus d'un domaine. Son 295 univers est, pour | ainsi dire, le degré manquant ω du calcul des concepts, et lui seul.

L'algèbre est présentée comme présupposant l'algèbre booléenne usuelle des classes ainsi que la logique usuelle des fonctions de vérité. Il y a des variables libres de classes – disons les lettres « X », « Y », etc. Il y a de plus une infinité de constantes « d_{11} », « d_{12} », etc., expliquées ainsi : d_{ij}, dit un *élément diagonal*, est la classe de toutes les suites infinies dont les i-èmes et j-èmes termes coïncident. Enfin, il y a une infinité d'opérateurs « C_1 », « C_2 », etc., prenant comme arguments des classes de suites, et ils sont expliqués ainsi : « C_iX », dit une *cylindrification* de la classe X, est la classe qui contient toutes les suites de X et, de plus, les suites obtenues à partir de ces dernières en faisant varier le i-ème terme.

---

e. Tarski et Thompson ; et aussi Henkin. Un programme quelque peu similaire a été avancé par Paul Halmos sous le nom d'« algèbre polyadique ».

En vue de comprendre le rapport en jeu avec la quantification, repensez au concept de satisfaction dans le *Wahreitsbegriff* de Tarski. Supposons donné un langage quantificationnel de l'espèce familière, avec son alphabet infini de variables quantifiables « w », « x », « y », « z », etc. Une suite d'objets satisfait une phrase ouverte ϕ de ce langage si ϕ est évaluée comme vraie lorsque le premier objet de la suite est assigné comme valeur à « w », le second comme valeur à « x », et ainsi de suite en parcourant l'alphabet. Soit X la classe de toutes les suites infinies qui satisfont ainsi ϕ. Maintenant, quantifiez existentiellement ϕ, en utilisant disons « y », la troisième variable de l'alphabet. Quelles suites vont satisfaire $\ulcorner(\exists y\phi)\urcorner$? Toutes celles de X, et d'autres : toutes celles qui peuvent être obtenues à partir d'une suite de X en faisant varier le troisième terme. Ainsi, la classe des suites qui satisfont $\ulcorner(\exists y\phi)\urcorner$ est C_3X.

Tel est le lien unissant cylindrification et quantification existentielle. Un argument plus étendu serait bien sûr nécessaire pour montrer que l'algèbre cylindrique rend pleinement compte de la théorie de la quantification usuelle. De fait, une difficulté se pose pour prouver ce résultat; car l'algèbre cylindrique, comme le calcul des concepts, entretient une certaine abstraction relativement au nombre de places d'arguments des prédicats.

Bernays, cependant, en 1959, a accompli le pas suivant en dissipant cette abstraction par l'attachement d'indices numériques aux variables de classe : « X^1 », « Y^2 », « Z^1 », etc. Il est vrai que les classes avaient déjà le degré uniforme ω, au sens où elles étaient toutes des classes de suites de cette longueur. Mais ce que les indices de Bernays indiquent est plutôt le degré *effectif*, en ce sens : une classe X est de degré n si seules les n premières places sont pertinentes relativement à X. C'est-à-dire : à chaque fois que | deux suites sont identiques quant à **296** leurs n premières places, elles sont toutes deux dans X ou toutes deux hors de X. Bernays admet uniquement des classes de degré fini, en *ce* sens, comme valeurs des variables. Notez que, par cette définition, le degré est cumulatif; des classes de degré n sont de degré m, pour tout $m > n$. Bernays prouve que l'algèbre cylindrique, ainsi modifiée, permet de traduire pleinement la logique ordinaire de la quantification et de l'identité.

La limitation des éléments de l'algèbre cylindrique aux classes de degré fini en ce sens nous donne ce que Tarski et ses élèves appellent l'algèbre cylindrique *localement finie*. Une fois cette limitation adoptée, aucun pouvoir supplémentaire n'est perdu en oubliant les suites infinies et en considérant simplement X^n comme une classe de suites de longueur n. Le degré cesse d'être cumulatif et devient pour l'essentiel ce qu'il était dans le calcul des concepts. Il reste pourtant la différence que les relations nulles se réduisent toutes maintenant à la classe nulle. Quant à savoir si une classe devrait maintenant admettre des suites de longueur inégale comme éléments, c'est en fait une question stylistique; mais une réponse négative semble plus pratique. Nous pouvons toujours obtenir les bénéfices d'une classe mixte quelconque juste en considérant ses membres plus courts comme prolongés de toutes les manières possibles, afin d'atteindre une uniformité de longueur.

En suivant cette dernière voie, Bernays a présenté une autre algèbre. Ses notions primitives diffèrent de celles de l'algèbre cylindrique. Ce sont les suivantes. Il y a l'algèbre booléenne, comme précédemment, et il y a les fonctions de vérité. Il y a aussi le produit cartésien $X^m \times Y^n$. Il y a la classe constante « I » (cette lettre suremployée), qui désigne maintenant la relation d'identité; c'est-à-dire la classe de degré 2 qui contient toutes les paires $\langle x, x \rangle$. Il y a un lot infini de *foncteurs de permutation* « p_{11} », « p_{12} », etc.; si $i, j \leq n$, $p_{ij}X^n$ est la classe de toutes les suites obtenues à partir de celles de X^n en intervertissant leurs i-ème et j-ème termes.

Enfin, il y a un foncteur de *décapitation* [*cropping*] qui a comme effet de décapiter toutes les suites d'une classe X^{n+1}, avec pour résultat une classe de degré n à laquelle je ferai référence comme étant $\mathsf{J}X^{n+1}$. Ses membres sont les suites $\langle x_1, ..., x_n \rangle$ telles que, pour un certain x_0, $\langle x_0, ..., x_m \rangle$ appartient à X^{n+1}. Mon symbole est destiné à suggérer l'excision de la colonne gauche de X^{n+1}. Plus tard, nous verrons un foncteur inverse de *capitation* [*padding*], $\mathsf{E}X^n$, qui ajoute une colonne de gauche pour produire une classe de degré $n+1$.

Bernays fait référence à la classe $\mathsf{J}X^{n+1}$ comme étant DX^{n+1} et appelle *Domainsbildung* l'opération en jeu. Une raison apparente est que $\mathsf{J}X^2$, ou DX^2, est ce que Whitehead et Russell appellent le domaine converse de la relation X^2. Par exemple, quand X^2 est la relation d'amour, $\mathsf{J}X^2$ est la classe | des aimés. **297** Une autre raison est que, quand X^2 est une fonction, $\mathsf{J}X^2$ est ce qu'on appelle communément son domaine: la classe de ses arguments[1]. Tarski a appelé l'opération *projection*, ce qui est bien sa signification géométrique. Ainsi, considérez une classe X^3 de triplets $\langle x, y, z \rangle$. Tout triplet peut être vu comme un point ayant pour coordonnées x, y, z dans un espace à trois dimensions, et la classe X^3 comme un solide composé de ces points. La classe $\mathsf{J}X^3$ fait abstraction de la première de ces dimensions – disons la hauteur. $\mathsf{J}X^3$ est ainsi l'ombre bi-dimensionnelle de X^3; c'est la figure plane composée de ces points $\langle y, z \rangle$ figurant directement sous les points $\langle x, y, z \rangle$ de X^3.

---

1. Dans la tradition russellienne, la notation fonctionnelle est inversée: si $\langle x, y \rangle$ appartient à une fonction f, y est l'argument et x l'image.

VII. Quelques économies

Bernays note que le produit cartésien devient superflu aussitôt que, comme Tarski, nous réinterprétons chaque classe X^n en prolongeant *ad infinitum* ses suites de longueur n de toutes les manières possibles. Car vous pouvez alors analyser $X^1 \times Y^1$ comme $X^1 \cap p_{12}Y^1$; et l'astuce est facilement généralisable à $X^m \times Y^n$, qui devient :

(16) $X^m \cap p_{1(m+1)}p_{2(m+2)} \ldots p_{n(m+n)}Y^n.$

Observez, cependant, que nous pouvons utiliser la même astuce sans admettre des suites infinies et sans renoncer aux degrés cumulatifs. Nous pouvons obtenir le même résultat en continuant à penser à X^n comme étant strictement une classe de suites de longueur n, juste en enjolivant quelque peu l'interprétation de « $\cap$ » et de « p_{ij} ». Au lieu d'admettre $X^m \cap Y^n$ seulement lorsque $m = n$, comme Bernays l'avait fait, nous pouvons le définir, en toute généralité, comme la classe de toutes les suites de X^m qui commencent avec des suites de Y^n, ou vice versa, selon que $m \geq n$ ou $m \leq n$. Au lieu d'admettre $p_{ij}X^n$ seulement lorsque $i, j \leq n$, comme Bernays l'avait fait, nous pouvons l'admettre en toute généralité. Lorsque $i, n \leq j$, nous pouvons définir $p_{ij}X^n$ comme $p_{ij}X^j$, où X^j est la classe de toutes les suites de longueur j qui commencent avec des suites de X^n. Et de manière strictement analogue, bien sûr, lorsque j, $n \leq i$. Ainsi, nous sommes maintenant aussi libres que Tarski de définir éliminativement $X^m \times Y^n$ par (16).

Une économie plus poussée peut être obtenue en ressuscitant l'idée de Frege des phrases comme noms de valeur de vérité, et en identifiant les valeurs de vérité à des classes de degré 0. Cela nous permet de traiter la quantification existentielle de manière plus uniforme. La formule de la notation ordinaire « $(\exists y)(\exists x)(\langle x, y \rangle \in X^2)$ » se traduirait dans

l'algèbre de Bernays en deux étapes dissemblables, comme suit : d'abord en « $(\exists y)(y \in \mathfrak{I}X^2)$ », et ensuite en | « $\mathfrak{I}X^2 \neq \Lambda$ ». **298**
Notre réinterprétation permet deux étapes uniformes, conduisant à « $\mathfrak{II}X^2$ », formule qui compte comme phrastique puisque le degré de $\mathfrak{II}X^2$ est 0. Qui plus est, cette réinterprétation assimile la négation et la conjonction à la complémentation et l'intersection booléennes. Les deux fonctions de vérité en deviennent juste les instances nulles, $-X^0$ et $X^0 \cap Y^0$. Les symboles booléens « $\subseteq$ » et « $=$ » sont aussi superflus, puisque « $X^n \subseteq Y^n$ » revient à « $\sim\mathfrak{II} \ldots \mathfrak{I}(X^n \cap -Y^n)$ » et « $X^n = Y^n$ » à « $X^n \subseteq Y^n \cdot Y^n \subseteq X^n$ ». Ainsi tout l'appareillage auxiliaire de l'algèbre booléenne et des fonctions de vérité se ramène maintenant à « $-X^n$ » et « $X^n \cap Y^n$ » pour les divers $n \geq 0$. Cela ne revient pas à dire que la notion d'identité individuelle disparaît ; elle est toujours avec nous par « I ».

Une économie plus poussée peut être obtenue relativement aux foncteurs de permutation. Loin d'avoir besoin du lot infini de Bernays, à savoir « p_{ij} » pour tous i, j, nous pouvons obtenir tous les réarrangements de n choses en utilisant juste un seul foncteur de permutation, joint au foncteur de décapitation, « $\mathfrak{I}$ » et à un foncteur de plus, le foncteur de *capitation*, « $\mathfrak{c}$ ». $\mathfrak{c}X^n$ doit être $V \times X^n$, la classe de toutes les suites $\langle x_0, \ldots, x_n \rangle$ telles que $\langle x_1, \ldots, x_n \rangle \in X^n$. L'unique foncteur de permutation, « p », doit repousser le second terme de chaque suite à la dernière place ; ainsi pX^n est la classe de toutes les suites $\langle x_1, x_3, \ldots, x_n, x_2 \rangle$ telles que $\langle x_1, \ldots, x_n \rangle \in X^n$.

Pour montrer comment obtenir toutes les permutations, je définis d'abord :

(17)   « $p_i X^n$ » comme « $p^{n-i-1} \mathfrak{I} p^i \mathfrak{c} X^n$ »,

où « p^i » tient lieu de « $pp \ldots p$ », avec i occurrences de « p ». Analysons cela. Si $\langle x_1, \ldots, x_n \rangle \in X^n$, alors $\langle x_0, x_1, \ldots, x_n \rangle \in \mathfrak{c}X^n$; donc $\langle x_0, x_2, \ldots, x_n, x_1 \rangle \in p\mathfrak{c}X^n$; donc $\langle x_0, x_3, \ldots, x_n, x_1, x_2 \rangle \in pp\mathfrak{c}X^n$;

et ainsi de suite. Ainsi $\langle x_0, x_{i+1}, \ldots, x_n, x_1, \ldots, x_i\rangle \in \mathrm{p}^i \mathfrak{c} X^n$, et donc $\langle x_{i+1}, \ldots, x_n, x_1, \ldots, x_i\rangle \in \mathfrak{I}\mathrm{p}^i\mathfrak{c} X^n$, et enfin $\langle x_{i+1}, x_1, \ldots, x_i, x_{i+2}, \ldots, x_n\rangle \in \mathrm{p}_i X^n$ tel que défini par (17). Ainsi $\mathrm{p}_i X^n$ est la classe de toutes les suites résultant de celles de X^n par le transfert de leur $i+1$-ème terme en tête. La raison pour laquelle j'écris « p_i » pour le transfert du $i+1$ premier terme, et non pour le transfert du i-ème, est juste que je ne veux pas gaspiller « p_1 ». L'indice dit combien de places ont été sautées par le nouveau terme de tête.

Il est maintenant facile de voir comment obtenir n'importe quelle permutation souhaitée. Choisissez, dans une suite donnée, le terme destiné à la dernière place dans le réarrangement souhaité, et portez-le en tête, s'il ne l'est pas déjà. Ensuite, faites la même chose pour le terme destiné à l'avant-dernière place. Au plus n telles applications de « p_i », pour des choix appropriés de i, suffisent à construire l'ordre désiré en allant ainsi de l'arrière vers l'avant.

299 | Auparavant, je m'étais donné deux foncteurs de permutation. La réduction au seul « p » me fut montrée en 1971 par George Myro.

Considérons la relation de la capitation à la décapitation. La décapitation est l'inverse de la capitation; $\mathfrak{K}\mathfrak{c} X^n = X^n$. La capitation est un inverse de la décapitation; en général, $X^n \subseteq \mathfrak{c}\mathfrak{K} X^n$. Géométriquement, de même que $\mathfrak{I} X^3$ peut être vu comme la projection du solide X^3 dans un plan choisi, $\mathfrak{c} X^2$ comprend tous les points projetables dans la figure plane X^2. $\mathfrak{c} X^2$ est le cylindre infini droit dont la section plane est X^2. Pourtant $\mathfrak{c} X^2$ n'est pas la cylindrification de Tarski. Cette dernière – en réduisant pour le bénéfice de la comparaison les $\aleph_0$ dimensions de Tarski à trois – est une opération qui transforme des solides en d'autres solides et non des figures planes en solides; elle cylindrifie autour d'une protubérance préexistante. L'opération exprimée par « $\mathfrak{c}$ » pourrait être distinguée de celle de Tarski par le nom d'*hypercylindrification*, en allusion à l'ajout d'une dimension, exactement comme nous parlons d'hypercubes, d'hypersphères, etc., dans un espace à quatre dimensions. Mais les termes « décapitation » et « capitation » sont plus suggestifs quand on se représente une classe X^n comme une pile de suites à n colonnes.

Nous avons vu, plus haut, comment la cylindrification de Tarski correspondait à la quantification existentielle. Nous avons vu ensuite comment la décapitation, « ꓛ », correspondait à la quantification existentielle. Pourtant, les deux semblent opposés; la décapitation est l'inverse de l'hypercylindrification. Je mentionne cela comme simple curiosité.

Ma modification des modifications de Bernays de l'algèbre cylindrique de Tarski a ainsi juste les notations primitives suivantes : les foncteurs booléens « ∩ » et « – », les foncteurs de décapitation et de capitation « ꓛ » et « Ɔ », le foncteur de permutation « p », la constante de classe « I », et les variables libres de classe avec leurs indices. Il est facile de calculer le degré d'une classe spécifiée en ces termes, et de voir quand il se ramène à 0. Le degré de $-X^n$ et de pX^n est n. Le degré de $X^m \cap Y^n$ est $\max(m, n)$. Le degré de $ꓛX^{n+1}$ est n et celui de $ƆX^n$ est $n+1$. Le degré de I est 2.

La convention de Schönfinkel relative aux parenthèses, (3) plus haut, reflète une différence formelle importante opposant son schème et le mien. Mes « – », « p », « ꓛ » et « Ɔ » n'ouvrent aucun espace pour une telle convention, car ce ne sont pas des noms de fonctions. Ce ne sont pas même des termes, mais des foncteurs, de simples marqueurs d'opérations. Ils s'attachent au terme suivant pour produire un terme complexe auquel peuvent s'appliquer d'autres opérations; ils ne sont eux-mêmes l'objet d'aucune opération. Pour | eux, l'association est **300** forcément à droite, sans le bénéfice d'une convention ou de parenthèses. Ce que je dis de l'algèbre présente s'applique évidemment aussi bien à celle de Tarski et à celle de Bernays.

VIII. LOGIQUE DES FONCTEURS DE PRÉDICAT

L'univers de l'algèbre que nous étudions doit seulement contenir I, être clos pour les opérations booléennes et pour les opérations de permutation, de décapitation et de capitation. Un univers dénombrable de classes, fini pour chaque degré, suffit pour remplir ces conditions. En fait, il n'y a plus aucune nécessité à voir cette algèbre en termes ensemblistes, aussi modestes soient-ils. Il ne s'agit pas de pointer que cette algèbre peut être traitée comme une algèbre abstraite; cela serait une remarque triviale. Mon idée est plutôt que nous pouvons traiter ces ainsi nommées variables libres de classe simplement comme des lettres schématiques de prédicat, à parité avec celles de la logique ordinaire de la quantification. Nous pouvons réécrire « X^n », « Y^n », etc., comme « F^n », « G^n », etc. : comme des lettres schématiques pour des prédicats n-aires, ou, lorsque $n = 0$, pour des phrases. Il n'est plus question de référence à des classes ou à des valeurs de vérité. Les foncteurs « $-$ », « $\cap$ », « p », « ⅃ » et « ⅂ » deviennent des foncteurs s'appliquant à des prédicats ou à des phrases, et permettant d'obtenir des prédicats ou des phrases. « I » devient un prédicat binaire d'identité équivalent à « $=$ ». Nous obtenons alors ce que nous pourrions appeler la *logique des foncteurs de prédicat*.

Quand nous opérons un tel changement d'attitude, nous découvrons que notre notation de la logique des foncteurs de prédicat est *exactement* adéquate à la logique ordinaire de la quantification et de l'identité; elle ne va pas plus loin. Je vais montrer comment la traduction procède, dans un sens et dans l'autre.

Il sera pratique d'adopter trois conventions d'abréviation. L'une d'elles a déjà été traitée en (17), mais doit maintenant être rendue ainsi :

« p_iF^n » pour « p^{n-i-1}ⴌp^iⴌF^n »,

Une autre restaure la notation du produit cartésien ainsi :

« $F^m \times G^n$ » pour « $F^m \cap$ ⴌⴌ … ⴌG^n »,

avec m occurrences de « ⴌ ». La dernière introduit le foncteur auto :

« SF^n » pour « ⴌ$(I \cap F^n)$ ».

Dire que $SF^nx_2x_3 \ldots x_n$ est dire que $F^nx_2x_2x_3 \ldots x_n$. J'utilise la lettre « S » car ce foncteur est une généralisation du foncteur auto | ainsi noté par Peirce ; il n'y a aucune relation avec le S de **301** Schönfinkel de (2), plus haut.

Je me propose de montrer que tout schéma clos de la logique ordinaire de la quantification, c'est-à-dire ne comportant aucune variable libre quantifiable « w », « x », etc., peut être traduit dans la logique des foncteurs de prédicat. Étant donné un tel schéma quelconque, nous commençons à le réduire à une certaine forme normale comme suit. Traduisons tous les quantificateurs universels en termes de quantification existentielle et de négation. Traduisons la portée de chaque quantificateur existentiel en une forme normale disjonctive et distribuons le quantificateur à travers la disjonction. Ainsi, tout quantificateur maximalement enchâssé en vient à gouverner, au plus, une conjonction de formules atomiques préfixées ou non d'un symbole de négation. Réécrivons chaque identité en utilisant le prédicat « I » : « $x=y$ » devient « Ixy ». Réécrivons ensuite uniformément le symbole de négation « $\sim$ » comme « $-$ », le considérant ainsi comme s'appliquant aux prédicats et non plus aux formules atomiques, et comme exprimant la complémentation booléenne. Ainsi transformée, l'expression suivant chaque quantificateur maximalement enchâssé est juste une simple prédication, comme «Ixy», «$-Iyz$», «F^3zyz», «$-F^3xyz$», etc., ou une conjonction de telles prédications. Ensuite, si c'est une conjonction, réduisons-la à une seule prédication en formant le produit cartésien des prédicats et en concaténant les suites de variables. Par exemple, la conjonction :

$$-Iyz \boldsymbol{.} F^3zyz \boldsymbol{.} -F^3xyz$$

devient :

$$(-I \times F^3 \times -F^3)yzzyzxyz.$$

Ainsi, chaque quantificateur maximalement enchâssé gouverne juste une seule prédication. Ensuite, nous appliquons «p_i» à ce produit cartésien de manière à permuter les suites de variables. La permutation souhaitée est celle qui repousse vers la gauche toutes les réapparitions de la variable quantifiée. Si notre quantification est «$(\exists y)$» suivi par l'exemple précédent, on obtient :

$$(\exists y)p_6p_3(-I \times F^3 \times -F^3)yyyzzzxz.$$

Ensuite, nous supprimons toute répétition de cette variable en appliquant «S» aussi souvent que nécessaire au prédicat complexe. Notre exemple devient :

$$(\exists y)SSp_6p_3(-I \times F^3 \times -F^3)yzzzxz.$$

302 | Enfin, en préfixant le prédicat complexe par «$\mathtt{J}$», nous pouvons laisser tomber le quantificateur et sa variable. L'exemple devient :

$$\mathtt{J}SSp_6p_3(-I \times F^3 \times -F^3)zzzxz,$$

après avoir été «$(\exists y)(y \neq z \boldsymbol{.} F^3zyz \boldsymbol{.} \sim F^3xyz)$».

Nous avons ainsi vu comment éliminer tout quantificateur maximalement enchâssé. En appliquant alors cette méthode à

chaque quantificateur restant au moment où il devient maximalement enchâssé, nous éliminons tous les quantificateurs et
ainsi toutes les variables liées. En particulier, un schéma clos
se traduit en une formule appartenant purement à la logique
des foncteurs de prédicats.

Notons que cette manière de traduire les quantifications
maximalement enchâssés mobilise juste les six outils suivants
de la logique des foncteurs de prédicat : « $-$ », « $ꓱ$ », « I », et les
symboles définis « $\times$ », « S », et « p_i ». Pour les fonctions de
vérité, en dernier lieu la conjonction et la négation, dans
lesquelles les quantifications peuvent être plongées, aucun
autre outil n'est nécessaire. Car la négation, comme je l'ai
déjà noté, correspond à « $-$ » pour les formules de degré 0. De
même, la conjonction correspond à « $\cap$ », comme je l'ai déjà
noté, mais « $\cap$ » n'est en fait pas nécessaire pour cela quand on
dispose de « $\times$ ». Appliqués à des formules de degré 0, « $\cap$ » et
« $\times$ » se réduisent tous deux à la conjonction.

Pour traduire la logique ordinaire, les six outils
mentionnés sont par conséquent un stock de notations
primitives plus directement utiles que les nôtres : « $\times$ », « S » et
« p_i » conviennent plus directement à ce but que « $ꓛ$ », « p » et
« $\cap$ ». Mais je préfère être guidé par des considérations de
simplicité intrinsèque plutôt que par des considérations de
facilité de traduction. Le cas échéant, je préfère viser un
bénéfice maximum en changeant de système, plutôt que de
m'accrocher aux vestiges de l'ancien. L'espoir d'obtenir de
nouveaux aperçus par ce changement de point de vue est ainsi
accru[f].

f. La logique des foncteurs de prédicat était la substance de mon résumé
dans le *Journal of Symbolic Logic* 24 (1959), p. 324, et de mon article
« Variables explained away ». Dans cette version, le produit cartésien et le
foncteur auto étaient primitifs, à la place de l'intersection, de la capitation et de

IX. Traduction inverse

La traduction, dans l'autre sens, de la logique des foncteurs de prédicat dans la notation logique ordinaire, repose sur les équivalences suivantes.

303

(18) $-F^n x_1 \ldots x_n \equiv \sim F^n x_1 \ldots x_n$.

(19) $(F^m \cap G^n)x_1 \ldots x_{\max(m,n)} \equiv {\cdot}\, F^m x_1 \ldots x_m {\cdot} G^n x_1 \ldots x_n$.

(20) $\mathrm{p}F^n x_1 x_3 \ldots x_n x_2 \equiv F^n x_1 \ldots x_n$.

(21) $\mathtt{[}F^n x_0 \ldots x_n \equiv F^n x_1 \ldots x_n$.

(22) $\mathtt{]}F^n x_2 \ldots x_n \equiv (\exists x_1)F^n x_1 \ldots x_n$.

(23) $Ixy \equiv {\cdot}\, x = y$.

Puisque la logique des foncteurs de prédicat n'a pas de variables « x_1 », « x_2 », etc., toute formule phrastique de cette logique est de l'une des formes (18)-(19), avec $m = n = 0$, ou bien de la forme (22), avec $n = 1$. Lorsque nous traduisons de l'extérieur vers l'intérieur par (18)-(23), structure syntaxique par structure syntaxique, des variables font leur apparition dans la position de « x_1 » dans (22). Exemple :

$$\mathtt{]}(G^1 \cap \mathtt{]]} - \mathrm{p}\mathtt{[}(H^2 \cap \mathtt{]}K^2)).$$

C'est une instance de (22), avec $n = 1$. La formule devient :

$$(\exists x)(G^1 \cap \mathtt{]]} - \mathrm{p}\mathtt{[}(H^2 \cap \mathtt{]}K^2))x.$$

Ici, nous voyons, après « $(\exists x)$ », une instance de (19), avec $m = n = 1$. La formule devient, avec « $(\exists x)$ » réattaché après-coup :

$$(\exists x)(G^1 x {\cdot} \mathtt{]]} - \mathrm{p}\mathtt{[}(H^2 \cap \mathtt{]}K^2)x).$$

« I ». Il y avait aussi deux foncteurs de permutation, au lieu du seul « p » ; et la décapitation opérait sur les fins de suites au lieu des débuts. La nomenclature et la notation étaient aussi différentes.

La partie « $\mathbf{33} - \mathrm{p}\mathbf{E}(H^2 \cap \mathbf{3}K^2)x$ » a ici la forme (22), avec $n = 2$. En appliquant (22) deux fois, puis (18), elle devient :

$$(\exists y)(\exists z) \sim \mathrm{p}\mathbf{E}(H^2 \cap \mathbf{3}K^2)zyx$$

et ainsi, par (20),

$$(\exists y)(\exists z) \sim \mathbf{E}(H^2 \cap \mathbf{3}K^2)zxy$$

et ainsi, par (21),

$$(\exists y) \sim (H^2 \cap \mathbf{3}K^2)xy.$$

Ainsi, le tout devient :

$$(\exists x)(G^1 x \cdot (\exists y) \sim (H^2 \cap \mathbf{3}K^2)xy).$$

La partie « $(H^2 \cap \mathbf{3}K^2)xy$ » est ici une instance de (19), avec $m = 2$ et $n = 1$, et devient ainsi « $H^2 xy \cdot \mathbf{3}K^2 x$ ». Sa partie « $\mathbf{3}K^2 x$ », enfin, devient « $(\exists z)K^2 zx$ » par (22). Ainsi, la traduction du tout est :

$$(\exists x)(G^1 x \cdot (\exists y) \sim (H^2 xy \cdot (\exists z)K^2 zx)).$$

| Puisque la logique des foncteurs de prédicat est juste **304** intertraduisible avec la logique ordinaire de la quantification et de l'identité, son élimination des variables peut être vue comme une analyse plus pure de la variable que celle de Schönfinkel. En fait, les deux analyses révèlent que les services essentiels rendus par la variable sont la permutation des places d'arguments de prédicat et la mise en relation de ces places par l'identité. Le travail de permutation est accompli dans notre logique des foncteurs de prédicat par les foncteurs « p_i », et le travail de liaison par le foncteur auto « S ». Dans l'approche de Schönfinkel, le travail de permutation était accompli essentiellement par son combinateur S (sans relation avec le foncteur auto) et le travail de mise en relation par le combinateur W. Mais la charge de travail de la variable est

moins clairement divisée et répartie dans le schème de Schönfinkel, car son schème prend en charge une tâche bien plus lourde.

X. EXISTENCE ET TERMES SINGULIERS

La force existentielle de la quantification, en tout cas, n'est pas un service essentiel ou distinctif de la variable; ce service est accompli aussi bien par le foncteur de décapitation « $\mathbf{J}$ » et, pour cet usage, par l'expression booléenne « $\neq \Lambda$ ».

Une précaution doit ici être prise contre un malentendu possible. Quand une théorie reçoit la forme quantificationnelle usuelle, les choses que la théorie accepte comme existantes sont en effet les choses qu'elle accepte comme valeurs de ses variables de la quantification. Si une théorie reçoit, d'ailleurs, une autre forme, il n'y a aucun sens à demander ce que la théorie accepte comme existant à moins d'être en position de dire comment traduire la théorie dans la forme quantification-nelle usuelle. J'ai depuis longtemps insisté sur ces points, et je continue de le faire. Quand nous passons à la logique des foncteurs de prédicat, un tel mode de traduction est disponible; nous venons de le voir. À la lumière de cette traduction, nous découvrons que les choses qu'une théorie de forme foncto-rielle accepte comme existantes sont les choses qui satisfont ses prédicats; les choses dont sont vrais n'importe lesquels de ses prédicats unaires (compléments inclus!). Mais nous remarquons alors aussi cette situation particulière: les choses qu'une théorie de la forme quantificationnelle usuelle accepte comme existantes pourraient *aussi* être spécifiées comme les choses qui satisfont ses prédicats (et leurs compléments). Ces dernières sont les mêmes que les valeurs des variables quanti-fiées, pour une théorie de la forme quantificationnelle usuelle.

Ainsi, la caractérisation en termes de satisfaction de prédicats a l'avantage de s'appliquer aussi bien et aussi directement aux théories de forme quantificationnelle qu'aux théories de forme fonctorielle, sans avoir à être filtrée par l'intermédiaire d'une traduction.

| Il est bien connu que les théories en forme quantifica- **305** tionnelle ordinaire peuvent se débrouiller sans aucun terme singulier hormis les variables de la quantification. On peut se dispenser d'un nom, disons « *a* », en faveur d'un prédicat « *A* » vrai uniquement de l'objet *a*; car nous pouvons alors paraphraser « *Fa* » par « $\exists x\ (Fx.Ax)$ ». Les termes singuliers complexes peuvent être éliminés de manière relativement similaire. D'un point de vue pratique, une telle élimination a peu d'avantages, car elle sacrifie les modes usuels et efficaces d'inférence qui consistent en des substitutions directes de noms et de termes complexes à des variables. D'un point de vue théorique, elle est intéressante, comme simplification de certaines formulations systématiques.

L'élimination des quantificateurs et de leurs variables obtenue par la logique des foncteurs de prédicat n'est pas, il faut le noter, une élimination procédant par restauration des noms ou d'autres termes singuliers. La procédure de Schönfinkel dépendait, de fait, de termes singuliers abstraits constants, qui nommaient des fonctions; mais pas la logique des foncteurs de prédicat. Il n'y a plus ici aucun terme singulier – ni variables, ni constantes qui auraient pu leur être substituées. Alors que deviennent les noms d'une théorie, peut-on se demander, quand cette théorie est exprimée sous la forme fonctorielle? Ils sont d'abord abandonnés au profit de prédicats, comme on vient de le voir; « *a* » remplacé par « *A* ». Ces prédicats survivent ensuite dans programme fonctoriel. Ce qui avait été *une* manière de traiter les noms, et n'avait d'intérêt que théorique, devient maintenant *la* manière. « *Fa* » se traduit dans l'idiome des foncteurs de prédicat par « $\mathfrak{I}(F^1 \cap A^1)$ », *via* l'étape intermédiaire « $\exists x (Fx \cdot Ax)$ ».

Qu'une manière de traiter les noms d'intérêt purement théorique, et incommode d'un point de vue pratique dans une mise en forme quantificationnelle, devienne obligatoire dans une mise en forme foncteurielle est dans la droite ligne du dessein de la présente étude. Car le but de la logique des foncteurs de prédicat est lui-même théorique : une compréhension plus profonde de la variable. Il ne fut jamais question de renoncer à l'intérêt pratique de la quantification et à l'intérêt de substituer des noms et des termes singuliers complexes aux variables quantifiées.

XI. Procédure de preuve

Comme l'approche foncteurielle de la logique diffère si radicalement de l'approche quantificationnelle, et comme elle semble d'une certaine manière plus fondamentale, on se demande à quoi pourrait ressembler une procédure de preuve simple et complète, et quelle nouvelle lumière elle pourrait jeter sur la logique.

306 | Bernays présente des axiomes pour l'une des formes de son algèbre, et prouve qu'ils sont complets. Il présuppose une logique usuelle des fonctions de vérité, de l'identité et des équations booléennes. À cette base, il ajoute treize axiomes ou schémas d'axiomes, pour la plupart sous la forme d'équations, qui gouvernent la cylindrification, le degré, ses opérateurs de permutation et I.

Notre logique des foncteurs de prédicat appelle plutôt une procédure de preuve autonome, ne présupposant aucune logique préalable. Au lieu de s'engager à limiter les théorèmes aux schémas de degré 0 dont les instances sont des phrases vraies, il est commode d'accueillir comme théorèmes tous les schémas d'un degré quelconque dont les instances sont des prédicats satisfaits par toutes les suites de cette longueur[g]. Comme un stock initial infini de schémas d'axiomes, nous pouvons alors accepter toutes les fonctions booléennes tautologiques ; c'est-à-dire tous les schémas composés à partir de « $-$ » et de « $\cap$ » sur le modèle d'une tautologie véri-fonctionnelle en « $\sim$ » et « $\cdot$ ». Une règle naturelle d'inférence à adopter est l'analogue, en ces termes booléens, du *modus ponens* ; à savoir :

$$\text{Si} \vdash \zeta \text{ et} \vdash \ulcorner\zeta \supset \eta\urcorner, \text{alors} \vdash \eta,$$

où l'*implex* « $F^m \supset G^n$ » est défini comme « $-(F^m \cap -G^n)$ ». Il y a aussi cette triple règle :

$$\text{Si} \vdash \zeta, \text{alors} \vdash \ulcorner p\zeta \urcorner, \vdash \ulcorner \mathfrak{c}\zeta \urcorner \text{ et } \vdash \ulcorner - \mathfrak{d} - \zeta \urcorner.$$

Une règle de substitution pour les lettres de prédicat est aussi nécessaire, permettant la substitution de prédicats d'un degré quelconque à des lettres de prédicat du même degré. Cette règle inclut la règle subsidiaire, expliquée plus haut, pour calculer le degré d'une expression complexe.

Certains des schémas d'axiomes qui s'imposent d'eux-mêmes sont, outre les tautologies booléennes, les suivants :

$$\mathfrak{l}I, \quad (I \cap F^n) \supset p^{n-2}\mathfrak{l}p\mathfrak{c}F^n, \quad -\mathfrak{l}F^n \supset \mathfrak{l}-F^n, \quad F^n \supset \mathfrak{c}\mathfrak{l}F^n$$

Avant d'en énoncer d'autres, il sera commode d'adopter comme symbole défini un autre foncteur booléen, après « $\supset$ ». Le *rassemblement* ou quotient symétrique $F^m \# G^n$ est défini comme $(F^m \supset G^n) \cap (G^n \supset F^m)$; ainsi c'est $(F^m \cap G^n) \cup (-F^m \cap$

g. Ceci, ainsi que d'autres caractéristiques du système, fut anticipé par Nolin.

$-G^n)$[h]. « $\#$ » remplit la tâche de « $\equiv$ » ou de « $=$ », exactement comme « $\mathfrak{o}$ » remplit, en tant que connecteur principal d'un axiome, la tâche de « $\supset$ ». Il faudrait prendre des disposi-

307 tions pour s'assurer d'un | méta-théorème utile permettant le remplacement, en tout schéma, d'un côté d'un rassemblement prouvable par l'autre.

Voici   alors   deux   autres   schémas   d'axiomes vraisemblables :

$$F^n \# p^{n-1} F^n, \qquad F^n \# \mathfrak{X} \mathfrak{C} F^n$$

Il y a aussi les lois de distribution suivantes :

$$\mathfrak{C} - F^n \# - \mathfrak{C} F^n, \qquad \mathfrak{C}(F^m \cap G^n) \# (\mathfrak{C} F^m \cap \mathfrak{C} G^n),$$
$$p - F^n \# - p F^n, \qquad p(F^n \cap G^n) \# (p F^n \cap p G^n).$$

Une priorité majeure est une démonstration de complétude d'une telle procédure de preuve, ou mieux, d'une autre procédure de preuve pour la logique des foncteurs de prédicat, unifiée de manière plus instructive.

---

h. Les noms et symboles pour l'*implex* et le rassemblement viennent de mon *System of Logistic*.

VÉRITÉ ET DÉCITATION *

Des discussions avec Davidson ont suscité chez moi un intérêt renouvelé pour la théorie de la vérité de Tarski et ont fortement contribué à mettre en place les grandes lignes de l'étude présente. En 1970, j'ai soumis cet article comme contribution anticipée au colloque qui fut tenu en l'honneur de Tarski à Berkeley en juin 1971. Il est republié, avec l'autorisation de l'American Mathematical Society, de *Proceedings of Symposia in Pure Mathematics*, volume 25, p. 373-384 © 1974. Des parties en ont été omises au bénéfice de références croisées.

I. INTRODUCTION

Je supposerai que le lecteur est familier avec la méthode tarskienne de définition de la vérité[a]. Je vais quand même, pour référence future, résumer certains de ses traits significatifs. Le but visé est un prédicat de vérité, « est vrai », défini pour le contexte général « *x* est vrai », mais défini de manière à

* Traduit par Serge Bozon.

a. Pour une présentation rapide, voir le chapitre 3 de mon livre *Philosophy of Logic*.

satisfaire le schéma suivant à chaque fois qu'il est appliqué à la citation d'une phrase donnée :

(1) « ... » est vrai ≡ ...

Tarski montre comment atteindre ce but pour tout langage formalisé dont la forme logique est celle de la logique classique de la quantification. L'essentiel de la construction est une définition inductive de la satisfaction, conçue comme une relation entre des suites et des phrases ouvertes ou closes. Cette définition inductive consiste en un ensemble fini de phrases écrites dans un métalangage qui est une extension du langage-objet. Le métalangage contient, outre le langage-objet, un nom pour chaque symbole du langage-objet; ainsi qu'un foncteur permettant de faire référence aux expressions du langage-objet, aussi complexes qu'on veut, comme fonctions de leurs composants. Il contient aussi un appareillage pour faire référence à des suites d'objets et pour retrouver les occupants de leurs places successives. Il contient aussi le **309** | *definiendum* lui-même, le prédicat binaire de satisfaction; car la définition, étant inductive, ne permet pas en général l'élimination du *definiendum* en présence d'arguments variables. Ou bien, comme Tarski le note, nous pouvons rendre le prédicat de satisfaction éliminable en fournissant au métalangage autant de machinerie ensembliste qu'il est nécessaire pour convertir la définition inductive en une définition directe.

Le projet de Tarski était destiné aux systèmes déductifs, et il exigea que toute instance du schéma (1) soit déductible de la définition de la vérité. Mais je serai concerné par des langages interprétés indépendamment de toute question d'axiomatisation, ainsi j'exige seulement que la définition de la vérité rende vraies les instances du schéma (1)[b].

Les suites auxquelles la définition de Tarski fait appel sont des suites infinies. Il y a une manière de s'en tirer avec des suites finies, mais cette manière fait appel aux suites finies dans leur généralité infinie, sans limite de longueur. De plus, l'une des clauses de la définition inductive de Tarski apparaît comme plus retorse et complexe que les autres; à savoir la clause qui s'occupe de la quantification. Chacune de ces deux complications dans la définition de Tarski est occasionnée par l'appareillage, dans le langage-objet, de la quantification et des variables. Nos pensées se tournent alors naturellement vers d'autres styles de logique, dans lesquels le travail des quantificateurs et des variables est accompli par des constantes. De tels systèmes vont-ils ouvrir une voie plus courte en direction du prédicat de vérité? Je propose d'explorer cette question en relation avec la logique combinatoire de Schönfinkel[c], qui est un langage de pleine puissance ensembliste, et aussi en relation avec ce que j'appelle la logique des foncteurs de prédicat, qui n'est pas plus puissante que la logique ordinaire de la quantification et de l'identité. Pour le langage de Schönfinkel, nous obtenons quelque chose qui peut être appelé *décitation* – et en un sens plus fort que ce que le schéma de Tarski (1), plus

b. Je suis reconnaissant à John Wallace de m'avoir rendu sensible à cette distinction.

c. Voir § II-IV de l'essai précédent [p. 472-480]. Mais j'abandonne maintenant la notation utilisée pour l'application fonctionnelle dans cet essai, à savoir le guillemet anglais ouvrant, en faveur de la forme de notation « $f(x)$ ». Je le fais pour éviter toute confusion avec les guillemets de citation, et aussi pour ne pas avoir à ajouter de règles pour l'usage des parenthèses en termes de groupement. Ces considérations importent maintenant en raison du besoin d'être explicite au sujet des manœuvres métalogiques.

haut, exige. Nous observerons pourquoi, de plus, une définition inductive générale de la décitation pour des notations
arbitraires ne peut être obtenue de manière similaire. Enfin,
310 revenant à la quantification | d'une certaine sorte, nous consi-
dérerons ce qui arrive à la définition de vérité lorsque la
quantification est interprétée en termes de substitution plutôt
que de référence objective.

II. Vérité pour le langage de Schönfinkel

La définition inductive de la vérité pour ce langage-objet
sera rédigée dans un métalangage qui contient le langage-objet
et contient, en outre, seulement le *definiens* (« Δ », plus bas) et
une notation pour nommer les expressions du langage-objet.
Les noms des lettres « S », « C », et « ι » seront formés,
exactement comme ici-même, par citation directe. La forme
d'expression « $\mathrm{ap}(x, y)$ » sera utilisée dans le métalangage pour
faire référence au nom complexe qui est formé par application
fonctionnelle à partir des noms respectifs x et y du langage-
objet. En d'autres mots, $\mathrm{ap}(x, y)$ consiste en x suivi de y, le tout
entre parenthèses. Ainsi :

$$\mathrm{ap}(\text{« } S \text{ »}, \text{« } C \text{ »}) = \text{« } S(C) \text{ »}.$$

Tarski a défini la vérité d'une phrase close comme un cas
particulier, ou limite, de la satisfaction. Une médiation comparable est ici nécessaire, mais le concept intermédiaire devant
être inductivement défini est maintenant celui de *designatum*
plutôt que de satisfaction. J'écrirai « $\Delta(x)$ » pour le *designatum*
de x, la chose nommée par la formule x. Le but de la définition
est de garantir que toute équation de la forme :

(2) $\Delta(\ll \ldots \gg) = \ldots,$

avec n'importe quel nom à la place des blancs, soit vraie. Ceci est obtenu par une définition inductive qui, dans une version préliminaire, s'écrit simplement ainsi :

(3) $\Delta(\ll S \gg) = S \qquad \Delta(\ll C \gg) = C \qquad \Delta(\ll \iota \gg) = \iota,$
(4) $\Delta(\mathrm{ap}(x, y) = \Delta(x)(\Delta(y)).$

Cela définit déjà la vérité. Car la vérité est un cas particulier de Δ, lorsque l'argument est une phrase. Lorsque x est une phrase, « $\Delta(x)$ » revient à « x est vrai ». Ceci est évident, par les schémas (1) et (2), lorsque nous gardons à l'esprit que les phrases sont maintenant des noms, des noms de $\top$ et de $\bot$.

J'ai qualifié (3)-(4) de version préliminaire, car elle est rédigée | dans un idiome excessif. Nous reconnaissons ces 311 symboles supplémentaires qui sont étrangers au métalangage annoncé : « = », « x », « y », et la virgule de « x, y ». Je vais d'abord éliminer la virgule. Schönfinkel analysait les fonctions binaires à la manière de Frege : il analysait une fonction binaire f comme la fonction unaire qui, appliquée à un objet x quelconque, prend comme valeur la fonction unaire $f(x)$ qui, appliquée à un objet y quelconque, prend comme valeur le $f(x, y)$ attendu. En bref, $f(x, y)$ est $f(x)(y)$. Nous pouvons rendre « $\mathrm{ap}(x, y)$ » de cette manière. (4) devient :

(5) $\Delta(\mathrm{ap}(x)(y)) = \Delta(x)(\Delta(y)).$

Il faut maintenant se débarrasser des variables « x » et « y ». Il est connu que les S et C de Schönfinkel sont *combinatoirement complets*, au sens suivant : tout regroupement et toute permutation désirés de n'importe quels termes, excepté le premier, dans une formule, et toute fusion de récurrences de tels termes, peuvent être obtenus en appliquant au premier terme une certaine fonction composée purement de S et de C.

En particulier, nous pouvons exprimer, purement en termes de S, C, et de l'application fonctionnelle, deux fonctions Φ et Ψ qui ont les propriétés suivantes :

$$\Phi(\Delta)(\mathrm{ap})(x)(y) = \Delta(\mathrm{ap}(x)(y)).$$
$$\Psi(\Delta)(x)(y) = \Delta(x)(\Delta(y)).$$

(5) devient alors

$$\Phi(\Delta)(\mathrm{ap})(x)(y) = \Psi(\Delta)(x)(y).$$

Mais affirmer cela pour tout x et tout y revient simplement à identifier les fonctions ainsi :

$$\Phi(\Delta)(\mathrm{ap}) = \Psi(\Delta).$$

Enfin, nous savons comment traduire « $=$ » en termes de ι; « $x=y$ » devient « $\iota(x)(y)$ ». L'équation précédente et celles de (3) se transforment dans le plein style de Schönfinkel ainsi :

(6) $\iota(\Delta(\text{« }S\text{ »}))(S)$ $\iota(\Delta(\text{« }C\text{ »}))(C)$ $\iota(\Delta(\text{« }\iota\text{ »}))(\iota)$
$$\iota(\Phi(\Delta)(\mathrm{ap}))(\Psi(\Delta)).$$

Pour des connaisseurs de Schönfinkel, développer explicitement « Φ » et « Ψ » en termes de S et C serait un exercice de routine. Ainsi, les quatre clauses de la définition inductive du *designatum* sont maintenant écrites entièrement avec les symboles du langage-objet, plus leurs citations et « ap » (et bien sûr le *definiendum* lui-même). La version (3)-(4), cependant, est celle vers laquelle se tourner lorsque la clarté est en jeu.

312 | III. Différence avec la construction de Tarski

Nous avons noté une certaine similarité entre le rôle du *designatum* dans la définition donnée plus haut de la vérité et le rôle de la satisfaction dans celle de Tarski. Les deux sont définies inductivement comme une certaine manière de définir la vérité. Dans les deux constructions, la vérité surgit à la fin comme un cas particulier. Mais il y a des différences notables. L'une d'elles est que la vérité est un cas particulier plus directement du *designatum* que de la satisfaction.

Un contraste plus remarquable séparant les deux constructions se remarque dans la dépendance de celle de Tarski relativement à l'appareillage des suites, et dans la complexité de sa clause récursive relative aux quantificateurs (voir § I, plus haut). La simplicité frappante de la présente définition inductive du *designatum* et de la vérité pour la logique combinatoire est due à l'absence de variables et de quantificateurs dans ce langage-objet.

Les expressions qui sont bâties dans le métalangage en appliquant « ap » à des lettres citées peuvent être appelées des *citations* en un sens élargi. Elles sont, pour reprendre l'expression de Tarski, des équivalents structuraux-descriptifs de citations. Par exemple,

$$\text{ap}(\text{ap}(\text{« } \iota \text{ »}, \text{« } S \text{ »}), \text{« } S \text{ »}) = \text{« } \iota(S)(S) \text{ »}.$$

(Pour des raisons de clarté, je reviens, maintenant que la définition (6) est disponible, au style de « $\text{ap}(x, y)$ ».) Maintenant, un intéressant troisième point de contraste entre l'approche de la vérité en termes de *designatum* et l'approche de Tarski est que la première identifie la vérité à la *décitation* directe. À savoir, si vous attribuez la vérité à une phrase en attachant le prédicat de vérité (ou « Δ ») à une citation de la phrase, puis que vous éliminez « Δ », étape par étape, en accord avec la définition inductive (6) (ou, plus intuitivement, (3)-(4)), vous obtenez au final exactement la phrase citée, et non une simple phrase équivalente.

Prenons ainsi l'exemple de la phrase citée plus haut. Nous voulons dire que « $\iota(S)(S)$ » est vraie. C'est-à-dire,

(7) $\Delta(\mathrm{ap}(\mathrm{ap}(« \iota », « S »), « S »))$.

Déplions maintenant cela en accord avec la définition (3)-(4). Par (4), nous réduisons successivement (7) ainsi :

$\Delta(\mathrm{ap}(« \iota », « S »))(\Delta(« S »)),\ \ \Delta(« \iota »)(\Delta(« S »))(\Delta(« S »)),$

et ceci se réduit par (3) à :

$\iota(S)(S)$.

313 | Si nous travaillons, non plus avec la définition inductive (3)-(4), mais avec la définition équivalente (6) dans le style de Schönfinkel, le dépliement de (7) dépendra en partie des lois gouvernant le Φ et le Ψ qui furent utilisés dans (6). Ces lois se réduisent en dernière instance aux lois logiques gouvernant S et C. Par conséquent, lorsque j'affirme que la définition inductive (6) réduit la vérité à la décitation directe, je ne nie pas la nécessité de transformations logiques dans le dépliement en jeu. Mon point est plutôt le suivant : aussitôt que le dépliement a rempli sa tâche d'élimination du dernier symbole métalinguistique, de manière à ce qu'il ne reste plus qu'une formule du langage-objet, cette formule sera littéralement la formule qui fut citée au départ, et non une simple formule équivalente.

Cette propriété décitationnelle est plus forte que celle exigée par (1), le schéma classique de Tarski, et n'est pas préservée par la définition inductive de la satisfaction de Tarski. Ce à quoi nous aboutissons en général, avec la définition de la vérité de Tarski, n'est pas littéralement la phrase à la citation de laquelle le prédicat de vérité fut attaché, mais une autre phrase qui lui est équivalente par les lois logiques de la quantification et de l'identité.

Le caractère directement décitationnel que nous avons remarqué dans notre construction de la vérité vaut en toute généralité, bien sûr, pour notre construction du *designatum*. Que la formule à la citation de laquelle « Δ » est attaché soit une phrase ou un nom de fonction n'importe pas ; l'effet en jeu est de déciter la formule citée, quelle qu'elle soit. Prenons, par exemple, « $S(C(\iota)(S))$ » ; c'est-à-dire,

$$\text{ap}(\text{« } S \text{ »}, \text{ap}(\text{ap}(\text{« } C \text{ »}, \text{« } \iota \text{ »}), \text{« } S \text{ »})).$$

Appliquons « Δ » :

(8) $\Delta(\text{ap}(\text{« } S \text{ »}, \text{ap}(\text{ap}(\text{« } C \text{ »}, \text{« } \iota \text{ »}), \text{« } S \text{ »}))).$

En procédant alors, par (3) et (4), au dépliement en jeu, nous retrouvons exactement la formule citée de départ :

(9) $S(C(\iota)(S)).$

Par (3) et (4), cela est évident. Mais cela n'est pas évident au sens où on pourrait imaginer quelqu'un dire, « Bien sûr, c'est cela que signifie « *designatum* » : la formule exacte qui fut nommée ». Cela serait une confusion. N'importe quelle définition du *designatum* mériterait son nom tant qu'elle satisferait le schéma (2) ; et elle pourrait le satisfaire même si la définition en jeu devait déplier (8), non en (9), | mais en **314** l'expression différente « $S(\iota)$ ». Car il se trouve que $S(\iota)$ et $S(C(\iota)(S))$ sont le même objet, la même fonction, puisque $C(x)(y)=x$. Cette chose $S(\iota)$ *est* le *designatum* de :

$$\text{ap}(\text{« } S \text{ »}, \text{ap}(\text{ap}(\text{« } C \text{ »}, \text{« } \iota \text{ »}), \text{« } S \text{ »})),$$

c'est-à-dire de « $S(C(\iota)(S))$ », tout aussi authentiquement que l'est $S(C(\iota)(S))$; car $S(\iota)$ est $S(C(\iota)(S))$. Mais le point spécifique concernant la définition (3)-(4) du *designatum* est qu'elle déplie (8) directement et littéralement en (9), plutôt qu'en

« $S(t)$ », et qu'elle déplie « $\Delta(\mathrm{ap}(\text{« }S\text{ »}, \text{« }t\text{ »}))$ » directement et littéralement en « $S(t)$ », plutôt qu'en (9).

IV. Décitation dans le cas général

« Δ » apparaît ainsi comme un opérateur de décitation. C'est à ce trait que nous devons deux avantages que l'approche en termes de *designatum* s'est vue avoir sur l'approche en termes de satisfaction : l'évitement de la théorie des suites, et l'évitement de la condition récursive complexe relative à la quantification. Jusqu'à quel point ces deux bénéfices sont-ils liés au style de langage de Schönfinkel ? Peut-on définir la décitation pour des langages de manière plus générale ?

Au premier abord, cela semble être le cas. Considérons un langage arbitraire. Supposons que ses symboles soient les lettres grecques. Pour définir inductivement un opérateur général de décitation, « déc », pour ce langage, nous commençons avec vingt-quatre définitions expliquant respectivement les notations :

déc alpha, déc bêta, …, déc oméga

comme :

$$\alpha, \beta, …, \omega,$$

et ensuite, en utilisant l'arc tarskien comme symbole de concaténation, nous nous occupons de la récursion en expliquant en toute généralité « déc $x \frown y$ » comme « déc x déc y ».

La décitation pour les formules de Schönfinkel prit la forme d'une fonction de *designatum* Δ, puisque toutes ses formules sont des noms – que ce soit de fonctions ou de valeurs de vérité. J'ai dû maintenant écrire « déc » au lieu de « Δ », car les expressions de notre langage grec non spécifié ne sont pas forcément des noms. Pour la même raison, je ne peux rendre la définition inductive de « déc » par les équations :

$$\text{déc alpha} = \alpha, \ldots, \text{déc oméga} = \omega,$$
$$\text{déc } x \frown y = \text{déc } x \text{ déc } y$$

| car, à moins d'une convention particulière, il est incohérent **315** de placer « = » entre deux expressions qui ne sont pas des termes singuliers. Pour la même raison, nous ne pouvons écrire l'analogue des schémas (1) et (2) pour la décitation en toute généralité ; « = » n'est pas disponible, ni « ≡ ».

Remarquons que « alpha », « bêta », « alpha⌢bêta », etc., sont de fait des noms ou termes singuliers parfaitement à leur place dans le métalangage ; et « déc » est un opérateur sur de tels termes. Mais c'est un opérateur étrange, car son application ne conduit pas en général à un terme ou à une phrase comme résultat [*output*]. Certaines des expressions « α», «β», «$\alpha\beta$», etc., qui sont nommées par « alpha », « bêta », « alpha⌢bêta », etc., sont peut-être du charabia.

Nous commençons à voir l'obstacle s'opposant à une définition inductive générale de la décitation. Nous verrons l'obstacle plus clairement si, pour commencer, nous considérons jusqu'où nous pouvons procéder sans obstacle. Pour des définitions au sens restreint, les définitions authentiquement éliminatives, tout mode de présentation est bien sûr bienvenu tant qu'il procure une procédure effective permettant de transformer le signe défini, ou ses contextes, en la notation initiale. Ainsi l'analyse de « déc », trois alinéas plus haut, définit « déc » de manière satisfaisante en application à tous les cas particuliers, aussi longs soient-ils ; toutes les suites de symboles constants. Car elle procure une procédure effective pour éliminer « déc » de tout contexte de ce genre. Elle

explique « déc alpha⌢kappa⌢rhô⌢omicron⌢nu » comme
« ακρον », que cette suite de symboles soit un nom, une phrase
ou une incohérence dans le langage imaginé.

Mais cette analyse de « déc » n'est pas valable comme
définition inductive de « décx », pour x variable. Car considérons ce qui est attendu d'une telle définition. L'une des
manières par laquelle ses clauses peuvent être utilisées est en
tant qu'axiomes gouvernant « déc », mais sans l'éliminer. Pour
un tel usage axiomatique, les clauses doivent avoir la forme
explicite de phrases dans le métalangage. Ou bien la définition
inductive est peut-être destinée à être transformée en une
définition directe et éliminative de « décx », en ayant recours à
une théorie des ensembles suffisamment forte. Mais une définition directe ainsi obtenue incorpore ces clauses comme
phrases composantes. Ainsi, pour l'un ou l'autre de ces usages,
la définition inductive aurait à utiliser « déc » au sein de
phrases dans une certaine position grammaticale. Mais ceci est
impossible dans le cas général. En général, « déc » est attaché à
un terme singulier de manière convenablement uniforme, mais
le problème est que la catégorie grammaticale du terme
composé résultant d'un tel attachement peut être de n'importe
quelle catégorie, ou d'aucune, dépendant comme c'est le cas
de la référence du terme singulier en jeu.

316 | V. FONCTEURS DE PRÉDICAT

Le langage de Schönfinkel se prête à un opérateur de
décitation « Δ » bien défini inductivement et généralement
applicable. Un trait manifeste de ce langage est l'absence de
variables. Un autre, qui contribua au succès de la définition, est
que toute formule du langage de Schönfinkel est un nom de

quelque chose. On est cependant peu enclin à s'en tenir au langage de Schönfinkel. On est rebuté par son pouvoir excessif. Ce langage est adéquat pour la théorie générale des ensembles, et hérite de tous les problèmes posés par les antinomies de la théorie des ensembles.

La définition inductive de la satisfaction de Tarski, et par là de la vérité, est adaptée pour tout système formulé dans le cadre de la logique classique de la quantification ; elle n'est pas réservée aux langages-objets puissants. Ainsi il est naturel de se demander maintenant comment la décitation peut s'en sortir dans ce que j'appelle la logique des *foncteurs de prédicat*[d]. Car cette dernière n'est pas plus puissante que la logique classique de la quantification et de l'identité ; de fait, elle est intertraduisible avec cette dernière. Et, en même temps, elle ressemble à la logique de Schönfinkel en ce qu'elle élimine toute variable. Sa manière de les éliminer ressemble même à celle de Schönfinkel, jusqu'à un certain point.

Dans le langage de Schönfinkel, les formules bien formées étaient des noms. Ces noms nommaient des fonctions ou, comme cas limites, des valeurs de vérité. Ainsi le foncteur de désignation prit dans ce cadre la forme du nom d'une fonction de *designatum*. Dans le langage des foncteurs de prédicat, à l'opposé, les formules bien formées sont des prédicats n-aires ou, comme cas limites ($n=0$), des phrases. Dans ce langage, par conséquent, la décitation prendra la forme d'un foncteur « sat » de satisfaction. Il diffère du point de vue catégoriel de la satisfaction de Tarski, qui est une relation. Le foncteur « sat » est attaché à un nom, ou à un terme singulier, pour former un

d. Voir, dans l'essai précédent, les quatre derniers paragraphes [p. 494-504].

prédicat. Dans les cas intéressants, ce terme singulier nomme un prédicat.

EXEMPLE.

sat « est humain ».

Le prédicat complexe ainsi formé peut être lu :

satisfait « est humain »

317 | et est ainsi supposé coextensif avec le prédicat nommé de départ lui-même :

est humain.

Puisque les termes singuliers sont étrangers à la logique des foncteurs de prédicat, le foncteur « sat » va exiger une certaine adaptation s'il est supposé s'ajuster à un métalangage qui est une extension directe de ce langage-objet. Dans la logique des foncteurs de prédicat, le rôle des termes singuliers est assuré par des prédicats. Au lieu d'avoir un terme singulier qui nomme un objet x, nous nous en tirons avec un prédicat qui est vrai uniquement de x. Adapté de manière correspondante, « sat » devient un foncteur de prédicat ; lorsque « F^1 » est vrai uniquement du prédicat « G^n », « sat F^1 » devient un prédicat n-aire coextensif avec « G^n ».

Comme George Myro me l'a fait remarquer, une difficulté subsiste cependant. Nous ne pouvons déterminer le degré de « sat F^1 » sans une certaine connaissance préalable de ce dont « F^1 » est vrai. Par conséquent, nous ne pouvons admettre « sat F^1 » dans la logique des foncteurs de prédicat ; car il est évident, en particulier par l'explication du foncteur de permutation, que les transformations logiques peuvent dépendre du degré d'un prédicat.

Pas plus que la difficulté n'est résolue en revenant à un métalangage de forme quantificationnelle ordinaire. Dans ce cas, «sat» reprendrait le statut d'un foncteur produisant, appliqué à un terme singulier, un prédicat; «sat$x$» deviendrait, pour chaque prédicat x, un prédicat coextensif avec x. Son degré dépendrait de celui de x et serait ainsi indéterminé pour un «x» variable. La logique ordinaire de la quantification n'a pas de place pour un symbole de prédicat «sat$x$» de degré variable.

La vérité *peut* être définie pour un langage de style fonctoriel dans un métalangage de style fonctoriel, ou, à nouveau, dans un métalangage de style quantificationnel. Ceci est garanti par le fait que la logique des foncteurs de prédicat et la logique classique de la quantification et de l'identité sont intertraduisibles. Nous pouvons utiliser la définition de la vérité de Tarski en une double traduction: d'abord, nous la transformons pour qu'elle corresponde à la traduction du langage-objet d'un style quantificationnel en un style fonctoriel, et ensuite nous traduisons la définition de vérité ainsi obtenue d'un style quantificationnel de métalangage à un style fonctoriel. C'est un exercice de routine. On peut simplifier un peu les choses, mais pas assez, pour autant que je sache, pour que cela devienne intéressant.

| VI. QUANTIFICATION SUBSTITUTIONNELLE   **318**

La relation de satisfaction de Tarski a à voir avec la référence objective, reliant comme elle le fait des phrases ouvertes à des suites d'objets qui sont les valeurs des variables. La décitation en elle-même est indifférente à la référence objective; mais notre tentative au § IV d'une définition inductive de la décitation s'est effondrée dans le cas général. Une définition inductive de la décitation fut de fait joliment obtenue pour la logique combinatoire de Schönfinkel, et ceci fut le cas parce qu'un connecteur approprié était disponible, alors qu'il ne l'est pas dans le cas général de la décitation. C'était le connecteur « = » d'identité (ou son équivalent en termes de *ι*) ; et la décitation était la fonction de *designatum* Δ, une question de référence objective après tout. La référence objective et la définition de la vérité sont-elles ainsi inséparables ?

Pour plus de lumière sur cette question, essayons de définir la vérité pour un langage de forme quantificationnelle dont les quantificateurs sont expliqués en termes, non des valeurs objectives des variables, mais de substitutions notationnelles pour les variables[e].

À nouveau, notre métalangage devra contenir les citations des symboles du langage-objet et, à nouveau, l'arc de concaténation et, comme d'habitude, la logique de la quantification et de l'identité (et ainsi la description singulière). En bref, il devra contenir ce que j'ai appelé la proto-syntaxe[f]. Ses quantificateurs peuvent même être lus substitutionnellement, puisque les valeurs pertinentes des variables sont des expressions citables. Maintenant, il est bien connu que nous pouvons définir dans la proto-syntaxe des notations aux propriétés suivantes, si le langage objet suit des lignes usuelles et raisonnables.

Phr x : x est une phrase (du langage-objet).
Var x : x est une variable (du langage-objet).
Term x : x est un terme singulier (du langage-objet).

e. Pour plus d'informations sur la quantification substitutionnelle, voir les essais 16 et 27, plus haut, « Réponse au Professeur Marcus » et « La variable » [p. 309-320 et 451-467].

f. *Mathematical Logic*, dernier chapitre.

subst$_y^z x$: le résultat de la substitution de z à y dans x.

qfn$_y x$: la quantification universelle de x sur la variable y.

Voyons maintenant ce qu'il en est de ce qu'on imagine être la partie difficile de la définition de la vérité : la récursion relative aux quantificateurs. Elle s'énonce avec clarté en termes du prédicat de vérité lui-même.

(10) $(x)(y)$ (Phr x . Var y . $\supset$. Vrai(qfn$_y x$) $\equiv$ (z) (Term z $\supset$ Vrai(subst$_y^z x$))).

| Il n'est pas question ici de satisfaction ou de suites ou, de **319** fait, de référence objective du tout^g. Même les quantificateurs métalinguistiques « (x) », « (y) » et « (z) » dans (10), peuvent être lus substitutionnellement, comme je l'ai déjà noté.

Dans les définitions inductives considérées jusqu'alors, le travail avait lieu dans les clauses de récursion. Les clauses initiales étaient obtenues sans effort ; comme en témoigne (3). Mais maintenant les choses s'inversent. La clause de récursion (10) est directe. Les clauses de récursion pour les fonctions de vérité sont transparentes.

(11) Vrai(nég x) $\equiv$ $\sim$Vrai(x), Vrai(conj xy) $\equiv$. Vrai$x$. Vrai$y$

Les clauses initiales sont maintenant l'affaire sérieuse : la définition de la vérité pour les phrases atomiques sans variables.

Si la quantification substitutionnelle ne doit pas se ramener à une simple conjonction finie sans quantificateurs, le stock des termes substituables doit être infini ou indéfini. Les descriptions singulières, de plus, ne sont pas en jeu ; elles sont définissables contextuellement comme d'habitude, et la défi-

g. Ce point fut noté par Parsons.

nition utilise la quantification. Elles doivent être supposées éliminées par définition contextuelle dès le départ. Mais il y aura, nous pouvons le supposer, un stock infini de termes constants, construits à partir d'un stock fini de termes simples par itération d'un stock fini de constructions grammaticales. Les phrases atomiques consisteront chacune en un prédicat primitif suivi par un ou plus de ces peut-être assez longs termes comme arguments. Les phrases sont atomiques au sens où elles ne contiennent pas d'autres phrases; elles peuvent contenir des termes complexes.

EXEMPLE. « 0 » pourrait être le seul terme simple, et la construction grammaticale pourrait être l'application du prime de la succession. Ainsi, les termes sont les numéraux « 0 », « 0' », « 0" », etc. Les prédicats primitifs pourraient être les prédicats triadiques « Σ » et « Π » de somme et de produit :

$$\Sigma xyz \equiv \boldsymbol{\cdot} x = y + z \quad \Pi xyz \equiv \boldsymbol{\cdot} x = yz.$$

Chaque phrase atomique consiste en « Σ » ou « Π » suivi de trois numéraux. Les fonctions de vérité et la quantification substitutionnelle complètent ce langage – un langage redondant de la théorie élémentaire des nombres.

Nous pouvons définir la vérité directement pour les phrases atomiques de ce langage. La vérité de telles phrases est décidable, et tout prédicat décidable d'expressions est traduisible dans la proto-syntaxe. Puisque les | récursions (10) et (11) peuvent aussi être rendues dans la proto-syntaxe, nous voyons que la vérité pour ce langage de la théorie élémentaire des nombres est inductivement définissable dans la proto-syntaxe. Ou, ce qui est équivalent, elle est inductivement définissable dans la théorie élémentaire des nombres, par une numérotation de Gödel. Et de fait la vérité en jeu fut ainsi définie, en suivant exactement cette voie, par Hilbert et Bernays [h].

Il y a un contraste frappant opposant cette sorte de définition de la vérité aux autres. Nous n'avons plus besoin de construire une notion préliminaire et plus générale de satisfaction, ou de *designatum*, ou de décitation, à partir de laquelle obtenir la vérité comme un cas particulier. Le schéma décitationnel n'apparaît plus du tout de lui-même, hormis légèrement dans les clauses de récursion (11). Il n'est bien sûr plus fait appel à aucune suite d'objets, pas plus qu'à une référence objective quelconque ; car la quantification est ici réinterprétée en termes de substitution d'expressions qui n'ont nul besoin de nommer quoi que ce soit.

Et pourtant, curieusement, le domaine particulier du langage-objet joue un rôle plus distinctif dans cette définition de la vérité que dans celle de Tarski. La définition de Tarski pourrait être ajustée à n'importe quelle théorie spécifique, construite selon le modèle quantificationnel classique, en y insérant juste les prédicats, foncteurs et noms, spécifiques à cette théorie. À l'opposé, en définissant la vérité pour une théorie fondée sur la quantification substitutionnelle, le travail principal relève des phrases atomiques ; et les voies empruntées pour ce travail vont complètement varier selon la structure de la théorie particulière en jeu. Les voies empruntées par ce travail dans notre exemple présent de la théorie des nombres sont celles du calcul des sommes et des produits.

Dans cet exemple particulier, l'adéquation de la protosyntaxe pour une définition inductive de la vérité était garantie par la définissabilité proto-syntaxique directe des prédicats

h. Vol. 2, p. 334 *sq.*

décidables. Mais la proto-syntaxe est adéquate aussi pour une définition inductive de la vérité pour des théories dans lesquelles les phrases atomiques ne sont pas décidables. Ce qui est requis, évidemment, est juste la définissabilité proto-syntaxique directe de la vérité pour les phrases atomiques. C'est une exigence très libérale. Elle ne nécessite même pas que les phrases atomiques admettent une procédure de preuve qui soit complète, et encore moins une procédure de décision. La classe des vérités atomiques peut figurer à n'importe quel niveau de la hiérarchie arithmétique de Kleene; (10) et (11) permettront toujours de transformer la définition de vérité

321 pour les phrases atomiques en une pleine définition inductive de la vérité, avec la proto-syntaxe comme métalangage. D'un autre côté, si une théorie fondée sur la quantification substitutionnelle comporte des phrases atomiques dont la vérité correspond obstinément à un degré hyperarithmétique, ou doit rester indéfiniment ouverte pour une détermination empirique, alors il n'y a pas d'espoir, dans la proto-syntaxe, d'une définition inductive de la vérité pour la théorie. Une définition de la vérité dans le style de Tarski, et pas dans la proto-syntaxe, pourrait bien sûr rester possible.

BIBLIOGRAPHIE [1]

BAR-HILLEL Y., « Bolzano's definition of analytic propositions »,
    Methodos, 2, 1950, p. 32-55 [*Theoria* 16, 1950, p. 91-117].

BEHMANN H., *Mathematik und Logik*, Leipzig, [Teubner], 1927.

– « Sind die mathematische Urteile analytisch oder synthetisch? »,
    Erkenntnis, 4, 1934, p. 1-27.

BERNAYS P., « Axiomatische Untersuchungen des Aussagen-Kalkuls
    der "Principia Mathematica" », *Mathematische Zeitschrift*, 25,
    1926, p. 305-320.

– « A system of axiomatic set theory », *Journal of Symbolic Logic*, 2,
    1937, 6-8, 1941-1943, 13, 1948, 19, 1954.

– « Über eine natürliche Erweiterung des Relationenkalküls », dans
    A. Heyting (ed.), *Constructivity in Mathematics*, Amsterdam,
    North-Holland Pub. Co., 1959, p. 1-14.

— et FRAENKEL A.A., *Axiomatic Set Theory*, Amsterdam, North-
    Holland Pub. Co., 1958.

BERRY G.D.W., « On the ontological significance of the Löwenheim-
    Skolem theorem », dans *Academic Freedom, Logic and Religion*,
    Philadelphia, University of Pennsylvania Press, pour l'American
    Philosophical Association, 1953, p. 39-55.

---

1. Nous proposons ici les références telles qu'elles sont fournies par Quine,
notamment les traductions anglaises qu'il utilise pour les textes en langue
étrangère et, quand elles sont disponibles, les éditions et traductions actuelles.

BRIDGMAN P.W., « A physicist's second reaction to Mengenlehre », *Scripta Mathematica*, 2, 1933-1934, p. 101-117 et 224-234.

CANTOR G., *Gesammelte Abhandlungen mathematischen und philosophischen Inhalts*, Berlin, [Springer], 1932.

CARNAP R., *Physikalische Begriffsbildung*, Karlsruhe, [G. Braun], 1926.

– *Der logische Aufbau der Welt*, Berlin, [Weltkneis], 1928 ; traduction anglaise augmentée, *The Logical Syntax of Language*, New York-Londres, [Routledge and Kegan Paul], 1937 [trad. fr. Th. Rivain revue par E. Schwartz, *La construction logique du monde*, Paris, Vrin, 2002].

– *Philosophy and Logical Syntax*, Londres, [Routledge and Kegan Paul], 1935.

– *Meaning and Necessity*, Chicago, University of Chicago Press, 1947 ;

2ᵉ éd. augmentée, 1956 [trad. fr. F. Rivenc et Ph. de Rouilhan, *Signification et nécessité*, Paris, Gallimard, 1997].

– *Logical Foundations of Probabilities*, vol. 1, *Probability and Induction*, Chicago, University of Chicago Press, 1950.

– « Die Antinomien und die Vollständigkeit der Mathematik », *Monatshefte für Mathematik und Physik*, 41, 1934, p. 263-284.

– « Ein Gültigkeitskriterium für die Sätze der klassischen Mathematik », *Monatshefte für Mathematik und Physik*, 42, 1935, p. 163-190.

– « Empiricism, semantics and ontology », *Revue internationale de philosophie*, 11, 1950, p. 20-40 ; réimp. dans *Meaning and Necessity*, 2ᵉ éd., et dans Linsky.

– « Meaning postulates », *Philosophical Studies*, 3, 1952, p. 65-73 ; réimp. dans *Meaning and Necessity*, 2ᵉ éd.

CARROLL L., « What the tortoise said to Achilles », *Mind*, 4, 1895, p. 278-280 [trad. fr. J. Gattégno et E. Coumet, « Ce que disent Achille et la tortue », dans *Logique sans peine*, Paris, Hermann, 1966].

CHOMSKY N., « Linguistics and philosophy », dans S. Hook (ed.), *Language and Philosophy*, New York, New York UP, 1969, p. 51-94.

CHURCH A., *A Bibliography of Symbolic Logic*, Providence, 1938 (à partir du *Journal of Symbolic Logic*, 1, 1936, 3, 1938).

– *The Calculi of Lambda Conversion*, Princeton, Princeton UP, 1941.

– « An unsolvable problem of number theory », *American Journal of Mathematics*, 58, 1936, p. 345-363.

– « A note on the Enstcheidungsproblem », *Journal of Symbolic Logic*, 1, 1936, p. 40 *sq.* et 101 *sq.*

– Recension de Quine, *Journal of Symbolic Logic*, 8, 1943, p. 45-47.

– « On Carnap's analysis of statements of assertion and belief », *Analysis*, 10, 1950, p. 97-99.

CRAIG W., « Replacement of auxiliary expressions », *Philosophical review*, 65, 1956, p. 38-55.

CURRY H.B., « Grundlagen der kombinatorischen Logik », *American Journal of Mathematics*, 52, 1930, p. 509-536 et 789-834.

—& FEYS R., *Combinatory Logic*, Amsterdam, North-Holland Pub. Co., 1958.

DE MORGAN A., *A Budget of Paradoxes*, Londres, [Longmans, Ereen and Co.], 1872.

DUBISLAV W., « Über das Verhältnis der Logik zur Mathematik », *Annalen der Philosophie*, 5, 1925, p. 193-208.

DUHEM P., *La théorie physique. Son objet, sa structure*, Paris, [Chevalier et Rivière], 1906 [rééd. Paris, Vrin, 2007].

FREGE G., *Grundlagen der Arithmetik*, Breslau, [W. Koebner], 1884; réimp. avec traduction anglaise, *The Foundations of Arithmetic*, New York-Oxford, Philosophical Library-Blackwell, 1950 [trad. fr. C. Imbert, *Les fondements de l'arithmétique*, Paris, Seuil, 1969].

– *Grundgesetzen der Arithmetik*, Iéna, [H. Pohle], vol. 1, 1893, vol. 2, 1903.

– « Über Sinn und Bedeutung », *Zeitschrift für Philosophie und philosophische Kritik*, 100, 1892, p. 22-50; traduction anglaise dans *Translations from the Philosophical Writings of Gottlob*

Frege, Oxford, Blackwell, 1952 [trad. fr. C. Imbert, « Sens et dénotation », dans *Écrits logiques et philosophiques*, Paris, Seuil, 1971].

GEACH P.T., « Subject and Predicate », *Mind*, 59, 1950, p. 461-482.

GERGONNE J.D., « Essai sur la théorie des définitions », *Annales de mathématique pure et appliquée*, 9, 1818-1819, p. 1-35.

GÖDEL K., *The Consistency of the Continuum Hypothesis*, Princeton, Princeton UP, 1940.

– « Über formal unentscheidbare Sätze der *Principia Mathematica* und verwandter Systeme », *Monatshefte für Mathematik und Physik*, 38, 1931, p. 173-198; traduction anglaise dans van Heijenoort [trad. fr. J.B. Scherrer, « Sur les propositions formellement indécidables des *Principia Mathematica* et des systèmes apparentés », dans *Le théorème de Gödel*, Paris, Seuil, 1989].

GOODMAN N., *The Structure of Appareance*, Cambridge (Mass.), Harvard UP, 1951 [trad. fr. J.-B. Rauzy, *La structure de l'apparence*, Paris, Vrin, 2004].

— & QUINE W.V., « Steps towards a constructive nominalism », *Journal of Symbolic Logic*, 12, 1947, p. 97-122.

GRELLING K. et NELSON L., « Bemerkungen zu den Paradoxien von Russell und Burali-Forti », *Abhandlungen der Fries'schen Schule*, 2, 1907-1908, p. 300-334.

HALMOS P.R., « Algebraic logic (II) », *Fundamenta Mathematicae*, 43, 1956, p. 255-325.

HENKIN L., « The representation theorem for cylindrical algebras », dans T. Skolem *et alii* (ed.), *Mathematical Interpretations of Formal Systems*, Amsterdam, North-Holland Pub. Co., 1953, p. 85-97.

HILBERT D., « Die Grundlagen der Mathematik », *Abhandlungen aus dem mathematischen Seminar der Hamburgischen Universität*, 6, 1928, p. 65-85.

— & ACKERMANN W., *Grundzüge der theoretischen Logik*, 2e éd. Berlin, [Springer], 1938; traduction anglaise, *Principles of Mathematical Logic*, New York, Chelsea, 1950.

—& BERNAYS P., *Grundlagen der Mathematik*, Berlin, [Springer], vol. 1, 1934, vol. 2, 1939 [trad. fr. F. Gaillard, E. Guillaume et M. Guillaume, *Fondements des mathématiques*, t. I et II, Paris, L'Harmattan, 2001].

HUNTINGTON E.V., « A set of postulates for abstract geometry », *Mathematische Annalen*, 73, 1913, p. 522-559.

KEMENY J.G., « The use of simplicity in induction », *Philosophical Review*, 62, 1953, p. 391-408.

KLEENE S.C., *Introduction to Metamathematics*, New York, Van Nostrand, 1952.

KURATOWSKI C., « Sur la notion d'ordre dans la théorie des ensembles », *Fundamenta Mathematicae*, 2, 1921, p. 161-171.

LEWIS C.I., *A Survey of Symbolic Logic*, Berkeley (Ca.), [Unniversity of California Press], 1918.

—& LANGFORD C.H., *Symbolic Logic*, New York, [The Century Co.], 1932.

LINSKY L. (ed.), *Semantics and the Philosophy of Language*, Urbana, University of Illinois Press, 1952.

ŁUKASIEWICZ J., *Elementy logiki matematycznej*, Varsovie, [Państwowe Wydawnictwo Mankowe], 1929; traduction anglaise, *Elements of Mathematical Logic*, New York, MacMillan, 1964.

MARCUS R.B., « Modalities and intensional languages », *Synthese*, 13, 1961, p. 303-322.

MCNAUGHTON R., « A non-standard truth definition », *Proceedings of the American Mathematical Society*, 5, 1954, p. 505-509.

MYHILL J.R., « A complete theory of natural, rational, and real numbers », *Journal of Symbolic Logic*, 15, 1950, p. 185-196.

NEURATH O., « Protokollsätze », *Erkenntnis*, 3, 1932, p. 204-214.

NOLIN L., « Sur l'algèbre des prédicats », dans *Le raisonnement en mathématiques et les sciences expérimentales*, Paris, CNRS, 1958, p. 33-37.

PARSONS Ch., « A plea for substitutional quantification », *Journal of Philosophy*, 68, 1971, p. 231-237.

PEANO G., *Formulaire de mathématiques*, Turin, [Bocca frères], 1894-1899; Paris, [G. Carré et C. Maud], 1901.

PEIRCE C.S., *Collected Papers*, vol. 2-4, Cambridge, Harvard UP, 1932-1933.

POINCARÉ H., *Science et méthode*, Paris, [Flammarion], 1908.

POST E.L., « Introduction to a general theory of elementary propositions », *American Journal of Mathematics*, 43, 1921, p. 163-185.

– « Finite combinatory processes », *Journal of Symbolic Logic*, 1, 1936, p. 103-105.

PUTNAM H., « Mathematics without foundations », *Journal of Philosophy*, 64, 1967, p. 5-22.

QUINE W.V., *A System of Logistic*, Cambridge (Mass.), [Harvard UP], 1934.

– *Mathematical Logic*, New York, [Harvard UP], 1940; éd. révisée Cambridge (Mass.), Harvard UP, 1951.

– *Elementary Logic*, Boston, [Grimm and Co.], 1941; édition révisée Cambridge (Mass.), Harvard UP, 1966 [trad. fr. J. Largeault et B. Saint-Sernin, *Logique élémentaire*, 2e éd. Paris, Vrin, 2006].

– *O sentido da nova lógica*, São Paulo, Martins, 1944.

– *Methods of Logic*, New York, Holt, 1950; éditions révisées 1959, 1972 [trad. fr. M. Clavelin, *Méthodes de logique*, Paris, Armand Colin, 1972].

– *From a Logical Point of View*, Cambridge (Mass.), Harvard UP, 1953, 2e éd. 1961 [trad. fr. S. Laugier (dir.), *Du point de vue logique*, Paris, Vrin, 2003].

– *Word and Object*, Cambridge (Mass.), MIT Press, 1960 [trad. fr. J. Dopp et P. Gochet, *Le mot et la chose*, Paris, Flammarion, 1977].

– *Set Theory and Its Logic*, Cambridge (Mass.), Harvard UP, 1963; éd. révisée 1969.

– *Selected Logic Papers*, New York, Random House, 1966.

– *Philosophy of Logic*, Englewood Cliffs, Prentice-Hall, 1970 [trad. fr. J. Largeault, *Philosophie de la logique*, Paris, Aubier Montaigne, 1975].

– *The Roots of Reference*, LaSalle (Ill.), Open Court, 1974.

– « Concepts of negative degree », *Proceedings of the National Academy of Sciences*, 22, 1936, p. 40-45.

– « Toward a calculus of concepts », *Journal of Symbolic Logic*, 1, 1936, p. 2-25.

– « Set-theoretic foundations for logic », *Journal of Symbolic Logic*, 1, 1936, p. 145-152 ; réimp. dans *Selected Logic Papers*.

– « On Cantor's theorem », *Journal of Symbolic Logic*, 2, 1937, p. 120-124.

– « Logic based on inclusion and abstraction », *Journal of Symbolic Logic*, 2, 1937, p. 145-152 ; réimp. dans *Selected Logic Papers*.

– « New foundations for mathematical logic », *American Mathematical Monthly*, 44, 1937, p. 70-80 ; réimp. dans *From a Logical Point of View*.

– « Notes on existence and necessity », *Journal of Philosophy*, 40, 1943, p. 113-127 ; réimp. dans Linsky.

– « On the logic of quantification », *Journal of Symbolic Logic*, 10, 1945, p. 1-12 ; réimp. dans *Selected Logic Papers*.

– « Two dogmas of empiricism », *Philosophical Review*, 60, 1951, p. 20-43 ; réimp. dans *From a Logical Point of View*.

– « Interpretations of sets of conditions », *Journal of Symbolic Logic*, 19, 1954, p. 97-102 ; réimp.dans *Selected Logic Papers*.

– « Unification of universes in set theory », *Journal of Symbolic Logic*, 21, 1956, p. 267-279.

– « Variables explained away », *Proceedings of the American Philosophical Society*, 104, 1960, p. 343-347 ; réimp. dans *Selected Logic Papers*.

– « On the limits of decision », *Akten des XIV. Internationalen Kongresses für Philosophie*, Vienne, [Herder-Universität], 1968, vol. 3, p. 57-62.

— & GOODMAN N., « Elimination of extra-logical postulates », *Journal of Symbolic Logic*, 5, 1940, p. 104-109.

RUSSELL B., *The Principles of Mathematics*, Cambridge (Angleterre), [The University Press], 1903.

– *Our Knowledge of the External World*, Londres, [Open Court], 1914 [trad. fr. Ph. Devaux, *La méthode scientifique en philosophie*, Paris, Payot, 1979].

– *Introduction to Mathematical Philosophy*, New York-Londres, [Allen and Unwin], 1917 [trad. fr. F. Rivenc, *Introduction à la philosophie mathématique*, Paris, Payot, 1991].

– *An Inquiry into Meaning and Truth*, New York, [Allen and Unwin], 1940 [trad. fr. Ph. Devaux, *Signification et vérité*, Paris, Flammarion, 1990].

– « Mathematical logic as based on the theory of types », *American Journal of Mathematics*, 30, 1908, p. 222-262.

– « The philosophy of logical atomism », *Monist*, 28, 1918, p. 495-527, 29, 1919, p. 32-63, 190-222, p. 345-380.

SCHLICK M., *Allgemeine Erkenntnislehre*, Berlin, [Springer], 1925 [trad. fr. Ch. Bonnet, *Théorie générale de la connaissance*, Paris, Gallimard, 2009].

SCHÖNFINKEL M., « Über die Bausteine der mathematischen Logik », *Mathematische Annalen*, 92, 1924, p. 305-316; traduction anglaise dans van Heijenoort [trad. fr. G. Vandevelde, « Sur les éléments de construction de la logique mathématique », *Mathématiques, Informatique et Sciences humaines*, 112, 1990, p. 5-26].

SHANNON C.E., « A symbolic analysis of relay and switching circuits », *Transactions of the American Institute of Electrical Engineers*, 57, 1938, p. 713-723.

SHEFFER H.M., « A set of five independent postulates for Boolean algebras », *Transactions of the American Mathematical Society*, 14, 1913, p. 481-488.

SLEIGH R.C., « On a proposed system of epistemic logic », *Noûs*, 2, 1968, p. 391-398.

SMULLYAN A.F., « Modality and description », *Journal of Symbolic Logic*, 13, 1948, p. 31-37.

STRAWSON P.F., *Introduction to Logical Theory*, Londres-New York, Methuen-Wiley, 1952.

– « On referring », *Mind*, 59, 1950, p. 320-344.

STUDY E., *Die realistische Weltansicht und die Lehre vom Raume*, Brunswick, [Vieweg], 1914.

TARSKI A., *Logic, Semantics, Metamathematics*, Oxford, Clarendon Press, 1956 [trad. fr. G.G. Granger (dir.), *Logique, sémantique, métamathématique*, 2 tomes, Paris, Armand Colin, 1972, 1974].

– « Sur le terme primitif dans la logistique », *Fundamenta Mathematicae*, 4, 1923, p. 196-200; traduction anglaise dans *Logic, Semantics, Metamathematics*.

– « Sur les truth-functions au sens de MM. Whitehead et Russell », *Fundamenta Mathematicae*, 5, 1924, p. 59-74; traduction anglaise dans *Logic, Semantics, Metamathematics*.

– « Einige methodologische Untersuchungen über die Definierbarkeit der Begriffe », *Erkenntnis*, 5, 1934, p. 80-100; traduction anglaise dans *Logic, Semantics, Metamathematics*.

– « Der Warheitsbegriff in den formalisierten Sprachen », *Studia Philosophica*, 1, 1936, p. 261-405; traduction anglaise dans *Logic, Semantics, Metamathematics*.

— & THOMPSON F.B., Résumés dans *Bulletin of the American Mathematical Society*, 58, 1952, p. 65 *sq.*

TURING A.M., « On computable numbers », *Proceedings of the London Mathematical Society*, série 2, vol. 42, 1937, p. 230-266, vol. 43, 1938, p. 544-545 [trad. fr. J. Basch, « Théorie des nombres calculables », dans *La machine de Turing*, Paris, Seuil, 1995].

VAN HEIJENOORT J. (ed.), *From Frege to Gödel : A Source Book in Mathermatical Logic, 1879-1931*, Cambridge (Mass.), Harvard UP, 1966.

VON NEUMANN J., « Zur Einführung der transfiniten Zahlen », *Acta Litterarum ac Scientarum Regiae Universitatis Hungaricae Francisco-Josephinae (Szeged)*, Sectio scientarum mathematicarum, 1, 1923, p. 199-208.

– « Eine Axiomatisierung der Mengenlehre », *Journal für reine und angewandte Mathematik*, 154, 1925, p. 219-240; traduction anglaise dans van Heijenoort.

WANG H., « Arithmetic models for formal systems », *Methodos*, 3, 1951, p. 217-232.

– « Truth definitions and consistency proofs », *Transactions of the American Mathematical Society*, 73, 1952, p. 243-275.

WHITEHEAD A.N. et RUSSELL B., *Principia Mathematica*, [Cambridge], [The University Press], vol. 1, 1910, vol. 2, 1912, vol. 3, 1913; 2e éd. Cambridge (Angleterre), [Cambridge UP], 1925-1927.

WIENER N., « A simplification of the logic of relations », *Proceedings of the Cambridge Philosophical Society*, 17, 1912-1914, p. 387-390; réimp. dans van Heijenoort.

WITTGENSTEIN L., *Tractatus Logico-Philosophicus*, Londres, [Routledge and Kegan Paul], 1922 [trad. fr. G.-G. Granger, Paris, Gallimard, 1972].

WOODGER J.H., *The Axiomatic Method in Biology*, Cambridge (Angleterre), [Cambridge UP], 1937.

– *Biology and Language*, Cambridge (Angleterre), Cambridge UP, 1952.

ZERMELO E., « Untersuchungen über die Grundlagen der Mengenlehre », *Mathematische Annalen*, 65, 1908, p. 261-281; traduction anglaise dans van Heijenoort [trad. fr. partielle F. Longy, « Recherches sur les fondements de la théorie des ensembles », dans *Logique et fondement des mathématiques*, Paris, Payot, 1992].

Références de l'introduction

BACON J., « The completeness of a predicate-functor logic », *Journal of Symbolic Logic*, 50, 1985, p. 903-926.

BEALER G., *Quality and Concept*, Oxford, Clarendon Press, 1982.

CARNAP R., *Logische Syntax der Sprache*, Vienne, Julius Springer, 1934.

DUHEM P., *La théorie physique. Son objet, sa structure* (1906), Paris, Vrin, 2007.

FEFERMAN S., « Arithmetization of metamathematics in a general setting », *Fundamenta Mathematicae*, XLIX, 1960, p. 35-92.

FINE K., « The problem of *de re* modality », dans J. Almog, J. Perry et H. Wettstein (eds.), *Themes from Kaplan*, Oxford, Oxford UP, 1989, p. 197-272.

GOODMAN N. & QUINE W.V., « Steps Toward a Constructive Nominalism », *Journal of Symbolic Logic*, 12, 1947, p. 105-122.

GRÜNBERG T., « A tableau system of proof for predicate-functor logic with identity », *Journal of Symbolic Logic*, 48, 1983, p. 1140-1144.

IWAN S., « An analysis of Quine's "Ontological reduction and the world of numbers" », *Erkenntnis* 53, 2000, p. 195-218.

KAPLAN D., « Quantifying in », *Synthese*, 19, 1968, p. 178-214.

KUHN S.T., « An axiomatisation of predicate functor logic », *Notre Dame Journal of Formal Logic*, 24, 1983, p. 233-241.

LAUGIER S., *L'anthropologie logique de Quine*, Paris, Vrin, 1992.

MENZEL Ch., *A Complete, Type-Free Second Order Logic of Properties, Relations and Propositions*, Center for the Study of Language and Information, Technical Report, CSLI 86-40, Stanford, université de Stanford, 1986.

NOAH A., « Predicate-functors and the limits of decidability in logic », *Notre Dame Journal of Formal Logic*, 21, 1980, p. 701-707.

QUINE W.V.O., « Whitehead and the rise of modern logic », dans P.A. Schlipp (ed.), *The Philosophy of Alfred North Whitehead*, Evanston (Ill.), Northwestern UP, 1941, p. 127-163.

– « Notes on existence and necessity », *Journal of Philosophy*, 40, 1943, p. 113-127.

– « Le mythe de la signification », dans *La philosophie analytique*, *Cahiers de Royaumont*, Paris, Minuit, 1962, p. 139-187.

– « On the limits of decision », dans *Proceedings of the 14th International Congress for Philosophy (Vienne, 1968)*, vol. III, Vienne, université de Vienne, 1969, p. 57-62.

– *Le mot et la chose*, trad. fr. J. Dopp et P. Gochet, Paris, Flammarion, 1977.

– *Relativité de l'ontologie et autres essais*, trad. fr. J. Largeault, Paris, Aubier, 1977.

– *Du point de vue logique*, trad. fr. S. Laugier (dir.), Paris, Vrin, 2003.

RIVENC F., *Lecture de Quine*, «Cahiers de Logique et d'Épistémologie», vol. 4, Londres, College Publications, King's College, 2008.

SALMON N., «Quantifying into the unquantifiable: the life and work of David Kaplan», dans J. Almog et P. Leonardi (eds.), *The Philosophy of David Kaplan*, Oxford, Oxford UP, 2009, p. 25-41.

SLEIGH R., «On quantifying into epistemic contexts», *Noûs*, 1, 1967, p. 23-31.

SOMMERS F., *The Logic of Natural Language*, Oxford, Clarendon Press, 1982.

TARSKI A., MOSTOWSKI A. & ROBINSON R.M., *Undecidable Theories*, Amsterdam, North-Holland Pub. Co., 1953.

WITTGENSTEIN L., *Tractatus logico-philosophicus*, trad. fr. G.-G. Granger, Paris, Gallimard, 1972

ZALTA Ed.N., *Abstract Objects: An Introduction to Axiomatics Metaphysics*, Dordrecht, D. Reidel, 1983.

ZIMMERMANN Th., Annexe de S. Knöpfler, *Linguistiche und Formallogische Untersuchung zur Prädikat-Funktor Logik*, polycopié, Sonderforschungsbereich 99 «Linguistik», Constance, université de Constance, 1979.

INDEX DES NOTIONS

INDEX DES NOMS

TABLE DES MATIÈRES

DANS LA MÊME COLLECTION
DERNIERS TITRES PARUS

BOVELLES Ch. (de), *Le livre du sage*, introduction, nouvelle traduction et notes par P. Magnard, 216 pages, 2010.

BURKE Ed., *Recherche philosophique sur l'origine de nos idées du sublime et du beau*, présentation, traduction et notes par B. Saint-Girons, 300 pages, 2009.

DESCARTES R., *Principes de la philosophie*, Première partie, sélection d'articles des parties 2, 3, 4 et Lettre-Préface, texte latin de Descartes, texte français de l'abbé Picot, traduction nouvelle par D. Moreau, introduction et notes par X. Kieft, 400 pages, 2009.

HEGEL G.W.F., *La vie de Jésus*, précédé de *Dissertations et fragments de l'époque de Stuttgart et de Tübingen*, textes réunis et coordonnés par A. Simhon, présentés et traduits par T. Barazon, R. Legros et A. Simhon, 196 pages, 2009.

HUME D., *Essais sur l'art et le goût*, texte anglais, introduction, traduction et notes par M. Malherbe, 284 pages, 2010.

KANT E., *Abrégé de philosophie*, texte allemand, introduction, traduction et notes par A. Pelletier, 188 pages, 2009.

LOCKE J., *De la conduite de l'entendement*, introduction, traduction et notes par Y. Michaud, 138 pages, 2008.

MALEBRANCHE N., *Conversations chrétiennes*, suivies des *Méditations sur l'humilité et la pénitence*, présentation, édition et notes par J.-Ch. Bardout avec la collaboration de J. Roger et K. Trego, 420 pages, 2010.

SCHOPENHAUER A., *Le sens du destin*, introduction, traduction et notes par M.-J. Pernin-Ségissement, 174 pages, 2009.

THOMAS D'AQUIN, *Textes sur la morale*, traduction et commentaire par Ét. Gilson, avant-propos, index et guide de lecture par R. Imbach, 370 pages, 2011.

ACHEVÉ D'IMPRIMER
EN MAI 2011
PAR L'IMPRIMERIE
DE LA MANUTENTION
À MAYENNE
FRANCE
N° 653579Y

Dépôt légal : 2ᵉ trimestre 2011